U0898671

中译翻译文库

刘宓庆翻译论著精选集之六

翻译与语言哲学

刘宓庆 著

中国出版集团
中译出版社

图书在版编目（CIP）数据

翻译与语言哲学/刘宓庆著．—北京：中译出版社，2019.5（2020.2重印）
（中译翻译文库．刘宓庆翻译论著精选集）
ISBN 978-7-5001-5906-3

Ⅰ．①翻… Ⅱ．①刘… Ⅲ．①翻译理论-语言哲学-研究 Ⅳ．①H059

中国版本图书馆CIP数据核字（2019）第056670号

出版发行 / 中译出版社
地　　址 / 北京市西城区车公庄大街甲4号物华大厦6层
电　　话 / (010) 68359827（发行部）；53601537（编辑部）
邮　　编 / 100044
传　　真 / (010) 68357870
电子邮箱 / book@ctph.com.cn
网　　址 / http: // www.ctph.com.cn

出 版 人 / 张高里
总 策 划 / 贾兵伟
策划编辑 / 胡晓凯
责任编辑 / 范祥镇
特约编辑 / 王建国

封面设计 / 潘　峰
排　　版 / 北京竹页文化传媒有限公司
印　　刷 / 北京玺诚印务有限公司
经　　销 / 新华书店

规　　格 / 710毫米×1000毫米　1/16
印　　张 / 33
字　　数 / 465千字
版　　次 / 2019年5月第一版
印　　次 / 2020年2月第二次

ISBN 978-7-5001-5906-3　定价：76.00元

1997 年香港家中。终日呆坐，冥思苦想《翻译与语言哲学》。

《翻译与语言哲学》修订本前言

——翻译学需要怎样的意义观?

这本书是我的一本求索之作，成书于20世纪最后五年（1994. 9—1999. 9)。这五年中有三个问题在我思想中冲撞不已：第一个问题是结构主义VS功能主义；第二个问题是同质语言观VS异质语言观；第三个问题是静态意义观VS动态意义观。诱发我内心这三重冲突的是一个我们不能不解决的基本理论问题：翻译学究竟要有什么样的意义观？不解决意义观问题，基本理论构建很难进行。

经历了五年的求索，我对这个问题的答复是：翻译学需要的是动态的意义观，强调在语言交流中把握意义。动态意义观建基于对语言交流事实的描写，这种描写遵循同质语言观与异质语言观相结合并特别关注语言异质性、结构主义与功能主义相结合并特别关注功能主义的基本认识论原则。1998年底我从爱尔兰回到香港，同时决定确定这个原则来撰述我以后的著作。

关于我所确定的这个基本认识论原则，我在旧版《翻译与语言哲学》中讲得比较多，分析得也比较细致。这里需要进一步加以论述的是动态意义观。

动态意义观的内涵指：

一、关注使用（use，也可以说运用、应用，总之是“用”)

这里所谓语言的“使用”(use）指交流（communication)，交流使语言获得“生命价值”，也就是说使语言从一个静态结构变成了动态结构。就翻译（包括口译和笔译）而言，交流使语言词库（lexicon）中的词语从静态被激活（be activated）为动态，并被置于特定的交流环境（communicative environment，简称 CE，“环境”大于“语境”，是个多维模块）中。翻译的复杂之处是，他（她）必须在思维的三个平面（见本书 7.1 节）上工作：由于处在特定的交流环境中，他（她）还必须在客体（即译文，见本书 2.1、2.2 节）的三个系统中工作，力求把握准确的、全部的意义，这三个系统就是：原语的句法结构系统、原语及原作者的情感系统以及原语文本的时空环境系统。

以上就是翻译行为在语言使用中如何将意义动态化的最简略的描写，按照维根斯坦的观点，这种描写必须符合翻译的实际过程，因此它是我们生活的形式（“form of life”，Wittgenstein, *Philosophical Investigations*, Part I, §§138, 53e; 241, 88e; 329, 107e）。

但是意义的静态观并不强调这一切，它看到的只是语言处在静态结构中的静态形式：上下文（text），即所谓语言语境（linguistic context，简称 LC），执着于在形式对应中寻求双语的意义对应，总之倾向于将结构规定下的对应（equivalence）看作是理所当然的结果。

而动态意义观则倾向于关注在三个系统中的意义探求和搜索过程，认定这个过程才对意义的成形（shaping）起着关键的作用。这是维根斯坦说“意义即使用”的意旨所在。下面我们列表将动态意义观和静态意义观作一比较：

动态意义观	静态意义观
（1）**基本特征**：意义寓于使用——功能主义的（Functional）	（1）**基本特征**：意义寓于结构——结构主义的（Structural）
（2）**意义依据**：语言交流——意义受制于交流环境（CE）：	（2）**意义依据**：语言结构——意义受制于结构关系（LC）：
a) 句法结构系统	a) 搭配
b) 情感系统	b) 句子及句群
c) 时空环境系统	c) 语段

(3) **思维特征**：强调过程及变数，可以更灵活地实现变通。	(3) **思维特征**：强调结果及常数，常因形式考量不善变通。
(4) **对策核心**：以“功能”为杠杆，实行代偿。	(4) **对策核心**：以“对应”为杠杆，实行双语配对。
(5) **当下状态**：开放式，代偿重效果，可以不断扩展。	(5) **当下状态**：封闭式，对应重形式，难以不断扩展。

可见，与静态意义观相比较，动态意义观对翻译而言具有无可置疑的优越性，而意义的动态化也正是双语转换（一种特殊形式的语言交流）中无时无刻又无处不在地向译者提出的要求。这就是我们的先辈提出“通变”的道理所在，“通变”是个动态概念。严复提出的是“信达雅”（1898），“信”是静态的语义对应，他旋即用“达雅”来使“对应”动态化。钱锺书提出“化境”，“化”也是个动态概念。中国的艺术理论都讲究动态性，清代的王国维提出的“入乎其内，出乎其外”（《人间词话》）就是力求做到思维的动态化。“神”比“形”能动，比“形”灵动，因此中国的艺术理论精髓都强调“以神驭形”（苏轼）。

要在交流中把握意义，首先必须在观念上来一个将意义动态化的变革。如果执着于静态的语言结构，把意义看成凝固、呆滞的东西，殚思竭虑去找“对应”，断然翻不出符合“生活形式”和神采灵动的译文来。

二、关注意向性（intentionality）

任何语言交流都不可能不表达某种意向（intention）。意向伴随意义，体现在句子中。没有意向的句子是不存在的，只是大多数句子的意向是一般陈述，从形式上看不出来，被误认为“无意向句”。

意向是意义动态化的重要标准。因此动态意义观的逻辑要求是把握每句话的意向，并将它糅合（融合）到意义中；自然语言无时无刻不在帮助人们实现这种糅合，同时也帮助人们分解这种糅合，使意义和意向的结合处在恒常的动态中。

意义动态观中的意向动态化问题强调在翻译中必须密切关注的以下三种情况：

（一）同一意向的多种表述式，每种表述式常常有不同的色彩、色调（shades），我们必须善加辨析：关键在把握住交流环境（CE）。例如“劝告”（advise）可以是：

劝导 ⇨ try patiently to talk sb. round
劝戒 ⇨ try to help by admonishing
劝勉 ⇨ advise and encourage
劝慰 ⇨ console; soothe
劝诱 ⇨ try out by inducing

汉语语义的意向糅合，常常表现在词的合成上，合成（compound）是个动态概念，这是汉语动词富于动势（force, power, tension）或“潜在动势”的原因。这是意义动态观中最敏感的问题之一，我们必须悉心研究。

（二）多重意向的同一表述式，我们必须在“同一”中解析出“差异”来，这也是一种颇费周章的事情。我国的古籍《列子• 天瑞》有一个关于杞人忧天的故事，其中有一句话至今都有意向之争：

“奈何忧其坏？”
（1）表示反诘:“怎么不担心它坏呢？”
（2）表示担心:“它坏了又怎么办呢？”
（3）表示无奈:“又怎么不会担心它坏呢？”
（4）表示反讥:“怎么担心起它会坏呢？”

这类“意向性选择”（intentional options）唯有放在语言交流中才能在游移中定夺，俗曰“定格”。“定格问题”英语文献中也有很多。美国作家爱默生（R. W. Emerson）的散文“Beauty”中有一段说：

…Go out of the house to see the moon, and ’tis mere tinsel; it will not please as when its light shines upon your necessary journey. The beauty that shimmers in the yellow afternoons of October, who ever could clutch it? Go forth to find it, and it is gone; 'tis only a mirage as you look from the windows of diligence.

有一本书译成这样：

……出门去赏月吧！“它只是一面铜镜，你不会明白待到月色照亮征程时的那种愉悦。谁能抓住十月昏黄午日的熠熠之美？上前去找寻它吧！它正在消失”；当你从公共马车窗望出时，它只不过是海市蜃楼。(《世界上最优美的散文》，第 223 页，2006，北京)

上述译文的“意向性选择”是不对的，即所谓“错位定格”。爱默生用了两个祈使句“go out of the house”和“go forth to find it”，译者将它们的意向理解为提议、建议，好似说“咱们出去赏赏月吧”；“咱们去找找它吧”。其实爱默生是表达一种无奈：你要跨出房门去赏月吧，月亮只不过是一面没生气的铜镜；你要去寻觅它吧，没等你找到它就跑了！（仔细阅读就可以看到原文是英语的一种句型：祈使式动词…… + and，表示无奈、没办法：Talk to him, and he turns back to you：你想找他谈谈，他不理你！另外 'tis 是 it is 的省略，不是什么引号。）

同一表述的多重意向选择常常考验我们在三个平面上的思维能力及其缜密度。

（三）潜隐意向（implicature）

有不少这种情况，作者的整个意向是隐含的（implied)，有待于把握，如果把握不住，当然不可能译好。这个问题语言哲学家也很关注。例如胡塞尔（E. Husserl, 1859–1938）提出过“意向性理论”，认为意向涵盖三个“环节”：一是意向行为；二是意义（即意向内容）；三是意向的对象，包括实在对象和观念对象。哲学家提出，意义和意向的关系是“said”与“unsaid”的关系，“unsaid”蕴含于“said”中，妙就妙在要在“said”中看到“unsaid”。维根斯坦认为由于整体上的潜隐，要从语言表现（said）去找意向（unsaid）是很困难的，他说：

> "My intention was no less certain as it was than it would have been if I had said 'Now I'll deceive him'." — But if you had said the words, would you necessarily have meant them quite seriously? (Thus the most explicit expression of intention is by itself insufficient evidence of intention.) (PI, Prt I, §641, 164–165e)
>
> （有人问："假如我说'现在我要骗骗他'，而我说这句话时所表示的意向性完全不逊色于我的确定性。"问题是，如果你说出了这样的词句，你就必然如实地表示了自己的意向吗？——所以说，即使你用话语一清二楚地表达了自己的意向，但就意向本身而言，你却并没有明白无误地说出什么来表明意向的所在。）

维根斯坦的意思是说：（1）不要从虚无中去找寻意向，意向实际上蕴含在人们说出的话语中；（2）从人们已说出的话语中并不一定就能找得出意向来，因为"我们自然而然地说出一个句子时会以一种特殊的感觉去伴随每个句子的表达"（PI, Prt I, §595, 156e），这时意向就蕴含其中了，就是我们所说的"言外之意"。因此翻译时要特别注意作者在交流中（文本中）所用的特定表达方式，从中发现他们意向，这是一个方面；另一种同样值得关注的情况就是潜隐意向，也就是维根斯坦所谈到的言外之意，美国语言哲学家格莱斯（H. P. Grice）称之为 implicature（"谈话含义"，1982），例如，"下不为例"的 implicature 是"下次一定不这么干了"，"门可罗雀"的谈话含义是"（几乎）无人光顾"，"keep off at your peril"等于说"谨防不测"，"No herb will cure love"犹如说"只有相思人能治相思病"，"Change a room in Titanic"的讥讽性暗含义是"无济于事"（船都要沉了，换间房间有什么用？！）等等。如果说"I saw the crowd jostling into the theater"（观众争先恐后拥向剧场），那肯定是在暗示"你的大作正在热演呢"。意向调节话语策略（S），话语策略支配话语形式（F），作为译者，只有把握意向才能运筹形式，达致预期效果（E），自是至理。不仅如此，作为译者，还必须析出作者具有某种意向的原因，所谓"事出有因"——**原因何在？就只有抓住语言交流了**：交流环境可大可小，全凭译者慧眼慧心。下面就是上文讨论的"交流—意义（意向）—效果"发展程式（MSFE）：

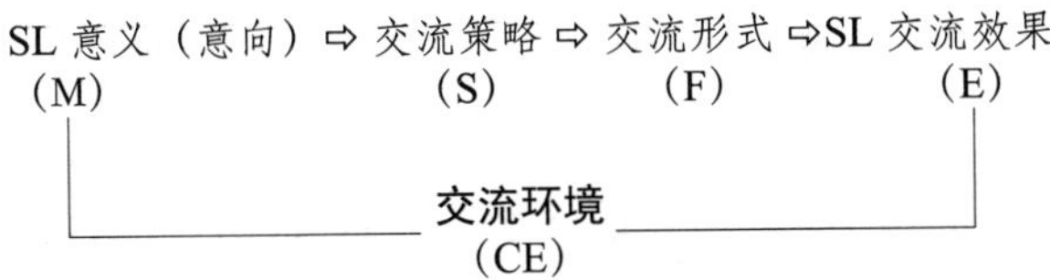

MSFE 程式是语言学动态意义观基本思想的图解。翻译学则是相反，从 SL 效果切入以求把握 SL 意义（及意向）：

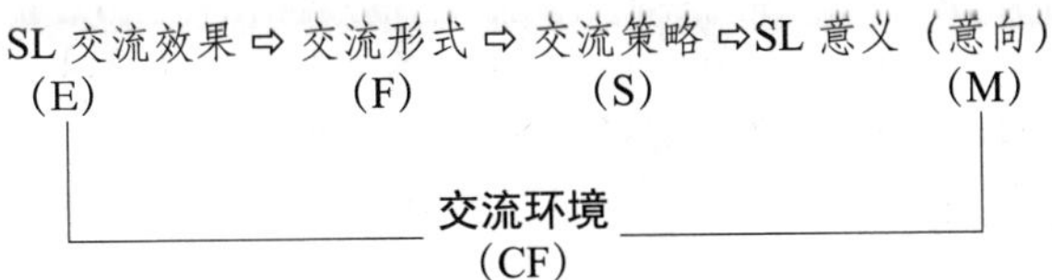

EFSM 程式是每一位翻译必须掌握的动态意义观翻译操作程式（不包括表现论），而且，毫无疑问，他（她）在进入 EFSM 程式时已经完成了 MSFE 程式。也就是说，他（她）必须先做个好读者，才能做个好译者。这也说明，“拿到文章就翻译”的做法是违反科学的。

三、关注语言审美（aesthetic consideration）

动态意义观的第三个特色是以“审美”来优化“表现”，审美是个动态过程。实际上，在汉语的译出译入中，审美贯穿了整个的动态表现过程。汉语的语言生成过程与审美过程是个动态嵌合（incorporating）的过程，以汉语为母语的人在习得语言的过程中，学会了以声调（平上去入）来辨义，以声调来选词，以声调来成句。说汉语的人只会说“招兵买（mǎi）马”，不会说“招兵卖（mài）马”。“游龙戏凤”“万紫千红”“江山多娇”“语重心长”都有不同的声调组合程式。汉语的句调（升调、降调、平调、曲调）、重音（语法重音和逻辑重音）、节奏（意群和拍节）都与汉语的句法成形关系密切。**汉语非常讲究声音的动态美与文句的结构美的结合**，试读下面一首民间短诗：

秋到葡萄沟，
珠宝满地流。

高高低低珍珠塔，
层层叠叠翡翠楼。

总之，声（调）、韵（律）、节（拍）等音美元素以及句子的长短、音量的高低强弱都对汉语的语义结构和句法结构起着构形作用（structuring）作用，**因此说汉语是一种非常感性的语言**。这是理解汉语、掌握汉语的一个“纲”（key link）。汉语的动势、动态性、感性美都源于这个“纲”。

在本书再版之际，我要特别感谢中国大陆二十几位给我来信的博士研究生，他们对这本书的执着和为此写出的读书心得使我倍感欣慰。上海交通大学的一位博士生给我来信说：“我立下心愿要在拿到博士学位的那一天给您写感谢信，同时我也代表我的导师向您表示感谢。他曾经幽默地对我说，‘凡是看懂了《翻译与语言哲学》并且写出了研究报告的人，都可以成为合格的博士生！’”对此，我感到莫大的荣幸。

我还要感谢帮助我写出这本书的三位音乐大师：阿炳以他的沁人肺腑的《二泉映月》、莫扎特以他清丽动人的《弦乐小夜曲》（Eine kleinc Nachtmusik），还有海顿以他那一首又一首的田园之恋，不断激励我的情思，使我“下笔不能自休”（班固）。音乐魅力可以激发人的理论思维——那五年，我对这点最有体会。

可以说，这个体会，滋润了我后来的小半个人生。

刘宓庆

2006 年夏

自 序

我当学生的时候在大学图书馆读到一本书，里面说法国哲人笛卡尔的那句名言“I think, therefore I am”（我思故我在）使欧洲的哲学家忙碌了一百年。就我而言，也可以这样说：严复说的三个字“信、达、雅”，使我忙碌了几乎一生。严复处在国事频衰、世风颓变的时代，却深明内籀外籀互备之理，倡西学以振民心、图改革，纯清秉正，孜孜于译事。他这种品德和胸襟使我感怀至深。大学毕业以后，我做了五年专职翻译工作，同时用了五年业余时间，英汉对照地读完了我能够找到的他所翻译出版的书——在北大找到了《天演论》《群学肄言》《群己权界论》和《法意》及原著 *Evolution and Ethics and Other Essays* (T. Henry Huxley)、*Study of Sociology* (H.Spencer)、*On Liberty* (Stuart Mill) 和 *Spirit of Law* (C.S.Montesquieu)。我以赫胥黎、斯宾塞等人的英文为依据，反复琢磨严复的译句，并设身处地，生活在清末那个既顽隘又浅陋，官宦跋扈、文人偏愎的时代，才真正明白他提出那三个字的道理。对严复，后世有誉之者，有攻之者。大多数评论他的文章我都拜读过。从这些文章中我可以看到，要真正了解、理解一个翻译者，真正跟踪他的心迹是多么困难：你可以看到他在步履蹒跚地向前走，你为他跨过了布满荆棘的莽原而欢欣，为他不慎落入隐藏的陷阱而叹息。但是你却很难看到他那一颗含辛茹苦的心！你可以呷着香茗悠然指点他的功过；或者，登上讲台指责他的“失职”和“贻误后人”。但你却很难体验到（甚至有人根本无动于衷！）他为“一名之立，旬月踟蹰”仍留下的那一腔“我罪我知”的负疚心情！自古以来翻译家就担当着一份费力的“差事”，自古以来他就处在一种奇特的境遇中：他必须忠实地转述某一个人的言辞、传达某一个人的情思、勾绘某一个人的风采，但是他凭借的又是什么呢？又有什么呢？这个人留给他的，除了白纸上有时还不甚了然的一片黑字，就只有墓地里的一堆枯骨——或者，还有这个人的传世盛名——而这，除了使译者背负着沉重的精神十字架，唯恐有损于他的原意以外，实在得不到任何有助于他打理辞意文机的“实惠”！

然而，说也蹊跷，就是这份劳心费力的差事，吸引了古往今来众多杰出的有志之士，为之倾注了毕生精力，严复就是其中之一。那时候，中华民族的先知先觉者都誓言“我以我血荐轩辕”。严复是以他那特有的方式为民族觉醒和复兴奉献了一生。因此，严复对我的意义，远不仅是“信、达、雅”那三个字本身。他给我的，是一种永恒的、具有催动力的启迪：那就是，他那种执着奉献的方式和使命感。

从20世纪60年代我大学毕业任专职译员起，一直到今天，我都恪守着严复那份奉献的信念和使命感在生活、在工作、在思考。从20世纪60年代中期到80年代末期，我悉心研读了很多译论前辈的论述，其中包括我的同时代人对传统译论的透辟分析和总结，从中得到的激励和启发可以说使我受益匪浅，直到今天，他们有些至理名言我仍没有淡忘。对我影响至深的两部著作是刘靖之的《翻译论集》(1981)和罗新璋的同名作(1984)。他们对传统译论的理论思考，已经达到我难以企及的高度。

我想，时代在发展，科学在发展，中国在发展。我们的先哲前贤和学长寄望于我者，不是重复他们的足迹，不假思索地“同声相应”。清初学者顾炎武在《训子家书》(《日知录》卷二十一)中有云:“今人辄以法古为正宗，焉知时运之移虽古亦不足法也，法之乃时弊耳。今人应以时运之兴为正宗，兴时运之兴，导时运之尚未兴，论求群言之比以取正宗，则无弊矣。”“论求群言之比”(墨子语)以“兴时运之兴，导时运之尚未兴”，我认为言之至理，也应该是我的努力方向。我心中思考着这个问题，走向了异国他乡。那是20世纪80年代初。

我起初在美国，后来在欧洲的比利时和法国埋头研究西方语言学、西方译论、文论，以及三者之间的关系。春去秋来，我思考中形成了一些基本观点。看来，比之于西方，中国的哲学、美学、译学都有一个循循相继、互证互用的共同倾向：过于关注主体、主体机制或曰“主观性”（subjectivity）。我国的文献一开始就记载了这种凌驾一切的唯主体意识。《易经》的《上经》〈乾卦第一〉就说“君子终日乾乾，夕惕若。厉，无咎”，意思是人要时时刻刻对抗自然，即无灾无难；人唯有自强不息，面对自然凶险，才能生存。后来的儒道诸家也都以人格论的形式恪守此意，形成了一种思维定势。孔子阐扬“仁”“义”“礼”“智”都是从主体开启践仁、践义、践礼、践智的人格完成。《墨子》的〈非命〉，驳斥了孔子宣扬的“命定论”，认为人应该自主，反对受命于“执有命者”，要做到“必立仪”（必须合乎做人的规范）也是为了主体的完善化。孟子明确提出“万物皆备于我”（《尽心》）的主体观心性论。于是中国哲学的主体论及主观性原则就一直处于主流地位。中国传统译论深受这个哲学主流的影响，历代译论家都在谈自我体验，不谈如何分析原文。我想我们要兴时运之兴，导时运之尚未兴，首先似乎要突破方法论和认识论上的这种唯主体论，既把注意力放在主体的运作体验上，又不放松对翻译客体（主要是语言结构和意义）的系统研究，总之是科学地给主体和客体定位。我读了一些当时在西方非常流行的书，特别注意到“后结构主义”方法论者提出的所谓“主体的非中心化”，或曰“主体移心论”（decentrement du subject）。持此论的人主要是反击存在主义者［以德国的海德格尔（Martin Heidegger）和法国的萨特（Jean-Paul Sartrc）为代表］的主体中心论。存在主义者从主体性出发，无视客体因素，将人的主体意识“膨化”（inflated）到了至高境界，抹杀客体存在的意义和功能，例如萨特就认为一切文艺作品的“主动力机制就是人需要感到自己是世界的本质”，世界是主体的世界，是“被（主体）意识化了的世界”（《西方文论史》，马新国编，高等教育出版社 1996 年版，第 531 页）。后结构主义者强烈反对这种主体中心论，在方法论上也反对存在主义者把主体视为哲学思维的中心。因为，在后结构主义者看来，世界是一个具有复杂的关系结构的网络系统，主体只不过是这个复杂的网络系统中的一个环节而已，因此主体具有明显的局限性，主客体价值具有相互依存性。由于主体必须与客体处在对立的统一中，因此主体不具有绝对的独立性、稳定性和价值系统。

后结构主义者对主体中心论的批判性研究，有许多独到的见解，对我有很大的启发，虽然他们当中有些人的论断相当偏激，我并不苟同。例如断言所谓主体意识、主观性纯属子虚乌有，我认为不合事实。列维-施特劳斯（Claude Lévi-Strauss）认为人文科学“应当摆脱人文因素”，我尤其不赞成。人类进入七八十年代，技术新论踵出，科学思维对人文科学有很大的“撞击”，自是必然；但人文科学绝对不能排斥人文因素。而且就译学而言，仍然应当恪守人文性，这是无可置疑的。我们关注的只是翻译理论研究的方向调整以及根本的认识论、方法论问题。

我思想上产生了一种试着将理论研究“重新定向”的念头，有心参照后结构主义者宣扬的“主体的非中心化”“相对化”观点，但我完全不同意他们那种把主体意识看成自赋的、虚幻的、泯灭客体的存在，从而成了阻碍认知的“障碍屏”（a fender board）等学术偏见。我认为，就人类的认知而言，在主体与客体这一对矛盾中，主体仍然是主导，客体是对象和依据。就翻译理论研究而言，我们的传统理论始终执着于主体内省式的“入”（知、情、志的投入）、“悟”（由循序渐进的“渐悟”到豁然神解的“顿悟”）、“化”（心悟神解、振笔而书，出神而入化或入于“化境”）。这些见解很精辟、独到，但并不完全符合科学认识论。说到底，主体只是翻译运作的一个方面，它诚然是主导的一面、能动的一面，但绝对不应被视为孤立、唯一的一面。如果我们脱离了翻译的客体（文本、原作者、读者），只谈立足于主体的“信、达、雅”与“入、悟、化”，分别出自有限的主体经验来谈认识、谈理论，则很难谈出共识来，也是很难将我们的译论科学化的。所以从这个意义上来看，客体为主体提供的不仅是具体的研究对象，而且更深一层，提供了价值对象和价值参照系统。客体是主体存在形式的客观“生态条件”，是主体内省的现实凭据。这都是理论的科学性不可忽视的。

为了将翻译研究重新定向为主客体的辩证统一观指导下的翻译理论探索，从 20 世纪 80 年代初期起，我开始从文体入手，研究在“文体”这个“客体现实”的基本框架下，应当怎样实现主客体统一运作下的双语意义转换和形式转换。这是 1984 年我撰写《文体与翻译》时粗浅的认识论基础。《文体与翻译》也是我在翻译研究中摒弃唯主体论，力图实现主客体的辩证统一观，改进认识论、方法论的第一次认真的尝试。随后的几部著作都是沿着这个基本定向撰写的。每次出版一部书，我都非常珍爱，但每次我都感到不无遗憾，似乎发现它总缺少我理想中的那种主客体交融互备的理性力量和情采，就像母亲深情地抱着自己的初生儿，却又在内心深处隐藏着一点难言而且难释的负疚，凝视着那小小的生命。

从 20 世纪 80 年代末开始，我着手悉心研究翻译美学，那真是一种令人神往的探索！生活中种种不幸的苦涩，似乎统统溶进了默默探索的甘露之中，差不多使我忘尽了春夏秋冬——但总觉得所得甚微，茫然多于豁然。这种经历和感受，常常令我想起孤独多思的斯宾诺莎。他住在海牙的时候，往往一两个星期都难得说一句话。每天一清早，他打开窗户，总会看到一位扫落叶的老人。有一天清晨，他照常打开窗户，见到那位老者。

“早啊，斯宾诺莎先生！昨夜里您又想得很多、写得不少吧？”

“不少呢，你看地下。”斯宾诺莎有点苦涩地笑着，指指落叶，“得多亏你把它装进垃圾袋了。”

老人笑了笑。然后若有所指地抬头回答说：“这也是大地之母的赐予啊，先生，要不小树怎么能长成大树呢？”

老人的这句话使斯宾诺莎得到了很大的启示，扫叶人说的实际上是“兴”与“废”的辩证关系：“兴”常常是“废”的果实。多思出智慧。废纸篓虽然装满了，又倒空了，废纸不见了，但智慧留在了心里：那可能正是某个新意念的萌芽。

事实正是如此。关于翻译美学那本书，我是受到挚友们的启发、诱导而写的。我按他们的思路，思考过很久。但初稿中对西方美学的新范畴引进得太多，喧宾夺主，与汉外互译的理论关系甚微，我决定将近两百页手稿扔进了废纸篓，就像斯宾诺莎窗外的落叶，只好由扫地的老人去打理。关于西方现代美学与翻译问题，我决定另外写一本书，作为《翻译美学导论》的姊妹篇。正是通过对翻译美学的惨淡经营，使我找到了哲学——包括中国古代哲学和西方古代、近代、现代哲学。哲学指引我从茫然慢慢走向了豁然。如果说对翻译美学的悉心研究是一种令人神往的情志的探索，那么以哲学来解释翻译理论命题的尝试，给我带来的则是一种精神上的喜悦，一种“经年悬念，一朝冰释”的喜悦，一种似自彼岸世界遨游归来后，心中那“忘我又忘物”的喜悦。《翻译美学导论》完稿以后，我开始集中精力钻研西方语言哲学，那是1993年初冬。这本书，是我五年耕耘的结果。

在本书中，我力图论证对翻译学深层理论关系最为密切的四个问题。

首先是汉语的异质性——也许可以说是语言的异质性问题。这个问题涉及语言观。语言究竟是同质的？还是异质的？我认为既同质、又异质，这是事物的两个方面。语言如果没有同质性，那么人与人（当然是指操不同语言的人）之间，就不可以沟通、交流。极而言之，就不可能共处于一片蓝天之下：取交流而代之的“心距”必将演变为相互仇杀，终而使人类毁灭。同样，语言如果没有异质性，那么这个地球上就不可能存在着这么多群芳争妍的文化。很难想像薄伽丘、莎士比亚和曹雪芹说的是同一种色泽光华的语言，世界文坛上会出现《十日谈》《罗密欧与朱丽叶》《红楼梦》，这样全然不同的言情杰作！可以说世界上每一种历史悠久、文化沉积深厚的语言，都有其迥然不同于另一种语言的异质性。苏轼在论中国诗词书画特征的时候写过两句诗：“出新意于法度之中，寄妙理于豪放之外”（《苏轼文集》卷七十），我们可以借这两句诗来综述整个汉语的特点。汉语语法隐含，但绝不是没有“法度”。汉语的词法、句法和语段扩展都有严谨的约定性规范，绝不是天马行空。另一方面，汉语又讲究流洒豪放，在形式上不拘一格，特别表现在动词的“时、体、态”上。我们说“这首诗写得好”，“写”用主动，绝对不说“这首诗被写得好”，因为说汉语的人感到要那么一板一眼地扣住语法形式框架讲话，肯定有失于流洒豪放。苏轼认为理与情应该不让法度凌驾，才能称得上“妙理”“豪情”。这确实是中国人的性格，连法家的法治精髓中都看得出儒家的仁心。

西方不少语言学家（甚至汉学家）认为“汉语没有语法”，这是一种误解或者曲解，即用印欧语的形式规范和范畴去曲度汉语。这是同质语言观的典型表现。西方现代语言学由索绪尔带头高高地打起同质语言观的旗帜，迎来一片应和之声，直到乔姆斯基语法理论，只注重同质的、共时的、形式的、结构的、演绎的五个维度的描写，意义问题被挤在五维夹缝中倍受冷落和掣肘。这种思潮长期影响了西方的语言哲学家，直到二十世纪六七十年代以后，才慢慢放松了这种掣肘。期间，后期的维根斯坦（L. Wittgenstein）、斯特劳森（P. F. Strawson）和奎因（W. V. Quine）有很大的功劳，所以本书对这三位哲学家的借鉴、引证也比较多。

第二个问题与异质性问题有关，就是所谓本位与外位问题。所谓“位”是指基本立足点。“本位”指基本上立足于中国，“外位”指立足于外国。中国翻译理论体系的构建应该立足于中国：不失中国特色，不悖汉语的特征，不漠然于中华文化发展之所需。有人误解了这种观点，说这样做是鼓励“各人自扫门前雪”，“中国应该是走向世界”。其实“各人自扫门前雪”是“大家来扫雪”的第一步。知己知彼，你不把门前雪扫干净又怎么“走出去”呢？西方翻译理论其实都是守住印欧语在“扫门前雪”。中国人针对汉语的异质性建立起一个翻译学理论体系来，就是对翻译科学和世界文化的重大贡献，因为说汉语的人占世界人口的四分之一。四分之一大地上的“雪”不能没人“扫”！与此同时，我们也绝对不能没有外位参照，道理很简单，我们的家底太薄了！

第三个问题是主体与客体的关系问题。本书力图论证冲出主体中心论樊篱的必要性。传统译论（包括中国和西方）有不可磨灭的历史功绩，但是世界在发展，21 世纪将是另一个新的“翻译的世纪”，因此译论也必须迎接新挑战。翻译家和翻译理论家面临的最大、最根本的挑战不只存在于客观世界，而恰恰主要存在于自己头脑中，存在于“主体中心论”的怪圈中：正是囿于这个怪圈，使翻译家和翻译理论家总是将原文文本（SLT）看作一块只能看到译者自己的反光镜，而不是一块理应运用自己的眼力将原文文本“如实地看透”（“to see through as it is,” Schleiermacher, 1799）的透镜：那里记录的是原文作者的心迹。说到底，翻译是对原文作者的心迹跟踪。人的主体具有“无限性潜力”（“infinite potential, ” ditto），但“主体中心论”或“唯主体论”则是扭曲这种潜力的怪圈。尼采在评论笛卡尔时说，“我思故我在”固然是天才的隽语，但笛卡尔如果也能怀疑一下自己，终于能证明“我思故我不在”的话，则是非凡天才的警世名言了！尼采这番难得的幽默话语，虽然包含着悖理，但对于执着于主体而忽视阐释文本本身含蓄义的翻译家来说，也许可以从中得到一些启发。将文本本身“如实地看透”，按文本本身的含义（明示的及暗示的）解码的第一步应该是先怀疑自己，摆脱怪圈中的“自我反射”。主体的无限潜力只有不带偏见地投入到客体中，才有意义。翻译也好，翻译理论研究也好，当然并不是不需要主体“入、悟、化”，但主体的一切“入、悟、化”都必须不失客体的依据和客体的调节，经由“客体真实”的筛选才能真正做到接近原文文本的真理。这时的主体，才能说已接近能表现客体的“再度成形”（“reshape”, P. Ricoeur, 1976）状态。这应该说是最基本的翻译价值观。

本书的另一项任务是为中国的翻译学提出意义理论和文本解读理论架构。意义问题非常复杂，西方和东方的哲人谈意义谈了大约两千多年，可谓历史最悠久的哲学命题。意义也是翻译学的基本命题，因为翻译的实质就是双语（或多语）间的意义对应转换。唯其如此，我们才更有必要提出翻译学的意义理论模式。本书中提出的意义理论和文本理解理论，不论是就目的性（即对意义进行多维剖析）而言，还是就其理据、结构和价值标准而言，都得益于西方许多语言哲学家研究的成果。但译学不是哲学，译学意义理论的“三论”——认识论、表现论、对策论和翻译的价值论，应完全以翻译科学和实践的需要为依据和依归。这一宗旨是本书贯彻始终的。书中大量引证了西方许多有见地的语言哲学家精彩的原文论述，作者希望读者直接领受其益。通过对许多哲学家原著的阅读，也可能有助于破除哲学的神秘感，激发读者阅读原著的兴趣。中国古代哲学著作专论语言或意义者不多，本书选载了“白马论”全篇。这是一篇十分精彩的文章，可惜公孙龙子的著作大部分已经散失。周、秦以降，论家对“白马论”多持贬义，这是很不公平的。中国传统哲学中知性思辨没有得到发展，对学贤持偏颇态度是很重要的原因，而所偏所颇、何偏何颇则一切视乎其言行是否异于“正统”，这种宗法社会的价值观非常有害于哲学思想的发展。对知性思辨持积极态度，摒弃简单化，哲学思想才能向前推进。德国古典哲学、16至18世纪西欧哲学及至现代欧美语言哲学发达的原因之一就是鼓励新论。对公孙龙持简单的不屑态度者，甚至包括墨子。他在“小取”篇中说：“白马，马也；乘白马，乘马也。”言下似乎不屑一辩。这是很令人失望的。至于哲学、文学史论中责斥公孙龙“眩惑世间”(《庄子·齐物论》成玄英疏)、“辞巧理拙”（《文心雕龙·诸子》）云云者就更多了。公孙龙子的著作散失殆尽，绝非偶然。

在本书出版之际，我愿借此机会回答几位大陆、台湾和香港的翻译研究生多次向我提出来的共同问题：现在翻译理论似乎各执一词，究竟应当怎样去研究翻译理论？有一位香港留美的比较文学博士研究生来信说：“您的《翻译美学导论》充满才情，使我读得心旷神怡，但它似乎又与西方很多译论了无关系。您认为我们究竟应该怎么学？”他最后提出了一个“定向”问题，说与他在一起的大陆和台湾的翻译研究生“对理论研究方向始终感到迷惘”。对这个问题，我希望本书的《上编：翻译理论研究方法论探讨》能做出一些答复。在这里，我还愿提出一个建议。我认为医治“理论迷惘”的最佳疗法是“投入翻译实践”，必须长期在翻译的园地里亲自耕耘，在耕耘中洒过汗、跌过跤，甚至伤过皮肉、流过血。只要你长期地（譬如说五年）从事亲身耕耘，从翻译的艰辛中去切身体验严复提出的《译例言》开篇辞“译事三难信达雅”等中西方翻译家的主张，你就一定能从迷惘的散光中找到那个——甚至几个——从你心头拂之不去的“疑义的焦点”，那将可能正是萦绕着你、吸引着你付出辛劳的理论课题。美国的描写语言学家布隆菲尔德（L. Bloomfield）曾经在他的著作《语言论》中谈到过：从掌握大量的语言材料中提出原则和研究结论，而不是相反，先提出理论观点，再作推衍的主张。布氏认为语言学研究应当重归纳，重语言事实的理据，而不是按预先设定的理论模式、原则或体系定下先验的理论框架，将自己的研究工作禁锢在这个框架的局限之中。只要坚持实践，从汉外互译（特别是外译汉）的翻译现实出发，植根于实际的翻译实践中，须臾不离汉语本位观的语际转换，那么所谓理论研究的“定向问题”，就可以说实际上得到了“先天保证”，具有“本位基因”。翻译这门学科带有很显著的民族文化特征，同时又具有明显的综合性、技术性、实践性；而且国际化、多元化已是新世纪的大势所趋。翻译学不是“纯理论科学”。因此，在翻译学中，我们大抵不是用理论解决理论问题，而是建基于实践，将实践经验深化、升华为理论，以指导实践。翻译理论的拓展和完善化舍实践别无他途。因此可以这样说：翻译理论与其说是翻译理论家心血的结晶，毋宁说是无数个翻译实践家默默耕耘的成果。这就是为什么我一直主张：翻译硕士研究生的报考条件，应该包括不少于两年的翻译实务经历，翻译博士研究生则应具有不少于三年的翻译实务经历。一句话，必先工于翻译实务，才能工于翻译理论——这是由翻译的实质和基本特征决定的，不是由什么个人意志决定的。有些院校翻译理论班的学员理论上讲得头头是道，但翻译基本功不佳。这实在是一种令人遗憾的现象。搞翻译这一行，要记住一句名言:“冰冻三尺，非一日之寒。”

本书是受到美学界和哲学界的朋友们的激励而动笔撰写的，他们对翻译和翻译理论的兴趣和关心使我深为感动。我从翻译实务转向翻译理论兼实务已近30年:30年世事纷纭，而我则守静致虚，磨砺陶冶，求索于译论，常常感到自己已达到意志力和学力的极限。有人说，这个时代，我们面对的是“哲学的贫困”，也有人说是“哲学的迷茫”。我认为，对哲学而言，并不完全符合事实，但却不幸地在一定程度上符合翻译理论，特别是翻译的深层理论的现实。我能够在“贫困”和“迷茫”之中，摆脱个人忧患的重重袭扰，奋力以求，保留住一点点我们江南楚人世代相传的浪漫主义情志和灵性，勉力完成我应该完成的工作，可以说全凭天使之助，全凭她那无言而又无处不在的感应之助。我当然不是什么“天国论”者，但是我相信可以与一种高洁的情性相通，到达超然物外而又矢志不移于学术事业的境界。暮霭沉沉楚天阔，我常常提醒自己，莫因暮霭沉沉，忘却楚天天外的风景。

我决心不断努力，以与纯清雅洁的楚天天使情志相融、灵性相通的情怀和胸襟，迎接即将到来的新世纪；我祝愿，那也是我们翻译事业的新世纪。苏词云“我欲乘风归去，又恐琼楼玉宇，高处不胜寒”。事实上，苏轼正是高踞于不胜寒处，才写出那样明洁的诗。我愿以苏词自勉，奋发此生，这也是我们江南楚人世代相传的禀性吧。

刘宓庆

1999年9月

目 录

《翻译与语言哲学》修订本前言——翻译学需要怎样的意义观？ 001
自 序 009

绪 论 1

上篇 翻译理论研究方法论探索

第一章 本位与外位 15
1.1 本位观刍议 15
1.2 外位参照 28
1.3 本位观照，外位参照 32
1.4 结语 37
第二章 主体与客体 42
2.0 概述 42
2.1 翻译主体的科学定位 44
2.1.1 主体的主导性 44
2.1.2 主体的“权力”：范围和限度 47
2.1.3 主体的“无限可变性” 50
2.1.4 主体的能动性源自客体 54

2.1.5 结语 58
2.2 翻译客体的功能: 拒斥主体的“凌驾权力” 59
2.2.1 翻译客体是一个三元复合体 61
2.2.2 文本的“权力”: 拒斥僭释 62
2.2.3 文本的内在矛盾和不确定性 66
2.2.4 文本的非整体性 67
2.2.5 文本的期待性 68
2.2.6 文本的语义隐含 69
2.2.7 文本与作者: 人文互证观 71
2.2.8 文本与读者: 译者的取向参照系 74
2.3 结语 76
第三章 方法论余论三则 80
3.0 意义的人文性: 基本依据 80
3.1 语言的人文性与科学方法论 84
3.2 继承与开拓 89
3.3 历史感与现实感 94

中篇 翻译理论的哲学视角

第四章 语言观与翻译理论问题 105
4.0 概述 105
4.1 语言的同质性与异质性 106
4.2 翻译语言学要求同质语言观和异质语言观的辩证统一 106
4.3 汉语的异质性与翻译理论问题 125
4.3.1 汉语的文字体系和声韵体系独树一帜 125
4.3.2 汉语的形式（形态）弱势与意念强势 132
4.3.3 汉语的意念主轴与英语的形态主轴 134
4.3.4 汉语语法的异质性表现 138

4.4 结语 151

第五章 翻译学的意义理论（上）：现代语言哲学中的各种意义观 161

5.0 概述 161

5.1 翻译学视角中的语言哲学意义理论 164

5.1.1 指称论（Theory of Reference）意义观 165

5.1.2 观念论（Ideational Theory）意义观 184

5.1.3 语用论（Use Theory）意义观 198

5.1.4 指号论（Signs Theory）意义观 206

5.2 结语 221

第六章 翻译学的意义理论（下）：中国翻译学意义理论架构 235

6.0 绪论：意义对译学的意义 235

6.1 翻译学意义理论的认识论 238

6.1.0 译学视角中意义的基本特征 239

6.1.1 意义的实体性 239

6.1.2 意义的疏略性 242

6.1.3 意义的不确定性 244

6.1.4 意义的游移性 246

6.1.5 意义与思维的伴随性 248

6.1.6 意义的逻辑性 251

6.1.7 结语：意义的定义问题 253

6.2 意义获得的途径 254

6.2.1 指号系统 254

6.2.2 指称系统和超指称系统 265

6.2.3 语境系统 277

6.2.4 结语：翻译学的“意义范式” 286

6.3 意义的表现论 287

6.3.1 翻译再现的层次 287

6.3.2 动态表现与非动态表现 291
6.3.3 结语 298
6.4 意义的对策论 300
6.4.1 必须将意义视为能动而非僵化的实体 300
6.4.2 必须通达权变，关键在把握意向 302
6.4.3 意义理论中的形式问题：形式受制于意向的调节 305
6.5 结语 314
第七章 论翻译思维 319
7.0 概述 319
7.1 翻译思维的特征：三个平面 319
7.2 现代西方哲学与文论的“理解理论” 321
7.3 翻译学的“理解理论” 336
7.3.1 翻译中的理解障碍 337
7.3.2 理解障碍的成因分析 347
7.3.3 翻译学的理解对策论 351
7.4 结语 363
第八章 翻译中的语言逻辑问题 370
8.0 概述 370
8.1 翻译中的逻辑规约和校正 373
8.2 翻译的逻辑思维链 376
8.2.1 概念理解谬误 377
8.2.2 逻辑悖理谬误 381
8.2.3 语段混乱谬误 386
8.3 所谓语言真值问题 391
8.3.1 “意义即真值”论 391
8.3.2 冗余的“非真值”论 393
8.3.3 所谓“真值共享”论 394
8.4 结语 396

下篇 翻译的价值观论

第九章 新翻译观探索 401
9.0 概述 401
9.1 新世纪的翻译学: 翻译理论的科学化 406
9.1.1 历程和条件 406
9.1.2 翻译理论科学化的具体任务 410
9.2 新翻译观刍议 417
9.2.1 将主体与客体合理定位 418
9.2.2 赋予译者充分的酌情权:“权力转移” 420
9.2.3 鼓励对文本的多样化阐释和再现 422
9.2.4 充分关注对形式的表现论研究 428
9.2.5 充分关注读者的接受 429
9.3 结语 431
第十章 翻译批评论纲 435
10.1 翻译批评总论 435
10.2 关于翻译批评的主体 435
10.3 关于批评的标准 439
10.4 关于翻译批评的对象 443
10.5 关于翻译批评的方法 448

中文参考书目 452
英文参考书目 454

《翻译与语言哲学》第二版专文
——时代必将给“西方规定性”做个终结: 且看东西方异彩纷呈 463

绪　论

哲学家对语言的关注渊源已久。我国先秦诸子中最早谈及的语言哲学问题是“名”与“实”。首先提出“名”的问题的哲学家是老子（约公元前七世纪），老子在《道德经》第一章中提到“无名，天地之始；有名，万物之母”，但他认为“万物之母”是“道”，“名”生于“道”，忽略了客观存在的万事万物才是名的依据。墨子（约前468—前376）比老子进了一大步。《墨子·经说上》说，“所以谓，名也；所谓，实也。”“所以谓”的意思是“用以作称呼的”，就是我们今天所说的“指号”或“能指”（signifier），也就是“名”；“所谓”是指“所称呼的事物”，即今天所说的“指称”或“所指”（signified），也就是“实”。墨子的中心命题是“以名举实”。他的论述出于《小取》篇：“焉摹略万物之然，论求群言之比。以名举实，以辞抒意，以说出故。”这在公元前三四百年，实在是非常精辟的见解。这是中国哲学史上“名与实”这一“二元对立项”命题的提出之始，也是世界文明史上最初说明“能指”与“所指”关系的记载。春秋战国时期社会动荡，世事频频变幻，名存实亡、名实相悖的现象非常严重，也就是《淮南子·要略》中说的：“新故相反，前后相谬，百官背乱，不知所用。”于是名实之间的关系就成了哲学家关注的问题。这也正是荀子（约前313—前238）提出著名的“约定俗成”论的时代背景。荀子是坚决主张“制名以指实”的，他认为“知无实者之无名也，故使无实者之莫不无名也，不可乱也，犹使同实者莫不同名也”。这样就把名与实等同了起来，即所谓“名副其实”。当时名实问题引起了很多学者的关注，这些人就是中国思想史上的所谓“名家”，指惠施、公孙龙等人。名家往往对名实关系作“诡辩式”的推衍诠释，其实不尽如此，本书中另有论述，及至韩非子根据墨子“以名举实”的基本思想提出了“形名参同”（见《主道》，“参”的意思是“参验”或检验名与实是否相符），才从认识论和方法论上比较正确地解决了名实关系问题，当然这是从当时的认识水平来评价。

西方古典哲学对语言的关注发端也很早。古代语言哲学观的萌芽可以溯源到古希腊时期的赫拉克利特（Heraclitus, 约前 535—前 475），略迟于老子。据说，“logos”（逻各斯，在希腊语中的意义是“词”或“有意义的词”“meaningful word”）就是赫拉克利特引入哲学的。苏格拉底虽然没有专门探讨语言问题，但却非常专注地分析了道德词语的含义，实际上是在用朴素的语言分析方法讨论哲学语义学问题。柏拉图（约前 427—前 347）论述的语言问题十分广泛，他在 *Cratylus*（《克拉蒂勒对话集》，克拉蒂勒是书中人名，该书是一篇谈话录）中比较详尽地论述了词的起源、功能和词语使用问题。柏拉图借克拉蒂勒之口说：“The force of names...is to inform: the simple truth is, that he who knows names knows also the things which are expressed by them.”这大概是现代西方语言哲学中关于意义的“指称论”的初始之源。在古希腊哲人中，首先提出词与意义之关系的约定论哲学家是亚里士多德（前 384—前 322）。亚里士多德关注的语言问题很广，包括口语重于书面语、名词与动词的功能区别，以及语言中的时态范畴。亚里士多德关于语言的论述，对后来的哲学家影响很深，例如伊壁鸠鲁（Epicurus, 前 341—前 270）就继承了亚里士多德关于语言是人类内心经验符号的见解，并为英国哲学史上的三位巨人所秉承，他们就是 17、18 世纪的经验论者法兰西斯·培根（Francis Bacon, 1561-1626）、大卫·休谟（David Hume, 1711-1776）和约翰·洛克（John Locke, 1632-1704）。培根极力反对偶像崇拜和由此而产生的虚妄观念，主张真理由经验证实（*Novum Organum*: 1607）。休谟论证了人的观念产生于由印象深化的表象或意象（image）。洛克可以说是第一位英国古典语言哲学家。他在这一领域的专论是 *Of Words*（约 1689）。洛克认为意义源于观念，词语是观念的符号，而人的所有的观念都来源于后天的经验，因此洛克是“观念论”的先驱。

了解了哲学和语言问题的渊源，就给我们展开了一个溯本探源的历史视角，看到哲学和语言的关系源远流长的发展沿革，以及语言与哲学至19世纪末与20世纪初互备互证的必然趋势。我们可以大体概括地说，各个时代的大多数哲学家都是按照“事物（世界）—思想（或概念）—语言”的模式考虑问题①，也就是说，哲学家对世界的认识和剖析思维，并将他的认识和剖析赋诸哲学描写，总是凭借语言来实现的。这是哲学与语言学结缘的基本原因和内在因素。

译学与哲学（更具体地说是翻译学的深层理论、语言哲学和语义学）的“接轨”——或者用我们在上面说的词“结缘”——也绝不是什么偶然现象，更不是翻译理论家主观意志的取向，而是客观规律的必然发展。问题只在于我们是否认识到了这种客观存在和客观规律，自觉地因势利导，研究这种存在和规律对译学研究的推动和深化作用。今天，我们可以肯定地说，用语言哲学作为科学手段研究翻译理论，是深化翻译理论、扩大并展现现代翻译语言学深层理论的维度（dimension）和论证手段的必由之路。

为了更清楚地阐明译学与语言学之间的密切关系，有必要在这里概略地阐述一下西方哲学从古至今的发展沿革和脉络，现代语言哲学产生的历史必然性及其关注的课题，以及语言哲学研究范畴与翻译语言学理论研究范畴所形成的“垒区”（或“毗邻区”）。在阐明了这些问题之后，我们就可以提出现代语言哲学视角中的翻译理论所应关注的研究课题和理论结构框架。这个语言哲学视角的翻译语言学框架是翻译基本理论的组成部分。对译学而言，它并不是一门完全独立的学科，但却是中国翻译语言学不可或缺的深层理论。

哲学是“世界观的理论化”（the theorization of man’s world outlook），或者被称为“理论形式的世界观”。西方哲学在观察和认识世界时的研究主题，随时代的发展而演变。一般认为在西方哲学史中发生过三次重大的转折。在远古时期巫术和神秘论盛行，人类处在蒙昧的自在状态。从古希腊时代起，哲学家就力图摆脱神秘论，研究的中心课题是以柏拉图为发端的本体论研究（ontological studies）。柏拉图将世界分为“感觉世界”和“理念（形式）世界”，认为感觉世界实际上是不存在的，人的理念世界才是真实的存在。哲学家的任务就是研究这个理念世界存在的本源、本质，即所谓“本体论”（ontology）。人类从蒙昧的自在状态，转变为努力探求自我认识的初始自为状态，这就是第一次转折。本体论研究旨在确立人类（主体）的知识与认知的对象（客体）之间的关系，也就是人在观察世界时所发现的万事万物的本质究竟是什么？它们的存在形式究竟是什么？因此，这时的所谓“世界观”，实际上应该说是“存在论”，即关于事物“存在”和“非存在”（existence vs. non-existence）的论证。当然，这里也包含认识论，因为他们实际上是在探究人的认识能力之所及和认知的界限及途径。有些认为有存在物的哲学家（如巴门尼德 Parmenides）论证说“非存在”是超乎人类语言所能表达的；而另一些哲学家（如赫拉克利特）则认为，即使是“存在也超乎人类的语言表达”，可见当时语言哲学将认识论问题也归之为语言的问题，断言人类的认识能力和界限取决于运用语言的能力。这是哲学认识论与哲学方法论“合二而一”之始，也是哲学思维与语言问题纠缠不清之始。罗素（Bertrand A. W. Russell, 1872–1970）说，“语言如同呼吸、血液、性别和闪电等等事物一样，具有神秘性。人类自能记录思想之日起历来用迷信的眼光看待它”[②]，就是针对这种现象说的，并暗示将发生新转折的必然性。在这个时期，赫拉克利特关于词语包含了事物的本质、人类语言结构反映了世界的（或现实的）结构等等论断，对后世颇有影响[③]。这种影响一直持续到西方哲学在 20 世纪发生第三次转折才趋于式微。

第二次转折以笛卡尔（René Descartes, 1596–1650）开创并为之作出有力的阐发的认识论为标志。笛卡尔思路开阔、眼光敏锐，极其厌恶非理性的盲从。他本人将认识论称为“正确地运用推理和达致科学中的真理的方法”（the method of rightly conducting one’s reason and reaching the truth in the sciences, CDP），以“怀疑”为起点，坚持以理性考察来确定世界的物质性和物质的统一性。笛卡尔强调人的理性认识的能动性和可论证性，成为近代唯理论的创始者，他的名言是“*Cogito ergo sum*”（I think, therefore I am）：“我思故我在”。在笛卡尔学说（Cartesian Science）的催动下，欧洲的哲学家“忙碌了一个世纪”，从而给西方哲学带来了认识论转折（Epistemological Turn），哲学家从主体与客体的关系问题出发，展开了对人的认识能力、界限和途径影响深远的探讨。认识论于是成了西方近代哲学的中心课题。

但显而易见，人的认识能力及这种能力的界限与语言密切相关：人不能舍弃语言这个认识手段或途径去获取知识，如果没有语言，人的头脑“将是一片空白”（J. Locke）。这一点可以全面表现在认识论的三个领域中：第一，界定认识的特征必须“倚仗”（relying on）或“凭借”（by virtue of）语言；第二，主体对客体存在的“实际条件”（substantive conditions）的描述必须倚仗或凭借语言；第三，对知识的“限度界定”（to define the limits of knowledge）和“真伪之辨”（justification）也必须倚仗或凭借语言。因此，可以这样说，笛卡尔的认识论是承先启后的中介，西方哲学在20世纪初出现语言转折（Linguistic Turn）实在是历史的必然。语言哲学家马丁尼奇（A. P. Martinich，1955）在分析笛卡尔点燃了“怀疑之火”，使哲学家对认识论进行了上下求索，历时长达二百年之后为什么“对语言发生兴趣”时论述说：“首先，语言是人类的基本特征，哲学家研究认识问题必须研究语言；第二，某些基本的哲学问题产生于语言结构带来的虚假信念，或曰假象，这就有待于哲学家为之辨真伪。”例如下面两组例句④：

（A1）John came down the road.

（A2）Nothing came down the road.

（B1）Mary is a lawyer.

（B2）Justice is a virtue.

由于语言结构的同一，上述两对句子很可能使听者或读者产生逻辑上称为“悖理”的假信念：在例（A）中将Nothing看成了与John一样的“实体存在”；在例（B）中又将Mary与Justice及将lawyer与virtue的属性混同。遇到这种情况又如何澄清真伪辨析理据呢？哲学家与语言学家都认为这不是语言学的任务，而是哲学的任务。因为从句法学上说，上例四个句子都是“合格句”，不存在什么辨真伪问题。

第三个原因是欧洲自古就有许多哲学家认为语言是现实的反映，因此了解语言的结构也就可以了解现实的结构。这种见解始于柏拉图，从漫长的中世纪一直延续到20世纪西方的现代哲学。其中最有代表性及影响最深远的是奥地利哲学家维根斯坦（Ludwig Wittgenstein, 1889–1951）提出的“语言图像理论”（the picture theory of language）。前期的维根斯坦认为语言与现实世界具有同型结构，人对语言的认识也就是对现实世界的认识，语言的界限也就是世界的界限。维根斯坦后期的语言哲学与自然语言认同，其主要命题是“语用（use）决定语义”或曰“意义取决于应用”，即认为语言的准确意义存在于其应用功能中[⑤]，语言伴随人的一切活动而发挥功效。这种见解与海德格尔（Martin Heidegger，1889–1976）后期的主张不谋而合。

大体说来，西方语言哲学家在努力实现“语言转折”时，是以哲学家的探索精神，对笛卡尔所开创的认识论研究，以及对黑格尔（Georg W. F. Hegel, 1770–1831）可谓无所不包的思辨的世界观哲学，进行批判性总结为发端。他们反对把哲学的认识论归结为“绝对理念”（absolute rational ideas）的自我认识［表现为客观主义、绝对主义、一元论（monism）和整体观（holism）］，这些范畴或特征集中于黑格尔的形而上学哲学体系。19世纪末期以后的西方哲学家，大抵具有反“抽象思辨”传统的色彩。他们认为哲学的任务完全不在于构建什么抽象思辨的形而上学（本体论）体系，而是要“真正地解开人类的认识之谜，即人类赖以进行认识的语言机制之谜”[⑥]。这也就是说，哲学家要认识世界，首当其冲的任务既不在于研究世界的本源、本质，也不在于研究人的认识能力和界限，而在于研究人类赖以表述观念，从而实现其认识的语言，包括它的要素、结构类型和功能，使人类思维的确切性能赖语言形式（表达式）的确切性而得到保证。这才是哲学家进行哲学探索的鹄的。

很显然，这个鹄的与翻译学功能观大体相同，不同之处在于：语言哲学关注的主要是语内的问题，而翻译学关注的则是语际的问题。这是我们可以将语言哲学视为“他山之石”，又不能不看到这块宝贵的“他山之石”的局限性的原因。

现代西方语言哲学研究基本上建立在两个基石上，一是同质语言观，即将一切人类语言视为似乎没有本质差异的同构系统（但实际上他们是以印欧语为依据和依归）；二是反传统的形而上学哲学，抹杀了传统哲学在很多哲学范畴中所作出的贡献，如德国古典哲学的时空观，为黑格尔和费尔巴哈（L. A. Feuerbach, 1804–1872）所发展的辩证观，实践和经验的统一论等等。由于西方大多数语言哲学家只重视语言的同质性，预设所有的语言是同质的，所有的语言都是整齐划一的、一成不变的系统，因此他们断言语言的形式和语义也都是确定的。语言哲学家的任务就是构建出一套公式来作逻辑演绎，以判定其真伪，从而可以“一劳永逸”地消除语言中的毛病。由于他们中不少人坚决抱定这个假设，因而忽视了语言的异质性，忽视了语言特别是意义的人文性，致使研究领域越收越窄，其中的人工语言学派（即逻辑符号形式学派）甚至拒斥意义的重要性，扬言逻辑句法用不着分析意义，一旦意义介入了分析，就会导致主体意识的判断错误。他们在方法论上否认概念分析法的重要性，完全依靠逻辑形式化推演。这对我们翻译学可以说没有什么重要的借鉴意义（当然他们有关“主体意识对真值的干扰”这个观点以及对此所作出的阐述可以给我们一些启示。本书在有关章节中将有论述）。西方语言哲学家对待传统哲学的方法论，特别是德国哲学家对辩证法的发展，持拒斥态度，就使得他们常常陷入绝对主义、极端主义，并使他们分不清语言本体的人文性与语言研究方法论的科学性。看来，现代语言哲学家（特别是在 60 年代以前）“好走极端”与索绪尔（Ferdinand de Saussure, 1857–1913）的偏颇态度很有关系。由于索绪尔在语言学研究中享有很高的地位，他的抉择（见本书第四章）形同指引，深深地影响了后来者。人类历史常常重演某种令人深思的现象，对学术巨人的赞扬的声浪，往往掩盖了对他的成就的冷静评估。等到数十年、上百年后，世人才领悟到那种冷静评估的睿智所在。

尽管如此，西方现代语言哲学家们仍然为哲学和语言学研究作出了很多新的探索，成绩斐然，特别是 60 年代以后，不少哲学家受到后期维根斯坦转向重视自然语言（日常语言）的启发，在基本方法论上有很明显的调整。奎因（W. V. Quine）、斯特劳森（P. F. Strawson）、戴维森（Davison）、赖尔（G. Ryle）、蒙太古（Montaque）、克里普克（S. A. Kripke）都是这方面很有成绩的代表人物。

就目前的情况而论，语言哲学在现代西方哲学中已占有主导地位。西方语言哲学家（不论是大体以英国为中心的“日常语言学派”，或是大体以美国为中心的分析语言学派——也称为“理想语言学派”或“人工语言学派”）似乎已就现代语言哲学的基本任务达成了一个大体的共识：研究人的认识的语言形式，也就是塞尔（John R. Searle, 1932–　）说的以“语言的哲学”作为哲学的一个分支，其任务是“对语言的某些一般特征，例如意义、指称、真理、实证、言语行为和逻辑必然性进行分析”（1971）。其中心课题是意义以及意义的准确合理的表达形式，涉及语言与实在（指称）、语言与思维、语言与逻辑、语言与行为及行为意向、语言与真理、语言与符号（指号）等等范畴。以上这些范畴分属于语形、语义和语用三个维度，体现了“思维（thought）—语言（language）—实在（reality）”的三元关系。显而易见，这些范畴及关系系统与翻译学理论的拓展和深化息息相关。这正是我们研究语言哲学基本的、同时也是最实际的目的。我们的任务是借“他山之石”以“攻”我之“玉”（即翻译学语言学深层理论的拓展和构建），为的是适应时代的发展和中国翻译事业的需要，也就是构建比较完整的翻译基本理论和深层理论体系，使翻译理论研究既恪守源远流长的人文性，又建立在严谨的科学方法论的整体基础之上，与西方译论并驾齐驱，又各有千秋。

具体说来，我们可以借助于语言哲学与其他一切相关学科，建立我国的翻译总体结构中鼎足而立的三大支柱，即翻译语言学、翻译美学及翻译文化学，其总体架构如下式：

翻译理论的宏观架构（A Tripod Structure）

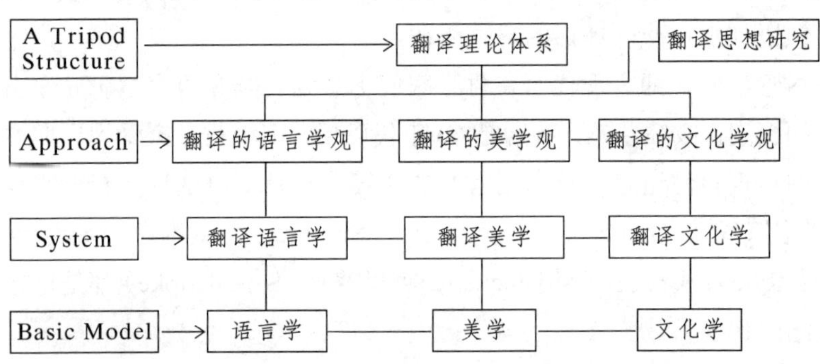

如上所述，本书探讨的是翻译语言学的深层结构——翻译的语言哲学，也可以称之为翻译语言学的语言哲学视角，即借助语言哲学的有关理论，铺垫翻译语言学深层结构的理论基石。我们可以将这门学科的具体任务阐述如下：

（一）探讨翻译学研究的认识论和方法论问题，集中于本书的上篇。其中首要的问题是中国翻译理论建设究竟应该走一条什么道路（“基本路子”)？究竟应以“本位”(本国具体的语言、文化、历史现实）为基本立足点，抑或应以“外位”(外国的语言、文化、历史现实以及外国的译论研究成果）为基本依据及立足点？或者本外兼顾、亦本亦外？我们的主张是以“我”为主，“外”为“我”用，在充分论证的基础上提出“本位观照、外位参照”的理论原则。除本位与外位问题外，我们还将探讨主体与客体、人文性与科学性以及继承与开拓等等与翻译理论研究的认识论和方法论密切相关的二元命题，旨在从哲学的视角来看我们应遵循什么研究取向，才能有利于翻译事业的发展；落实并坚持“本位观照、外位参照”的原则，积极进行方法论和认识论探索，积极开拓理论领域、廓清所谓“灰色地带”与翻译理论的相关性（relevance)。可以说这是冲出“理论贫困”和“理论迷惘”最佳、也是唯一的进取性抉择。

（二）建设翻译语言学的意义理论观和文本理解理论。“意义”是本书中篇的主题，也是翻译语言学的中心课题。其实，语义问题也正是语言哲学的中心课题，这是翻译学与语言哲学的一个最重要的研究垒区。理解理论则既与哲学有关，又与现代文论有关。中国传统语言学对意义的研究始于先秦（公元前 3 世纪左右）的“名实论”，集中于名物释义问题。大约在战国末年，由齐鲁儒生纂辑的“尔雅”是我国最早的语义学（释名）经典。两汉时代主要关注中国文字与词汇。隋唐宋关注音韵学，元明继之，至清代又复以古义为研究重点，出现了黄生、戴震、段玉裁、王念孙、王引之等名家，推导出“以声求义”“以例求义”和“归纳汇证”三条语义辨析原则[⑦]。但是应该说中国语言学的意义研究在悠久传统的影响下，始终没有突破微观的古籍训诂诠释的局限和窠臼，进入宏观审视的多维领域，探讨意义与指称、意义与情境、意义与思维、意义与真值等等导向性基本命题（详见本书第四章)。因此，我们要建立翻译语言学意义观和理解理论，就必须放开眼界，不忽视西方语言哲学［包括诠释学（hermeneutics）和后结构主义理论］提出的许多与意义有关而又有助于提高和充实翻译学意义和理解理论的命题。

（三）对翻译思维的复杂性、特征和运作进行深入的探讨可以说，从翻译业出现之日起，就存在着一种经年反复、甚至无时无刻不对翻译学进行无情冲击的皮相之见（F. R. Amos, 1920)，即认为翻译只是一种无异于人类言语生成能力的本能活动，不存在有其本质特征的所谓“翻译思维”。其实，即便是自小生活在双语或多语环境中的人，他的“即时语际转换”（transitory transfer between languages）能力也是后天习得的，不是生而有之的。我们只需要考察一个非常普通的事实，就可以说明问题：生长在英语环境中的意裔或华裔美国人，如果从小就没有意大利人或中国人跟他讲意大利语或汉语，他是绝不可能生来就会讲意大利语或汉语的。但是，就翻译语言学而言，我们研究的中心问题并不是如何获得语际转换中的语言习得能力，更不是生成能力，而是翻译中的“双语转换能力”，涉及“翻译思维”所具有的特征、复杂性及其一般的运作规律和过程。人的语言习得能力和语言生成能力问题，不是翻译学课题，也不是语言哲学课题，而是语言心理学课题，因而也就不在本书的研究范围之列。

（四）从语言哲学的高度，比较广泛地探讨翻译中的语言逻辑问题（指自然语言逻辑）。一般说来，我们在翻译实践、翻译批评和翻译教学中，都比较偏重从语法结构和语义结构上分析和评估翻译的得失，常常在有意无意之中忽视语言逻辑问题，将行文中种种有悖于逻辑性的纰漏抛诸脑后，认为只要无碍于“信、达”就不必多加推究。这是我们对“意义转换”的多维性、层级性和深度认识有偏差所导致的疏忽。其实，做到“信、达”不一定就合乎严格意义上的语言逻辑。语言中，广泛存在着逻辑问题，小至词语组合及配搭（例如“恐龙”是“恐惧中的龙”呢，还是“令人恐惧的龙”？前者表示被动性，后者表示主动性），大至句子组织与含义以及呼应、管域、指涉等等，语内如此，语际更加如此。概而言之，语言逻辑所涉及的问题，包括悖于常理、不知所云、前后矛盾、语无伦次等等，诸如此类的语病，可以在不同的程度上影响意义表达，自是必然。事实上，这类毛病在已出版的翻译书中相当普遍，原因就在于在译者或译审眼中，似乎这一类问题都无碍于“信、达”的宗旨，没有认识到“信、达”本身以及“信、达”与“逻辑”之间存在着辩证关系。（详见本书第九章）

（五）也是我们最后一项同时又是一项基本的任务，就是对翻译的价值观论进行比较深入的研究，也就是对所谓“翻译的真值”（the truth value of translation）进行探讨，其目的在于构建基于上述论证的翻译价值系统和价值准则，以供翻译批评参考，集中于本书的下篇。迄今为止，翻译研究通常执着于单维度的、静态的、微观的评议，即所谓“翻译标准”的探讨和争论。所谓“单维度”，指主要依据主体的感悟和阐释；所谓“静态”及“微观”，指主要依据个别语词、语句、语段进行分析，而甚少顾及全局或整体性文本的翻译价值系统透视。显而易见，我们在这方面的开拓和建设，不仅旨在促进高质量的翻译实践，而且更重要的是可以试图提出翻译批评的参照性科学准则，使我们的翻译批评摆脱随感性、经验性、片面性（忽视对文本的多维阐释）、执着于不符合时代发展的因袭之见等等，总之是唯主体性表现出来的种种弊端。

以上五个方面所涉及的课题，将在翻译语言学的总体框架下——或者说在语言哲学的视角中——加以探讨。本书的宗旨在于为中国翻译学开辟新的理论疆域，力图为中国翻译语言学深层理论探求新的视角、途径和铺垫理论基石，因此可以说它是一本立意于开拓的概论性著作。自 20 世纪 20 年代以来，现代西方语言哲学理论著作虽不能说浩如烟海，也完全可以说非十年八载难尽其功。但我们的基本使命是建设译学理论，语言哲学只是我们的理论手段、理论武器，关键在把握其精要，摄取其精华，不可能也没有必要撇开前者，对后者作系统的、详尽的论述。自始至终，我们关注的是翻译语言学的深层结构。但即使如此，本书也只是作者近五六年中探索、实践与思考的成果，历尽千辛有之，然未必言之成理。庄子在《天下》篇中说，“天下之治方术者多矣，皆以其有为不可加矣”[⑧]，前句说的是中国战国中晚期可喜的学术争鸣局面，后句是指责当时某些学者的门户之见和唯我独尊的偏狭心态，当然是不可取的。就译学而言，亦当如是。翻译这门学科，历来见仁见智；而且中外方术殊异，古今所求殊隔。况哲学殿堂幽深，似有令人望而生畏之感。其实哲学典籍并非天书。有见地者得其门而入之，才知道世人道听途说，误事害人。今日之哲学已经摆脱了 19 世纪以前哲学思辨的玄虚，不论哪一派当代哲学家的治学，都志在最终解决具体问题。因此，我们希望有更多的译学理论家破除哲学神秘感，让译学步入哲学殿堂，捡一捡，掂一掂，悉心察看一番有哪些可以攻译学之玉的五光十色的好山石！

〔注释〕

①引自《语言与哲学——当代英美与德法传统比较研究》，徐友渔等著，三联书店 1996 年版，第 2 页。

②转引自《语言与哲学——当代英美与德法传统比较研究》，原句出自罗素著《人类的知识》，张今言译，北京：商务印书馆 1983 年版，第 68 页。

③参见 Ogden and Richards 著 *Meaning of Meaning,* London: Routledge and Kegan Paul, 1956, p. 32。当代西方语言哲学家并不认同赫氏的这种观点。例如维根斯坦就认为语言只不过是人类对现实的思维的反映。参见 A. P. Martinich 编著 *The Philosophy of Language*，NY：OUP，1990. pp. 3-5。

④引自 Martinich 著 *The Philosophy of Language* 之 Introduction。

⑤参见 L. Wittgenstein 著 *Philosophical Investigations*, trans. G.Ansombe, Oxford: Blackwell, 1953； 另 见 W. P. Alston 著 *Philosophy of Language*, Prentice-Hall, 1964, p.33。

⑥转引自《当代西方著名哲学家评传》第一卷，《语言哲学》，山东人民出版社 1996 年版，第 220 页。原句引自塞尔所编的《语言哲学》（*The Philosophy of Language,* OUP, 1971）。

⑦参见《中国古代语言学史》，何九盈著，广东教育出版社 1995 年版，第 373 页至 386 页。

⑧庄子在这里说的“方术”指的是他在下一句中所谓的“道术”；但“方术”有贬意，指偏于一方的治国、治学之道。

上　篇
翻译理论研究方法论探索

第一章　本位与外位

1.1　本位观刍议

所谓“位”，就是基本立足点，“本位观”就是站在本体的基本立足点上观察事物。人们观察事物，一般是从本体、本位出发。中国人看欧洲向西望，因此称欧洲为“西方”。欧洲人看中国向东望，因此称东亚为“远东”，称地中海东岸至印度那一片比较接近欧洲的地区为“中东”或“近东”。人类观察事物的这个本位观，深深地给语言打下了烙印。“离经叛道”是恪守“经”与“道”的人站在自己的本位上说的话，对无“经”“道”信仰的人来说，就不存在“离”与“叛”的问题。每种语言中都充斥着反映本民族本位观的词语、成语、表达式等等语言材料和语言现象，可以说整个语言（语音、语法、词汇）结构都只能用本位观来分析解释或阐明。先以词语为例。“春雨贵如油”只适用于中国中原及江南平原地域。“万事俱备，只欠东风”“百川东流”“长袖善舞”“拱手相让”“梅雨”等等表达式，只有站在中国的地缘、文化、社会历史传统、行为习俗等等本位观的立足点上，才能解释清楚。英语也一样。譬如英语中有许多以 pirate（海盗）参与组成的表达式，如 a pirate listener（窃听者）、to swear like a pirate（破口大骂）、pirate look（海盗服）、pirate radio（非法播音）、pirate CD（或 VCD，盗版光碟）等等，这是因为英国是一个岛国，常有海盗（特别是北海海盗）为患。美国英语中与 western 搭配的词特别多，如 western hat，western shoes，western jacket（以上三者的合称即牛仔装 western look），western music 等等这些词语无不以美国（的西部）为本位而言，并不是一般的“西方”。很多常用英语成语都有一个英国（英格兰、苏格兰、爱尔兰）本位的背景。例如peter out（渐渐消失、渐渐缩小）源自英格兰的矿工。英国矿工开矿原有saltpeter（硝石），peter是矿工用以称硝石的略语，“It's been petered out”是矿工们说“这个矿给慢慢挖光了”。这种成语是绝不可能出自拉斯维加斯（Las Vegas）的赌博业社群中的。语言中难以数计的词语，都是难以数计的语言群体各自从自己的本位观出发创造的表达式单位，且通常凝聚着操某种语言的人从本体、本位出发而形成的价值观、伦理观、历史观、人生观和行为特征。语言是含蕴这些观点的符号体系或载体。

除词汇以外，语音和语法亦然。以语法为例。英语的句法结构的核心（或主轴）是SV（主谓）搭配。主语通常是动词所指代的行为的施事者。如果从英语句法这个本位观来看，汉语很多句子都成了“非逻辑”（illogical）句了：“云想衣裳花想容”——云和花怎么能“想”呢？因此语法上应该是“不合格句”。其实，从汉语语法本位观来看，这完完全全是合格句，而不是什么“非逻辑句”（类似的句子难以数计，如“海水不可斗量”：为什么不是“被斗量”呢？“花港观鱼”：“花港”怎么能“观”呢？应该是“在花港观鱼”；“吃在广州”：“吃”怎么能“在”广州呢？应该是“人在广州吃”才合乎逻辑等等）。这个问题只要站在汉语语法本位上，就可以清楚地看到：汉语有汉语的本位特征，它的句子往往以话题（topic）作主语，称为“话题主语”（topic subject），话题主语只是一个“话题”，不是施事（行为者），所以它与后面的动词不存在英语句子那种S（施事）V（行为）式紧密的逻辑关系，话题后面是述说、评述或描写“话题”的部分（包括“话题”发生了什么事？怎么样？等等），称为“述题”（Comment或Rheme）。大体说来，汉语是TC/TR式占优势的语言，而英语则是SV式占优势。这个问题涉及不同的语法形态。不同语法形态的语言，具有彼此相异的语法逻辑体系。我们从各自的语法逻辑本位来看，都是合乎逻辑的。因此，可以说本位观决定价值观、真值观，而不是相反。我们如果将英汉各自的语法逻辑体系互易其位来看对方，结果肯定感到事事说不通。例如我们如果用汉语的语法逻辑来看英语名词的“数”，就会感到莫名其妙，为什么情感（emotions）、感觉（feelings）、渴望（longings）甚至沙（sands）、水（waters）这些词有复数呢？

语言现实和语法逻辑的本位观必然深深地影响着语言研究者的基本取向。许多语言学家虽然（可能）没有明确地宣称他是以什么语言本位观来研究语言，但我们总是可以从他的实际研究和他对研究的基本取向的论述中，推断出他的本位观。

以乔姆斯基（Noam Chomsky, 1928–　）为例。乔姆斯基的句法研究始于他早年将语言研究与数学、现代数理逻辑相结合的构想，直到《句法结构》（*Syntactic Structure,* 1957）的出版，他终于完成了以英语为本位的程序形式化转换规则的构想。虽然后来屡经修正，但主旨未变。统观乔氏的句法形式化研究，我们可以清楚地看到他的英语本位观。其实，乔姆斯基在《句法结构》的“前言”中，就明确地提到了他研究的对象是英语句法，目标则是英语的转换理论，也就是他所说的英语语法的形式化（formalizaton）问题：

> When we formulate the theory of transformations carefully and *apply it freely to English*, we find that it provides a good deal of insight into a wide range of phenomena beyond those for which it was specifically designed. In short, we find that *formalization* can, in fact, perform both the negative and the positive service commented on above.
>
> The work on the theory of transformations and the transformational *structure of English* which, though only briefly sketched below, serves as the basis for much of the discussion, was largely carried out in 1951-55…①

为此，乔姆斯基明确指出他是从英语句法的直感认识出发，并以英语语法概念为依据和依归：

> For the purposes of this discussion, however, suppose that we assume *intuitive knowledge of the grammatical sentences of English* and ask what sort of grammar will be able to do the job of producing these in some effective and illuminating way. We thus face a familiar task of explication of some intuitive concept in this case, *the concept "grammatical in English."*

and more generally, the concept "grammatical".[②]

在《句法结构》中，乔氏提出三种句法模型。第一种模型他称之为"a finite state grammar"（有限状态语法），乔氏也将它称为"Markov process"（"马尔可夫程式"）。所谓"状态"，分为"初始态"（"an initial state"）和"结尾态"（"the final state"）。句子以初始态开始，按"词语顺序"（"the sequence of words"）从左至右线性延展至结尾态。乔氏列出两个句子为例[③]：

（a）The man comes.

（b）The men come.

句中都是前一个词决定尾随的词的形态，句子只能靠这个关系作有限的延展［如下图（a)］。扩充部分以句中的回环图表示［如下图（b)］[④]：

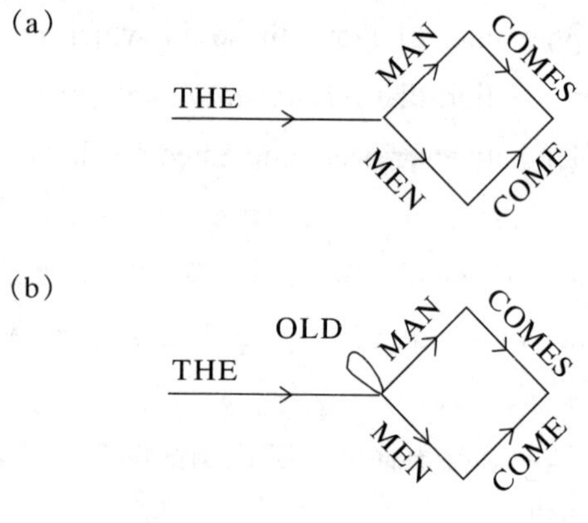

（a）

THE MAN COMES MEN COME

（b）

OLD THE MAN COMES MEN COME

图 1-1

乔氏提出的第二种模型称之为"phrase structure"（短语结构）模型。我们可以从他的理论描写清楚地看到他的英语本位观。他以"The man hit the ball"为例，短语结构如（a)，句法结构如（b）[⑤]：

（a）（i）Sentence⇨NP+VP

（ii）NP⇨T+N

（iii）VP⇨Verb+NP

（iv）T⇨the

（v）N⇨man, ball, etc.

（vi）Verb⇨hit, took, etc,

（b）NP+VP

T+N+VP

T+N+Verb+NP

the+N+Verb+NP

the+man+Verb+NP

the+man+hit+NP

the+man+hit+T+N

the+man+hit+the+N

the+man+hit+the+ball

最明显的是动词的句法形式化公式，只能适应于英语（属印欧语）形态变化程式。他以 walk, talk, hit 三种不同类型的动词为例[⑥]：

（i）walk ⇨/wɔk/

（ii）take+past ⇨/tuk/

（iii）hit+past ⇨/hit/

（iv）/…D/+past ⇨/…D/+/id/（where D=/t/or/d/）

（v）/…C_{unv}/+past ⇨/…C_{unv}/+/t/（where C_{unv} is an un-voiced consonant）

（vi）past ⇨ /d/.

（vii）take ⇨ /teyk/

etc.

第三种模型是乔姆斯基转换生成语法的主体，乔氏称之为“transformational approach”。乔姆斯基言之在先，他是以英语核心句为分析目标：

> We can return to the investigation of the consequences of adopting the transformational approach in the *description of English syntax*. Our goal is to limit the kernel in such a way that the terminal strings underlying *the kernel sentences* are derived by a simple system of phrase structure and can provide the basis from which all sentences can be derived by simple transformations: obligatory transformations in the case of the kernel, obligatory and optional transformations in the case of nonkernel sentences. ⑦

以主动式陈述句转换为被动式陈述句为例，英语的转换式如下：

> NP1-Aux-V-NP2 is rewritten NP1-Aux+be+en-V-by+NP2
>
> 具体举例如：主动式“John loves Mary”转换后即为“John is loved by Mary”. ⑧

可见乔姆斯基一步也没有离开英语的本位观，一步也没有离开以英语来描写英语的语法形式化程式。在描写以上三种模型中，乔姆斯基否定了第一种模型，认为这一模型与英语格格不入。他肯定只有第二、第三种句法模型适合于英语。乔氏在“结语”中说：

> Grammar is best formulated as a self-contained study independent of semantics. In particular, the notion of grammaticalness cannot be identified with meaningfulness... In carrying out this independent and formal study, we find that a simple model of language as a finite state Markov process that produces sentences from left to right is not acceptable, and that such fairly abstract linguistic levels as phrase structure and transformational structure are required for the description of natural languages. ⑨
>
> 语法最好独立于语义学之外，形成自成系统的研究，成为一个公式系统。特别是，不能将语法上是否合格的概念与意义等同起来……我们在进行这一独立的形式化研究中，发现从左到右产生句子有限状

态的马尔科夫语言模型是不能接受的，因为它只是一个简单的模型；而要描写自然语言，就要立足于短语结构与转换结构这样相当抽象的语言平面。

很明显这个结论只适用于像英语这样的语言，不适用于汉语这样没有屈折式形态变化的语言。汉语的句法分析离不开语义平面。汉语语法建立在语义、语法、语用三维空间中。

此外，乔氏在前面已经解释了为什么说马尔科夫的模型过于简单，理由是该模型：

> …asserts that it is not possible to state the morphemic structure of sentences directly by means of some such device as a state diagram, and that the Markov process conception of language outlined above cannot be accepted, at least for the purposes of grammar.⑩

乔姆斯基的立意很明白：语法必须能描写句子的形态结构，而英语句法是以形态结构为基本特征的语言。这正是英语的本位观。

其实，乔姆斯基是认识到语法异质性的一面的，他从来没有忽视语言因“生成—转换规则”不同而使语言的表层结构各有千秋的基本事实。他在其哲学论著《笛卡尔语言学》（1996）中说：

> The deep structure that express the meaning is common to all languages, so it is claimed being a simple reflection of the forms of thought. The transformational rules that convert deep to surface structure may differ from language to language. The surface structure resulting from these transformations does not directly express the meaning relations of the words, of course, except in the simplest cases.⑪

乔姆斯基赞赏笛卡尔的理性主义语言观，也接受洪堡（K. W. Humboldt，1767–1835）关于“语言是有限手段的无限运用”的观点，支持洪堡寓共性于个性之中的主张。在上述书中，乔姆斯基写道：

> The central doctrine of Cartesian linguistics is that the general features of grammatical structure are common to all languages and reflect certain fundamental properties of the mind. It is this assumption which led the philosophical grammarians to concentrate on *grammaire gènèrale* rather than *grammaire particulière* and which expresses itself in Humboldt's belief that deep analysis will show a common "form of language" underlying national and individual variety. There are, then, certain language universals that set limits to the variety of human language. ⑫

这可以说就是乔氏在“扩展的标准理论”时期所持的语言观⑬。乔姆斯基关注的是以“普遍语法”[grammaire gènèrale，即 general grammar（以“f”为代码）]的规律来说明特殊语法[grammaire particulière，即 particular grammar（以“Y”为代码）]的生成性，而普遍语法之发展体现为特殊语法，则是通过某一个语言共同体的“经验”（以“x”为代码）的触发。而“经验 x”不可能是抽象的，如果说英语的人的“经验”是 x_1，则说汉语的人的“经验”可能就是 x_2，说法语的人的“经验”可能就是 x_3，等等。因此乔姆斯基的范式是⑭：

[范式 1]

$$Y = f(x)$$

乔姆斯基用这个范式说明普遍语法与特殊语法的关系。它可以给我们很大的启发，因为这一范式也正好说明了本位（与 Y 相关联）与外位（与 f 相关联）的关系——不过必须澄清：外位不是抽象的，它本身又是普遍语法 f 与特定语言的经验 x 的触发。这样就形成了一个语言研究和译学研究中的外位参照链：

［范式 2］

$$Y=f(x)$$

⇩

$$Y'=f'(x')$$

⇩

$$Y^{(n)}=f^{(n)}(x^{(n)})$$

毫无疑问，外位参照链正是本位观不可或缺的“存在条件”。它具有明显的连锁性、开放性。因此，没有外位，也就谈不上本位。这个问题，我们在下一节以及〈结语〉中还将论及。

其实，理论研究和翻译实践的本位观，不仅是中国译论应持的基本原则，也是西方自古以来很多翻译家和译论家所提倡的翻译观⑮。西方古典译论中最早主张“意义对意义”（sense-for-sense）、反对“词对词”（word-for-word）的翻译的西塞罗（Cicero, 前 106—前 43）就是一位本位论者。西塞罗曾经相当明确地道出了他的“外为我用”的本位观：

> I translate the ideas, their forms, or as one might say, their shapes; however, I translate them into a language that is in tune with our conventions of usage (*verbis ad nostram consuetudinem aptis*). Therefore, I did not have to make a word for word translation but rather a translation that reflects the general stylistic features (*genus*) and the meaning (*vis*) of the foreign words. [*De optimo genere oratorum*] ⑯

很明显，西塞罗强调的是“意义”和“一般的行文特征”（*genus*），并使二者落实在“本国语的约定式惯用法”（*verbis ad nostram consuetudinem aptis*）上。这是西方最早的有关翻译原则的论述，被视为嗣后二千余年西方译论思想主流。西塞罗的主张对西方译论史影响很大，因为他不仅是一位翻译家，并且是罗马杰出的政治家，“一切为了罗马”这个口号即取自他的演说辞。后来的《圣经》翻译家杰罗姆（Saint Jerome, 约 347—约 420）完全继承了西塞罗的本位译论主张，提出（由希腊语译成拉丁语时）应使拉丁语法则处于支配地位，由拉丁语“表达出外语的特征”(*proprietates alterius linguae suis proprietatibus explicaret*)。杰罗姆甚至认为翻译家就像一个“征服者”（*iure victoris*），有权对原作的思想内容作出“外为我用”的处置，从而将这一主张推到了“极点”。罗马修辞学家昆蒂良（Marcus Fabius Quintilian，约 35—约 96）比较温和，但仍不失其本位主张。德国译论家雨果·弗德里奇（Hugo Friedrich）在评论昆蒂良的“竞赛论”本位观时说，在昆蒂良看来：

> Translation is seen as a contest with the original text (*certamen atque aemulatio*, Quintilian). The goal is to surpass the original and in doing so, to consider the original as a source of inspiration for the creation of new expressions in one's own language—yet, never to the degree of exaggerated deviation from common usage that might occur in the original text. ⑰

昆蒂良是对文艺复兴和拉丁文化影响至深的一位学者。他的本位论主张——借助外语“用自己的语言创造新的表现法，与原文一较短长，但绝无夸张以至偏离原文”，影响了后世欧洲的许多译论家、翻译家和作家。以英国桂冠诗人和翻译家德莱登（John Dryden, 1631–1700）为例。德莱登以毕生精力翻译罗马古典诗人维吉尔的诗集。德莱登认为维吉尔的诗作美在用词，但由于英语与拉丁语殊异，要在英语中保持维吉尔的美难乎其难，他的唯一办法是以英语为本位，让拉丁语为英语所用，即把握维吉尔的“精魂”(spirit and soul)，然后“让说拉丁语的维吉尔说英语”，“将维吉尔英国化”：

> Such is the difference of the languages, or such is my want of skill in choosing words. Yet I may presume to say, and I hope with as much reason as the French translator, that, taking all the materials of this divine author, I have endeavoured to make Virgil speak such English as he would himself have spoken, if he had been born in England in this present age. ⑱

德莱登的说法实在是将翻译的本位观形象化的最佳解释。其实，德国的大诗人歌德（Wolfgang von Goethe, 1749–1832）也有类似的见解，他称之为外国文化的“德国化”（Germanization）[19]，即让外国的语言、文学来丰富德国的文化，他举出德国人之得益于施莱格尔（August W. Schlegel, 1776–1848）所译的莎士比亚来作例子。歌德认为，翻译的功能正是在于让本国人熟悉外国人的态度（attitudes）和思维方式（the ways of thinking），从而使本国人产生一种与外国人之间的亲缘感（feel a kinship with them）[20]：使外国语的表现法“德国化”，成为德国人喜闻乐见的形式。可以说这是非常进取、非常积极的本位观态度。

许多西方译论家本身就是以本国语写作的诗人或作家，因此非常关注“本位效果”：读者的接受、社会的反应以及译作“融入”本国文化（to be resolved in the TL culture）的程度。可以说这正是美国诗人兼翻译家、译论家庞德（Ezra L. Pound, 1885–1972）谈论的中心问题。庞德在翻译意大利诗人 Guido Orlando 的十四行诗时说：“使我莫知所措的不是原作者的意大利文，虽然我在阅读时不无困难。使我困惑的是我们维多利亚的英语。”庞德说，正是这种“僵死的英语硬壳”（“the crust of dead English”）使他困惑于如何表达，因为很显然，这不是英美读者喜闻乐见的英语。庞德对 19 世纪“外腔外调”的直译深恶痛绝，他认为翻译的职责就是要“让死者复活”，活在当代，为当代英美人喜闻乐见[21]。从他翻译的李白《玉阶怨》也可以充分看出庞德在方法上重本位、重接受者的基本态度——译者在诗后附上了一个逐句解析的长长的注释，以助说英语的读者理解：

玉阶怨

玉阶生白露，夜久侵罗袜。
却下水晶廉，玲珑望秋月。

The Jewel Stairs' Grievance

The jewelled steps are already quite white with dew,
It is so late that the dew soaks my gauze stockings,
And I let down the crystal curtain,
And watch the moon through the clear autumn.

紧接着译诗，庞德作了一个从本位观出发的赏析性阐释，全文如下：

［Note: Jewel stairs, therefore a palace. Grievance, therefore there is something to complain of. Gauze stockings, therefore a courtlady, not a servant who complains. Clear autumn, therefore she has no excuse on account of weather. Also she has come early, for the dew has not merely whitened the stairs, but has soaked her stockings. The poem is especially prized because she utters no direct reproach.］

当代西方比较成熟的译论也常常表现出本位观照的四个特征（有目的性、通体性、充分理性和主客体相结合，见以下论述）。当代译论家勒弗维尔（Andre Lefevere）曾经总结过西方译诗的七种对策。我们可以从这七种对策的取舍品评中看到他的本位态度：

（1）音位翻译（phonemic translation）：即试图在双语音位对应上下功夫，以取得音律效果为目的的译诗法。由于目的性很有限，对 SL 缺乏多维审视，过于注重客体（SL），同时忽视主体（译者）的理性分析（主要指"意义"），勒氏认为这种译诗法的"整体结果"（overall result）很差。

（2）直译（literal translation）：即"词对词"的翻译，导致对原诗意义的歪曲，译诗亦"诗不成诗，句不成句"。词对词的直译是"外位观"翻译原则的具体表现之一。因此，在当代，直译诗歌理所当然地成为"不可取"。

（3）音步翻译（metrical translation）：即试图在双语音步（拍节）对应上下功夫，以取得格律效果为目的之译诗法。勒氏认为，这种方法"只注意到 SL 的一个方面，却损及了 TL 的所有方面"，与音位翻译的缺点相同，也是不可取的。

（4）将诗歌译成散文（poetry into prose）：即所谓"散文化"。勒氏认为将诗散文化不仅损及原意，也损及"交流价值"（communicative value）和原诗的句法结构形式，其结果与（2）、（3）相同。散文化取消了诗的特征，显然缺乏有传感目的的通体观照。

(5) 押韵翻译（rhymed translation）：这时译者处在格律和韵脚的夹击中，勒氏认为此法试图以有限的（两种形式美）目的性来取代意义的“交流价值”，实在“因小失大”。诗的“形式”美只有在保证“意义”传递的（多维）通体观照下，才有意义。

(6) 译成无韵诗（blank verse translation）：虽然是由有韵 SL 译成了无韵 TL，但诗仍然是诗。译者注意到了译诗的诸多局限；同时他也注意到了要保证“意义传递”的较高的准确性以及较高程度的可读性。因此，这种译诗法是可取的。

(7) 阐释性意译（interpretation）：即保留了原诗的实质内容（substance of the SL text），不拘泥于形式（form），译者可以借助种种模仿手段（imitations），译出有自己的特色的诗歌译品（versions）。这大概是当代西方诗歌翻译方法论的主流。

当然，从更广泛的翻译实际来看，译诗法可能多于以上七种，特别是就汉外诗歌互译而言，我们引“勒氏七法”意在说明，勒弗维尔的译诗研究正是本着他的西方本位观从“英诗外诗互译”的现实出发；他不可能越俎代庖，提出“汉诗外诗互译”或“日本诗歌与外诗互译”等与其本位截然无关的翻译规范和方法论。下面我们可以用译论家瑞纳（Frederick Rener）的一段论述来总结西塞罗翻译本位观对西方翻译实践直至今日的影响，文中提到的塞比耶（Thomas Sebillet）是法国著名的翻译家：

> Thomas Sebillet speaks for many when he explains in which way he hopes to enrich French through his translation of Cicero. He tells his reader that his main objective in translating is... “in order that I might teach you to understand what these books contain. In so doing, I imitated or rather responded to the invitation of the Italians, who have translated books from every language into their mother-tongue, and by these means instructed their compatriots in all the arts and sciences, for the purpose of making them conversant with all these matters.（qtd. in Spingarn L）” Translators

> were eager to enrich their language with the *res*, i. e. the knowledge or wisdom heretofore available only in the foreign tongue.[22]

可见，从古到今，任何一位翻译理论家，在他从事脚踏实地的研究的第一天起，就面对一个基本立足点问题：不立足于本位（本国语的传统与现实、本民族的语言文化传统与现实），即立足于外位（外国语的传统与现实、非本民族的语言文化传统与现实）；所谓“兼位”（本位加外位）只可能笼统地就某一位译者或某一些具体问题而言。各国的翻译理论之间，可能有共同的、普遍的、为翻译和翻译学所共有的课题，我们可以称之为概论或普通翻译学课题，有关这些课题的基本规律和规范，可能被世人公认为“放之四海而皆准”的真理（如“翻译是操不同语言的人之间，一种经双语对应转换而达到交流目的的书面语交际行为”“翻译的实质是双语间意义的对应转换”等等），但世界上却不存在放之四海而皆准的翻译理论体系（theoretic system of translation）。任何一种“体系”都有其个别性、特殊性：例如，我们可以把“一栋房子”比作“一个体系”。这时，情形就如同亚里士多德说的“当然不能设想：在个别的房子之外，还有一般的房子”。（*Metaphysics,* OUP，p. 44）因为不具有“个别性”的“一般的房子”，世界上是不存在的。“翻译概论”或“普通翻译学”只是一部从许多具体的翻译理论体系或模式中抽象、提升出来，具有共性或普遍性的“课题集”。

1.2　外位参照

“外位”相对于“本位”，“参照”相对于“观照”。在本书中“外位”主要指以外国的翻译实践和翻译理论研究作为基本立足点，并以此为依据和依归。“外位”具有不可或缺的“参照”意义，但“参照”不同于“观照”。“参照”具有以下特征：(1)“参照”通常具有求证的目的性（intention to verify），因此“参照”常常不是第一位的，而是第二位（甚至有第三、第四位）的，这时被求证的已知系统（the given system）就是本位；(2)“参照”通常具有很高的“选择性”（selectiveness），因为参照系本身是一个非自足客体，对主体不存在归属性、制约性；(3)因此，此时的主客体结合常常要求主体有更大的积极性、活动性；(4)参照具有为主体提供"价值系统"(value system)的功能，因此在参照系中选择出最佳参照时，就可以最大限度地完善主体的本位观点；(5)由于外位参照系是一个开放性非自足系统，参照与参照之间存在着链状关系（见范式2)，因此它是超学科、超时空的。中外古今所有的自然科学和人文科学都可以为我们提供"参照价值"。综上五点，我们说**外位参照是不可或缺的**(indispensable)。缺乏"外位参照"对"本位观照"的"最大限度的完善化加工"(the full process to perfection)，则本位观必然无法涤除、扬弃其局限性。本世纪上半期的中外译论都具有这个通病。这是近代译论，以及前此各时期的译论研究，常常陷于明显的经验论方法论和机械论方法论的根本原因之一。

外位参照对译学之所以不可或缺，除了一般性理论依据以外，还有以下几个方面的历史及现实因素，这也是我们不可须臾忽视的。

(一)从历史上来看，汉语的语言研究（这里是指现代意义上的科学语言学研究）起步很晚[23]。中国传统语言学研究**领域非常狭小，命题非常有限，方法非常偏颇**。1918年，孙中山痛感于斯，在《建国方略》中写道：

> 中国向无文法之学。……以无文法之学，故不能率由捷径，以达速成，此独渡水之无津梁舟楫，必当绕百十倍之道路也。中国之文人，亦良苦矣！自《马氏文通》出后，中国学者乃始知有是学。马氏自称积十余年勤求探讨之功而后成此书。然审其为用，不过证明中国古人之文章，无不暗合于文法，而文法之学，为中国学者求速成图进步不可少者而已；虽足为通文者之参考印证，而不能为初学者之津梁也，继马氏之后作出之文法书，虽为初学而作，惜作者于此多独未窥三昧，讹误不免，且全引古人文章为证，而不及今时通用语言，仍非通晓作文者不能领略也。……所望吾国好学深思之士……为一中国文法，以演明今日通用之语言而改良之也。夫有文法以规正语言，使全国习为普通知识。

传统语言学的萌芽期始自公元前五世纪，至1898年马建忠著《马氏文通》之前。在漫长的两千四百年中，研究领域囿于文字学、训诂学和音韵学。马建忠亦复痛感于斯，立志于突破窠臼，但又在方法论上陷入纯以外位观治学的偏颇歧途。他在《马氏文通》的《例言》及《后序》中写道：

此书在泰西名为葛郎玛。葛郎玛者，音原希腊，训曰字式，独云学文之程式也。各国皆有本国之葛郎玛，大旨相似；所异者音韵与字形耳。……此书系仿葛郎玛而作。《例言》：

> 斯书也，因西文已有之规矩，于经籍中求其所同所不同者，曲证繁引，以确知华文义例之所在……常探讨画革旁行诸国语言之源流，……见其……所以声其心而形其意者，皆有一定不易之律，而因以律夫吾经籍子史诸书，其大纲盖无不同。于是因所同以同夫所不同者，是则此编之所以成也。《后序》[24]

马建忠在方法论上的偏颇，受到后世很多语法学家的批评，但马氏的影响至今都有表现。何容在《中国文法论》中说：

> 自《马氏文通》以来的中国文法学家，恐怕大部分的通则，甚至于整个的基础，是用演绎的研究法建立起来的。我们可以想得出来，中国文法学家研究中国文法的时候，并不曾观察一些同样的例，再设一个假设的通则来说明这些例，而是把欧洲语言的文法里的通则，拿来支配我们的语言；这就是《马氏文通》的〈后序〉里所说的“因西文已有之规矩，于经籍中求其所同所不同者”，和用西文所以达意之“一定不易之律”，“以律夫吾经籍子史诸书”。而且在区分词类的时候，他们所拿来的通则，还不是“词类有区分的必要”，而是“词有区分为名词、代名词、动词、形容词、副词、介词、连词、叹词八类的必要”。因为词之分为八类，先被认为“世界文法分别词品的通规”了。[25]

毋庸置疑，马建忠历史性探索的积极意义，在于它标志着中国语言研究界已经认识到了外位参照的必要性，问题只是在有失于偏颇：这在许多学科发展史中并非罕见的现象，马氏首先引进外位参照（实为“观照”），功不可没。我们在后面还要谈到。

（二）翻译学从本质上说属于 bilingual and bicultural communication（A. Taylor et al, 1986）[26]。翻译无不涉及第二、第三及更多的语种：翻译研究绝对不可能只顾及本位（本国、本民族及语言群体的语言文化、历史社会等等）方面问题。翻译只顾本位、不顾外位无异于闭门造车，是无法想象的，我国翻译史上就有诸多教训。公元三、四世纪翻译佛经而成初稿的人多为天竺人即古印度人，不熟谙汉文，国人又将佛经奉为天书圣典，唯恐僭越译者，于是常常以梵文本位观处理语文问题而舍弃本位，佛学中的许多论争盖源于此。例如东晋佛学的“本无”“中道”之争。“本无”是竺法汰（320—387）派根据天竺僧人的翻译提出的主张。至僧肇（384—414，汉人，本姓张）大不为然，批评“本无”之说：“情尚于无多，触言以宾无”，都偏到“无”一端去了，不成其为“中道”矣。所以僧肇说真正的“中道”即应为秦汉人所谓“非有非无”方为原旨。另外，“不真空”也是梵文，即秦汉之“不真即空”（《不真空论》）。这都是将外位观“推到绝境”，也就是我们今天所谓绝对化的结果。我们需要的是本位外位相调互济，绝对化是违反科学方法论的。

（三）中国人文科学理论研究，缺少现代翻译学基本理论与语义学发展研究所必需的意义理论（属于现代语言学及语言哲学）、文本理论（属于语段语言学、哲学阐释学及现代文艺理论包括现代美学）、表现理论（属于现代文学理论、阐释学及美学等）以及价值理论（属于哲学认识论、价值观论、文艺美学、文学批评理论及自然逻辑与语言逻辑学）。以上四个方面的专论（也是深层理论），再加上概论，就构成了翻译学基本理论的主体部分，如下页图所示：

现代翻译学基本理论的非主体部分涉及翻译人工语言理论和信息工程（机译理论），这一部分理论取决于主体部分理论的构建、发展和引导。此外，翻译史论通常是以上通论与专业在具体的历史框架中的横断观照。

如图所述，我们必须在专论的四个领域进行脚踏实地的分析性和批判性研究，以我们的需要为依据和依归，尽量汲取近代和现代西方有关学科中的成就，实现译学理论的科学化。其实，学科建设的外位参照是一个普遍规律。仍以乔姆斯基的转换生成语法为例。这门学科吸收了笛卡尔理性主义的语言观，保留了结构主义的三个特征——整体性、转换性和自调性（J. Piaget, 1971）[27]，表现为按词切分，转换为结构整体，其间经过语言表达形式的调节（转换也表现出按移动规则实现的自调性）。另外，显而易见的是乔姆斯基汲取了逻辑实证主义及数理逻辑的形式演绎法，以达到为本学科设立的语言形式化目标。乔氏学说的建设和发展都得益于外位参照。

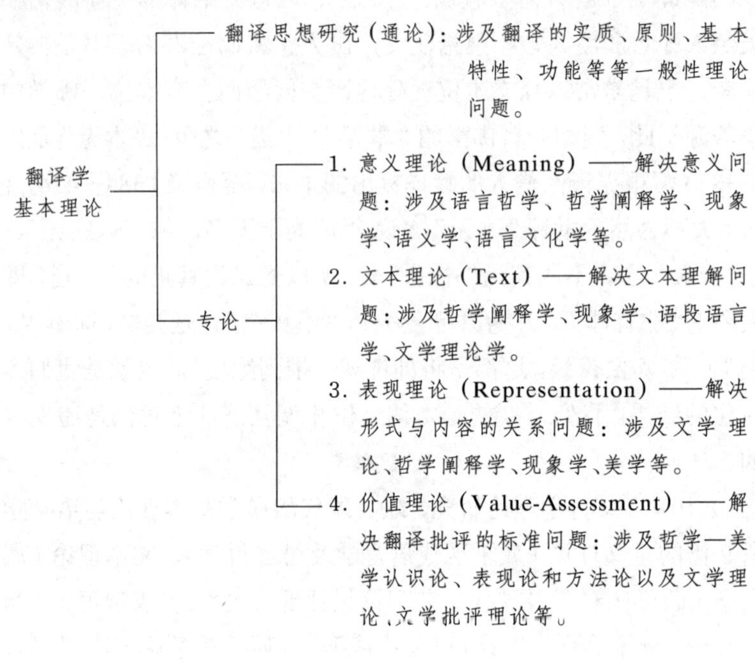

图 1-2

1.3 本位观照，外位参照

综上二题，我们可以将翻译学方法论的基本原则（也可以说是基本准则）概述为“**本位观照，外位参照**”。

“观照”（contemplation）指人作为主体对外在客体（物质的或非物质的）的全局性审视、剖析、思考、推断、定夺、抉择等。“观照”具有以下特征：第一是目的性或意向性（intentional）。由于主体行为具有明确的目的性，因此对客体的审视、剖析、思考、推断、定夺和抉择，必然是览其全局或全貌"择善而取""择优而从"，必然会摒弃不符合主体的目的、意向和预期功效的"无关性"(irrelevance)；第二是有意识性、批判性和充分理性(sufficiently rational)，因此对客体的"择善"和"择优"都不是表面的、片面的、感情的、表观的或止于直觉的；第三是通体性（total and thorough)，"观照"着眼于对整体的、全方位的及多维透析，排斥局部的、权宜的片面考虑；可见，通体性也就是奎因所说的"整体性"("totality"："Our statements about the external world face the tribunal of sense experience not individually but as a body,"1960）下面还要谈到；第四是主客体的辩证结合，就是所谓"既知己，又知彼"，以己为本位，以彼为参照，排斥主观臆夺。由于观照具有以上四个由表及里、由此及彼的特征，因此，主体对事物的观照通常最接近对事物整体及本质的认识。

翻译理论研究首先需要的是这种立足于本国、本民族、本语种的社会历史和文化（包括译论传统）的观照，脱离本位观照的翻译理论即令十分完善、十分先进、十分"时髦"，也只能供我们参照、借鉴。容后再谈。

中国翻译理论研究必须以中国为本位，作通体观照，这是我们的理论研究方法论基本准则的核心内容。

语言都有自己生生发展的社会文化土壤及历史地缘依据。如果不本乎此而作通体观照，必有失于大体和本质。汉语发源、发展于东亚中原腹地，我们不能脱离这个基本立足点。

如果我们对汉语作通体的本位观照，就可以对汉语的基本特点有一个概括的了解，这是我们研究汉外语际转换最基本的依据和依归：

第一，汉语重意，具有意念优势，基本上不具备形态及形式优势，完全不具备屈折式形态变化（inflexion）的发生机制。这一最基本的特性是由汉字的结构决定的，是由汉字"隶变"的历史发展的结果决定的[28]。如果说古汉字还具有回环结构，那么"隶变"的结果则奠定了汉字的方块形体，它具有的是一种独特的**提示性表意兼表音**的意音制功能。这一基本特点决定我们的翻译研究必须十分重视意义、重视理解、重视意义表现的手段。

第二，汉语的语法呈隐性（covertness)，原因是汉字结构决定了汉语基本上不具备表示语法范畴的形式手段。汉语的语法范畴是用词汇手段

（lexical means）来表示的，因而不具有严谨的“范畴界定标志”（categorical mark），例如“了”既可用于表示过去时，也可用于表示完成时。词汇手段的特征是灵活性、游移性很大。这一基本特点决定我们的翻译研究必须十分重视语境、重视文本分析及逻辑分析。

第三，汉语的句法特征是话题主语占优势，而且主语不具备不可或缺性（indispensability）；汉语句子可以没有主语而不是主语省略句，它们是完完全全的无主句（subjectless or zero-subject sentence）。与此有关，汉语在句法上还衍生出以下特征：

（一）句子的主谓（SP）不具备形式标志（如英语：主语的人称及数必须与动词取得一改，称为“SV Concord”），因而形成汉语特有的上位主语（主句主语）与下位主语（从句主语）的并列式（如“他们我不管，你我要管”）；

（二）从句不具备表示从属（下位）的标志，句子呈单平面展开（如上例中的“他们”与“你”实际上是主句即全句中的“话题主语”）；

（三）句法生成中以词项与词项的“左至右简单对接”（LR Linearity，即从左至右的线性延伸）为重要手段，使语序成为至关重要的句法手段；

（四）词项在句中的成分必须按三个平面（语义平面、语法平面和语用平面）来判断（如“吃在广州”“别在巴黎”：“在”字与“别”字的语法功能分析既需根据它们的语义，又需根据它们在句中的功能，还需根据汉语的语用习惯，从三个维度综合加以定夺：按汉语语法本位观来分析，这两个句子的结构是SVO句型即“话题主语 + 动词 + 宾语”）。

第四，汉语的合成词由语素组成，语素常常是参与意义合成的。古汉语中单音词比较多，现代汉语中双音节词比较多。如“the people”古汉语是“民”，现代汉语则是“人民”。“民”是多义词，“人民”是单义词。由多义变成了单义，原因是有“人”的参与构词。这样就使汉语词义产生了一种具有两面性的特点：从积极方面来说，词义比较明确而且具有一定的提示性；从消极方面来说，词义有时比较固定、比较凝滞，因而不易变通适境。相比之下，英语词义就灵活得多，适境性很强。例如“control”在汉语中是“控制”，但前者比后者灵活。英语可以说“control the accounts”，兼有控制、监管、监察、监控（开支）、检查等义，但汉语似乎只有“监管账目”比较适宜。

英语词义的涵盖面比较大，常常可以“左右逢源”；汉语词常常不易做到随机切意。汉语词义的这个特点也是加强我们重视意义研究的依据之一。

第五，与上述二、三、四点有关，汉语句子的扩展呈句尾相对收缩式，句首相对开放式。我们可以将乔姆斯基引述马尔可夫的模式修正如下（以“The man comes”的汉译“那个人来了”为例）来表示汉语句子（基本句）的扩展状态：

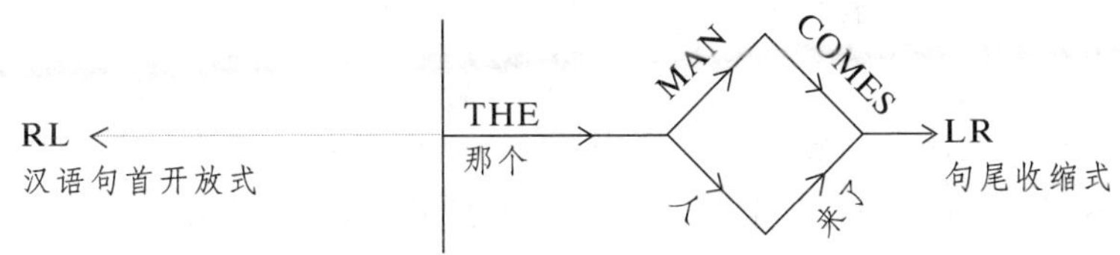

图 1-3

对以上图式应作如下限定及解说：

（一）我们说的是单一式基本句，不是并列式或主从式复合句。

（二）所谓收缩与开放都是相对的，而所谓“相对”又有两层含义：（1）指两者相对而言，句首开放度大于句尾收缩度；（2）“相对”用于排斥“无限”的扩展。例句如下：

> (a) 句尾收缩状态（the state of contractile ending，即 LR 顺线性对接）
> 基本句：那个人来了。
> 那个人来了吗？……………………………→ 一度后扩展
> 那个人来了又走了。…………………………→ 二度后扩展
> 那个人来了又走了吗？………………………→ 三度后扩展
> （非基本句：那个人来了，住了两天又走了。）

一般汉语单一式基本句只能容许三四度后扩展，句尾即势必要收缩；如果再扩展，就成了并列或主从复合句群，俗称“流水句”了。

(b) 句首开放状态（the state of expanding opening，即 RL 逆线性对接）

基本句：那个人来了。

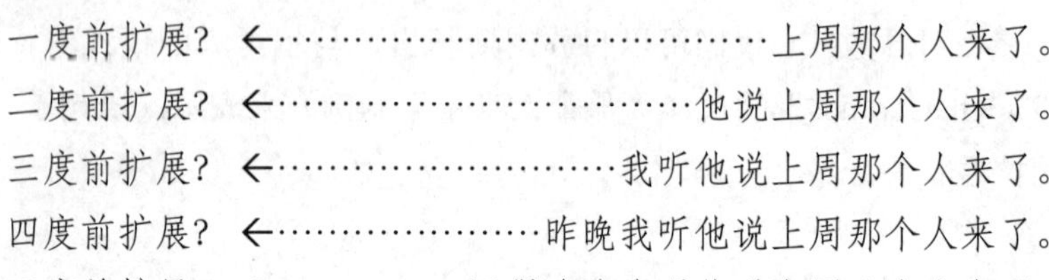

我们研究这个问题的意义在于：第一，说明汉语基本句扩展状态的异质性与英语恰恰相反，英语句子呈句尾开放式，句首收缩式。

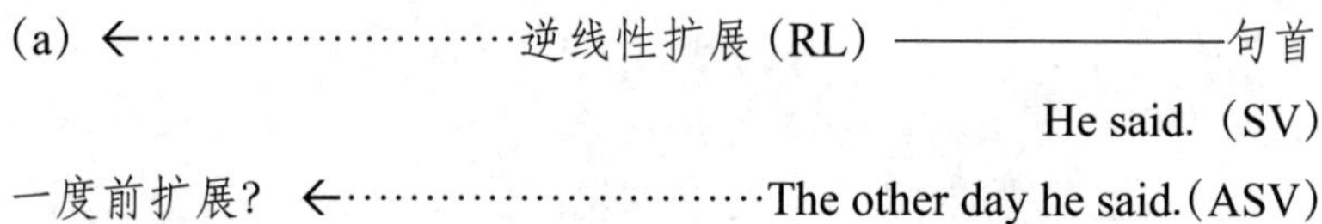

以上第二句在语感上未必合格。在一般情况下，该句的合格式应为 He said the other day（SVA），但那样一调整就正是顺线性扩展了。

英语的优势是顺线性（LR）扩展潜势。这个优势导致了英语句子的长度可以远远超过汉语。以下是英语中一句著名的童谣，“This is the cat that killed the rat that ate the malt that lay in the house that Jack built”。全句的顺线性扩展情况如下：

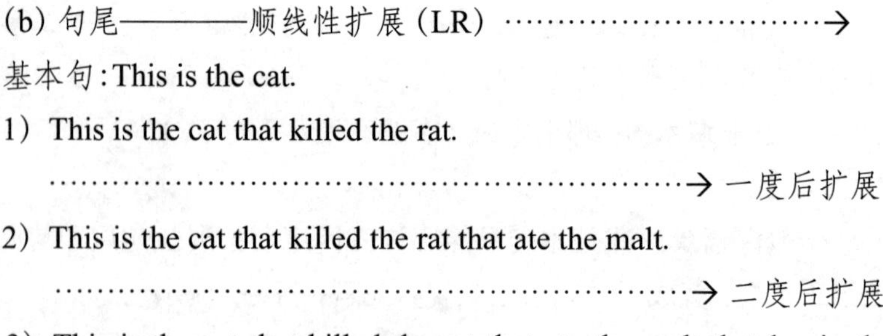

3）This is the cat that killed the rat that ate the malt that lay in the house. ……………………………………………→ 三度后扩展

4）This is the cat that killed the rat that ate the malt that lay in the house that Jack built. ……………………………→ 四度后扩展

由于汉语句尾的收缩性，译句（原句 4）必须在适当的地方“收缩”，才能译成汉语语感上的合格句：

基本句：这就是那只吃了耗子的猫。（收缩句，不能再扩展）
另起 ⇨ 那只耗子吃了麦芽。（收缩句，不能再扩展）
另起 ⇨ 麦芽堆放在杰克盖的那幢房子里。（收缩句，不能再扩展）

从上例可以看出，英语句尾呈开放型的结构条件是：（1）英语的修饰语可以后置；（2）英语修饰语可以后置的条件是：英语具备引导后置成分的关联机制（如 that，what，which，who 等。后置的形式标志即形合手段）。以上两个条件，正是汉语句子所没有的。

英语句首呈封闭型的原因是：（1）英语的 SV 提挈机制；（2）英语动词形态体系的制约性，主要表现为时态的呼应关系和语态的逻辑关系。这两个制约条件，汉语都没有，因此汉语可以容许句首有较大的扩展或延伸。

揭示这一汉英差异的理论意义在于：它提示我们必须十分重视表现理论的研究，特别是“修饰语及限定词系统”（the system of modifiers and determiners）的扩展及分布问题，翻译几乎无时无刻不接触到这一点。

1.4 结语

如何对待本位，如何对待外位，是我们研究翻译的方法中的首要问题，也是关系重大的问题。通过上面的探讨，我们可以提出以下要点：

（一）我们研究翻译及翻译理论的基本原则和基本准则是“本位观照、外位参照”。提出这个原则的依据是：（1）科学及学科发展的规律；（2）翻译学的综合性；（3）中国翻译学理论创建所面对的现实实际和历史实际。

（二）“本位观照”是我们的原则的核心内容。本位观照既体现我们的理论的特色，也体现我们研究工作的对象性、目的性和价值观。本位观照也是我们决定研究范围和维度的重要依据。

（三）“外位参照”对翻译研究而言是不可或缺的。它是我们以之克服研究工作的盲目性、片面性和理论局限性不可或缺的手段，也是必经之途；它也是保证我们的理论水准和质量的测试标准。此外，外位参照之所以变得日益重要，是因为时代在发展，社会科学与自然科学研究在发展，人的思维和智能已变得日益发达；同时，人际关系也变得日益国际化、多元化及多层次化，值得我们参照的外位价值正在日益富集，愈来愈使我们认识到了它的重要意义。

（四）外位参照是一个超学科、超时空的开放性非自足系统，它是一种客观存在，但这个客观存在，只具有**潜在的能动性**，并不具备**自在的能动性**。要使外位参照潜在的能动性发挥出来，变潜在为自在，必须通过主体的本位观照。“他山之石，可以攻玉”，但“他山之石”如果没有慧眼慧心的发掘琢磨，是永远不可能自行攻玉的：“石—玉—匠”三者之间的关系大体上说明了“外位—本位—研究者”之间的关系。

本位与外位问题在研究方法论中首当其冲。本书有论在先，但可以肯定并不是每一位研究者都同意本书中提出的原则。例如有人认为“理论研究不应该是功利主义（指民族功利）的”，“功利性扼杀真实性”。持不同意见显然更有利于探讨。理论的真实性需要慧心的观察和思考才能判断、辨别，此其一。其二是，方法论的真实价值在于实践的检验。针对这两点，我们可以细读笛卡尔的下段论述，作为借鉴：

> And, *in all the nine years following*, I did nothing else but roam here and there in the world, trying to be rather a spectator than an actor in all the comedies that are played out there; and, engaging in reflection in every matter, particularly on that which could render it suspect and give us occasion to make mistakes, I meanwhile eradicated from my mind all those errors which had previously been able to slip into it... [*the method*] *consists more in practice than in theory.*㉙

笛卡尔在这里说的“观察和体行”实际上成了嗣后欧洲哲学家探求真理的方法论箴言，并为此而“忙碌了一个世纪”，始而有17世纪英国以洛克为代表的经验主义哲学、18世纪法国以狄德罗为代表的唯物主义哲学，及18世纪德国哲学中以莱布尼兹为代表的科学时空观的出现。方法论将哲学大大地向前推进了一步，带来了19世纪科学理性主义的曙光。

最后应该特别重申的是：笛卡尔所提出的“观察”和“体行”的主旨在**悉心甄别、精心筛选、潜心验证**。这三步也应该是我们的翻译理论研究参照外位、充实本位的科学方法论基本原则。盲目和盲从都不能使我们的翻译学走上科学化的通途。

〔注释〕

①引自乔姆斯基著 *Syntactic Structure*（Mouton, 1975），Preface, pp. 6-7。引文中的斜体字是本书作者标出的。下同。

②、③、④同前，分别见 p. 13 及 p. 19。

⑤、⑥同前，分别见 pp. 26-27; p. 32。

⑦、⑧、⑨同前，分别见 p. 61; p.78 及 p.106。

⑩同前，见 p. 21。

⑪引自 Noam Chomsky 著 *Studies in Language: Cartesian Linguistics*, Harper & Row, NY and London, 1966, p. 35。

⑫同前，见 p. 59。

⑬即“Extended Standard Theory”，乔姆斯基在70年代初期提出的经过修正的句法理论模式。所谓“扩展”指语义规则应用范围的扩大，即表层结构可以参与意义的构成。试比较以下二句：

（a）Not many arrows hit the target.（没有多少箭射中目标或“射中目标的箭不多”）

（b）Many arrows didn’t hit the target.（很多箭没有射中目标）

（b）句不同于（a）句的意义只是否定词位置的改变。这样就引入了“浅层结构”

与“逻辑形式”两个概念：表现为逻辑形式的意义表达，由语法规则与音系规则统摄而形成浅层结构，它介乎深层结构与表层结构之间。浅层结构可以表现出语义特征和微差，但不是表达全部语义内容，如（a）中的“not many”与（b）中的“didn't hit”即是。这时，乔姆斯基是以“普通说法”来说明英语的语言生成，但在翻译中不能一概而论。

⑭转引自尹大贻著《乔姆斯基》，载《当代西方著名哲学家评传》，山东人民出版社 1996 年版，第 333 页，源出乔氏著《规则与表达》，第 227 页。

⑮这就不同于中国早期的佛经翻译。可以说，鸠摩罗什（350—409）以前的佛经翻译（也有人认为玄奘（600—664）以前的翻译）基本上是外位观，即以梵语为主，让汉语服从梵语，以“言直理旨，不加润饰”为主流，至鸠摩罗什才以大师之名，敢于反对梵语式的“藻蔚”而与汉语“殊隔”的弊病。汉语本位观至晋宋之交，经大诗人谢灵运（385—433）身体力行，始文风大定（参见刘宓庆著，《翻译美学导论》，台北，书林，第 80 页）。中西之异，原因非常复杂，值得研究。看来主要原因之一是，西塞罗时代的翻译题材多为文艺，希腊文艺风华多采，但在当时的罗马人看来，算不上是神明的经典；而佛言在当时的中国则被奉为圣典，佛教一直处在皇权的保护之下，译人不敢僭越。

⑯转引自 Rainer Schulte, et al 编 *Theories of Translation*, Chicago UP, 1992, p.12。

⑰同上，pp. 11-16。

⑱同上，p. 26。

⑲同上，p. 61。

⑳同上，pp. 60-63。

㉑同上，pp. 83-92。

㉒引自 F. Rener 著 *Language and Translation from Cicero to Tytler*, Amsterdam-Atlanta, GA, 1989, p. 54。

㉓ 龚千炎在《中国语法学史稿》中提出中国语法研究分为以下四个时期：

（一）酝酿、萌芽时期（公元前 475—1897）

这一时期可以称为语法前时期。从战国一直到《马氏文通》的发表，经历了漫长的封建社会时代。特点是不成系统，只有零星的和片断的论述，并且都是为训译经籍服务的。

（二）草创、模仿时期（1898—1937）

这个时期的特点是“移中就西”。无论是《马氏文通》还是《新著国语文法》，其间架都是模仿西方语法教本的，尽管它们对我国传统语文学也有所继承。

（三）探索、革新时期（1938—1949）

这个时期的特点是反对模仿，主张革新。学者们借鉴西方的语言学理论，就汉语语法革新问题开展了讨论，同时根据汉语的特点创建了汉语语法新体系。

（四）发展、繁荣时期（1949至今）

这是汉语语法学的大发展和大繁荣的时期。其特点是语法知识在社会上广泛普及，各具特色的语法著作不断问世，同时在研究中“化西为中”，借鉴吸收西方的语言学研究方法，深入细致地分析描写汉语语法现象。（北京：语文出版社1987年版，第3页）

㉔引自中华书局出版《马氏文通校注》（章锡琛，北京1988年版）。

㉕引自上书《章锡琛·付印题记》，第562页。

㉖参见 Anita Taylor, et al 著 *Communicating*, Prentice-Hall, NJ, 1986, pp.63-88。

㉗关于结构主义的三个特征，源自列维—施特劳施的《结构人类学》。

㉘汉字经历了五个发展时期：一、甲骨文时期，始于商代（或称殷商时代），约在公元前17世纪至11世纪；二、钟鼎文时期，始于周代即周武王灭商的公元前12世纪，至公元前256年秦灭东周，历时八百余年；三、篆书时期，秦以前为大篆，秦以后为小篆。秦代于公元前206年被汉刘邦所灭。小篆大约使用了50年；四、隶书时期，即隶变期，这是汉字发展的关键时期，时间在西汉至东汉末，大约使用了400年，确定了“永”字八法（点、横、竖、撇、捺、勾、挑、折）的结构形体体系（即方块字）；五、楷书时期，指东汉至魏晋以后通行至今的字体，已经使用了2000年。意音特征由此大定。

㉙引自英译笛卡尔著 *Discourse on the Method,* trans. George Herffernan, University of Notre Dame Press, London, 1994, p. 135。

第二章　主体与客体

2.0　概述

翻译中的“主体”与“客体”之说源于哲学，是两个哲学范畴。西方哲学中“主体”与“客体”的概念起源很早，但作为“二元对立”范畴始于 17 世纪，即从人的角度来界定主体和客体。笛卡尔、康德（Immanuel Kant, 1724–1804）、费希特（J. G. Fichte, 1762–1814）、黑格尔和费尔巴哈（L. A. Feuerbach, 1804–1872）都将人的理性和感性视为主体，与主体相对的就是客体。哲学家认为主体具有以下基本属性：一是自然属性，表现为人对自然的“依附存在”，没有自然界，也就没有人；二是人的自身属性，表现为人对自身的“依附存在”，因为人是自然的一分子；三是人的社会属性，表现为人不能脱离他对社会（社会的经济形态、典章制度、价值观念等等）的依附。世界上不存在真正的“孤家寡人”；最后主体具有一个非常重要的基本属性，即精神属性（也有哲学家称之为观念属性），人有思想、意志，为精神所支配，因而根本不同于动物；此外，人还具有“七情六欲”。

主体的基本属性又衍生出三个很重要的特征：一是主导性，它是人这个主体的内在规定性，即主体总是以自己的意识、意向、目的为前提或主导而行事。这就是说主体总是处处时时伴随一种“自我权威”（ego power）和“权力感”；二是主观性，即主体常常在实现自己的主体性时，伴随一种主体以自己的意志、意向、目的为轴心的倾向。因此，主体性总是伴随主观性。没有不具主观性的主体性，问题只在于这种主观性符合不符合客观实际。如果符合，那么这种主观性就是可取的；如果不符合，就是不可取的主观性。最后一个主体的特征，称为主体能动性（或主观能动性），这显然是主体的“价值之源”。人这个主体如果没有“能动性”（受精神或观念支配），那么主体就失去了一切价值，实际上，人本身也就不存在了。

哲学对主体的理论描写，完完全全适合于翻译学，具体地说翻译学的主体就是对哲学主体的借鉴。

客体也是一个哲学范畴。客体是相对于主体而言的一个实体概念。客体具有以下特征：（1）客体是一种“客观自身规定性”，它永远排斥主体对它的随意描写或认定（ascertainment），拒斥主体对之实施凌驾性；（2）客体还具有一种“外在实在性”，这就是说，它存在于不以主体为转移的“外在空间”，所有的物质客体都是如此。精神客体也是如此，例如作家在没有把情节写成作品以前，他的情、思存在于自己的头脑中，它是主体的东西；但当他一旦把它写成作品（具有了物质形式或外壳），它也就成了外在于主体的东西了。因此，柏拉图的作品永远不可能等于柏拉图，甚至永远不可能等于柏拉图没有将它赋诸文字时的那部“内在作品”。前者具有“自身规定性”和“外在实在性”，而后者则二性均无，完全期待主体的塑造。最后，客体具有对象性，这种对象性既可以为主体本质力量所及，又不可能被主体本质力量所完全覆盖，它永远大于或远远大于主体本质力量在一定的时空条件下的“活动域”：它本身常常是一个系统、一个网络或者是一个多维的复合体。

以上就是哲学对客体的理论描写。可见，这种理论描写也完完全全适合于翻译学。

可惜的是，由于受到传统的局限，受到人文科学、特别是现代语言学发展水平的局限，更直接的是受到翻译界因袭之见的局限，翻译学长期以来并没有认识到哲学为之提供的认识手段。因此，不论在理论研究中或翻译实践中，在认识论上或方法论上，或在对待主体和客体的问题上，都出现了偏差。毫无疑问，我们必须在理论研究和实践中纠正偏差，有一个正确的取向，摆脱“旧我”才能取得进展。换句话说，我们必须为主体客体重新定位，才能顺应时势的发展，使我们的理论研究工作和翻译实践水平，在面对新世纪的新挑战时得到发展和提高。

2.1 翻译主体的科学定位

翻译主体（译者、翻译理论研究者）在理论研究和实践中应当怎样认识自己——也就是说在研究和实践中应当如何充分而又恰如其分地发挥自己的“职能”(即上面提到的主体规定性、主观能动性)。这里涉及一个主体对自己“职能”的科学的认识问题。如果主体对自己的“职能”缺乏科学的认识，那就难免违反科学研究和实践的规律。这样出现偏差自是必然。

2.1.1 主体的主导性

主体具有主导性，但并不具有无视客体可容性的凌驾性。无论是翻译研究抑或是翻译实践，都是由主体(翻译者与研究者)来付诸实践，并加以完成的。这是显然的事实。这个事实就确立了主体的主导性。人是实践的主体（执行者和完成者），如果没有主体，任何行为都不可能完成。“主体的主导性”还表现为行为完成的“质”与“量”，可因主体的特质和能量之不同而不同。译事高手可以译完一部艰深的作品，而且译得有声有色，初出茅庐的译者则非得长期地惨淡经营不可，而且译出来也可能只是差强人意。造成差异的个中原委当然不一而足，但主体主导性发挥的程度之不同则肯定是很重要的原因。这类的事实就突出了一种可能误导的现象：似乎翻译主体、主体的主导性具有凌驾一切的能动性。研究翻译，只要抓住主体的主导性和能动性就成。中国和西方（时间上比中国短）传统译论研究的基本取向就是这样。

中国译论始于论佛教圣典的翻译，为期大约六百年①。这六百年中译论的主旨(基本原则)或有重文者，或有重质者，或有文质兼顾者，但基本上没有离开维癨难（Vighna）一开头说的两句话“依其义不用饰，取其法不以严”，即只着眼于主体的译经原则，至于如何“依其义”、如何“取其法”“其义”何在、“其法”又何在通通语焉不详;“改梵为秦”问题极其复杂，但六百年中也始终无人深究其详。近代译论始于清末直到20世纪中期，这期间一共有四段译论影响至深：第一段出自马建忠的《拟设翻译书院议》；

第二段出自严复的《天演论・译例言》；第三段出自傅雷致罗新璋书“论神似与形似”；第四段出自钱钟书的《林纾的翻译》[2]。这四段论述谈的基本上是翻译主体的运作问题，可以归纳为主体对客体（原作）的入、悟、化，以及这种运作应该达到什么样的审美标准，即善、信、达、雅、神似、形似、化境等等。从主体出发开启翻译运作的认识途径，符合中国古代哲学从主体出发开启“道”的内涵，及践仁、践义、践礼、践智的传统。在上述四段论述中，除了马建忠在谈到“心悟神解”以前提到要首先分析原文文本以外，其他三段论述都沿袭传统，只谈主体的运作，可以归纳为“信、达、雅”及“入、悟、化”等等，不谈客体的存在。这些对后世、对社会、对译坛影响深远的论述，所起的作用无异于一份接一份主体具有至高无上的凌驾性的宣言。

不仅如此，我国的译坛先驱还以自己的实践图解了主体的凌驾性，明显表现出无视文本的“主体中心论”（centrement du subject）。下面是严复翻译 Herbert Spencer 著 *Study of Sociology*（严复译为《群学肄言》）中的一段。Spencer 的原文是这样的：（文中斜体部分均未译出或未贴切译出）

When standing by a lake-side in the moonlight, you see stretching over the rippled surface towards the moon, a bar of light which, as shown by *its nearer part*, consists of flashes *from the sides of* separate wavelets. You walk, and the bar of light seems to go with you. There are, even among the educated classes, *many who* suppose that this bar of light has an *objective* existence, and who believe that it really moves as the observer moves—*occasionally, indeed, as I can testify*, expressing surprise at the fact. But, apart from the observer there exists no such bar of light; nor when the observer moves is there *any movement of this line* of glittering wavelets. *All over the dark part of* the surface the undulations are just as bright with moonlight as those he sees; but the light reflected from them *does not reach his eyes*. Thus, though there seems to be a *lighting of some wavelets* and not of the rest, and though, as the observer moves, other wavelets seem to become lighted that were not lighted before, yet both these are utterly false seemings. The simple fact is, that *his position in relation to certain wavelets* brings into view their reflections of the moon's light, while it keeps out of view the like reflections from all other wavelets.

下面是严复的译文，文藻优美，可读性之佳，使清末的士大夫阶层为之愕然：（文中括号部分为译者自行添加的，无原文依据）

（望舒东睇，一碧无烟，独）立湖塘，（延赏）水月，见自彼月之下，至于目前，一道光芒，滉漾闪烁，（谛而察之），皆细浪沦漪，（受月光映发而为此也）。（徘徊数武），是光（景）者乃若随人。颇有明理士夫，谓是光（景）为实有物，故能相随，且亦有时以此（自）讶。（不悟是光景者），从人而有，使无见者，则亦无光，更无光（景），与人相逐。盖全湖水面，受月映发，一切平等，（特人目与水对待不同，明暗遂别。不得以所未见，即指为无）。是故虽所见者为一道光芒，他所不尔。又人目易位，前之暗者，乃今更明。然此种种，无非（妄见）。以言其实，则由人目与月作二线入水，（成等角者，皆当见光。其不等者），则全成暗。（惟人之察群事也亦然，往往以见所及者为有，以所不及者为无。执见否以定有无，则其思之所不赅者众矣）。

我们可以从译文看到译者极为强烈的主体意识：原文文本在译者眼中似乎已不复存在。译文中很多意义（表现为文辞）在原文文本中根本没有，是译文加诸原文的（已用括号标出），假译者之名传已见之实[③]。严复的这种主体中心论译作在历史上起过积极的政治作用，他的许多译作在推动社会政治改革的启蒙效果上功不可没。但他的主体中心论翻译实践与他倡导的“信、达”主旨相悖，只能说明他提倡的“信、达”是以主体的凌驾性为前提，而不是以原文文本的意义为依据。

实际上，主体中心论导致主体对原文文本的凌驾，也就是解构主义所谓的主体的“在场”（“presence,” Derrida, 1967）[④]。主体凭借自己的“文辞”，形成译者的“逻各斯”中心，以体现自己的意向、达到自己预设的效果，使自己（译者）无时无刻不“在场”，以“征服者”（Saint Jerome）姿态将原作者挤出了文本，使之成为“不在场”（“absence,” Jonathan Culler, 1982）。其结果，必然导致译者取原作者而代之的效果和后果，这显然是违背翻译的基本职能（以 TLT 传达 SLT 信息）的。

当然，翻译既然是由译者这个主体“执行”及完成的，他凭借的手段是 TLT，而不再是 SLT，那么要求主体绝对地“不在场”是不可能的。因为这里除牵涉到主体的意向、目的等等与意义有关的主观性因素以外，还有一个文风时尚问题及一系列所谓“技术性手段”（“technical devices,” Derrida, 1967），包括译者的个人用语（idiosyncrasy）和翻译风格（通常具体表现为修辞手法、句式设计与处理手法、句群铺排与语段扩展和层次安排等等）。这些都是与审美有关的主观性因素⑤。翻译学倡导的原则应该是，主体必不可免的“在场”必须“设置在尽可能低的水准上”（lowest possible leveling）。翻译究竟不是创作；主体的凌驾造成对原语意义的“延异”（“difference,” Derrida, 1967），所引起的后果往往是消极的。当然，文学翻译另当别论，可以适度改写。

2.1.2 主体的“权力”：范围和限度

主体的“权力”既可能消极地表现为凌驾性，也可能积极地表现为“酌情善断”，而且首先是有权“酌情”。准确的酌情，是善断的前提和基础，“善断”是“知情”而断。

“酌情善断”就是“act at one's best discretion”。德国现象学（phenomenology）的创始者胡塞尔（E. Husserl, 1859–1938）对“善断”有一段精辟的论述：

> Meanwhile no inclination is more dangerous to the “seeing” cognition of origins and absolute data than to think too much, and from these reflections in thought to create supposed self-evident principles. Principles which for the most part are not at all explicitly formulated and hence are not subject to any critique based on “seeing” but rather implicitly determinc and unjustifiably limit the direction of investigation. “*Seeing*”

cognition is that form of reason which sets itself the task of converting the understanding into reason. The understanding is not to be allowed to interrupt and to insert its unredeemed bank notes among the certified ones; and its method of convertion and exchange, based on mere treasury bonds, is not questioned here.⑥

在胡塞尔的语汇中 seeing 就是“直觉”，seeing cognition 是直观认识。胡塞尔反对在大多数情况下根本无法加以明确表述的“自明性原则”（...self evident principles ... which for the most part are not at all explicitly formulated...），相当于我们常说的“想当然尔”。胡氏强调的是“具有理性形式”、可以将“知性（understanding）转化为理性（reason）”的直观认识。翻译的主体认识也应该是这样。我们不能“想当然尔”，单单依靠不能（常常也是来不及细细推敲）将其推向理性的知性行事（看懂就译），没有做到酌情善断，也就是使 discretion 力臻为“上佳状态”（a its best）。

“想当然尔”最常产生于典籍翻译中。正因为是翻译典籍，主体的主导性可能被压抑，由凌驾性走向另一个极端——盲从所谓圣贤“无谬论”（infallibility），或至少是走向被动。以西晋文学家陆机（约 261—约 303）的《文赋》为例。《文赋》探索“作文利害之所由”，《文赋·序》是很有影响的一篇创作论典籍。但就是这样一篇著名的创作论，也并不是百事无谬。刘勰（约 465—约 532）在《文心雕龙》中就批评陆机说“陆赋巧而碎乱”（《序志》）。我们以《文赋》中论构思的一段文章为例。为便于论述，我们将他的文句编了号：

(1) 其始也，皆收视反听，耽思傍讯。(2) 精骛八极，心游万仞。(3) 其致也，情曈昽而弥鲜，物昭晰而互进。(4) 倾群言之沥液，漱六艺之芳润。(5) 浮天渊以安流，濯下泉而潜浸。(6) 于是沈辞怫悦，若游鱼衔勾而出重渊之深；(7) 浮藻联翩，若翰鸟缨缴而堕曾云之峻。(8) 收百代之阙文，采千载之遗韵。(9) 谢朝华于已披，启夕秀于未振。(10) 观古今于须臾，抚四海于一瞬。

下面的译文取自 *Anthology of Chinese Literature*（edited by Cyril Birch, N. Y: Grove Press, 1965）；我们也按译文编了号：

Meditation before Writing

(1) In the beginning, all external vision and sound are suspended, Perpetual thought itself gropes in time and space; (2) Then, the spirit at full gallop reaches the eight limits of the cosmos; And the mind, self-buoyant, will ever soar to new insurmountable heights. (3) When the search succeeds, feeling, at first but a glimmer, will gradually gather into full luminosity, When all objects thus lit up glow as if each the other's light reflects. (4) Drip-drops are distilled afresh from a sea of words since time out of mind, as quintessence that savours of all the aroma of the Six Arts. (5) Now one feels blithe as a swimmer calmly borne by celestial waters; And then, as a diver into a secret world, lost in subterranean currents. (6) Hence, arduously sought expressions, hitherto evasive, hidden, will be like stray fishes out of the ocean bottom to emerge on the angler's hook; (7) And quick-winged metaphors, fleeing, farfetched feathered tribes, while sky-faring are brought down from the curlclouds by the fowler's bow. (8) Thus the poet will have mustered what for a hundred generations awaited his brush, to be uttered in rimes for a thousand ages unheard. (9) Let the full-blown garden flowers of the ancients in their own morning glory stand; to breathe life into late blossoms that have yet to bud will be his sole endeavor. (10) Eternity he sees in a twinking, and the whole world he views in one glance.

这显然是一种"照本宣科"式的"忠信"翻译：主体完全处于被动状态。问题出在"文赋"本身的章句组织与铺排"巧而碎乱"，后世屡有品评，翻译不能不参照"接受者反馈"加以调整，采取一种能动的、积极的、进取的文本处理手法和文本观。这里涉及一个对客体规定性的认识问题，下节再谈。下面这段品评作者是刘衍文等，论述比较中肯，又便于翻译安排[⑦]：

> 这一段话可分为两个层次。自“其始也”至“心游万仞”是第一层次(1)，描写构思开始阶段想象力的奔驰。“其致也”以下是第二层次(2)。再进而形容构思的成熟阶段，从物象在作者心中的由隐到显写到在笔下的辞采纷呈。我们感到，第二层次中的“浮天渊以安流，濯下泉而潜浸”(5)和“观古今于须臾，抚四海于一瞬”(10)四句刻画的是想象力在时空的游弋，应当归入第一层次。若在“浮天渊”两句补拓，足以状求索之苦。彼此对照，相得益彰，与上文的联系也更为紧密。再看第二层次，“沈辞怫悦”一联(6)是阐释“情曈昽”两句的(3)，其间却横梗了“倾群言”和“浮天渊”两联，“浮天渊”(5)一联既宜移出，“倾群言”两句亦然(4)，其最恰当的位置当在“收百代”两句之下(8)，在提倡广收博采后更阐明撷取精华之意。最后则以“谢朝华”“启夕秀”结穴(9)，即一切当以创造性为指归。这样安排，各联各安其位，在层次上似顺理成章得多(参丁如明君说)。

按照以上分析，符合思维和表述逻辑的句序（即语段组织机理）应当是（1）、（2）、（5）、（10）、（3）、（6）、（8）、（4）、（9）比较妥当。可见主体在认识上绝对不能陷入原文“无谬论”，以讹传讹，即所谓“真值共享”（8.3.3）——虽则译者是出于“信、达”的好心。事实上，绝对的信达是没有的。不仅没有，而且，如果勉强为之，肯定要影响读者的接受，反而有害于客体。这就是主客体之间的辩证法。同时，我们也不应责怪古人，因其纰缪而废其意理。对文本应该有一种历史观，给它作所谓“历史的还原”（Husserl，1964）。古代印刷水平很有限，古籍又屡经浩劫，销匿蚕食代代有之，传抄错简也是常有的事。总之，主体对文本应该有自己的科学分析。

2.1.3 主体的“无限可变性”

从历史哲学上来分析，人这个主体具有社会属性。因此，主体的可变性是一个永无休止的变数。人类社会经历了无数变化，将变得越来越进步；人这个主体的可变性也是一个无限量数，人的主体素质将越来越高。

从翻译学上说，主体的可变性是永无休止的，翻译标准的可变性也是永无止境的。翻译学上不存在永恒的、不变的标准。

翻译标准的变化取决于主体价值观的变化。主体翻译价值观的变化，取决于以下六个范畴中的复杂变化（值、现象或倾向）：

（一）语义范畴：主要涉及语义含蕴的发展变化问题，包括外延意义和内涵意义；

（二）语用范畴：主要涉及语言的使用者与社会的关系问题，具体表现为言语交际模式与效果；

（三）语法范畴：主要涉及语言本身的准确性及语法合格性(grammaticality)；就翻译而言，具体表现为 TLT 的可读性 (readability) 和可接受性 (acceptability) 程度；

（四）审美范畴：主要涉及主体对审美对象的审美信息的审美判断和要求；就翻译而言，具体表现为语际转换审美效果；

（五）逻辑范畴：主要涉及语言的逻辑规范问题。

（六）文化范畴：主要涉及文化翻译的原则、要求及表现法规范问题。

以上六个方面的发展变化，都是我们判断和评定翻译的价值和水准应该考虑的因素。一百年来，由于人类社会的显著发展，主体发生了很大的变化，价值观也随之发生了很大的变化。即以变化最缓慢的英语语法范畴而论，在“管域”(government)和“不一致性”(incoherence)这两个方面发生的变化就不小。以下例子中所指出的错误部分，在 19 世纪英语中认为是不合格的（斜体，方括号中为纠正部分），今天来看都已经不是什么问题了（纠正也就成了多余）：

(1)“管域”方面：

• In considering the life of Seneca we are *not only* dealing with a life which was rich in memorable incidents, ... but also [with] the life of one who climbed the loftiest peaks of the moral philosophy of Paganism. —

F.W. Farrar, D. D., *Seekers after God* (1875), Introduction, p. 6. [Read, "dealing not only with."]

• They are interwoven with the context, and seem to me necessary *not more* to the accuracy of the extracts than of the portrait I seek to give of the writer. — Sir J. T.Coleridge, *Memoir of John Keble* (2d ed., 1869), vol. i, ch. v, p. 80. ["Not more" should follow "accuracy".]

• Every composition is fairly liable to criticism, *both* in regard to its design and to its execution, but the latter must be judged with reference to the former. — Sir J. T. Coleridge, *Memoir of John Keble* (2d ed., 1869), vol. ii, ch. xiv, p. 340. [Read, "in regard both."]

• We were *only* permitted to stop for refreshment once, by the way; so that without the provision of cold fowl, bread, and water which we *only* happened to think of the moment before setting out, our situation would have been somewhat deplorable. —Mrs. Ellis, *Summer and Winter in the Pyrenees,* ch. i. p. 2. [The first "only" should follow "refreshment"; the second, "think of."]

(2)"不一致"方面:

• From the time that he appears in the presence of the Lord, in a scene which we must say is not so shocking to our feelings of reverence as it seems to have been in some cases. — *Blackwood's Magazine*, December, 1872, p. 691. [The writer means "as it seems to have been to the feelings of some persons."]

• How is it that the learned are more commonly con-founded when they come among the rich and ignorant, than the rich and ignorant lose confidence in the society of the learned? — Rev. J. R. Pretyman, *Stray Thoughts and Short Essays* (1872), p. 89. [A contrast clumsily expressed. Omit "lose confidence"; or, better, read, "than the rich and ignorant when they come among the learned"; or after "confounded," "in the society of the rich and ignorant, than the rich and ignorant in that of the learned."]

• Some of the leading errors of Protestant churches *have been attempted to be noticed*, and it has also been attempted to notice their continual hostility to new intellectual influences as regards the general progress of humanity. —*Westminster Review*, January, 1873, p.138. [Read, "We have attempted to notice some of the leading errors," & c.]

• He who needs any other lesson on this subject than the whole course of ancient history affords, *Let him* read Cicero *de officiis*. —J. S. Mill, *Three Essays on Religion* (1874), p. 107, "Utility of Religion." [We must say either "He who... ought to read," & c.; or "Let him who..., read,"] ⑧

究其实质，语言的变化反映人这个使用语言的主体在渐渐地变化。但长期以来，在翻译理论研究者心目中，翻译主体似乎是不变的，翻译标准似乎也是不变的。事实上，科技在发展，社会在进步。现实世界变化了，价值观变化了，主体变化了。翻译标准不可能历数百年、数十年而"顽固不化"。问题是因袭之见的"在场"拼命拉住因袭的标准"在场"，企望借传统定势使传统的翻译标准也永远"在场"下去。从消极方面来看，这也是为什么"信、达、雅"风靡中国译坛近百年的个中原委。

其实，多种新思潮的出现导致社会价值观的转变，早已推动翻译者在翻译实践中自觉或不自觉地恪守一种比较符合时代发展的要求（包括语言社会交际的要求、审美和文风时尚的要求、现代语用规范的要求），特别是语义的"信、达"问题，涉及语言的意义增生、富集（enrichment）、演变以及意义转换对策性原则，这一切都要求有意义理论的"支持"（backup），根本不是传统的"要诀式原则"（如中国的"信、达、雅""入、悟、化"以及西方的所谓"三 S 原则"：Sense, Spirit, Style, 等等）所能解决的。传统的翻译标准在当时有限规模、有限题材、有限功能、有限读者的条件下，可能足以解决问题，而且确实作出过功不可没的贡献。但上世纪六七十年代以来科技理论系统化，社会生活科技化，人类思维和言语交际形式复杂化，对翻译的要求无论在质素、数量和速度上都今非昔比。

从哲学现象学上分析，翻译标准只从主体一方提出要求而不顾客体本身的、内在的、原质的特征、结构、功能、性质，特别是其本身的质素，就

难免陷入对客体的“认识论超越”(epistemological transcendence)。胡塞尔对此有一段论述:

> All the basic errors of the theory of knowledge go hand in hand with the above mentioned transcendence, on the one hand the basic error of psychologism, on the other that of anthropologism and biologism. The transcendence is so exceedingly dangerous, partly because the proper sense of the problem is never made clear and remains totally lost in it, and partly because even those who have become clear about it find it hard to remain clear and slip easily, as their thinking proceeds, back into the temptations of the natural modes of thought and judgment as well as into the false and seductive conceptions of the problems which grow on their basis.⑨

胡塞尔的意思是“超越”可能掩盖住人观察现象的重要途径,使“问题的实质所在”(the proper sense of the problem)永远弄不明白,而且会在超越中消逝;更有甚者,那些弄明白的人也会被人之常情和人之常理所造成的错误认识,弄得迷迷糊糊而人云亦云。胡氏的这一现象学分析,也许有助于解释中国和西方为什么对翻译标准(诸如“信、达、雅”“等值”“等效”)长期存有“春花秋月何时了”式的争论。事情确实是这样:如果客体(文本、作者、读者)本身的“值”或“效”“思维”或“表达式”本来就有问题,又怎么给“有问题的客体”定一个“没问题的标准”呢?

因此,关键在于:主体如何认识自己的可变性,以及如何用自己的可变性以最大的限度来适应客体的可变性和可容性。此之谓**主体的主导性权限,也就是他的权力界限**。

2.1.4 主体的能动性源自客体

长期以来,我们的理论界重视主体的主观能动性,很多研究都是从如何更好地、更多地发挥主观能动性着眼,进行分析及阐述。强调翻译者要发挥自己的、主体的能动性固然没有错,但从哲学上来说,这样的现象分析并不准确。问题在于没有透过现象的表层把握主客体事物发展、运动的互动规律。这里又存在着胡塞尔所说的主体对客体的“超越”，没有看到主体的主导性及能动性，其实来源于客体的催动，如果没有“客观世界的召唤”（J. W. Goethe），主体将一筹莫展、一事无成。这样说绝不夸张，我们从中国和西方的两次翻译高潮来看就很明白。

中国的佛经翻译始于东汉，其时外僧涌入中国，带来了大批佛经，仅从印度次大陆输入中原者，即达5700卷（黄心川，《印度佛教哲学》）。译经至唐代臻于极盛，至其时来华的外僧即达百余人（自公元260年至751年，即自魏甘露五年至唐天宝十年）。这还不包括汉代至宋代（宋太祖时）由朝廷及译场派赴印度求学（佛学）取经的学者和僧人。据载，宋太祖一次即派赴157人至印度取经回国翻译。佛经翻译家义净（635—713）一人即带回佛经56部，共230卷。玄奘（600—664）主持译场（19年）时盛况空前，他本人译经即达75部，计1335卷。中国历史上的译经盛举，随客观情势而生、随客观情势而息，史实昭然。

可见，不仅主体（译者）之所以能够提出有关翻译的一切理论思想、原则、命题和对策等等，无不来自“客体之源”，海德格尔称之为“领先于主体自身”（Sich-vorweg）的“存在”（Sein, Heidegger, 1927），也就是说，它是一种“不以主体的存在而存在的存在”，主体如果没有认识到这种存在[海德格尔称之为“被漠然无视之存在”（Sichtlosigkeit），1927]，那就不会有主体的认识（即主体意识，并由此发展为理念、观念）。我们可以举释道安（314—385）提出的中国翻译史上第一个翻译对策论“五失本、三不易”为例（按：括弧内文字为作者加注之说明）：

> 译梵为秦，有五失本也。一者，梵语尽倒而使从秦，一失本也。二者，梵经尚质，秦人好文，传可（适合）众心，非文不可，斯二失本也。三者，梵语委悉（原原本本，十分详细），至于叹咏（指颂文），叮咛反复，或三或四，不嫌其烦，而今裁斥，三失本也。四者，梵有义说（梵本在长行之后，另有偈颂复述长行，称为义说），正似乱辞（中国韵文最后总结的韵语），寻说向语，文无以异，或千、五百，划而不存，四失本也。五者，事已全成，将更傍及，反腾前辞，已乃后说，而悉除此，五失本也。

上述引文中的五个失本，都基于对客体（梵语）特征（规定性）的认识，即源于客体：如果没有“梵语尽倒”“梵经尚质”“梵语委悉”“梵有义说”以及“事已全成”（“事”指“将梵语转译为汉语”），那就根本谈不上有“五失本”，自是显然。其实不论古今的一切译事主张，都是建基于对客体的认识。而且可以说，对客体的认识越准确、越深刻，译事的主张就越有道理。再以西方的情况为证。

西方译论的第一次高潮，也是客观情势驱动的历史产物，并不是翻译主体（译者）的“心血来潮”。译论伴随西方翻译事业的蔚兴而诞生。

西方翻译事业的星星之火始于古罗马对希腊文明的向往，嗣后席卷罗马帝国，由向往发展至炽烈的追求。希腊文明始于“荷马时期”（the Homeric Age, 约前 1200—前 800），荷马史诗成了罗马人的“灵感之源”。荷马时期以后的三个世纪，被称为希腊文明的古典时期（The Classical Period 亦称古风时期，The Archaic Period, 约前 800—前 200），总计绵延约千年，史称“希腊化文明”（The Hellenistic Civilization）。希腊政制式微伴随罗马帝国的勃兴，地中海大部分地区已为希腊文明广被，罗马人在希腊化文明的启蒙、激励和催动下，翻译事业大兴，始有西塞罗（Cicero, 前 106—前 43）、杰罗姆（Saint Jerome, 约前 347—前 420）及奥古斯丁（Augustine, ?–430）等翻译大师及译论家的出现。可以说拉丁文化秉承希腊文化的发展，古罗马的一代翻译家是推展、开拓和发扬西方古文化的盖世功臣。

当时西塞罗等人的译论命题也完全不是什么主体的臆造，而无不根据翻译者与翻译客体（原作者及其 SLT）之间产生的矛盾而提出的。例如，其时的基本论题之一是：究竟应该是“词对词”的翻译，还是应该坚持“意义对意义”的翻译（word-for-word translation vs. sense-for-sense translation）？这个命题实际上是从“以文本为依据，同时又以文本为依归”的视角提出来的，可以说依据和依归都不是主体“说了算”而是客体（原作者及其 SLT）“说了算”，人这个主体根本不能脱离语言（思维反映客体的表现形式）而“为所欲为”。对此，德国近代翻译家及译论家施莱马赫（F. E. Schleiermacher，1768–1834）在其论文《翻译方法论》（*Methoden des Übersetzens,* 1813）中论述说：

> Wherever the word is not totally bound by obvious objects or by external facts (which it is merely supposed to express), wherever the speaker is thinking more or less independently and therefore wants to express himself, he stands in an ambiguous relationship to language; and his speech will be understood correctly only insofar as this relationship is comprehended correctly. Every human being is, on the one hand, in the power of the language he speaks; he and his whole thinking are a product of it. He cannot, with complete certainty, think anything that lies outside the limits of language. The form of his concepts, the way and means of connecting them, is outlined for him through the language in which he is born and educated; intellect and imagination are bound by it. ⑩

施莱马赫的意见是：一旦表达人的思维的词语未完全受制于客体及外界事物（“not totally bound by obvious objects or by external facts”），那么他就一定会陷入人与语言关系模棱两可的困境之中，实际上也就是陷入主客体的矛盾之中，原因是语言是社会共同体的公约性工具，每一个人的思想都受制于语言的制约力（in the power of language）。主体的主导性与能动性不是生而有之的无的之矢，而恰恰在于他可以化“客”为“主”，高屋建瓴地驾驭语言反映客体的制约力。施莱马赫继续写道：

> On the other hand, however, every freethinking and intellectually spontaneous human being also forms the language himself. For how else, but through these influences, would it have come to be and to grow from its first raw state to its more perfect formation in scholarship and art? In this sense, therefore, it is the living power of the individual that produces new forms in the malleable material of the language, originally only for the momentary purpose of communicating a transitory awareness; these forms, however, remain, now more, now less, in the language and taken up by others continue to spread. *One can even say that only to the extent to which a person influences language does he deserve to be heard beyond his im-*

mediate environment. ⑪

这就是我们所说的“化客为主”：主体通过客体来再现自身——客体在制约主体的同时，正好为主体提供了一个发挥能动性的契机。上述引证中施莱马赫的最后一句话（斜体部分），是对主体能动性的最佳阐述，说到底，主体纵有“百般武艺”，其能动性之源还在客体。

对于译学而言，所谓“主体能动性在客体之源的前提下可以得到充分的发挥”，主要表现为：（1）翻译主体可以对原作文本（SLT）本身进行广泛的参校及参证（语义及行文的真伪判断、是非判断及勘疏辨析）；（2）对SLT进行广泛的互文参校及参证（intertextual contrast and analysis）；（3）对SLT作者进行较详尽的背景分析，探明二者之间的照应关系（referential relations）；（4）对SLT的对象读者（target readership）进行社会文化分析、心理分析及读者反馈评估（prospect evaluation）和预测，以决定译语文本（TLT）的各项要素（包括表现法、文风及言语等级“speech level”等）。从以上四项可以清楚地看到主体的功能发挥离不开客体。

2.1.5 结语

综上四节，我们可以根据翻译主体的功能给它以恰如其分的定位：

主体的功能	功能发挥的条件和局限
1. 主导性：行为的执行者，因而是有权力的。	1. 但不能凌驾于客体及客体的可容性和规定性之上。
2. 权威性：“酌情善断”以适境。	2.“酌情善断”：“酌”客体之“情”，“断”客体之“性”才能达致上佳之“境”。
3. 可变性：“义无止境”与“艺无止境”。	3. 主体价值的发挥和发展是一个变数，但不能超越客体的可容性。
4. 能动性：“才无止境”与“功无止境”。	4.1 主体的能动性有赖于客体的激发，因此源于客体。 4.2 在4.1前提下，主体的“才”与“功”具有无限的发挥潜势。

我们可以从以上的分析看到，主体的每一项功能都离不开客体赋予的“价值扩展空间”（Husserl）。离开客体，也就无所谓“主体”。也许正因为如此，就连中国历代唯我独尊的帝王都要将自己降为“天子”（天之“子”）；圣人也畏于僭越，而再三声明自己“畏天命”（《论语·季氏》）。“降”也罢，“畏”也罢，未尝不可以解释为：妄自尊大者在冥冥之中意识到，客观世界存在着一种连身为“王者”“圣者”的人都无法控制的力量，因而产生“权力的心悸”。这就是海德格尔所谓的人都想而且无不倾其全力于“逃出自我的存在”（Heidergger, 1927）的羁绊。

2.2 翻译客体的功能：拒斥主体的“凌驾权力”

从翻译学功能观来看，不仅翻译主体是动态的、能动的，翻译客体也是动态的、能动的；而不是静态的、被动的。

但是，纵观中外译论上千年的历史，可以发现一个共同或比较相似的大缺陷：对翻译客体的动态性、能动性认识严重不足。表现出来的是：

（一）简单化。最简单化的认识是认为客体就是原文文本，它是一个孤立的个体。再其次是认为客体是文本加作者，因而是一个二元对立项，意义脱不出二元对立所涵盖的内容。受索绪尔关于语言是一系列二元对立项结构之说的影响，许多译论家虽然已经突破了“文本个体论”的因袭之见，却又落入了二元对立论的窠臼。他们看不到翻译面对的是一个“文本、作者、读者”的三元复合体。其实世界上有许多事物及人的观念是一种多元或三元复合项［或“三元分立复合项”（triplex）］，例如物体的长、宽、高，三角形的三边、动物的三胚层、西方传统观念中的生命的三角（指 tripod of life，即 heart, lung and brain）和基督教中的三位一体（即 tripersonal，指上帝、圣子及圣灵）。至于一般事物中的 trinity 就更多了。世界从来就是复杂的，不可能用二元对立来统括。即便在语言中，三元的分立复合也很多，如“语音、语法、词汇”；“语用、语法、语符”；三合元音；时态中的“现在、过去、将来”三个大时段等等。索绪尔学说应该有系统地加以审视研究，不应盲目应和。从语言哲学视角来看，索绪尔的语言观有很明显的局限性和片面性，甚至有不少谬误，我们不能不多加思考方能定夺[12]。

（二）直观化。即浅止于语言（文本）的表层（文字结构或浅层即中介层），没有深入到文本的深层，探究其深层的蕴含意义。对文本的“直观理解”也包括所谓翻译的“表面价值论”（the face-value theory），只关注翻译中的文本语言符号所承载的指称意义，将翻译客体视为一种静态的、非此即彼的规定性意义陈述程式，主体不能越客体雷池一步，否则必失其真。中国古代文论和译论中的“质派”就是以直观作为其认识论和基本方法论。例如章学诚在《文史通义》中的《古文十弊》中说：“与其文而失实，何如质以传真也。”严复在《天演论》的《译例言》中提到“质译导言”，在《译〈天演论〉自序》中更提出“质力相推，排非质无以见力，非力无以呈质”，将“质”视为“见力”（运动）的直观手段。西方语言哲学中，狭义的指称论者所主张的意义理论，也是以直观为基本方法论。执着于直观地看待客体，必然会阻断对客体认识的深化。

（三）凝滞化。传统的译论倾向将客体看成既没有共时变异、也没有历时变异的对象。凝滞化的客体观，主要表现为将文本看作原著作者的思想化石。这样一来，一则忽视了客体本身可能存在的种种矛盾（包括文本中的矛盾、作者思维中及思维与写作之间的矛盾，也包括读者与文本及读者与作者之间的矛盾等等），二则忽视了主体本身可能存在的种种矛盾（包括解读的差异、再现的差异等等）。翻译客体绝不是一成不变的，文本不是作者的“思想化石”。客体的共时和历时可变性，使翻译客体大大复杂化。这是翻译理论家常常忽视的事实。但是不论它如何复杂，我们都必须一步一步地认识它，而认识客体的关键在于主体把握其可变性的来龙去脉，特别是客体各组成部分（文本、文本作者、文本读者）之间的“相互依存性”，胡塞尔称之为“coherence”，下面是他的论述：

> It is only in cognition that the essence of objectivity can be studied at all, with respect to all its basic forms; *only* in cognition is it truly given, is it evidently “seen.” And cognitive acts, more generally any mental acts, are not isolated particulars, coming and going in the stream of *consciousness* without any interconnections. As they are essentially related to one anoth-

er, they display a teleological *coherence*（原著斜体）and corresponding connections of *ealization*, corroboration, verification, and their opposites. And on these connections, which present an intellingible *unity*, a great deal depends. They themsclves are involved in the constitution of objects …

And it is in these interconnections that the objectivity involved in the objective sciences is first constituted, not in one stroke but in a gradually ascending process—and especially the objectivity of real spatio-temporal actuality. ⑬

胡塞尔说，对客体的认识不可能“一蹴而就”（“not in one stroke”）而必须“逐步提升”（“gradually ascending”），是很有道理的。我们今天来谈传统译论对客体认识的局限性，也正是从这个积极意义上着眼。可以这样说，两千多年来的世界哲学史表明，人类对主、客体及其关系的认识经历了大约三个阶段：首先是从客体入手，继而又从主体入手，最后才从主客体的统一观入手。这正是一个逐步提升的过程，译学也不例外。

2.2.1 翻译客体是一个三元复合体

翻译客体常常被误解为仅指原文文本（SLT），因此，翻译者只需要全力以赴投入 SLT 剖析中，即可尽其功。这是一种误解。

翻译客体由三个相互紧密联系的“方面”（也可以说三部分）组成：

（一）原文及译文文本（在本书中简称 SLT 或 TLT）（2.2.1A）

（二）文本作者（在本书中简称 SLT-A）（2.2.1B）

（三）原文及译文文本读者（在本书中简称 SLT-R 或 TLT-R）（2.2.1C）

以上三个方面实际上涵盖五个功能和职能有同有异、相互依存的实体，它们分属于“三元”。翻译学客体研究应该在以文本为中心，但不忽略这三元中任何一元的原则下进行。

2.2.2 文本的“权力”：拒斥僭释

中国传统译论忽视对文本的基础研究，有几个主要的原因。其一，中国的翻译始于佛经经书，经书被视为“圣典巨构”，圣典是不可“析疑渎意”的；其时情形正如《法句经·序》所描述的，“座中”（听经者，皆为僧人）异口同声地附和盲从，曰“明圣人意深邃无极”，读不懂也只能“苦念三冬”。《高僧传》也描写过当时尴尬的困境：“梵客华僧，听言揣意，方圆共凿，金石难和，……咫尺千里，觌面难通”，唯有叹息圣典“不可解”。其二，中国的传统语言研究只重视文字学、训诂学和音韵学，这是异质性语言研究；同质性语言研究始于春秋战国时期，只限于“名”与“实”的探讨，而且为期不长。这个问题，本书中篇有专论。其三，在翻译方法上也很成问题，可以说完全是以“人治”统治“法治”（语言法则）。中国早期的主译者都是外国僧人，他们完全凭母语语言直感记忆和行事，不懂语言结构，对汉语（目的语）的了解更是浅止于皮毛。外僧口授、汉人笔录所谓的“度语佛典”被奉为“天书”，无文本可言，汉僧莫敢疑之。其四，中国古代对佛教传统有一种执着的敬畏，如果自己看不懂经书，只有“自惭形秽”的余地。若有怀疑而加以论证，则难免于杀身之祸。这种对经典的盲从代代有加，几乎成了封建宗法文化的“遗传基因”。

传经翻译对文本的初步重视，始于东晋时期的释道安（314—385）。道安是汉人，不懂梵文，同本异译的现象引起了他对文本的注意。道安通过语言对比研究，提出了五失本、三不易的原则，这是中国翻译史上第一项文本研究。前文我们已经引证了他的“五失本”分析。下面是他所提出的“三不易”主张（按：括弧内文字为作者加注之说明）：

> 然般若经，三达之心（佛之三明），复面（指佛“舌出复面”）所演，圣必因时，时俗有易，而删雅古，以适今时，一不易也。愚智天隔，圣人叵阶（不可及），乃欲以千载之上微言，使合百王之下末俗，二不易也。阿难出经（指第一次结集），去佛未久，尊者大迦叶令五百六通（指五百罗汉）选察选书（互相审察，互相校写），今离千年，而以近意量

裁，彼阿罗汉乃兢兢若此，此生死人而平平若此，岂将不以知法者猛乎，斯三不易也。

涉兹五失经，三不易译梵为秦，讵可不慎乎。[14]

这在当时是非常精辟的社会语言学历时文本观。马祖毅在《中国翻译简史》(1983) 中还描述了道安根据 SLT 研究 TLT 的情形：

道安不懂梵文，他在研究般若的过程中，开始研究翻译。这种研究是通过对同本异译的比较而进行的。当他用《放光》对照《道行》(当时认识为是同本异译) 时，看到《放光》有删略之处，觉得删略得好，……认为删略之后，文字流畅，更加达意了。及至他用《光赞》与《放光》比较，又觉得《放光》的删略不一定合适，……他以为《放光》的翻译“言少事约”，固有易观的好处，但同时对于“事”(即法相) 就必有讲得不完全之处，特别在“反胜”的地方删削得厉害了一些 (吕瀓《中国佛学源流略讲》)。这前后意见虽不一致，但他们却把翻译中的繁或简，文或质的两种倾向提了出来，以便进一步探讨。到他参加译场工作，有了实践经验，又听了参与译事者的见解之后，他的认识便日见成熟，于是在《摩诃钵罗若波罗蜜经钞序》里提出了著名的“五失本、三不易”的理论。(第 31 页)

从历史上看，西方译论家对文本问题的注意先于中国。这是很自然的，因为西方各语种在 SLT 与 TLT 之间的实现形式转换的可行性比汉外翻译大得多。因此从罗马帝国时代起翻译家就很注意文本的“植入” (transplant)，即将 SLT 植入 TLT，既实现意义对应，又实现形式对应的问题。这在汉语与西方语言之间的转换中是根本办不到的。基本上，汉外互译必须放弃拘守形式的努力而倾全力于意义，这项不可忽视的事实，正是中国传统译论与翻译对 SLT 研究不够的客观原因之一。拉丁语 (罗马帝国用语) 与希腊语 (古希腊及爱琴海诸国用语) 之间的转换则不然。德国的译论家弗德里奇探讨了西方从古代一开始就执着于文本的原因：

> In Europe, literary translation has been known since the age of the Romans; translation shows how the literature and philosophy of the Romans gained strength from their Greek models...Later, however, translation from the Greek came to mean something else for the Romans: The appropriation of the original without any real concern for the stylistic and linguistic idiosyncrasies of the original; translation meant transformation in order to mold the foreign into the linguistic structures of one's own culture. Latin was not violated in any form, not even when the *original* text violated the structure of its form, not even when the original text violated the structure of its own *language* by deviating from normally accepted conventions through the invention of neologisms, new word associations, and unusual stylistic and syntactical creations. ⑮

这个基本事实就决定了西方译论的基调，也就是我们在上一章（1.1）中引证过的一段西塞罗的经典论述。

西塞罗的论证主旨性主张由杰罗姆继承了下来。但杰罗姆是一位比较极端的拉丁语（即他的母语）本位论者。弗德里奇在转述杰罗姆的本位观时写道：

> Saint Jerome adopted these sentences almost verbatim... Once again it is the target language, Latin, that *dictates* the rules. It "reproduces the peculiar features of a foreign language with those features of one's own language" (proprietates alterius linguae suis proprietatibus explicaret). A few lines later, we find the following statement by Saint Jerome, which sounds even in his words..."The translator considers thought content a prisoner (*quasi captivos sensus*) which he transplants into his own language with the prerogative of a conqueror (*iure victoris*)." This is one of the most rigorous manifestations..., which *despises* the foreign word as something alien but appropriates the foreign meaning in order to dominate it through the translator's own language. ⑯

杰罗姆极其强调 TLT 对 SLT 在行文上的“征服”，有倡导主体凌驾性之嫌，对后世影响有限。很显然，杰氏主张的积极意义不在于他的极端本位观，而在于他重视 TLT 的可读性。实际上，史家认为昆蒂良（M. P. Quintilian, 约 35–96）的翻译态度（重文本但以一种较持平的原则处之）对欧洲文艺复兴时代的翻译影响更为深远[17]。可以说整个文艺复兴时代的翻译家都是倾全力于调和西塞罗、杰罗姆与昆蒂良的传统，但无不密切关注文本问题，这种关注的条件是西方语文之间的共性。对此，弗德里奇有一段比较中肯的论述：

> The affinity between the internal structures of languages indeed makes it possible to adapt linguistic subtleties of the target language to its foreign original. This kind of adaptation happens in the area of style, whereby style must be understood, in the context of rhetoric, as the total art of language (*elocutio*), but even more as the heights and depths of language (*genera*). The attitude that the translator displays toward the individual stylistic characteristics of a work indicates whether the translator will yield to the original text or conquer it, whether he will stop at acknowledging the differences between languages or whether he will move toward a possible rapprochement of styles between languages.
>
> The latter was established as the norm for the art of translation with the works of Schleiermacher and Humboldt: a movement toward the original, perhaps even a changing into the foreign for the sake of its foreignness.[18]

可见，西方译论在理论上重视文本源于西方“语言内在结构的亲缘关系”(the affinity between the internal structures of languages)；经过了一代又一代的译论家的求索，即大体说来，经过以西塞罗、杰罗姆为主的一派与大体上以昆蒂良为代表的多种主张相济相调；再加上 19 世纪以前历史比较语言学的蓬勃发展，集语文学、翻译与文艺创作于一身的翻译家兼语文大师（特别是歌德）不断涌现，文本分析的手段和维度也日趋多样化，形成了西方比较重文本研究的传统。这是西方现代译论受结构主义和后结构主义推动而形成新文本观的历史渊源。

中国和西方两种不同的文化历史背景形成了译论中文本观的不同传统。现在，从“取人之长，补我之短”的原则出发，也就是从“本位观照，外位参照”的原则出发，我们必须在方法论探索中展开文本研究的新视角，在深入考察和分析的基础上，汲取西方现代文论家和哲学家言之有理（即有利于我们科学地对待文本及至整个客体）的**理论思想或原则主张**，目的是为了建立有汉语参与的双语转换科学方法论和译学基本理论。

2.2.3 文本的内在矛盾和不确定性

文本之拒斥僭释是由它的本质特征决定的。

任何记录人类言语和思维的文本（即从圣典、法典、古籍、文献到日常文书）都不可能没有矛盾和不确定性。这是由自然语言固有的特征所决定的，不是什么优点或缺点的问题（Chomsky, 1965; Reichling, 1969）[19]。这就是一切文本的本质特征。从哲学上说，文本之所以充满矛盾和不确定性，是由于人的思维是“非线性”的，而其语言又必须呈线性：非线性思维与线性语言必然产生矛盾，线性制约不住非线性，此其一。其二是，人的思维既是永无止境的，又是驳杂纷繁的：它必然是一种实体性意指及指称（signification and reference）与非实体性意指及指称的“富集”，赋形于语言者只是这一富集的小部分。具体说到翻译的文本，还存在着第三个原因，即语言（SL & TL）的异质性及翻译主体与客体之间的差异（译者与作者之间的时空差和品位差）等等。文本的矛盾性和不确定性这一特征，就独创性、开拓性、探索性及叛逆性强的作品而言尤为显著。具体地说，这些矛盾包括：(1) 语符与语义（“名”与“实”）的矛盾）；(2) 外延与内涵（一般表现为“言”与“意”）的矛盾；(3)“在场”与“不在场”的矛盾（“presence” vs. “absence”）；(4) 语言结构（从语词到语段）上的矛盾；(5) 文体上（如风格和审美手段）的矛盾；(6) 真与伪的矛盾；(7) 互文性（intertextual）矛盾（详见本书 7. 3. 2 节，指此一文本与作者或其他人的文本之间的矛盾）等等。分析文本矛盾的目的在于准确获得文本的意义。因为，一般说来，文本是作者的一张心迹图，是作者的“知、情、志”全部思想感情的一张**非常疏略的心迹图**[20]。

2.2.4 文本的非整体性

由于文本只是作者心迹的一张非常疏略的心迹图，因此任何文本都不可能是完整的。所谓完整的文本，只是就其形式而言。例如我们说一首sonnet（商籁体诗）是完整的，根据只是基于组成该诗的十四行诗句是完整的。同样，我们说一首《声声慢》是完整的，因为它具有并符合《声声慢》所要求的字数、声韵及句式铺排程式。至于诗人的思想感情，则是任何读者所不能挖掘完毕的。李清照（约 1084—约 1151）的《声声慢》前三句是：“寻寻觅觅，冷冷清清，凄凄惨惨戚戚。”按词格形式说，它们是完整的。但自宋代以来，无人能说已可以将李清照的凄苦情怀表达于万一。到头来，只能用诗人自己的话说：“这次第，怎一个愁字了得！”[21]

文本的非整体性赋予文本的“互文性分析”（intertextual analysis）以重要的意义（Culler, 1997）。很多文本中存在的“不在场”或“延异”（“difference”，Derrida, 1977）可以在与此相关的文本中找到。例如屈原（约前340—前 278）的《天问》中说“天命反侧”，是不是说明屈原在天命问题上的怀疑论（即儒家天命论的“不在场”）？要论证这一点，当然少不了文本内证（intra-text proof）。但文本内证常常不足以说明在屈原的《天问》中儒家的天命论之“不在场”。这就需要我们到屈原的其他作品（文本）中去取证。例如《离骚》中就有“皇天无私阿兮，览民德兮错辅”，在《抽思》中“善不由外来兮，名不可以虚作；执无施而有报兮，执不实而有获”。这些句子表明屈原相信的不是天命，而是事物的自然规律，获取文本外证（extra-text proof），使之与文本内证相印证，或相映衬，就能使我们用所谓“互文性诠释”（“intertextual interpretation”）来补足文本非整体性给读者留下来的“解读空白”，是不容我们忽视的策略。

2.2.5 文本的期待性

所谓“期待性”(anticipation)，是指SL作者对SL读者的期待，因此，也应该是译者对TL读者的期待。世界上不存在没有期待性的文本：连一封绝命书也有死者对生者剖白其何以“绝命”的“期待”。但是，“期待性”不同于写作的目的性，文本期待性远比写作目的性复杂，这就是为什么绝命书常常是“悲怆的独白”，要求慧眼慧心的解码。

翻译理论的文本期待性研究，显然是一项很有意义的任务。准确地理解文本的期待性，可以在很大的程度上确定译者的基本对策，包括译者本人的态度，常常表现为：陈述式和表现法倾向或特征。以屈原的《天问》为例。屈原用一个“曰”字，带出了172个问题，所问涉及天文、地理、神癯、人事；上及天帝，下及庶民，错综衬贴，旁敲侧击。这172个问题中，有诘问、质问、戏问；有盘根究底地问，有含愠不露地问，有明知而故问。问问迭出，“穷究本源”之势逼人。很明显，作者并不期待读者回答他的172个问题，而是期待读者“穷究本源”，揭示其隐衷，以借题发挥；所期待者则是他揭露了人事、世事之乖张悖理后的读者反应。上文提到屈原说“天命反侧”，他的全句是：“天命反侧，何佑何罚？”(意思是：上天要福佑谁、惩罚谁，为什么总是这么反复无常？)这里的“期待”显然是读者能与之同声相应，质疑“皇天之不任命”。关于文本的期待性，清代学者章学诚(1738—1801)在《文史通义·知难》中有一段中肯的解说：

> 为之难乎哉，知之难哉？夫人之所以谓知者，非知其姓与名也，亦非知其声容之与笑貌也。读其书、知其言，知其所以为言而已矣。读其书者，天下比比矣；知其言者，千不得百焉。知其言者，天下寥寥矣，知其所以为言者，百不得一焉。然而天下皆曰：我能读其书，知其所以为言矣。此知之难也。
>
> 人知《易》为卜筮之书矣，夫子读之，而知作者有忧患，是圣人之知圣人也；人知《离骚》为词赋之祖矣，司马迁读之而悲其志，是贤人之知贤人也。夫不具司马迁之志，而欲知屈原之志；不具夫子之忧，而

> 欲知文王之忧，则几乎罔矣。然则古之人，有其忧与其志，不幸不得后之人，有能忧其忧，志其志，而因以湮没不彰者，盖不少矣。

毫无疑问，翻译理论的文本解读研究，就是要使译者知道怎样与SLT作者通感知难，使自己的译文陈述不致成为“湮没不彰者”。

2.2.6 文本的语义隐含

文本的语义隐含性不同于期待性：语义隐含与意指、指称关涉；期待性与意向、意指关涉。具有语义隐含性的文本，其语言文字成了一道视觉屏障，使读者产生了“个中另有文章”之感。翻译学的文本解读研究应该帮助读者揭开文本的视觉屏障，揭示“个中文章”。

语义隐含性常常表现为有意的言不及义（“deliberate digression,” Lacan, 1966）。“言不及义”“不知所云”等等也有人称为“语义的迷雾”（“semantic fog,” Richard Falk, 1989）及“作者的他人化”（“the otherness of a writer,” George Orwell, 1949）。

很显然，译者如果不透过迷雾、把握这个“他人化”，而仅仅抓住“作者”[拉康称之为“ego”（自我外象），即文章表面]，则翻译肯定“译犹不译”。

文本语义隐含的主要手段是种种象征手法（symbolic devices），即用象征来“免除”（absolve）作者的存在，而代之以“the other”（“另有所指”“另有所云”，或者叫作“他在”）。下面是经常被引证的一段拉康的论述，它之所以被誉为是“精妙之言”，是因为其中表述了拉康心目中的“象征”的功能：

> Symbols in fact envelop the life of man in a network so total that they join together, before he comes into the world, those who are going to engender him “by flesh and blood;” so total that they bring to his birth, along with the gifts of the stars, if not with the gifts of the fairies, the shape of his destiny; so total that they give the words that will make him faithful or ren-

egade, the law of the acts that will follow him right to the very place where he is not yet and even beyond his death; and so total that through them his end finds its meaning in the last judgement, where the Word absolves his being or condemns it—unless he attains the subjective bringing to realization of being-for-death. ㉒

拉康认为象征具有的是一种无所不包、无所不能、无远弗届、无处不在地“免除”主体的功效。从而使主体虽死犹生、虽静犹动、虽是犹非，简直可以说具有无边法力。下面我们以美国诗人 Robert Frost（1874–1963）的一首短诗为例：

The Secret Sits

We dance round in a ring and suppose,
But the Secret sits in the middle and know.

诗的文字很简易，但初读的确不知所云。很明显，诗人故意言不及“义”，这样问题就集中在“义”上了。Guller 解释说，难解的问题当然不在字面意义，而在语言迷雾下的“the other”，常常取决于“contrasts，”“differences”（也就是 Derrida 所谓的“differance”）。读者可以将“we”看作“你、我、他”，也可以将“we”看作人类；可以将“secret”看作一个神癯或一般的神秘之谜，也可将它看作生死之奥秘、宇宙之奥秘。因此这首诗可以解读为人们的日常行为，同时也可以解读为：诗人在冥思人类主体与宇宙客体在疑忌的烟云萦绕中漫舞对峙。Culler 解释说：

The meaning of a work is not what the author had in mind at some point, not is it simply a property of the text or the experience of a reader. Meaning is an inescapable notion because it is not something simple or simply determined. It is simultaneously an experience of a subject and a property of a text. It is both what we understand and what in the text we try to understand. Arguments about meaning are always possible, and in

> that sense meaning is undecided, always to be decided, subject to decisions which are never irrevocable. If we must adopt some overall principle or formula, we might say that meaning is determined by context, since context includes rules of language, the situation of the author and the reader, and anything else that might conceivably be relevant. But if we say that meaning is context-bound, then we must add that context is boundless: there is no determining in advance what might count as relevant, what enlarging of context might be able to shift what we regard as the meaning of a text. Meaning is context-bound, but context is boundless. [23]

Culler 说文本的上下文实际上是处在一个无边无际的语言系统中——它既是微观的（变化的），又是宏观的（无限的）。这正是海德格尔说的：

> Thinking's saying would be stilled in
> its being only by becoming unable to
> say that which must remain unspoken.
>
> Such inability would bring thinking
> face to face with its matter.
>
> What is spoken is never，and in no
> language, what is said. [24]

这就牵涉到文本的初始之源——作者、作者的思想。因此文本与作者（客体的另一个组成要素）总是紧紧地联系在一起的。

2.2.7 文本与作者：人文互证观

文本作者是诠释文本极重要的参照系，文本作者也是互文性不可或缺的线索。这就是我国传统文艺学中所谓“文如其人，人如其文”。

传统文艺学的人文互证观源自《周易·系辞》：

将叛者，其辞惭；中心疑者，其辞枝；吉人之辞寡，躁人之辞多。诬善之人，其辞游；失其守者，其辞屈（按：守，指操守而言）。

“系辞”也是刘勰《文心雕龙·知音》所阐发的人文互证观之依据。〈知音〉云：

夫缀文者情动而辞发，观文者披文以入情，沿波讨源，虽幽必显；世远莫见其面，觇文辄见其心。岂成篇之足深，患识照之自浅耳。

这样就将“文本—作者—读者”联系在一起，相融互证了。将人文互证说讲得最痛快淋漓的，是清代的文论家毛先舒。他在《诗辨坻》中说：

欲披其文，先昭其质，故观者因文而征情，作者原志以吐辞，则惟诗不可以为伪也。洞贯古籍，曲尽拟议，非以役物，求自见本质耳。譬之以火锻金，以鱼火之借资，识古人为津筏。是故神明秀练者，其言芳以洁；意广识通者，其言疏以远；凄激内含者，其言抑以凌；不见歆趋者，其言静以立；萦纡恬汰者，其言微以长；光华隐曜者，其言清以典。内业既昭，本质斯呈。欲学夫诗，先求其心，故歌之而可以观志，弦之而可以见形。若夫内无昭质而郁畅菁华，胸本柴棘而放词为高，斯如鎏黄火翠，茹芦练染，不能饰美，适足彰其为贱工也。[25]

其实，更准确地说应该是“欲披其文，先昭其质；既昭其质，更知其文”（“其”都指作者），这就是王逸（东汉，生卒年不详）注屈原《天问》的指导思想。王逸在《楚辞章句》中说：

屈原放逐，忧心愁瘁，彷徨山泽，经历陵陆，嗟号昊昊，仰天叹息；见楚有先王之庙及公卿祠堂，图画天地山川神灵，琦玮谲诡，及古贤圣怪物行事。周流罢倦，休息其下，仰见图画，因书其壁，呵而问之，以渫愤懑，舒泻愁思。楚人哀惜屈原，因共论述，故其文义不次序云尔。

尽管王逸有些推测经不起推敲，但他以人文二者互证的基本方法论是站得住脚的。王逸对《天问》中的疑点多所论证，不少联系到屈原的生平和其他著作，与之进行**人文互证**和**互文参照**，不能说是没有道理的。例如《天问》的结尾“薄暮雷电，归何忧？”王逸注云：“言屈原书壁，所问略讫。日暮欲去，时天大雨雷电……”，属情、景（境）互证，不是没有可能。王逸认为《天问》结尾屈原是直接抒情，嗟号叹息、“以渫愤懑”之说，尤为后世注家认同。

西方倡导“人如其文”“文如其人”的文论家也大有人在。知名者有法国 19 世纪的自然主义文论家布封（George L. Buffon, 1708–1788）。布封的名言是“风格即人”。布氏认为“文”，之所以可以用“人”来参照，是因为唯文能体现“其人”的“独创性和表现法”（“invention and expression,” Buffon：*Discours sur le style,* 1753）。所谓“其人”的意思是：

> In saying “Style is the man himself,” Buffon is “saying” himself, his fantasy of being a great man—a “saying” that is irreducible to the knowledge he communicates. Does he himself not distinguish between knowledge and truth, at the time he produces his formula of style? The quantity of knowledge, the singularity of facts, the novelty of discoveries are not sure guarantors of immortality. If the works that contain them run only on little objects, if they are written without taste, nobility and genius, they will perish, since knowledge, facts and discoveries are removed easily, are transported and can even be implemented by more skillful hands. These things are outside man; style is the man himself. This style is not altered, not is it transferred. It does not belong to anybody other than the one who obtains it; it comes from a personal experience, non-transmittable, in which each one finds his unalterable identity. ㉖

毫无疑问，“独创性”和“个性化表现法”可以为文本提供充足的征兆，这些征兆又可以为我们诠释文本提供令人满意的语义参照。因此我们可以按拉康的征兆论，称之为征兆性诠释（symptommatic interpretation)。按拉康的理论思想，可以认为文本作者对其“独创性”和“个性化表现法”有一种执着的自恋“self-love，” Lacan: *Ecrits*, 1901）：

> In its very constitution, the symptom implies the field of the great Other as consistent and complete, because its very formation is an appeal to the Other containing the meaning of it.
>
> But it was here that the problems began. Why, in spite of its interpretation, does the symptom not dissolve itself? Why does it persist? The Lacanian answer is, of course: enjoyment. The symptom is not only a cyphered message, it is at the same time a way for the subject to organize his enjoyment. That is why, even after a completed interpretation, the subject is not prepared to renounce its symptom. That is why he “loves his symptom more than himself.” ㉗

如果我们细细品味前述 Robert Forst 的短诗，我们恐怕不得不承认拉康的分析：

> The symptom is here the signifier of a signified repressed from the consciousness of the subject. A symbol written in the sand of the flesh and on the veil of Maia, it participates in language by the semantic ambiguity that I have already emphasized in its constitution.
>
> But it is *speech functioning to the full, for it includes the discourse of the other in the secret of its cipher.* ㉘

2.2.8 文本与读者：译者的取向参照系

文本读者是客体的另一个重要组成部分：这样，客体就呈现出一种三维的复合结构体。文本读者也是我们过去比较忽视的研究对象。在翻译研究的新世纪中，我们应当给以充分注意。

在以上诸节中我们已经多次谈及读者问题。现在总结如下。

一、文本读者是文本作者的期待对象

即便是最孤独的作者的最孤独的独白都有一个他所预设的对话者，那就是他的读者。这个读者也可能正是作者自我的化身，但更可能是他的朋友、恋人、仇敌、伙伴、同路人、同道者，还有可能是完完全全的陌生人。作者预设的这个（些）读者，即他的文本期待对象，决定了作者的态度（attitude）。译者要把握的，正是浸润在文本中的每一个字的态度。译者应该根据作者在文本中对期待对象的态度来决定自己的译文的行文体式、风格、体势、语句情态和审美选择。

那么，所谓"态度"又是什么呢？

二、"态度"是作者的一个取向参照系

"取向"是"态度"的具体化，它是一个参照系，包括价值取向、心理取向、情感取向和审美取向。其中四个取向又有其次系统。例如，价值取向包括政治观念、道德观念、伦理观念、行为规范等等；心理取向包括民族文化的、宗教信仰的、种族性别的等等；情感取向非常复杂，包括喜怒哀乐、七情六欲，它是"不可言尽的"（Foucault, *The Repressive Hypothesis,* 1978）；审美取向，包括雅俗之分、文质之分、明暗之分、清雅与凝重之分，沉郁与高扬之分等等，实际上也是"不可言尽"的。可以想见，译者对原作者取向的分析是一项颇为艰巨的任务，而如果译者不能准确把握原作者的取向，则译者"纵然译之犹未译也"，因为他实际上没有完成翻译的使命。

三、译者的取向分析不可能雷同

由此可见，翻译的取向分析不可能人人如出一辙。翻译可以由于对原作者及其文本的取向分析之不同，而采取不同的行文体式、风格体势、语句情态和审美选择。即以价值取向而言，不同的评论家可能对原作者的取向分析完全不同。中国文学史上著名的例子，是扬雄和班固对中国文学史上最杰出的诗人屈原"露才扬己"的贬抑（又：扬雄在《法言篇》中影射说"辞人之赋丽以淫"）。更荒唐的是，中国文艺美学史上最杰出的评论家刘勰，虽然表面上也批评了扬雄、班固的偏见，高度赞扬了屈原，却疏于楚文化的浪漫特色，指责屈原张扬“荒淫之意”(《文心雕龙·辨骚》)。我们可以从《文心雕龙》体式的安排看清刘勰对屈原的负面评价，完全是根据正统的孔孟之道：他将《辨骚》紧紧安排在《原道》《宗经》之后，即以孔孟之“经道观”来衡量屈原，婉曲地附和扬、班的指责，出语完全不逊于腐儒。㉙

而史家司马迁对屈原的评价很高。他在《史记·屈原贾生列传》中说：“国风好色而不淫，小雅怨诽而不乱，若《离骚》者，可谓兼之矣”，取的正是屈原的浪漫主义情采。刘勰附和扬、班，可谓连徐师曾都不如。徐氏在《文体明辨·赋》中说“扬雄长于说理，而或略于辞；至于班固，则辞理俱失”。我们从这里得到的教益是：文本的作者不具有足以使文本读者决定取向的权力，文本一旦离作者而面世，他就失去了支配文本的阐释权，一切就取决于文本读者的态度了：权力于是有了转移。这时译者应该看到，文本本身含蕴作者的态度，因而具有拒斥僭释的权力：译者必须尊重文本的权力。因此，必然的结论是：译者必须精于取向分析。由于译者对原作者及其文本的取向分析不同，必然导致对文本的处理原则的差异。于是问题的实质就显露了出来：即下面的第四点，也是我们应该特别强调的一点。

四、译者应当是原作者预设中的一名理想读者

毫无疑问，理想读者并不是原作者“最顺从的读者”，他只能是原作者文本的最佳诠释者。这个诠释者是一位既有历史感又有现实感——总之是最具有翻译使命感的读者。他对于文本在历史观照下的意义和在现实观照下的意义二者兼容并取，孜孜不倦地探索和挖掘，并且深知这项使命是无穷尽之日的。

据此，我们有必要重新评估或重新认识很多传统的观念，寻找新的起点，迎接翻译理论研究的新纪元。（详见第九章）

2.3 结语

以科学的态度将主体与客体重新定位，是我们改进翻译研究方法论的重要内容和任务。本章从哲学的视角和翻译学的要求出发，探讨主、客体的范畴和功能，意在检讨我们自身的弱点，改进方法论，以面对新世纪我们即将肩负的任务。这里要说明的是，在本章中我们的探讨还是非常初步的，认识有待于深化；而认识的深化，只有在方法论的指导下，从事脚踏实地的研究和实践才能获得。这就是方法论和认识论的统一，也就是翻译理论与翻译实践的统一。

〔注释〕

①始论的确切年代无史证可考。佛教传入中国较可靠的年代当在西汉末年到东汉初年（即公元前 2 年至公元 67 年）之间。初期道、佛合流，人们按黄老道术理解佛教，佛经当为口传。最初的译论有史载者即《法句经序》，时间大约在公元 224 年。唐代安史之乱后，译经之风渐衰。德宗以后直至光启元年（885 年），译经译论均趋平寂。

②四段论述均见刘超先著《中国翻译理论的发展历程》，香港中文大学《人文学刊》1998 年 4 月，第 5 期，第 48 页至 65 页。

③这个问题应该用历史的眼光来看待。严复属于学术翻译的先驱，无先例可循。其时参考书、工具书都缺如，加以原著内容艰深，领悟大意已属不易。我们不应苛求古人、前人；但从他们的实践中汲取教益，是有积极意义的，这也是前人寄望于后人的。

④“在场”是以德里达为代表的“解构主义”（deconstruction）文论和美学的重要概念。解构主义的宗旨是要颠覆、拆除“逻各斯中心主义”（logocentrism），而所谓“逻各斯中心主义”即：借语词为中心（主要手段），维护西方传统的哲学本体论，并扩及一切西方传统的保守理念。“在场”就是指“逻各斯中心主义”在“文本”（这是广义的文本）中的复现。Culler 在 *On Deconstruction*（Ithaca，NY：Cornell UP, 1994）中界定“presence”这一概念时写道：

> Each of these concepts, all of which involve a notion of presence, has figured in philosophical attempts to describe what is fundamental and has been treated as a centering, grounding force or principle. In oppositions such as meaning/form, soul/body, intuition/expression, literal/metaphorical, nature/culture, intelligible/sensible, positive/negative, transcendental/empirical, serious/nonserious, the superior term

belongs to the logos and is a higher presence; the inferior term marks a fall. Logocentrism thus assumos the priority of the first and conceives the second in relation to it, as a complication, a negation, a manifestation, or a disruption of the first."（p. 93）

⑤从哲学上看，任何客体的存在离开主体对它的认识，都是无意义的。因此，主体的在场实际上反映对客体存在的认识。参见 Terry Eagleton 以下论述 "The Kantian Imaginary," *The Ideology of the Aesthetic*,（Cambridge, MA: Basil Blackwell, 1990）p. 72。

"If the world is the system of cognizable objects, then the subject which knows these objects cannot itself be in the world, any more than（as the early Wittgenstein remarks）the eye can be an object within its own visual field. The subject is not a phenomenal entity to be reckoned up along with the objects it moves among; it is that which brings such objects to presence in the first place, and so moves in a different sphere entirely. The subject is not a phenomenon in the world but a transcendental viewpoint upon it."

⑥引自 Husserl 著 *The Idea of Phenomenology*, The Hague, Martinus Nijhoff, 1964, p. 50。

⑦引自刘衍文、刘永翔著《古典文学鉴赏论》下篇，上海教育出版社 1992 年版，第 238 页。

⑧转引自 W. B. Hodgson 著 *Errors in the Use of English*, NY：D. Appleton & Co., 1882, p. 181 and p. 209。

⑨见⑥ pp. 31-32。

⑩、⑪转引自 A. Lefevere 编 *Translation, History, Culture: A Source-Book,* London & New York: Routledge, 1992, p.141。

⑫索绪尔是结构主义的先驱，其探索对后世的语言学研究起了影响深远的推动作用。同时，也要看到索氏及其语言观的极大的局限性。此外，《普通语言学教程》是在索氏逝世后，他的学生根据听课笔记核对拼辑出版的，并没有经过索氏本人系统周详的思考及校勘定稿。书中若干观点索绪尔本人是否认同，似可存疑。

⑬见⑥，pp. 59-60。

⑭见②中引文页数。

⑮、⑯引自 *Theories of Translation, An Anthology of Essays from Dryden to Derrida*, ed. R. Schulte and J. Biguenet, Chicago & London: University of Chicago Press,

1992, p.12。

⑰参见⑩ pp. 86-87。

⑱同⑮，p. 15。

⑲参见 J. G. Kooij 著 *Ambiguity in Natural Language*, Noth-Holland, 1971，书中有如下论述：

> "On the other hand, the phenomenon of 'multiple meaning'—whether accidental or intentional—is not always regarded as a negative feature even of language use. A well-known example of the positive view is Empson's study of poetry (1965：1). Here, the use of the terms 'ambiguous' and 'ambiguity' is mostly restricted to texts where the simultaneous presence of alternative meanings enhances the value of the text, or of its interpretation."（p. 4）

⑳参见刘宓庆著《文化翻译探索——兼评 David Hawkes 译屈原〈天问〉》，香港中文大学《人文学刊》1998 年 4 月号，第 5 期，第 24 页至 40 页。

㉑参见徐轨《词苑丛谈》及张端义《贵耳集》。

㉒引自 J. Lacan 著 *Ecrits: A Selection*, New York and London: W. W. Norton & Co, 1977, p. 68。

㉓引自 J. Culler 著 *Literary Theory: A Very Short Introduction*, Oxford, 1997, p. 67。

㉔引自 Robert R. Magliola 著 *Phenomenology and Literature*, An Introduction, Purdue University Press, 1997, p. 191。

㉕毛先舒著《清诗话续编卷四・诗辨坻》，上海古籍出版社 1986 年版。

㉖转引自 *Lacan and the Subject of Language*, ed. Ellie Ragland Sullivan and Mark Bracher, NY & London: Routledge, 1991, p. 146。

㉗引自 J. Lacan 著 *Ecrits: A Selection*, New York and London: W. W. Norton & Co., 1977, p. 206。

㉘同上，p. 69。

㉙参见王元化著《文心雕龙讲疏》，上海古籍出版社 1992 年版，第 192 至 193 页。

第三章　方法论余论三则

3.0　意义的人文性：基本依据

语言是人文活动（“Language is human，” Bolinger, 1962: 177）。**意义具有彻底的人文性**。按目前有限的科学手段，我们还不能、也不可能对意义作所谓定量分析和定性分析；不可能开列意义的分子式；不可能对语言中的意义给出分析数据，比如，一个词的概念意义、文化意义、情感意义、联想意义，以及在使用中产生的搭配意义和审美意义等等，究竟各占百分之几？意向又占百分之几？我们无法用任何科学手段来测定意义的形形色色的色调（shades）。我们甚至不可能、也没有必要对任一个词的一项意义作出精确的科学描写，找出不同语境对它的成分影响的差率。比如我们无法制定“情感意义”的色谱，无法标定“联想意义”的坐标。最“令人失望”的是，我们根本无法对某一词语最基本的“概念意义”[“conceptual meaning，” Leech, 1974；即逻辑实证主义者所谓的“逻辑意义”（logic meaning）] 像德国的数学家及哲学家哥特洛布·弗雷格（Gottlob Frege, 1848–1925）说的那样，下一个泾渭分明的定义：

> A definition of a concept (of a possible predicate) must be complete; it must unambiguously determine, as regards any object, whether or not it falls under the concept (whether or not the predicate is truly assertible of it). Thus there must not be any object as regards which the definition

> leaves in doubt whether it falls under the concept...We may express this metaphorically as follows: the concept must have a sharp boundary. To a concept without a sharp boundary there would correspond an area that had not a sharp boundary-line all around, but in places just vaguely faded away into the background.①

语言事实告诉我们，为词语概念划分出一个“sharp boundary-line”（泾渭分明的界线）根本是不可能的。语言是社会人文活动，意义不是自然科学现象，是人文现象。我们怎么可能为“凉风”划出这样一道界线，超出这一道线，“凉风”就不“凉”了吗？怎么为“沁人肺腑”中的“沁”这个动作划出一道精微的科学界线，使其行动对象与其他行为词语（如“浸”）涉及的对象（如“心脾”）毫无牵连（“Thus there must not be any object as regards whether if falls under the concept…，”Frege）呢？语义学现在办不到，将来也办不到。为什么呢？道理很简单，“语义”是人文现象，不是自然科学现象。语义学家里奇（Geoffrey Leech）批评用自然科学和逻辑实证方法论来研究意义的语言学家布隆菲尔德（L. Bloomfield, 1887–1949）、奥格登和瑞恰兹（K. C. Ogden, 1889–1957 & I. A. Richards, 1893–1979），认为他们的研究有三大缺陷：

> Three flaws were latent in Bloomfield's approach. Firstly, at any given time, there are usually competing scientific accounts of the same phenomenon. Which of them do we choose for our definition?
>
> In the second place, science does not progress in the manner of a tub filling up with water—it progresses by a continuing process of revision and clarification, leading to greater clarity and depth of understanding. Since scientific statements are by nature provisional, it is difficult to foresee a time when everyone would be sufficiently confident that no further significant reformulations would be forthcoming to be able to start safely defining words like *love* and *hate*.
>
> Thirdly, a definition in terms of a scientific formula, such as *salt* =

NaCl, simply exchanges one set of linguistic symbols for another, and so postpones the task of semantic explication one step further. Assuming that scientific language, like everyday language, has meaning, we are faced with the problem of defining the meaning of "NaCl"; and if we could replace this with a more precise or informative scientific formula, the same problem would arise with that, and so on *ad infinitum*. In other words, Bloomfield's recipe for discovering meaning leads into a path of infinite regression; it turns out to be a dead end not only on practical but on logical grounds.

The problems of Ogden's and Richards's and Bloomfield's approaches to meaning arise mainly from the determination to explain semantics in terms of other scientific disciplines. One may argue that much of the apparent ambiguity of the term *meaning*, which bothered Ogden and Richards, has the same source...

然后，里奇作了一个比喻：

One of the keynotes of a modern linguistic approach to semantics is that there is no escape from language: an equation such as *cent=hundredth of a dollar* or *salt=NaCl* is not a matching of a linguistic sign with something outside language; it is a correspondence between two linguistic expressions, supposedly having "the same meaning." The search for an explanation of linguistic phenomena in terms of what is not language is as vain as the search for an exit from a room which has no doors or windows, for the word "explanation" itself implies a statement in language. Our remedy, then, is to be content with exploring what we have inside the room: to study relations *within* language, such as paraphrase or synonymy（both terms meaning roughly "sameness of meaning"）.②

我们在上面已经提到了语言是人类的社会人文活动，不是自然科学活动。语言活动自古有之，其时人类还在茹毛饮血。因此意义的人文性也可以从语言的社会性来考察、论证。美国人类学和语言学家萨丕尔（Edward Sapir, 1884–1939）有一段著名的论述：

> Language is a guide to "social reality." Though language is not ordinarily thought of as of essential interest to the students of social science, it powerfully conditions all our thinking about social problems and processes. Human beings do not live in the objective world alone, nor in the world of social activity as ordinarily understood, but are very much at the mercy of the particular language which has become the medium of expression for their society. It is quite an illusion to imagine that one adjusts to reality essentially without the use of language and that language is merely an incidental means of solving specific problems of communication or reflection.
>
> The fact of the matter is that the "real world" is to a large extent unconsciously built up on the language habits of the group. No two languages are ever sufficiently similar to be considered as representing the same social reality. The worlds in which different societies live are distinct worlds, not merely the same world with different labels attached.

与萨丕尔共同进行社会语言调查的沃尔夫（B. L. Whorf, 1897–1941）指出社会文化形态的差异，与人的观念（ideas）和心智（the minds）的差异紧密相关联。沃氏对语言的人文性（以观念作基本因素）作过以下的剖析与描写：

> The background linguistic system of each language is not merely a reproducing instrument for voicing ideas but rather is itself the shaper of ideas, the program and guide for the individual's mental activity, for his analysis of impressions, for his synthesis of his mental stock in trade. Formulation of ideas is not an independent process, strictly rational in the old sense, but is part of a particular grammar, and differs, from slightly

to greatly, between different grammars. We dissect nature along lines laid down by our native languages. The categories and types that we isolate from the world of phenomena we do not find there because they stare every observer in the face; on the contrary, the world is presented in a kaleidoscopic flux of impressions which has to be organized by our minds—and this means largely by the linguistic systems in our minds. ③

沃尔夫的立论是:（1）人的语言机制不仅仅是一个可以复制而将观念发之于声的工具（“a reproducing instrument for voicing ideas”），更重要的是一个“观念的成形机制”（“shaper of ideas”），司掌种种心智活动;（2）各种自然语言各有其不同语法规则，人们凭借这些规则来剖析和描写自然中的万事万物。这样，人的心智活动、语言体系（“the linguisitc systems”）与自然界就联系在一起了：人类的心智（our minds）就成为人对千姿万态的客观世界奇妙无比的印象的“组织者”。

于是，我们就找到了语言人文性的一个最主要基点：由心智产生的观念——意义。这也正是我们论证语言的人文性的最重要的基点。

意义的人文性：它的生成、构成、集成、合成等种种机制，到目前为止，人类所知仍然很少。语言学家和哲学家对意义所作的上千年的论述也都还止于“事实描写”（factual description）。至于它那奇妙无比的底蕴，今天的科学家都只能像亚里士多德那样期待司“逻各斯”（Logos）的女神给予解答。

3.1 语言的人文性与科学方法论

英语中有一些彼此之间似“非”而“是”的词及词组，如 egalitarian 与 equalitarian，二者的意思都是“平等的”“平均的”，它们既“似非”，又“而是”。英语中还有一些似“是”而“非”的词及词组，如 out of question 与 out of the question，后者只多一个没有实义的 the，按理意义应该一样，其实完全相反（前者是完全肯定，而后者则是完全否定）。为什么发生这种“混乱现象”？为什么要让这种“混乱现象”继续下去呢？许多哲学家于是对日常语言提出了指控。下面是罗素（Bertrand A. W. Russell, 1872–1970）对自然语言提出的五点指控：

(1) 日常语言是虚伪的 (insincere)。因为它取决于说话者受教育的程度（文化水平）。

(2) 它成为只受过文科教育的人的借口，他们用以为自己对数学、物理学和神经病学的无知辩解。“日常应用”只能严格限制在日常生活中使用，不能通用。

(3) 有人貌似公允地提出，反对“日常应用”就是冒犯民主。“日常应用”表达着“常人”的“常识”云云。可是，“常识”不也曾使人人都觉得“地球在转动”是不可思议的吗？

(4) 日常语言使哲学变得浅薄无聊。如果哲学家主张“日常应用”，那么哲学将变成沉溺于探讨定义的无聊游戏，而哲学的任务应当是探究实质性的问题 (substantial question)，定义探讨只是一种必要的准备。

(5) 日常语言使哲学家永远甩不掉从“常识”得来的“糊涂头脑”。④

在这种指控下，合乎逻辑的结论必然是要舍弃日常语言、舍弃日常语言的概念分析法，而代之以人工语言（亦称形式语言），代之以人工语言的逻辑分析法［logical analysis，亦称形式分析法（formal analysis）］。据此，罗素提出的主旨性观点是“逻辑是哲学的本质”。不仅日常语言要受到逻辑的批判，而且整个哲学都要受到逻辑的批判。前期的维根斯坦（Ludwig Wittgenstein, 1889–1951）也属于人工语言学派，维氏的主旨性观点与罗素的论调如出一辙：“全部哲学是对语言的批判。”他们认为哲学中的含混、谬误都应归因于语言的含混、谬误。因此哲学家的任务就是要构建一套精密的数理逻辑形式语言来取代日常语言，以澄清哲学中的含混和谬误。七八十年代以来人工语言学派的哲学家还发展了许多逻辑句法模式，并试图以此用于翻译⑤。

从与译学的相关性来看，就目前情况而言，基于数理逻辑的形式语言推演程式对人工翻译可以说没有什么实际的参照意义。理由是，语言是人文现象，不是用仪表数据或数理公式可以记录的自然现象。个中原委可具体阐述如下：

（一）翻译的首要任务是语言符号的语义解码和文本解读，逻辑演绎程式不论如何精密、如何精致，都只能看作锦上添花，不能解决意义问题就不能完成翻译任务。

（二）我们在上一节中提出了意义这个语言人文性的基点。意义是一个非常复杂的多维实体，涉及概念、语境、意向、文化背景（包括浅表层文化结构和深层文化结构）、审美（知、情、志所寄寓的意象）等等。这些支配表达式的因素，均不可能赋形为逻辑符号程式。意义拒斥定量分析和定性分析；拒斥表示强度、色彩、褒贬以及同义、反义的“数据显示或测定”；拒斥语境对语义变化的“色谱分析”和“坐标定位”：意义永远只是人类心智活动的产物，因而只受人脑驾驭。

（三）原文文本（SL Text）是作者心迹的记录，不论它如何详尽，都永远不可能是一个完整的、精确无遗的记录。文本记录下来的只是作者全部思想感情和感受经历中大体明确化了的一小部分，因此它必然是一个充满空隙、疏略的意义网络。翻译原文文本，是对原文作者的心迹跟踪（tracing the SL author’s mind），也就是所谓“mind reading”。总之，文本只是一张作者疏略的心迹图：图下隐藏着无尽无穷的言外之意和言下之意，它是一脉脉作者的知、情、志的潜流，隐匿于日常语言之下，拒绝赋形于逻辑符号程式——也许，这正是罗素指控的日常语言的“虚伪”之所在。

（四）语言表达无时无刻不伴随着审美（包括审美意识活动即态度、审美判断和审美功效），即使书写或翻译一份公告、通知都需要作者驾驭言简意明的表达手段，做到适体，即最简单的艺术性。审美感知是“人类的专利”（“the human patent；” B. Croce, 1903），它也是拒绝赋形于逻辑符号程式的，因为逻辑符号程式不能容载人类的知、情、志。

（五）因此，翻译从一开始就进入了一个主客体动态的交感过程（dynamic interplay）或“互动过程”，这个过程不是线性的、平面的、“单一的”（“unified”，罗素认为语言应该是单一的，因此可以形式化、公式化），而是多层级的（其中包括心智活动层、情感活动层和审美活动层），反复而非一次可以完成的，以及主客体交替感应的，任何力图将它纳入数理逻辑符号程式化的努力都是没有意义的（不解决问题），也是徒劳的。

以上五点可以归结为：语言活动（包括翻译在内）是人文活动，它与人的社会生活密不可分，与人的经验密不可分，与意义密不可分，与人的思想、情感密不可分——总之，它与**生活的逻辑和生活体验**息息相关，而不是与**抽象的数理公式和形式逻辑**息息相关：

> Languages are only an *attempt* to reflect experience, ... But as they do try reflect life and the world, the various meanings that compose them fit together in accordance with the logic of life, not in accordance with some abstract, formal logic. Thus the basic principle for the working of language is very simple, and that is perhaps why almost all humans master it so easily. But the detailed relationships of the meanings of a language are very complicated, because they try to reflect the even more complicated relationships of life. The only true description of a language is the language itself. Anything else is just a game.
>
> Those human thoughts and feelings expressed in the meanings of a languagc include varying human reactions to, and the varying angles from which humans see what exists and what happens. ⑧

语言的人文性是决定我们必须用人文科学方法论来研究语言的基本依据，这种科学方法论不排斥某些自然科学方法和手段。就译学而言，也就是：以概念分析为基础和主体，进行人文科学概念论证法⑦，其中包括以运用概念为手段（不是以运用逻辑形式演绎程式为手段）的以下几种基础分析：

（一）语义分析：目的在于根据特定的语境，析出语词的含义（包括内涵意义和外延意义）。

（二）意向分析：目的在于析出在特定的语境中意义含蕴的意向性

(intentionality)，因为它是表达式的依据；这是新的翻译观与旧的翻译观的不同之处。

（三）句法分析：目的在于析出特定语境中的语句句法结构，以决定及测定“意义＋意向”及其表达式的适应性，这也是新的翻译观与旧翻译观的不同之处。

（四）文本分析：目的在于凭借文本结构形态和文本关系系统（文本—文本作者—读者)，在历时和共时的视角内，审视文本及可能存在的次文本的意义。

（五）文化分析：目的在于凭借文本内证（intra-text proof）及文本外证（extra-text proof）确定文化意义，以利语义的科学的文化诠释。

（六）审美分析：目的在于凭借主体的审美经验析出客体（SL text）的审美信息，把握客体的审美手段及其尽可能对应的表达式。

必须指出，概念分析并不排斥逻辑分析，但人文科学的逻辑分析不是追求以逻辑分析式来作定量描写和定性描写，推衍出一套一套的演绎程式。我们不能忽视的，是从与译学的相关性出发，研究自然语言逻辑（亦即自然逻辑）问题，见本书的第八章。

与人文科学概念分析法有密切关系的，还有概念论证中的归纳分析和演绎问题。我们可以大体地说，所有重形式的语言理论和翻译理论都是重演绎而轻归纳的，例如乔姆斯基发展的转换生成语法就是一个演绎系统。在结构主义大行其道的时期演绎确实备受重视。爱因斯坦也提到演绎的重要作用。其实，爱因斯坦强调演绎的重要性，是针对科学定律的发现阶段（或发现活动本身）而言。爱因斯坦的立论是：科学定律不是用归纳法从经验中推导出来的，可是爱氏并没有否定归纳在科学论证全程中所起的作用。现代科学证明，演绎推理和归纳推理在科学活动全程中是同样重要的[8]。就译学而言，我们尤其不应忽视归纳，因为意义的获得使充分演绎后的归纳别无他途。我们倡导的应该是演绎与归纳并重，这样才能使人文科学的论证法科学化。而且，我们应该说明，翻译学中的演绎推理也不应偏离人文科学概念分析（见上述五项分析）的基本方向，数理逻辑的形式演绎程式对人工翻译的终极阶段即成品的合格完成（尤以文学翻译为然），即达致翻译思维三个平面的标高，是没有什么实际意义的。

3.2 继承与开拓

继承是学科发展不可忽视的问题。继承的终极目的是为了开拓，这是显然的道理。但实际问题没有这么简单。有时候，继承不仅没有促进开拓，反而阻碍了开拓：不是路越走越宽，而是路越走越窄。这时，可以肯定的是，因袭之见被不适当地“继承”了下来，历史遗产成了学术创见的一道樊篱和一大包袱，终至妨碍了学科的发展。我国古代语言学研究所经历的历程即是一例。

中国古代语言学俗称“小学”，始于识字教材（西汉末年，刘歆著《七略》），经司马相如、史游、扬雄的推动，至东汉大兴，其标志是许慎《说文解字》的问世。《说文》的理论基础是六书说（象形、象事或会意、转注、指事、形声、假借）。这个传统为魏晋继承，使音韵学勃兴。至隋代再度发展，形成文字、音韵、训诂（用现代的语言来说大体相当于文字形态学、音位学和语义学）三股力量，应该说是颇有气势的。但就在隋唐之交形成一种因袭之见，将这三股力量统统归顺并附属于“经学”，抽去了它们的独立性，使之成为“经学”的附庸，经隋（《隋书·经籍志》正式将小学附于经部）、唐、宋、明、清各代，尽管语言学家在以上三个方面作出了很多贡献，但因袭之见代代相传，语言研究沦为经学附庸的可悲地位始终未得就正翻身。至清末章太炎（1869—1936），提出为小学正名为“语言文字学”，但此时马建忠推出了《马氏文通》（1898），已打起了外位论的旗号，迫使历时长达1800年的考据训诂学就范于“泰西语法”的规约洗刷，终至完全断绝了前程，并使中国的语言研究长期受到外位主导的困扰。

可见因袭之见必须摒除，理论研究才能有进取性，学科才能发展。

在继承的问题上，对我们有害的观点是由一种狭隘的民族感产生的：似乎所谓“继承”只限于沿本民族历史而上溯的“华夏正宗”。如果它不是中华民族历史上的精神遗产，无论其价值何等毋庸置疑，我们似乎都视之为“舶来品”而不屑一顾。这种有宗法色彩的单线封闭式继承观是我们必须摒除的。本民族的精神遗产我们固然要继承，非本民族的却显然有助于译学理论之建立的精神遗产，我们也应该倍加珍惜地分析、继承。这是一种多线开放式的求实论继承观。

西方学术界具有多线开放式的求实论继承传统。欧美几乎所有的、有长足进展的学术思想和理论研究都恪守跨民族、跨国界的多线开放式求实论继承原则。以上述的英国哲学家罗素为例，罗素的分析哲学观是受到弗雷格的影响而发展起来的。在谈到弗雷格的主要著作《概念的符号表示法》时，罗素说："此书固然具有很高的价值，但我相信在它出版的二十多年中，我是第一个钻研过它的人。"[⑨]而罗素的思想又深深地影响了奥地利哲学家维根斯坦（当时维氏也是日常语言的挑战者）。前期维根斯坦支持逻辑实证主义意义观（将意义等同于实证）。这一意义观实际上影响了整个一代西方实证主义哲学家，成为人工语言哲学的基本理论原则之一。十分有趣的是，作为维氏之师的罗素曾多次高度评价维根斯坦对自己的影响。他在 *My Philosophical Development*（1956）中写道：

> Wittgenstein's impact upon me came in two waves: the first of these was before the First World War; the second was immediately after the War when he sent me the manuscript of his *Tractatus*...
>
> At the beginning of 1918, I gave a course of lectures in London which were subsequently printed in The *Monist* (1918 and 1919). I prefaced these lectures by the following acknowledgement of my indebtedness to Wittgenstein: The following articles are the first two lectures of a course of eight lectures delivered in London in the first months of 1918, and are very largely concerned with explaining certain ideas which I learnt from my friend and former pupil Ludwig Wittgenstein. I have had no opportunity of knowing his views since August 1914, and I do not even know whether he is alive or dead.

同样的情况也发生在阐释学（hermeneutics）领域[⑩]。阐释学基本思想源于古希腊，但基本理论思想的奠基人则是施莱马赫（F. E. Schleiermacher,

1768–1834)，他的主要思想由狄尔泰（W. Dilthey, 1833–1911）所继承。阐释学循环圈（Hermenetical Circle）就是狄尔泰融汇了施氏的思想提出的[11]。继狄尔泰之后的是两位德国的哲学家海德格尔（Martin Heidegger, 1889–1976）和伽达默尔（Hans-Georg Gadamer, 1900–2002）。但当代最知名的阐释学家则是继承其德国前辈的法国哲学家利科（Paul Ricoeur, 1913–2005）。利科思路开阔而敏捷，他继承并开拓了欧洲各国所有见解独到的哲学家和思想家的研究成果，包括德国的存在主义和现象学、奥地利的维根斯坦哲学和弗洛伊德主义、尼采的哲学阐释学观和法国的结构主义思想。利科这种在人文科学范畴内全方位、开放性的继承观，表现在他自己阐述的主旨性见解中：

> 他在阐述“现象学的阐释学的先决条件”时指出：第一，最基本的现象学的阐释哲学，先决条件是：与任何类别的“存在”相联系的每一问题都是关于“存在”的意义问题。现象学的中心问题是有关意义的问题，因此，有利于意义的选择就是任何阐释学的最一般的先决条件。第二，通过在亲近关系经验的核心借助于间距性，阐释学回到现象学。使间距性和亲近关系成为同一体，批判要素就能和亲近关系相结合。第三，阐释学与现象学讨论语言意义的衍生特征。这方面，很容易返回到某些众所周知的阐释学主题的现象学根源。把普遍语言性服从于（并）归结为语言的经验的方法完全符合《存在与时间》中海德格尔的（哲学）特征。[12]

我们从上述论述中得到的启示是：学科的发展不仅要打破“民族遗产”的狭隘框囿，而且要突破本学科范畴的局限，扩展至跨学科的借鉴继承，才能丰富本学科的理论思想、理论原则，使本学科的学科架构臻至完善。

我们再以胡塞尔开创的现象学为例。溯本求源，胡塞尔的思想始于康德提出的“先验逻辑”思维模式。康德的基本立论是：“没有内容的思维是空洞的思维，没有概念的直观是盲目的直观：这是科学的认识的起点。”胡塞尔继承了康德的立论，提出了以下主要论点，对当代许多学科产生了广泛的影响，实际上为这些学科开启了“开拓之门”：

一、哲学以解决科学认知为主要任务

胡塞尔首先论证了现象学是一种哲学方法论，他反对将自然科学手段如数学和数理逻辑引入哲学。胡氏认为，自然科学的任务是直接认识事物，它并不关注怎样实现这一认识任务；而哲学（以及人文科学）的任务，则是通过对认识的批判性研究来达致认识事物的鹄的。前者胡氏称之为自然思维，后者则是哲学思维。由于自然思维基于“直接认识”，因而可能将朴素的自然反应主观地误认为“认识的本质”。这时，哲学现象学的认识论就要“挺身而出”，将认知研究最终制约在直接的、绝对被给予的，即由直观经验验证过的（客观的存在所谓“被给予”，即“现有的、现存的”）范围之内，排除一切间接的、非绝对被给予（非现有或非现存）的主观认知内容。这种方法，叫作“现象学还原法”（phenomenological reduction），也被称为“括弧法”，下文还要提及。

二、以“内在”克服“超越”的原则

胡塞尔认为思维的直观（seeing）认识是内在的，属于直接给予（由直观加以验证的存在），没有“超越”（transcendence，在现象学中是一个非常重要的概念）自己而对任何现象加以认定。胡氏认为，自然的认识存在超越。这时，就要以现象学还原来摒除、扬弃超越，使内在之物（它以直观认识为依据）成为无可置疑，而可加以运用于认知。总之，现象学要排除一切超越的假象、假设、预设，将它们宣布为无效或可疑（或按胡氏所说，将它们“加上括号”表示“存而不论”，即 epoche）[13]。

三、要把握纯意识，舍本质直观别无他途

胡塞尔是认同笛卡尔的，但仅止于“我思故我在”。在胡塞尔看来，“我在”还必须作现象学还原。因为“我在”中存在着超越，它必须还原为纯粹直观的、被给予的纯现象，即超验的现象，也是指直接被给予的纯意识本身，而不是指主体的心理现象中的内在（自我意识中的“我在”，这是非超验的，已受到先人之见的限定）。在这里，“本质直觉”是问题的关键。胡塞尔对此作了一个经典性解释“回到事物本身”，即回到认识活动本身（即本质），用直觉意识把握对象。这样就将意向（产生于直觉意识）问题与意义整合了起来。

四、意识的"意义—意向"性质，决定了表达式的意义

胡塞尔认为意义—意向的整合是一个"意义范畴或型式"（meaning category or pattern），即用本质直觉丰富了意义的含义。胡塞尔指出，由于"意义—意向"在直观上是不确定的，因此，必须用本质直觉与之相关联，从而使"意义—意向"过渡到"意义—现实"。这种过渡无不涉及自我，形成一个"自我域"（"the field of ego，" *Meditations Cartesiennes,* Husserl, 1931），自我的特定"活动域"是经过对"我的世界经历中的全部对象及其规定性"的还原而获得的。

综上所述可以看出胡塞尔针对认识提出的科学方法论模式：（1）主要原则："回到事物本身"，摒除先人之见；（2）摒除先决条件（先人之见）的步骤是采取还原法；（3）凭借本质直观把握现象（主要表现为直接由意识显现的给予物），即把握本质；（4）"认识"是主体不断构建客体的过程，这时的客体不是"自然存在的客体"或"自在的客体"，而是已被主体认识意向化、进入到主体意识经验中的客体——胡塞尔称之为意向性结构，即noesis的对应体noema；它是经过还原、通过本质直观、由意向性结构提升而生成的；因而含蕴了主体即时赋予意义的现象的本质。因此，现象学的必然结论是：文本的意义是一个永无穷尽的开放性系统。

以上分析说明，为什么现象学为文学创作和批评、美学、西方译学、史学理论及语言哲学提供了十分有意义的方法论途径和参照价值观。

这个事实对译学的启示是：我们必须摆脱对继承的陈旧观念，展开多维视角，择优而取，把握"外位参照"，从善如流，才能真正做到有所开拓。尤其应当注意：

（一）跳出传统的单线封闭式继承的窠臼，克服狭隘的"民族继承"观，进入多线开放式求实论继承领域；

（二）摆脱由于语言谱系差异、文化地缘差异和历史背景差异所带来的因袭观念的"自我困扰"，放开视野，看到"山外有山，楼外有楼"的妙景奇观，不要作茧自缚；

（三）认识到人文科学方法论的共性，进入广泛的人文科学论证（特别是新兴的人文学科论证手段）的参照系，择优而选、择善而从，不忽视任何一种理论发展的新趋势；

（四）发扬进取的、开拓的科学探索精神；提倡严谨求实、缜密精微的人文科学分析方法以及“演绎—归纳”的科学论证方法论，脚踏实地地进行译学理论建设。

上面我们谈到的是有关继承开拓的传统自我封闭倾向。这是译论研究的一个方面。另一个方面是它的“逆向极端”：也就是完全不顾本民族文化历史传统及本国读者的接受，不加分析地提出“拿来主义”，终日幻想“迈向世界”，将西方某些重形式机制而轻意义机制的译论或具体的操作程序生搬硬套。这就涉及本书前面论证过的“本位—外位”关系问题了。本节从略。

总之，在继承和开拓的问题上，我们既需要有历史感，又需要有现实感，而历史感和现实感都应该是跨民族、跨文化、跨地缘的。摒弃因袭的狭隘历史观、民族性研究取向，因为它无法因应世界发展及自我发展的需要。这并不是说我们的翻译研究不需要民族文化的特色。我们强调本位观照、外位参照，旨在确保我们的民族文化和语言特色是以相得益彰。可以说，这也正是为什么我们要将历史感和现实感视为一条根本原则的理由所在。

3.3 历史感与现实感

就方法论而言，与继承—开拓有关的是历史感—现实感问题。历史感与现实感都涉及价值观论。质言之，也就是我们究竟应该继承和发扬怎样的历史文化精神遗产？借鉴、发扬怎样的当代文化精神成就？这里就涉及价值观问题、价值标准问题。价值观论见本书第九、第十章。这里我们只从翻译研究的方法论视角进行探讨，试图清理一下我们在这一领域中的反历史观和非现实感。

反历史观就是不用历史唯物主义的眼光分析、看待问题，以今律古，以今废古，或偏废于史籍，或苛求于古人。非现实感通常与反历史观有联系，就是昧于现实之需、疏于现实之急。今合而论之。

就译学而言，大概以如何看待“信、达、雅”问题首当其冲。

“信、达、雅”此三言在中国译学史上有过近百年历史功绩。“信、达、雅”的理论启蒙作用是无可否认的历史事实，这一点，我们应当对之倍加珍视：首先是对腐朽的旧社会政治秩序及污秽的学术思想进行史无前例的冲涤，实收振聋发聩之功。韩迪厚在《近代翻译史话》中论述说：

> 严复在戊戌维新前后思想十分激进。早在光绪二十一年（一八九五年，戊戌前三年）他发表《辟韩》一文说：“秦以来之为君，正所谓大盗窃国耳。”同年发表《原强》，主张“设议院于京师，而令天下郡县各公举其守宰”。叙述严复的功绩和影响最详尽的是日本人稻叶山。他论及清代的革命与维新说：“此时（指清革新时代）重要之著作，如康有为之《孔教论》、严复所译之《天演论》，当首屈一指。自曾国藩时代所创始之译书事业，虽有化学物理法律各种类，然不足以唤起当时之人心。至此二书出而思想界一变。《天演论》发挥适者生存、弱肉强食之说，四方读书之子，争购此新著。却当一八九六年中日战事之后，人人胸中，抱一‘眇者不忘视，跛者不忘履’之观念。若以近代之革新，为起端于一八九五年之候，则《天演论》者，正溯此思潮之源头而注以活水也。”

从狭义的理论视角来看，严复的译论在中国译论史上的历史价值和功绩也不容低估，后世的译论家、批评家常常陷入主观、孤立和人云亦云的窠臼，而忽视了如下事实：

（一）将“信、达、雅”当作一个僵化的概念（或常称为“标准”），而不是作为三个价值观范畴来探究。其实，我们可以从严复的实践来求证及检验他的三个价值观理念的内涵。他的译作（尤其是《群学肄言》）从来没有将“信、达、雅”当作三个僵化、凝滞的标尺来审词度句。在翻译实践中，严氏基本上以“信、达、雅”作为动态价值观来观照整体，视之为一种操作指引而不是公式——这就是说，他本人所身体力行者只是一种描写主义的运作原则——按他本人的说法则是“三难”：“难”者，行事之不易；所谓“标准”“理论”也者，都是后世加之于他的。严复的描写主义态度在《译例言》的后面诸项说得更加明白。他谈到了如何进行描写敷陈和描写参照：

> 一、新理踵出，名目纷繁。索之中文，渺不可得。即有牵合，终嫌参差。译者遇此，独有自具衡量。即义定名，顾其事有甚难者。即如此书卜卷导言十余篇，乃因正论理深，先敷浅说，仆始缗卮言。……乃会撮精旨之言，与此不合，必不可用。……此以见定名之难，虽欲避生吞活剥之诮，有不可得者矣。他如物竞天择，储能效实诸名，皆由我始。一名之立，旬月踟蹰。我罪我知，是存明哲。
>
> 二、原书多论希腊以来学派，凡所标举。皆当时名硕。……兹于篇末，略载诸公生世事业，粗备学者知人论世之资。
>
> 三、穷理与从政相同，皆贵集思广益。今遇原所论，与他书有异同者，辄就谫陋所知，列入后案，以资参考，间亦附以己见。……曰标高揭己，则失不妄怀铅握椠。辛苦？译之本心矣。

严复强调的是“独有自具衡量”“先敷浅说”“储能效实”“避生吞活剥之诮”等描写性对策。可见他虽然标举三字，但并没有框囿于字字要“对号入座”的公式论、规则论或机械主义翻译观。中国文论史上有以一言标举主旨，护及范畴的传统，严复标举“信、达、雅”为描写性主旨，以指代三个价值观范畴，是无可厚非的（他在操作上有主体凌驾性倾向，说明提出唯主体论标准是不科学的，则是另一个问题）。后世论者执着于概念，又以这三个凝滞的概念来度量严复的翻译，随之以形式上的差池，废其理论要旨在历史上的作用，显然不是对严复的公平之议。

（二）将“信、达、雅”看作严氏全部译论的内容，与事实不符。严复在标举三言以后，还提到了许多当时实属创见的方法论问题。其中有动态转换（“不斤斤于字比句次”）、增补诠释（“茏到附益”“取便发挥”“前后引衬”）、对比择从（“西方……多随举随释，如中文之旁支，后乃遥接前文，足意成句”，这在当时是精彩的汉英句法、语段对比方法论）。最重要的是，严复在论述中处处抓住意义转换这个实质性问题（“而意义不倍本文”“取明深义”“又恐意义有漏”，反对“抑义就词”“刻意求显”等），这一点遑论林纾等人远远不及，即以马建忠而论，也未及严复的认识高度。

至于近一百年来，中国译论发展未能尽如人意，原因很多（详见本书第四章），绝非某些论者所云是“受到信达雅三字禁锢”，斥责严复“害人”“贻误后人”，我们不应持这种反历史的浅薄之见。对历史的正确认识是人文学科发展的认识论前提之一。严复出而倡启蒙之说，既是历史的必然，又是历史之所需。

现实感是人文科学发展认识论的另一个前提。发展学科理论不能脱离现实的需要，固守历史人物的功绩，停滞不前。传统译论包括严复的“信、达、雅”论有很大的功绩，但时代在发展，社会价值观在发展。我们需要用现代的价值观来审视一切，这是现实感的一层意思。

另一层意思是：我们应该在对传统的文化遗产用现代价值观加以审视以后，摒除不适用于现代译学发展的一切，而对适用于译学发展的一切加以甄别、保留、发扬，赋以新的价值意义，将它整合在我们的现代译学理论中。

以我国的训诂学为例。训诂学属于异质语言观的微观语义、语用研究，萌芽于先秦，始于汉代，鼎盛于清代，历史异常悠久。注疏（又作“义疏”。“注”的意思是“注释”，“疏”的意思是“疏解”，即化难为易、化繁为简、化古为今）古籍数以千计，卷册数以万计。训诂（所谓“训诂”或称“诂”，“诂”通“古”“故”）的内容涉及解释词义、分析句读、校勘讹误、阐析语法、说解修辞、串析大义、析解篇章、辨证音读等等。可见古代语文学家对古籍文本的研究已涉及语音学、语义学、语用学、语段语言学及古文化学。面对如此历史悠久、内容丰富的异质语言观微观（兼及宏观）的人文性语言研究，我们实在不应该视而不见，甚或弃之如敝屣，而应该以现实的价值观悉心加以筛选甄别，去其糟粕，取其精华，以其精华丰富我们的译学理论。下面仅举数端以说明我们的主旨：

一、训诂所谓“随文释义”，符合现代语言哲学中的语境论、语用论

训诂学家非常重视语词在使用中产生的搭配意义，即受特定的上下文制约下的语义。这种词义辨析法是科学的，我们应当肯定“随文释义”的现实意义。例如范缜的《神灭论》中说：“夫竭财以趣僧，破产以趋佛，而不恤亲戚，不怜穷匮者何？”问题在“趣”字，字典无释义。训诂学家根据“随文释义”的原则将“趣”字解释为与下句的“趋”字同义，因为两句的语义结构是相同的，语境可以决定“趣”字的意义。又如《晋书 • 乐志》中

说："其辞既古，莫能晓其句度。"问题在"度"字。同理，我们可以根据上面这一整句的语义结构，随文解析，判定为"度"即"读"，"句度"就是"句读"。

二、训诂学中的所谓"互训"，符合现代文论中的互文参照原则

所谓"互训"有狭义的互训（如《说文》："甘，美也"；"美，甘也"），还有广义的互训。我们这里说的是广义的互训，即以通例训疑例。将疑例与通例互较互训以出其义，就是我们今天所说的互文性（广义互文性）。训诂学中有一个著名的疑例，就是用通例互较解决的。洪诚在《训诂学》中举了这个例子，见《左传・僖公三十二年》：

> 蹇叔哭之，曰："孟子，吾见师之出，而不见其入也。"
> 公使谓之曰："尔何如？中寿，尔墓之木拱矣！"

问题在"中寿，尔墓之木拱矣"二句。洪诚以"省句"通例训之，意思就可以圆满解释："中寿"中的"中"训为"满"（有误训为"终"者）。中寿犹言"满寿"，说"你的年寿已满"，中间加上一个省句"及师之人"，意思是"等到军师回来"，你墓地上的树都可以两臂合抱了，犹言时日久矣。还有一种互文参训很接近随文释义。例如《诗经》中《关雎》第二章"参差荇菜，左右流之。窈窕淑女，寤寐求之"中的"流"作何解？有人说是水流中的"流"（意思是"流动"），"之"字虚化：流之，像水那样流动或漂动着。《毛传》持异议，认为"流之"是动宾结构，"流"的意思是"諏取"。根据是互文参照，相似的结构是"参差荇菜，左右采（？）之"，"采之"是动宾结构。清人王念孙在《广雅疏证》中同意这种互证，说"流之"应该是"采之"之对，意思是"采取之"，"之"是代词。

三、训诂中对语词的文化诠释符合文化翻译的需要，是重要的文化意义定夺手段

语言的历时变化可能造成今人理解古语、古文的极大障碍，而"历时变化"常常是个文化问题。《史记・留侯世家》中说："今以三寸舌为帝者师。""三寸"究竟是以之喻舌长，还是以之喻舌短？按两汉时竹尺计（一尺等于 23.6 厘米），"三寸"长约七厘米，是人舌的实际长度，可见"三寸"

只是一个具象修饰语，犹“三重之泉”。曲守约在《辞释》中考证云：“按三为虚数，非定为三重也。”“三寸不烂之舌”与 a glib tongue 相当。北宋胡铨在《戊午上高宗封事》中说：“三尺童子，至无识也。”按汉尺计，三尺的儿童才 70 厘米，岂不奇怪？其实到北宋时中国改用木尺，一尺约 31. 7 厘米，“童子”高 1. 1 米才是正常的。可见诠释语义的基本参照之一是社会历史背景：历史参照是我们获得文本外证（extra-text proof）以辅佐文本内证（intra-text proof）定夺语义的极重要的手段。我国历史上的大诗人屈原写过一首以“问”为体的长诗《天问》，但《天问》不是一般的问题体长诗，更不是什么“稷下学士”的 questionaire，而是屈原以满腔激愤，表达他对所处社会现实不满的一种特殊的艺术方式。我们必须将《天问》的一词一句及至整个文本，放在楚襄王十三年（公元前 286 年）至二十二年（公元前 277 年）屈原受谗谄、遭流放的这段时间（甚至更早）的历史文化观照下，才能疏解和定夺其语义。这里涉及词语音、义的历史演变和历史事件的来龙去脉，以及当时楚国流行的神话、传说和瞽史箴谏等等，都可以作为我们获得外证，以印证及定夺内证的重要文化历史依据。在这方面，王逸和洪兴祖等人所作的注疏可以给我们极大的帮助。

总之，我们要以现实的价值观，对中国及至世界的文化历史遗产进行慧眼慧心的分析甄别，不能采取“人言兴我亦兴，人言废我亦废”、人云亦云的盲从态度。讹传、讹夺与理性思维是水火不相容的，对我们的理论建设也是非常有害的。摒弃非理性思维，根据原则取证，还历史以本来面目，并从现实价值观视角，按事实定论而不是以今律古、以今驭古，才谈得上坚持了正确的方法论。

〔注释〕

①转引自 L. C. Burns 著 *Vagueness: An Investigation into Natural Languages and the Sorites Paradox*, Kluwer Academic Publishers, 1991, p. 3。

②转引自 G. Leech 著 *Semantics*: *The Study of Meaning*, Penguin Books, 1990. pp. 3-4。

③以上两段引文均转引自 David E.Cooper 著 *Philosophy and the Nature of Language*, Longman, 1973, p. 101。

④见 R. E. 埃格纳等编《罗素主要著作》英文版，第 159 页。此处引文转摘自周昌忠著《西方现代语言哲学》，上海人民出版社 1992 年版，第 63—64 页。原文缺如。本书作者在行文上有技术性修改。

⑤例如，蒙太古语法（Montague Grammar，简称 MG）根据现代逻辑学（逻辑语义学和内涵逻辑）原理推导出以下四个句子的逻辑翻译式是：

（i）John leaves today 译作：⊆∧∀

$\exists t\ [t \subseteq today' \wedge PRES(t) \wedge AT(t, leave'(j))]$

（ii）John left today 译作：

$\exists t\ [t \subseteq today' \wedge PAST(t) \wedge AT(t, leave'(j))]$

（iii）John will leave today 译作：

$\exists t\ [t \subseteq today' \wedge FUT(t) \wedge AT(t, leave'(j))]$

（iv）John has slept since midnight 译作：

$\forall t_2\ [[midnight' < t_2 \wedge XN(t_2)] \rightarrow \wedge AT(t_2, sleep'(j))]$

以上四例引自邹崇理著《逻辑、语言和蒙太古语法》，社科文献出版社 1995 年版，第 148 页。

⑥引自 Amorey Gethin, *Antilinguistics: A Critical Assessment of Modern Linguistic Theory and Practice*, Oxford, London: Intellect, 1990, p. 5。

⑦概念分析法是以概念作为分析推理的手段，不是指分析概念的方法。与它相对的是逻辑分析也就是形式分析法，罗素是这种分析法的主要创立者。

⑧参见上海逻辑学会编，《现代逻辑与逻辑比较研究》，开明出版社 1992 年版，第 93—94 页。

⑨引自罗素著，晏成书译，《数理哲学导论》，商务印书馆 1982 年版，第 29 页。

⑩"阐释学"亦有译为"解释学""诠释学"者。从 hermeneutics 的基本主张来看，它重在阐发性解释，而不重对文本的诠注性解释。另外，译成解释学则意义太泛，又太近乎 explanation 及 interpretation。

⑪《现代西方哲学辞典》（葛力主编，求实出版社 1991 年版）对"阐释学循环"的解释如下：

> 解释学循环是指在解释活动中一种把整体看作与部分相关或把部分看作与整体相关的方法论上的设计。而且，解释学循环（也）是指（在）理解氛

围中，（而且）我们解释的现象都是特殊的。因此，解释者必定会借助于传统中承袭的“偏见”来理解传统，而且必定会以有限的、部分的方式去理解无限和整体。在这个过程中，论证的前提或许正是应当被论证的东西，解释中的循环论证是不可避免的，而且还有积极的意义。因为有限和无限之间的循环论证更接近历史的实际状况。这种认识方式的理论基础是海德格尔的“在世界中”（此在）的理论，即我们不可能退出世界或历史之外以一种绝对客观立场来整体地把握世界。解释者在历史中、在世界中、在有限中、在部分中；他们在方法论上的手段，必定是以部分与整体、有限与无限的相互交往或循环论证为出发点。这也就是解释学从作为其理论出发点的“效果—历史（Wirkungsgeschiche）观”所得出的结论。（以上解释仅供参考。）

⑫引自《当代西方哲学源流》，北京：商务印书馆1990年版，第257页。

⑬“现象学还原”（即“认识论还原”），被利科称为“现象学的登堂入室之门”，它的意思是用加括号将哲学思维的焦点作初步转移，包括以下两方面的“存而不论”：（1）历史括号法，即将历史遗留下的多种对世界的看法搁置一旁（存入括号内）；（2）存在括号法，即对外部世界的存在存而不论，不予判断。这样，我们就可以集中关注“现象”，对现象进行描写，不考虑其实在性；在摆脱主观偏见、主观有效性（胡氏称之为先验还原）以后，必须寻求的是客观有效性。为此，胡塞尔提倡的是“看”（“seeing”，即“直观”“本质直观”“自由想象的更替”），在多种变化中，找出不变的东西，即本质。（3）凭借直观意识构建意向对象，它的根本要素即由“意向性分析”达致的“意义”。因此意义解析包含“意向判断”，胡氏认为实在的感性材料（直观活动）对象是观念性意义规定的基础，而观念性的意义规定同时包含判断者的“意向判断”（即判断者的理解、选择的产物）。

中　篇
翻译理论的哲学视角

第四章 语言观与翻译理论问题

4.0 概述

翻译学具有明显的综合性：它既是科学，又是艺术；它既重实践，又重理论；它既需要感性经验，又需要理性概括和提升。但是我们必须认识到，就翻译学（translatology）而言，科学性是其第一位的属性，艺术性是第二位属性。就翻译（translation）而言，科学性是它的基本机制，艺术性是它的表现机制。两者当然是密不可分、相辅相成的。但是在认识论上必须做到泾渭分明，在方法论上才能达致有条不紊。翻译理论必须首先具有科学性、贯彻科学性，翻译学才能称得上是一门现代的独立学科。翻译学中的艺术理论固然也是重要的，是不可或缺的，但它只是第二位的、从属的，它只能解决翻译过程中表现机制的运作规律和动作效果问题，不能解决翻译全程中的意义分析和把握等等根本问题。

要科学地解决意义分析和把握问题，主要倚仗科学语言学，其中包括语言哲学。翻译学要倚仗语言学使自己科学化，就涉及一个语言观问题，因为语言观既是语言科学又是语言哲学的基本问题。我们必须建立科学的语言观，才能使翻译语言学建筑在既符合语言科学规律，又符合中国翻译的语言实际的基础之上。

4.1 语言的同质性与异质性

从语言研究的宏观视角来看，所有的语言学家（也包括语言哲学家）都是自觉或不甚自觉地表现出不同的研究倾向：一是以同质语言观为自己的基本理念，有意或无意地预先设定（presuppose）所有的语言在本体论的各方面（本质、要素、系统、结构和功能）都是相同的，因此他们的研究就在这个预先设定的框架中进行。另一种倾向是以语言的异质观为自己的基本理念，在对语言共性基本认同的前提下，对某一特定语种与其他语种在本质、要素、系统、结构和功能等方面，作通体的对比观照（包括研究、分析与理论推导），从中归纳和推断出给定语种的异质性。基于对某一语言所持的异质性观点，他们不局限于本体论的一般探讨，而侧重于认识论、对策论的系统建设[①]。这种研究语言的基本态度，我们可以称之为异质性语言观[②]。语言异质观认为每一种语言都是一个特定的系统。对翻译学而言，认识语言的同质性（homogeneity）固然很重要，而同样重要的是必须深入、系统地研究特定原语和目的语的异质性（heterogeneity 或 heterology），树立语言的异质观。翻译语言学必须建立在科学的语言观，即既不忽视语言的同质性研究，又在深入对比双语并具体剖析其异同的实证基础上，把握双语的异质性，使对策研究既符合语言科学的认识论，又符合对具体对象作具体分析和处理的辩证方法论，防止以同质语言观的“范式”（paradigm）来替代、抹杀或拒斥由语言的异质性所必然衍生出来的“变式”（variations）[③]。

4.2 翻译语言学要求同质语言观和异质语言观的辩证统一[④]

“人类语言”（human language）具有共性，这是一个基本事实。任何一种人类语言都有其语音系统、文字符号系统，也都有表达系统（包括词法、句法，以及高于句子的语段表达法）。这些要素，任何语言都具备。不仅如此，这些要素还以一种相依相亲（如语音与文字）、相辅相成（如文字与表达）的方式，构成一个有条有理、有层有级的“内部配置系统的存在实体”。语言的这种“实体机制”(substantial device)，就是我们通常所说的“结构”。这些语言要素、系统、结构都存在于人类的任何一个语种中，无一例外。语言的“存在”（或“实体机制”）表现为结构时，还具有共同的层级性(hierarchy)。语言结构的层级性呈以下五级递增（扩展，下图右）式或递降（析出，下图左）式：

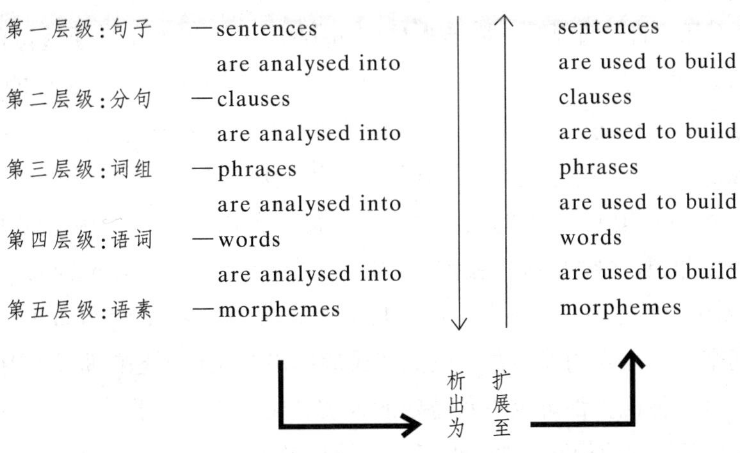

* 本图英语部分取自 David Crystal, *The Cambridge Encyclopedia of Language*, CUP, 1994, p. 95

图 4-1

这是人类语言结构共性的“物质属性”。五洲四海的语言都可以从语素一级一级向上扩展到句子，也都可以从句子一级一级向下析出至语素。从这一物质属性出发，就衍生出语言的“非物质属性”，那就是：由系统的结构含蕴并传达意义，从而行使社会交际功能。人类语言能凭借系统和结构，传情达意，履行社会交际的职能，这是我们对人类语言共性最概括的表述。同质语言观主张以研究语言共性为基本目标和主导，展开对语言普遍规律的探索和分析。可以说，同质语言观关注的是宏观视角中的语言本体论课题。很显然这些课题对认识语言都是至关紧要的。

毫无疑问，对语言同质性的研究，从语言的要素、系统、结构和功能等维度，揭示语言的本体（即语言的本质、本源及其基本属性），对翻译学如何借助语言学研究进行理论建设，同样具有不可或缺的认识论和方法论意义。

但是，对语言同质性研究具有很大的局限性。原因很简单。语言除了本体论属性以外，还具有“个体性属性”，即每种语言的特殊属性。而且，语言的本体论属性都是通过具体语言的个体性属性表现出来的。正如同人，世界上没有抽象、不具有个体属性的人，人所有的共性都是对千千万万个人的“个体属性”的提升、概括和整合。因此，要认识人还必须从具有不同“个体属性”的研究对象入手。尤其重要的是，要认识任何一个具体的人（例如医生给病人看病），就不能只顾人的共性，而完全无视其“个体属性”（不管病人是男是女、是老是少、是强是弱等等，医生开出千篇一律的处方，科学上称之为对策）。人类的语言也一样。每一种语言都有其特定的生生发展的历史渊源，受“地缘社会因素和地缘政治因素”（geo-social and geo-political factors）等的深刻影响。语言与其所处的地缘文化（geo-cultural）关系尤其密切，语言的发展甚至受到该民族经济和文化形态的促进或掣肘[⑤]。因此，每一种语言都可以说是特定的人类文化生态环境及其历史发展的产物：它们有基本的相同之处，也有基本的相异之处。

我们可以用一个反证（disproof）来说明，语言迥然相异的事实如何强烈地影响语言研究界对语言的看法。由于每一种语言都深受其所处的地缘社会、地缘文化和地缘经济形态的制约，西方语言研究史上曾经出现过“语言优越论”和“原始语言论”，代表人物是德国人 J. G. Becanus（1518–1572）和美国人 Thomas Macaulay（1800–1859）。由于这类极端论调迄今并未绝迹，David Crystal 就此评论说：

> The fact of the matter is that every culture which has been investigated, no matter how “primitive” it may be in cultural terms, turns out to have a fully developed language, with a complexity comparable to those of the *socalled* “civilized” nations...Simplicity and regularity are usually thought to be desirable features of language; but no natural language is simply or

> wholly regular. All languages have intricate grammatical rules, and all have exceptions to those rules…None of this is to deny the possibility of linguistic differences which correlate with cultural or social features (such as the extent of technological development), but these have not been found; and there is no evidence to suggest that primitive peoples are in any sense "handicapped" by their language when they are using it within their own community…A belief that some languages are intrinsically superior to others is widespread, but it has no basis in linguistic fact. Some languages are of course more useful or prestigious than others, at a given period of history, but this is due to the pre-eminence of the speakers at that time, and not to any inherent linguistic characteristics. ⑥

"语言优越论"者的论据集中于一点：世界各大洲地缘文化、地缘经济形态和地缘政治形态发展极不平衡，这种不平衡终而导致语言迥然相异的现实。"语言优越论者"所持的理据是事实，但他们的结论却是荒谬的，原因是愚昧顽隘的语言同质观使他们只懂得将语言作形式上的机械类比。事实上，我们可以说每一种语言（不论其是否普遍采用或只在局部地区使用）实际上都是有别于其他任何一种语言的异质系统（heterogeneous system）。如果某一特定语言不存在其异质系统特征，五洲四海的语言如出一辙，那显然是不可思议的事情；当然也就不可能至今都存在着所谓"优越语言"的极端论调。

从历史上看，无论在东方或西方，人类对语言的关注都始于语言共性的本体论观察（特别是存在、思维和言语的关系），然后转入对本民族语的异质性探索，又由对异质性探索扩及对语言同质性的再认识，并以对同质性的再认识为新的起点，进行对异质性的进一步探讨。可见对语言的同质性研究和认识与对语言的异质性研究和认识之间存在一种"互补演进"（mutual evolvement）的关系。下面我们从历史发展的视角来考察一下两种语言观交互促进，并在交互促进中提升的梗概。

西方对语言的关注与研究以同质性探索为发端，始于柏拉图（约前427—前347）的 *Cratylus*（《克拉蒂勒对话集》）。柏拉图先记载了苏格拉底（约前469—前399）与Hermogenes然后与Cratylus关于语言来源的辩论，集中于“意义”的性质以及“名称”与“事物”的关系。嗣后，亚里士多德（约前384—前322）撰写了*De Interpretatione*（《论阐释》），支持“指称只是一种符号”的观点，认为名与实之间只存在间接的关系。异质性研究则始于古印度、古希腊和古阿拉伯语区。古印度的语言研究集大成于巴尼尼的《梵语语法》⑦。古希腊的语言学，无论是斯多葛派或公元前2世纪形成的亚历山大里亚学派（Alexandaria），也都以希腊语和拉丁语语法为研究对象，为世人所知的成果是一部二十四卷的巨著*De Lingua Latina*（《拉丁语研究》）。阿拉伯语言学家也是以阿拉伯语的异质性研究为起点，除了语法研究以外，并集中关注阿拉伯语的语音学，如阿语中所特有的三个辅音词根的词汇意义问题，以及词根的衍生功能问题，都可以说基于异质语言观。

古代语言学家的异质观微观探索，促进了人们对语言同质性的进一步宏观探讨。这种探讨最早出现在17世纪的法国。语法学家受到唯理派大师笛卡尔的启发，试图找出“适用于一切语言的一般原则”。接踵而至的是欧洲的文艺复兴运动和18世纪至19世纪殖民主义的扩张。这些历史的新发展促使语言学家开始着眼于语言共性的广泛探索，这是19世纪历史比较语言学大行其道的历史背景和依据。

历史比较语言学是人类语言学史上第一次跨出本族语的围栏、最具规模的语言同质性研究。当时的语言学家看到了拉丁语、希腊语、哥特语（属日耳曼语）和梵语之间的音位学和词源学联系，因而致力于“重新构建原始印欧语”或共同语⑧。至19世纪，由于德国语言学家施莱格尔（A. Schleicher, 1821–1868）等人的努力，历史比较语言学已能按语言间的相互关系和流变过程，绘制出人类语言的谱系图。这是同质观语言研究了不起的成就。历史比较语言学的成就，为索绪尔（Ferdinand de Saussure, 1857–1913）语言同质观的拓展研究提供了充足的条件，这个条件正好是历史比较语言学的弱点，即仅仅注重语言的历史同质关系，而对语言的共时同质关系并不了然，具体而言就是对语言的共同系统和结构并不了然。索绪尔则正是在这方面做出了建树；同时也显示出了他的片面性及对后世的影响。

索绪尔对他研究的对象和领域作了四项重大的选择，每项选择都在强化他的同质语言观[⑨]。这既是他的成就，又是他的局限性。首先，他将语言（langue）和言语（parole）作了区分。索绪尔认为言语是个人的，因而是纷繁驳杂的、流变随机的，故此又是不稳定的，其中包含许多心理变数；而语言则是社会的、系统的、稳定的，因此他选择了语言，而摒弃了言语。其次，索绪尔认为语言有其内部因素，也有与之相对的外部因素。基于他对语言的选择，他必然要排除语言的外部因素，排除社会的、文化的、民族心理的、政治历史的等等言语变异对语言的干扰，而语言应是一个稳定的系统，它“只认可自己固有的秩序”（Saussure, 1916）。因此，他选择了内部语言，而摒弃了对决定语言的意义至关紧要的外部语言。第三项选择是在所指（signifie）与能指（signifiant）之间。索绪尔的基本思想是“语言本身是一种形式而不是实体”（“la langue est une forme et non une substance,” Saussure, 1949, p. 169），这里所说的形式则是指符号系统，这一符号系统与内容丰富的自然语言扯不上关系，因为只有抽离了现实中的自然语言，才能凸显出符号系统的同质性，以便于描写语言的结构，即从一般到特殊的提升，这是符合科学方法论的。问题出在它贬低了自然语言不容忽视的“实体性意义”，但意义却是结构主义不感兴趣的一个领域。因此，“能指”是作为结构主义先驱的索绪尔的必然选择。最后是共时语言学和历时语言学的取舍问题，索绪尔选择了共时语言学。因为在索绪尔看来，历时观和共时观是“绝对对立的”“不容许有任何妥协”[⑩]，原因是“共时语言学研究同一个集体意识所感觉到的各项存在并以之构成系统的要素间的逻辑关系和心理关系。相反地，历时语言学研究各项不是同一个集体意识所感觉到的互相连续的要素之间的关系，这些要素一个代替一个，彼此间不构成系统”[⑪]。按照这样的原则来区分，必然导致索绪尔的一种绝对观点：语言中所有的历时现象，其性质都是言语的而非语言的，因而也就不在其考察和关注之列。

综上所述，我们可以将索绪尔的四项选择归纳为在两个大维度上的取舍：他在“同质性”与“异质性”这对二元对立项中选择了同质性；同时又在“结构”与“意义”这一对二元对立项中选择了结构。我们可以将索绪尔的选择取向表示如下：

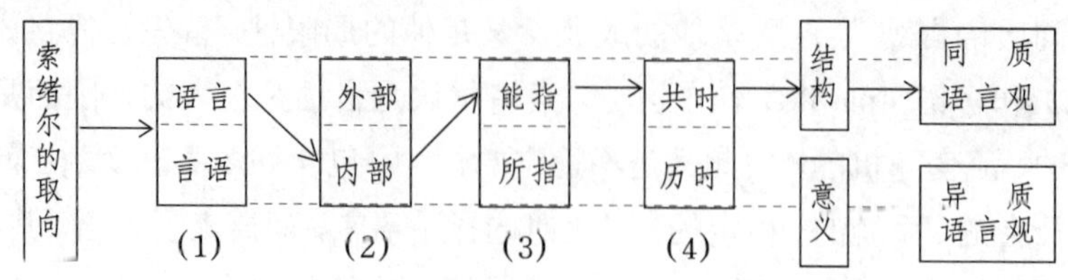

图 4-2 索绪尔的语言观取向

从以上四组二元对立项来看，第（1）组中的语言、第（2）组中的“内部语言”、第（3）组中的“能指”及第（4）组中的“共时”都侧重形式机制、侧重结构规则，而较少甚至不关注语言变异、不关注历史发展、不关注语义功能。这一切合而言之正是同质语言观的基本特征：侧重形式，不重意义；侧重结构，不重功能。正如索绪尔自己宣称的“语言本身是一种形式，而不是实体”。继索绪尔后的布隆菲尔德（L. Bloomfield, 1887–1949）以及后期的结构主义 Z. Harris, B. Block 和 L. G. Trager 等人，甚至认为语言研究可以完全不考虑意义。F. C. Voeglin 在其所著 *Linguistics without Meaning and Culture without Words*（《不研究意义的语言学及不研究词语的文化》）中说：“语言学家在析出音素和语素的时候，不应求助于意义。”⑫

索绪尔重形式而轻意义的同质语言观影响至为深远，直到今天的西方语言哲学。继索氏以后的结构语法（Structural Grammar）的基本主张是：在语言的“意义”“功能”和“形式”这三个语言维度中，“意义”带有极大的主观性，是最不可信赖的，必须把“意义”从语言的科学分析和描写中完全排除出去；“功能”分析虽然有一定的客观性，但功能分析必须以“形式”为依据和依归。因此，“只有形式是最可靠的”⑬。Z. S. Harris 宣称他所作的语言分析完全是形式的；杰姆斯列夫（L. Hjelmslev, 1899–1965）则表明他的理论是“以假定公式的既然系统为基础”。他们的这种基本主张可以追溯到其先驱布隆菲尔德的行为主义语言模式。在这一模式中，意义不起作用（Language, 1993），布氏推翻了奥格登和瑞恰兹（Ogden & Richards）著名的符号学“概念（或指称）—所指—符号”三角图式（semiotic triangle）（1923）：

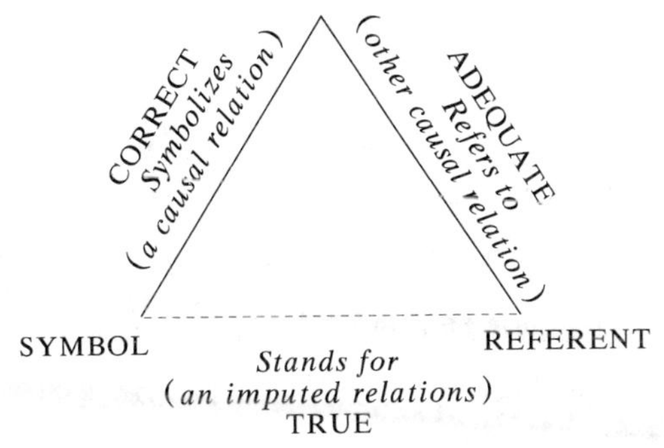

此图引自奥、瑞二氏著 *Thoughts, Words and Things* 一书初版插图，载 *Classics in Semantics*, 1965

图 4-3 “概念（或指称）—所指—符号”三角图式

取而代之的是把意义和概念（思维）排斥在外的形式主义的“刺激（S）—反应（R）”模式：

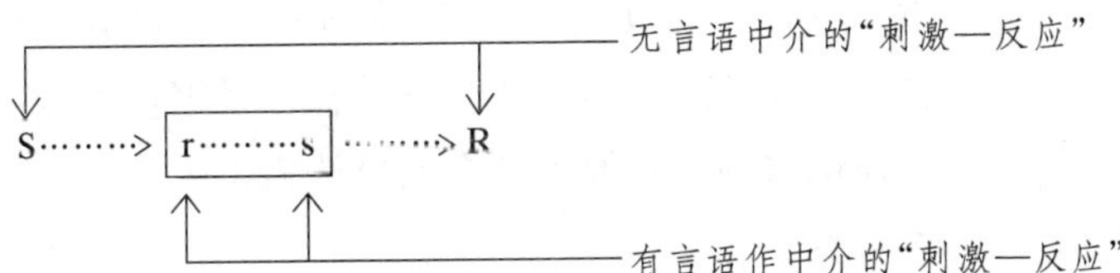

图 4-4

根据这一基本模式，结构主义者得出的推论是：人类语言中不同的音有不同的意义，研究一定的声音与一定意义的配合，就是研究语言。但由于人类的认知水平和手段，并没有达到足以用语言形式说明意义的程度，因此语言结构的分析只能倚仗语言形式（Bloomfield, 1933, p. 29），而且主要是语音形式，其中包括语音系统、音位系统、形态音位系统。句法系统都只居于末位，且不说语义系统了。不少结构主义者认为意义对结构研究起干扰作用⑭。

继20世纪前半期结构主义后西方最重要的形式主义语法理论当推乔姆斯基的转换生成语法（Transformational Grammar，以下简称TG）。TG一开始就立下了一个前提性的设定，实际上正是同质语言观的一种“预设”（a presupposition of linguistic homogeneity）：似乎人类所有的语言都是由同一的、统一的转换规则，即一套形式机制运作生成的。这是典型的狭义同质语言观点。此外，乔姆斯基还有一个基本论点，即认为语言理论的发展是一个“假设论证”的演绎的过程，这个演绎过程是语言理论的基本研究手段。这又是典型的狭义同质语言观点⑮。因为这里的“假设”就是建立在语言同构的前提上，并没有受到具体语言现象（特别是自然语言的事实）的归纳性制约。80年代初期以后，TG理论重心由演绎的规则系统转移到了原则系统。从它的七个子系统来看⑯，TG理论的同构观色彩更浓了。乔姆斯基力图超越描写语言学只能分解语言结构而不能解释语言事实的局限，力图从原则系统中寻找出人类语言从结构到生成的共性，却忽略了语言的异质性。印欧语的演绎原则系统不可能涵盖像汉语这样具有鲜明的异质性的语言，这是同质语言观必须面对的现实。自然语言的语内转换生成，不可能仅凭“假设—论证”的演绎，还需要“事实—论证”的归纳；自然语言的语际转换就更其如此了。可以说，TG理论与其他同质语言观学派的主张一样，不关注自然语言的历时演变和共时变异，只重视依据印欧语的高度形式化的演绎，使语言理论与纷繁多变的自然语言脱节，与语际转换的语言现实脱节。继乔姆斯基以后的几个西方现代语言学派如Montague Grammar和Phrase Structure Grammar也都坚持严格的形式化模式。Arc Pair Grammar论（APG，即对弧语法）用网络定律和规则来描写语言，以各种逻辑条件（逻辑蕴含式）的网络化图像来表现语言中的语法关系，则是以不同的形式手段对同质语言观的阐发，意义已无立锥之地。看来，以撇开意义为共同特征的语言研究总趋势，似乎已到了尽头。

就在索绪尔将同质语言观从理论上推向绝对化的影响下，结构主义逐步深入精微，语言的共时变异和历时变异反而凸显了出来，而且各种变异都有一个“聚焦点”，这就是“意义”⑰。语言形式变异的实质问题是意义陈述方式的演变，这种演变受到一种隐而不显又无时不在起作用的推动力支配，这一推动力就是功能。语言功能促使意义陈述的形式发生变化，这种发展变化因语种而异，同一语种又因时序之变而异。可见，异质语言观实际上是在同质语言观的探索中和对比下发展的。同质语言观固然能使人们对语言获得宏观的、一般的、共性的认识，但人类的语言种类繁多、各有千秋。共性只是语言基本特征的一面。同质语言观的全部概念系统都必须在对特定的、具体的语种分析研究中得到验证和认同，特别是不能以印欧语的同质性概念系统，替代非印欧语的概念系统。

实际上，在索绪尔学说提出并力倡同质语言观以前，德国的哲学家和语言学家洪堡（Wilhelm von Humboldt, 1762–1835），在对 17、18 世纪的“理性语法”的反思和 18 世纪欧洲浪漫主义的觉醒中，认识到了语言的异质性，从而在著作中提出了“人类语言结构的多样性”（“diversity,” Humboldt, 1836）问题，并首次指出语言具有“内部形式”（innere Sprachform），声音只是构成语言形式的“被动材料”，内部形式才与语义结构相关联，它反映思维的表达方式，这种方式“随人类语言之异而异”；语义结构的差异是产生语言结构差异和语言多样性的根源（ditto, 1836）。洪堡论证说：

> All the merits of sound-forms, whatever their artistry and sonority, and even when coupled with the most active sense of articulation, remain, however, incapable of bringing forth languages worthily fitted to the mind, if the radiant clarity of the ideas relating to language docs not suffuse them with its light and warmth. This wholly internal and purely intellectual part of language is what really constitutes its nature; it is the use for which language-making *employs* the sound form, and this is why language is able, as ideas continue to take shape, to lend expression to everything that the nature of language depends on the agreement and collaboration that the laws disclosed in it enjoy, both with one another, and with the laws of intuiting,thinking and feeling as such. But the mental capacity has its existence only in its activity; it is the successive outbursting of power in all its totality, but channelled in a single direction. Those laws, therefore, are nothing but the paths on which mental activity moves in producing language, or to use another metaphor, the forms in which it mints out the sounds. There is

> no power of the soul that would not be *active* in this; nothing within man is so deep, so rare or so wide-ranging that it may not pass over into language and be recognizable there. The intellectual merits of language therefore rest exclusively upon the well-ordered, firm and clear mental organization of peoples in the epoch of making or remaking language, and are the image, indeed the direct copy, of this.[18]

除此之外，在索绪尔同质语言观提出以后，法国和英国的语言学家也各自阐发了异质论功能主义语言学说与之论争。他们紧紧把握的就是上面提到过的语言的交际功能，他们是以异质语言观的意义交际功能，观照同质语言观形式的结构主义描写的。

法国的功能学派向索绪尔提出了有力的挑战。法国功能学派的先驱马丁内（A. Martinet, 1908–　）针对索绪尔的四项选择提出了不同的对策。首先，他认为语言研究诚然应以语言为对象和依据，同时也不应忽视言语，所以语言研究应包括言语和语言。因为只有丰富的言语活动才能够提供“功能筛选”的充分语言事实，以确定结构系统[19]，而避免为语言设置先验的框架，将研究者的视野囿于预先设置的框架（规则）之内，这正是现代西方语言学形式化趋势陷入死胡同的根源。马丁内认为结构主义者只重视语言结构不重视语言现实是错误的，因为“语言现实远远不像他们那样有同质性，也远远不是他们愿意承认的那样缺乏同质性：语言现实是各式各样的”（Martinet, 1962）。马丁内批评形式主义者说，他们所描绘的“结构”只不过是一些语言学家所“杜撰的框架”（“a frame invented”），以便于他们按自己的素材分类，我们可以说“他们并不是发现了结构，而只是杜撰了结构”[20]。因此，马丁内认为索绪尔关于“语言是形式而不是实体”的主张是站不住脚的。他本人的观点是语言研究固然要注意形式，同时必须注重实体。因为某一特定“语言的形式依据”，实际上正是该语种的语音实体和语义实体的外化表现，正是这些实体使语言具有交际功能。从表面上看是形式在起作用；其实，语言形式如果没有实体的充实，就谈不上发挥交际功能，这时的形式也就“形同虚设”。其次，马丁内认为在语言研究中如果要贯彻功能观，就必须做到历时与共时并重，不能偏颇于共时而不顾历时的变异。这是因为，语言演进必然伴随人类社会的演进，社会的演进无时无刻不波及语言机制的平衡，并催动新形式的平衡。语言结构只是交际需求之间的一种“不稳定平衡”，因此对语言结构的共时考察不能抽离其历时发展的背景，原因是要考察语言就要透过语言系统内的不平衡：

> When trying to account for past linguistic changes, on any one of the planes of language, there will come a point where we will be at a loss to go farther for lack of precise historical information. It is not suggested here that we should not try to cull useful hints wherever we can find them, but we shall achieve the best results if we concentrate on a domain we know well and are best equipped to investigate, namely language structure in all its aspects. ㉑

马丁内认为历时的语言变迁绝对不能忽视。马氏立论鲜明地阐明了他的语言异质观：

> Describing a language consists in pointing out what makes in different from all others. Now, since speech organs, perceptive and thinking abilities would seem to be much the same throughout mankind, what makes it different is less the substantial nature of the units it operates with than the way these units function or, in other words, contribute to communication. ㉒

马丁内批评片面的同质语言观说，语言学家都沉溺于轻车熟路的同质语言分析，因而看不到异质语言分析的奇光异彩：

> Once the familiar and comfortable idea of the homogeneity of linguistic communities is abandoned, the world appears as an ocean of conflicting attractions, convergence here breeding divergence there, with new centres of attraction developing at all times and threatening to disrupt *existing* ensembles. And this is true on all levels, national, provincial, local, and

> familial. In the practice of descriptive linguists the growing realization of this endless linguistic variety has led to the position that linguistic description has to be consistent, it must be that of an idiolect, i.e. the language as spoken by a single individual. ㉓

马丁内指出，研究语言的异质性，就是坚持描写的原则，理由就在于“语言现实比许多语言学家愿意承认的更加各自相异而不是彼此相同”。㉔

在欧洲倡导语言异质论〔或“非一致性”（nonconformity）〕同样有力的还有以弗斯（J. R. Firth, 1890–1960）和韩礼德（M. A. K. Halliday）为主力的伦敦学派：弗斯对索绪尔理论的同质共时观是部分认同的，即语言有其同质性的一面，语言学作为一门科学是符号学（semiology）的组成部分：语言是一种符号系统（Firth, 1938: 17）㉕；同时，弗斯还指出语言符号系统中的“联系”（“associative relations”, Saussure, 1916）表现为搭配（“collocation”, Firth, 1951: 194ff），“意义取决于搭配”，从而对索绪尔的符号学说作了重要补充。但是从基本语言观来说，弗斯强调语言的异质性和非联系性。弗斯认为，人类的语言都有其发展的特殊背景，语言远不是千篇一律的，它们之间的异质性和非联系性“要比大多数语言学家所愿意承认的还要严重得多”；否认它们是异质的，认为语言之间除了基本特征相同以外，没有什么值得特别注意的差异，因而将其拒斥于自己的研究领域之外的观点和方法论显然是错误的。弗斯认为，“人们的话语不能脱离它在其中起作用的那个社会复合体。现代口语的每一语段都应该认为有其发生的背景，都应该与某种总体性情境上下文中的典型参与者联系起来加以研究”。㉖可见语言之间不同的社会文化背景以及不同的交际目的和交际对象，都是使语言具有异质性的依据或根源。韩礼德是弗斯学说的继承者，并将语言的异质性原则应用于功能分析，提出了“语域”（registers, Halliday, 1976）的命题。就整体而言，伦敦学派关注索绪尔的开拓性意义，但并没有囿于索氏一家之言，做到了既把握了语言的同质性，又没有忽视语言的异质性，特别是能将异质语言观的原则落实在方法论上。因此伦敦学派的语言研究成果和影响，远远超过了哥本哈根学派和布拉格学派，特别是就对英语的异质性研究而言。布拉格学派的雅可布逊（Jacobson, 1896–1982）和特鲁别茨可依（Trubizkoi, 1890–1939）对印欧语——特别是斯拉夫语——的音位研究也很出色。这些都属于异质语言观研究的领域。

汉语的语言研究遵循着不同于西方语言学研究的历史发展轨迹。这个事实本身就反映了汉语的异质性，当然也是中国的历史和地缘政治状况所决定的。古代中国的语言研究始于先秦时期（止于公元前 3 世纪）的同质语言观探索。从两汉时期（公元前 2 世纪至公元 3 世纪）开始，一直到清代即 19 世纪末马建忠氏发表《马氏文通》(1898 年)，中国传统的语言研究都囿于异质性探索的范围之内，拘守汉语的音训、字训、文训等几个极狭小的研究领域之内，完全缺乏同质语言观照的引导和视野开拓。这种状况在中国语言史中持续了两千年之久。至清末《马氏文通》的发表，中国语言学家意识到语言的同质性问题，并试图借鉴英语语法体系来认识汉语。但马氏并没有认识到：要以同质语言观作整体观照，摆脱形式类比的认识论和方法论，并以汉语为本位来研究汉语。1906 年，章炳麟（1869—1936）发表《论语言文字之学》，提出将“小学”改名为“语言文字学”，也标志着改革的觉醒。

先秦时期的语言同质论共时观探讨集中于“名”与“实”的命题，也就是语言中指称与事物的关系问题。首先提出名实关系问题的哲学家是老子。老子在《道德经》第一章中就提出“无名，天地之始；有名，万物之母”。意思是说，天地肇始，什么也没有，所以无“名”可言；及至有了“存在”，于是就有了“名”。而“存在”就是“道”，可见“名生于道”。老子的这个命题被后来的几位先秦哲学家加以阐发。墨子（约前 468—约前 376）摆脱了“道”的框囿，前进了一大步。《墨子・经说上》中说：“所以谓，名也；所谓，实也。”“谓”是动词，意思是“称呼”，“所以谓”意思是“用以称谓”，也就是“能指”；“所谓”意思是“所称呼的事物”，也就是“所指”；前者为“名”，后者为“实”。人类语言所担负的功能就是“以名举实，以辞抒意”(《小取》)。这是最早的语言同质论功能观表述。墨子还提出了语言形式与内容的关系论。他认为应该是“先质而后文”(先有实质内容，后有语言形式)，可见他主张重质，但他过于强调形式与内容的对立(“有之实也，而后谓之；无之实也，则无谓也。”《经说下》)。战国中后期名实之辩又有了发展，以尹文和公孙龙（约前 325—约前 250）等名家（又称“形名家”）为代表。尹文认为“名”与“形”并不是一回事，“名”只不过是“形”的一种称谓，“形”并不依赖“名”而存在。公孙龙则有著名的“白马非马”论，这是一篇很精彩的名实辩（后文还要讲到）。先秦时期对后世最有影响的语言同质观探讨是荀子的“约定俗成”论，他在《正名》中说：“名无固宜，约之以命，约定俗成谓之宜，异于约则谓之不宜。名无固实，约之以命实，约定俗成谓之实名。”荀子批评了道家的“名生于道”说，又澄清了尹、孙名家并未得到充分展开的论争，指出了意义受社会功能的制约，阐明了语言的社会本质。荀子在《正名》中还提出了语言的发展观，指出随着改朝换代，“必将有循于旧名，有作于新名”，这就是说语言既有继承性、稳定性，又有非稳定性。语言的发展，因此需要执政者掌管好“制名之枢要”，就是指语言的规范化工作。这都是很有见地的同质语言观基本观点。此外，先秦诸家还探讨过修辞问题，例如：孔子提出“修辞立其诚”（《易·乾卦》），“辞达而已矣”（《论语·卫灵公》）、“言之无文，行而不远”（《左襄·二十五年》）；墨子提出“立辞明类”“以类取，以类予”，说的是语言要有针对性、条理性，符合逻辑推理（“以说出故”），已经意识到了词中有“类”。修辞必然涉及语言逻辑问题，先秦诸子也发表了很多意见。老子不主张“辩”（其实“辩”就是逻辑推理，以辨正误），他说“善者不辩，辩者不善”（《老子·八十一章》）。这一点庄周赞成（“大辩不言”，《齐物论》），但墨子和荀子反对。墨子鼓励他的弟子“善辩”，认为就是要善于论证争辩。荀子在《正名》中说“辩说也者，不异实名以喻动静之道”，发挥了墨子“以类取”的观点，认为“辩”（论证）的原则就是以同一概念（名）指同一对象（实），恪守同一律。否则就谈不上论证（“是不辩也”《经说下》），也就无是非可言了（指上文所述“动静”。《老子》中言“动静”之意时常用“开阖”，如“天门开阖”，犹言天地自然之运动，是非所系焉）。

先秦诸子属于同质语言观的许多论述，对当时和后世的学者有极大的启发性，特别是“名、实”问题。对语言的宏观探讨必然会催动微观的剖析。这是战国末年出现《尔雅》一书的哲学思想和语言文化背景。《尔雅》的问世标志着中国古代语言研究从此进入了以异质论为主流（也以实力论为主导）的时期，直至清末《马氏文通》的出版，为期长达约两千年。

纵观绵延两千年的汉语异质性历时语言观研究，可以大体分为以下四个时期：

一、两汉时期（公元前2世纪至3世纪）

汉王朝（武帝）启用董仲舒，厉行罢黜百家，独尊儒术的政策，说经之风蔚兴。古文经学家力倡“小学”，使汉语的异质语言观研究在《尔雅》（一般认为该书为齐鲁儒生编纂）、《方言》（扬雄编撰）、《说文》（许慎编纂）和《释名》（刘熙编纂）四部力作的影响和推动下风气大开，其特点是为汉语“名物释义”“解字训音”，通释“训古经学”（俗称“小学”[27]），开狭隘的汉语异质性历时研究之始，对后世影响至深，使中国传统的语言研究始终摆脱不了政治（受皇权保护的正统意识）和地缘（以中原地区为核心）因素的支配和框驭，致使学术思想上备受掣肘。

二、魏晋五代时期（兼及隋唐，约公元3世纪末至6世纪）

这一时期的汉语异质性研究的特点是集中于音韵学，而且跃升至新的水平，主要是受古梵语拼音原理的启发，由服虔、应劭、孙炎等人以梵语为借鉴，拟制了反切注音。至晋宋又创制了四声分韵，使（梁）沈约能编纂出《四声谱》这样划时代的著作。这一成就是与其时悉谙梵文的僧人努力和佛经对汉语的影响分不开的。很明显，这是同质语言观对狭隘的汉语异质语言观进行了一次冲击所取得的成果。这个成果还波及了整个经学的研究，使之开拓了视野，才使（唐）孔颖达有可能纂著《五经正义》这样集经学训诂之大成的杰作。

三、宋元明时期（兼及隋唐，约公元6世纪末至17世纪初）

这一时期的汉语研究以变革为特征，尤以宋代为然，首先，训诂学家受前期影响和推动，提出了借鉴梵语的“因声求义”的方法，打破了狭隘的汉语异质观执着于“以形析义”的方法论，这是一大变革。其次是训诂学方面的变革，朱熹（1130—1200）在训诂考证中借助于前人的进步，打破了汉代以来“义疏”的框框，进入集注，推翻了很多因袭之见，应该说是宋代理学之功。最后，到了元代，“异族”入主中原，语际交流大有发展，使周德清（1277—1356）这样有见地的音韵学家在编撰《中原音韵》时意识到了“共时参照”（synchronical reference）的意义，充分注意到了元代通语的语音现实。共时性因素对语言研究的意义渐渐为元、明时代的语言学家所体察。例如明代陈第（1541—1617）就已经认识到“盖时有古今，地有南北，字有更革，音有转移，亦势所必至”，因而在方法论上采取了纵（历史考察即历时）横（比较互证即共时）相结合的治学原则，这是很有意义的改革。

四、清代时期（公元17世纪中至19世纪末及民国前夕）

清代汉语的异质性历时研究取得了很大的进展，但仍然集中于文字学、音韵学（特别是古音学）、方言学和训诂学四个领域。清代的语言研究以所谓的“乾嘉学派”为主力，在上述诸领域，作出了很大的成绩。乾隆、嘉庆（1736—1820）年间以顾炎武（1613—1682）、戴震（1723—1777）、段玉裁（1735—1815）等学者为先驱及主将的一批清儒，不满宋明理学之空疏无用，力倡恢复古经学，推崇汉代儒家的考据学风[28]。在他们的身体力行下，清代传统语言学家对汉语文字、语音及方言进行了精微细密的研究。例如在训诂学领域，乾嘉学派提出了一套训诂方法如“形为训”“以音为训”“随文释义”“以文考义”等等。特别是以“音”“形”“义”及“文”（即文本或语段）作综合观照以释古义的方法，已具有理论思维的雏形。晚清由于甲骨文出土，加上金文的填补旁证，文字学研究突破了《说文》的框囿，历时语言观得到了共时参照，而得以充分发挥功效，始有张玉书（1642—1711）、陈廷等人奉敕编纂的《康熙字典》之问世（康熙五十五年，即1716年），对后世影响极深。

从上述四个时期中国传统语言学发展的梗概，可以看到语言观对语言研究的发展，关系何其密切。中国两千多年的古代语言学始终没有突破文字学、音韵学和训诂学的狭隘领域，主要的问题是执着于汉语的异质观，始终没有进入语言同质性的研究以扩展领域；拘囿于汉语的历时性，始终没有进入语言共时发展研究以构建理论。中国传统语言学对语言的理解浅止于文字，对语法的理解浅止于句读。历代语言学家以其毕生之心力从事研究者不在少数，但大都陷入了“从实用到实用”的窠臼，不能进入“从实用到理论”的轨道，深深地受到了中国哲学“经学化”的影响，在“六经注我，我注六经”中兜圈子，秉承圣贤“好古敏以求之”的传统，不能摆脱主体内省式辨章学术的模式，进入主客体并重的演述式论证学述的模式[29]。清末“章黄之学”并没有尽力摆脱文字、音韵、训诂的掣肘，反而着力“推寻故言”，志在得其经脉（章太炎，《文始》）[30]；马建忠写了中国第一部系统的语法专著《马氏文通》，却有失于汉语本位，以图以“西文已有之规矩，于经籍中求其所同所不同”（《马氏文通 • 后序》），以泰西语法律汉语语法，根本的问题还是出在语言观上。

综上所述，我们可以从西方近代、现代语言研究中由重同质性倾向而走向形式化，以及我国古代汉语语言研究由重异质性、轻同质性而走向刻板化、僵滞化的现象，获得重要的启示：

（一）语言观决定语言研究的发展。没有正确的语言观就不可能认识到科学方法论的重要性，使语言研究获得健全的、具有充分潜势的发展。

（二）科学的语言观应该符合语言科学的价值观和语言发展的实际。语言科学应既注重语言的同质性，又注重语言的异质性，同、异结合不可偏废；同质性研究是对人类语言普遍规律的本体论探索，异质性研究是对人类语言“个别实体”（individual substance）的特殊性观照。无前者则后者必陷于狭隘，无后者前者必陷于空疏。因此，在语言研究中，同质性研究具有引导作用，异质性研究具有阐发功能。二者相容相济，方能相得益彰。此外，语言科学研究应当既重视历时性，又重视共时性，因为人类的语言实际上既是丰富的历史沉积，又是广阔的繁衍铺陈。语言的共时表现常常是它历时发展的结果；历时现象又常常引发共时的嬗变衍生。现代汉字的正楷、草书和行书，都是古大篆（秦以前）、小篆（秦代）的嬗变式；大篆、小篆都是甲骨文（商代）、钟鼎文（周代）的嬗变式。语言的历时发展和共时繁衍，本身就是相互依存的纵轴和横轴：没有纵轴就无所谓横轴，反之亦然。只注意其中的一轴，就难免产生片面性及至僵滞凝结，得不到发展，自不待言。

现将同质语言观和异质语言观作一对比，如下表：

表 4-1

同质语言观（Homogeneity）	异质语言观（Heterogeneity）
1. 关注对语言的一般特性、共性、语言要素、系统、结构、功能等诸多方面的宏观审视和剖析。	1. 关注语种间要素、系统、结构、功能等方面的差异性、特性；注重对以上诸方面差异的微观剖析。

（续表）

同质语言观（Homogeneity）	异质语言观（Heterogeneity）
2. 关注语言研究，忽视言语研究；重视对语言“不变性”（Constancy, Hjelmslev, 1953）的把握。	2. 关注言语对语言的重要影响；重视语言外部因素对语言的影响，因而同时关注变化因素的分析。
3. 关注语言本体论研究，内部语言研究，忽视外部语言对语言功能的调节作用；重视语言形式规则的程式化描写；热衷于形式机制的演绎和推衍。	3. 关注语言功能研究；重视外部语言对语言功能发挥及语言形式的调节作用；认为忽视外部因素与内部因素的归纳而仅仅诉诸形式程式的描写是没有多大意义的。
4. 关注共时性研究，忽视语言的历时性对共时性的影响，忽视语言变式的历时根源，认为变式是形式演绎的结果，并视之为普遍规律。	4. 关注历时性发展对共时表现的重大作用；因此不忽视历时性，尤其是语言历时性对语言共时性的影响与相互关系。
5. 过于关注形式机制而忽视了语言中的意义问题。	5. 由于意义具有异质性因而十分关注对意义的研究。
6.“研究语言的唯一真正目的是为语言而研究语言”（Saussure, 1949, p. 230）。	6. 为提出应用语言（包括翻译）的对策（strategy）而研究语言。

（三）翻译学语言理论的建设必须有科学的语言观作指导。具体而言，我们既需要注重语言的同质性，又需要注重语言的异质性；既需要在研究中贯彻历时观，又需要在研究中贯彻共时观。理由很简单，我们研究的对象是不断发展中的双语，我们操作的语言关涉古今。再深一层分析，可以说我们应当更加重视研究双语的异质性，才能灵活而准确地把握翻译的表现法；我们还应当更加重视双语的历史发展，才能深刻而准确地理解它的共时表现，特别是含义的变化和微差。这就是我们倡导的所谓辩证的语言观（dialectical approach to language）。

4.3 汉语的异质性与翻译理论问题

世界上没有放之四海而皆准的翻译理论体系。虽然翻译中的一些基本概念和原理，如什么叫“翻译”、什么是“语际转换的实质”、翻译中的“二元对立项”（binaries）是什么、什么叫“可译性限度”等普遍的问题（即What），通常是适用于各语种的转换的。但一旦牵涉到“为什么”或“如何”转换、“如何”解释，即（Why 和 How）的时候，各语种的翻译理论（尤其是应用理论）就必须各师各法，甚至分道扬镳了。因此，世界译论论坛应该是百花争妍的园圃，而不是什么一枝独秀的盆栽。究其所以然，根由出于语言的异质性。以下数节就是我们对汉语异质性深层和表层表现所作的概括描写[31]，主要是针对翻译语言学之所需进行的探索。

4.3.1 汉语的文字体系和声韵体系独树一帜

汉语的声韵体系非常复杂，包括“声”“韵”“调”三大要素，统称汉语音韵学，研究史长达一千六百余年。传统音韵学重古音音类考证，至清代开始由历时研究转向共时研究，音韵学成三足鼎立之势，即今音学、等韵学和古音学。近十余年中，有学者提出以元代周德清所著《中原音韵》为主要研究对象，以“北音”为核心描写汉语语音学，称为“北音学”。了解中国北方方言的语音问题，对翻译实践是有意义的，因为我们译诗和一些抒情的文艺作品时常遇到韵律、声律等等牵涉到语言音美的问题，需要了解汉语语音学的一些深层知识。这个问题与语言哲学关系甚微，本书不拟探讨，但文字系统对翻译理论则至关紧要。

汉语发源于原始社会，地域在新石器时代的东亚中原一带。许慎（约58—约 148）在《说文解字》的（叙）中说：

> 古者庖牺氏之王天下也，仰则观象于天，俯则观法于地，视鸟兽之文与地之宜（仪），近取诸身，远取诸物，于是始作易八卦，以垂宪象。及神农氏，结绳为治而统其事，庶业其（蓁）繁，饰伪萌生。黄帝

之史仓颉，见鸟兽蹄迒之迹，知分理之可相别异也。初造书契，百工以乂；万品以察，盖取诸“夬”。

我们可以从许慎的记述中得出以下推论：第一，汉语义始自神羲时代，完全是华夏先民（石器时代）的创作，与别的原始语种没有关系[32]；第二，古汉语的书面语形式是“书契”。“书契”是人手用刀刻出来的符号；第三，“书契”符号是受到“鸟兽蹄迒之迹”的启发模仿而成的。因此汉字沿自形象，象形是它的“先天”属性。汉字从古代到今天一直是意音制文字，这个本质特征始终没有改变过。这是汉语异质性的“根”。文字记录语言，同时也反映语言的特征和本质。

为便于展开汉语异质性的深入探讨，我们试依照描写的原则，以语言事实为依据，先考察一下德、英、汉三语在展开一个语段，表述同一理念时的共同点和差异。

下面是尼采（Friedrich Nietzsche, 1844–1900）的一段原文，共 85 个词：

Der Philosoph muβ sich sagen: wenn ich den Vorgang zerlege in dem Satz “ich denke” ausgedrückt ist, so bekomme ich eine Reihe von verwegnen Behauptungen, deren Begründung schwer, vielleich unmöglich ist, — zum Beispiel, daβ ich es bin, der denkt, daβ überhaupt ein Etwas es sein muβ, das denkt, daβ, Denken eine Tätigkeit und Wirkung seitens eines Wesens ist, welches als Ursache gedacht, wird, daβ es ein “Ich” gibt, endich, daβ es bereits feststeht, was mit Denken zu bezeichnen ist — daβ, ich weiβ was Denken st. [33]

下面是英译，用了 96 个词：

The philosopher must say to himself: When I analyze the process which is expressed in the sentence, “I think,” I find a whole series of daring assertions, which would be difficult, perhaps impossible, to prove; for example, that is I who think, that there must necessarily be something which thinks, that thinking is an activity and operation on the part of a being who is thought of as a cause, that there is an "ego," and, finally, that it has already been established what is to be designated by thinking — that I *know* what thinking is. ㉞

下面是汉译，用了 196 字：

哲学家必须问问自己：在分析“我思考”这个句子的过程中，我发现了什么呢？我发现已经预设了一系列大胆的断言，如果不预设这些断言，则很难甚至无法证明为什么说是“我”在思考，而且如果不是“我”在思考，则必然有“某样东西”在思考；同时也无法甚至不可能证明，思考是某种存在物出于某一缘故所进行的活动和运作过程；如果不预设一系列断言，那就无法甚至不可能证明存在一个“自我”，及至最后无法甚至不可能证明已经确立了某种被思维指代的东西，唯其如此，我才“知道”什么是思维。

从以上三语的表述和翻译中，我们可以推导出如下事实：

（一）德、英、汉三种语言各有其相同及相异于其他两种语言之处：相同者，（1）交际功能一致，都是为了表述某一相同意念的扩展；（2）词有词类、句有句式，三语皆然；（3）德、英二语与汉语有大致相应的句法项（即主、谓、宾、定、状），德、英相应者尤为明显，甚至分布模式亦大体相应。相异者，（1）文字系统殊异，尤以汉语最有特色；（2）汉语根本没有动词、名词、形容词等等的形态变化（指屈折变化 inflexion）；德、英各有其殊异于对方的屈折变化；（3）汉语属于“话题优势”语言，句子可以没有施事主语，但大体有一个话题。德、英句子必须都有主语，形成“主谓优势”语言；（4）语段发展（即汉语所谓铺叙）的特点不同。例如，句法层级标志殊异。所谓句法层级指主句（上位）及从句（下位），从句不能独立于主句，主句中的某一部分（或全部）受从句描写、限定、制约（提出某种条件作为前提）。德、英由于有层级标志，所以看得出来哪部分是定语从句、哪部分是状语从句。汉语则全无这类结构性标志，汉语的办法是重提被描写、被限定、被制约的部分。所以这就是有时从西语译成汉语时字数不得不大大扩充的原因之一。但一般来说，汉语所用字数往往会少很多。

（二）可见三语均各有其不同于其他二语的异质性。但“相异”也不是咸出一辙。三语中，德语与英语之间关系较密切，属于“亲缘语言”（relative languages, O. Jespersen, 1913）；汉语与德、英则纯属“萍水相逢”，更需进行知己知彼的了解。

现在我们再进一步考察汉语与英语之间的差异。下面是公孙龙子的一篇著名的文章《白马论》和英译㉟。汉英对照而细读之，就会体察到汉英异质之悬殊。为此我们不妨先通读全文及英译：

“白马非马，可乎？”

曰：“可。”

曰：“何哉？”

曰：“马者，所以命形也；白者，所以命色也。命色者非命形也。故曰：白马非马。”

A: “Is it correct to say that a white horse is not a horse?”

B: “It is.”

A: “Why.”

B: “Because‘horse’denotes the from and‘white’denotes the color. Therefore we say that a white horse is not a horse.”

曰：“有白马，不可谓无马也；不可谓无马者，非马也？有白马为有马，白之非马何也？”

曰：“求马，黄黑马皆可致；求白马，黄马不可致。使白马乃马也，是所求一也；所求一者，白者不异马也。所求不异，如黄黑马有可有不可，何也？可与不可，其相非明。故黄黑马一也，而可以应有马，而不可以应有白马。是白马之非马审矣。”

A: “There being a horse. One cannot say that there is no horse. If one cannot say that there is no horse, then isn't [it] a horse? Since there being a white horse means that there is a horse. Why does being white make it not a horse?"

B: "Ask for a horse and either a yellow or a black one may answer. Ask for a white horse. and neither the yellow horse nor the black one may answer. If a white horse were a horse, then what is asked in both cases would be the same. If what is asked is the same, then a white horse would be no different from a horse. If what is asked is no different, then why is it that yellow and black horse may yet answer in the one case but not in the other? Clearly the two cases are incompatible. Now the yellow horse and the black horse remain the same. And yet they answer to a horse but not to a white horse. Obviously a white horse is not a horse."

曰："以马之有色为非马，天下非有无色之马也。天下无马，可乎？"曰："马固有色，故有白马。使马无色，有马如已耳，安取白马？故白者非马也。白马者，马与白也。马与白马也。故曰：白马非马也。"

A: "You consider horse with color as not a horse. Since there is not horse in the world without color. Is it all right [to say] that there is no horse in the world?"

B: "Horses of course have color. Therefore there are white horses. If horses had no color, there would be simply horses. Where do white horses come in? Therefore whiteness is different from horse. A white horse means a horse combined with whiteness. [Thus in one case it is] horse and [in the other it is] a white horse. Therefore we say that a white horse is not a horse."

曰："马未与白，为马；白未与马，为白。合马与白，复名'白马'——是相与以不相与为名，未可。故曰：白马非马，未可。"

曰："以有白马为有马，谓有白马为有黄马，可乎？"

曰："未可。"

A: "[Since you say that] before the horse is combined with whiteness, it is simply a horse; before whiteness is combined with a horse it is simply whiteness, and when the horse and whiteness are combined they are collectively called a white horse, you are calling a combination by what is not a combination. This is incorrect. Therefore it is incorrect to say that a white horse is not a horse."

B: "If you regard a white horse as a horse, it is correct to say that a white horse is a yellow horse?"

A: "No."

曰："以有马为异有黄马，是异黄马于马也；异黄马于马，是以黄马为非马。以黄马为非马，而以白马为有马，此飞者入池，而棺椁异处，此天下之悖言乱辞也。"

B: "If you regard a horse as different from a yellow horse, you are differentiating a yellow horse from a horse. To differentiate a yellow horse from a horse is to regard the yellow horse as not a horse. Now to regard a yellow horse as not a horse, while a white horse a horse is like a bird flying into a pool or like the inner and outer coffins being in different places. This would be the most contradictory argument and the wildest talks."

曰："有白马不可谓无马者，离白之谓也。不离者，有白马不可谓有马也。故所以为有马者，独以马为有马耳，非有白马为有马。故其为有马也，不可以谓马马也。"

A: "[When we say that] a white horse cannot be said to be not a horse, we are separating the whiteness from the horse. If [the whiteness] is not separated from [the horse], then there would be a white horse and we should not say that there is [just] a horse. Therefore when we say that there is a horse, we do so simply because it is a horse and not because it is a white horse. When we say that there is a horse, we do not mean that there are a horse [as such] and another horse [as white horse]."

曰："白者不定所白，忘之而可也。白马者言白定所白也。定所白者，非白也。马者，无去取于色，故黄黑皆所以应。白马者，有去取于色，黄黑马皆所以色去，故唯白马独可以应耳。无去者非有去也，故曰白马非马。"

B: "It is all right to ignore the whiteness that is not fixed on any object. But in speaking of the white horse, we are talking about the whiteness that is fixed on the object. The object on which whiteness is fixed is not whiteness [itself]. The term 'horse' does not involve any choice of color and therefore either a yellow horse or a black one may answer. But the term 'white horse' does involve a choice of color. Both the yellow horse and the black one are excluded because of their color. Only a white horse may answer. What does not exclude color is not the same as what excludes [color]. Therefore we say that a white horse is not a horse."

我们可以从视觉上一目了然地分辨汉英文字体系的形体异质性。汉英文字体系异质性使汉语与英语各自具有以下基本的、并作用于诸方面的异质性：

（一）英语由拼音字母组成可变性音节，从而具有屈折式形态发生学（inflectional genetics）机制。汉语文字结构独特，不具备屈折式形态变化发生的"物质条件"：即不具备自显的、基本上自足的拼音构件——字母，以及由这样的字母组成的有规律的可变性音节。

（二）汉语文字源自书契形象，虽经数千年形态嬗变亦从未改变其意音制特色：即汉字的提示性形象表意功能（如"明"：日、月映照为"明"）和提示性发音功能（如“慷”“糠”的发音都以“康”作提示），可惜这两种功能都并不健全，均有“浅尝辄止”的特点，仅止于“提示”，这就反而增加了汉语辨义、辨音的复杂性和难度。

（三）英语的词（word）有“形式自足标志”（indication in the form itself），即前后都有间距，也大体可以识别出意群组合范围和分布模式；从而使句法成为可识别的组织程式。汉语的字在句中都连成一线，词与词之间无间距，搭配与搭配之间无间距（如老子的名句：“知不知上不知知病”，后世就有很多争论）。汉语在形式上可作依据者，唯余语序及少量虚词。

以上三点就是汉语历来重文字、音韵、训诂研究而轻语法研究的根源；也是英语有条件重语法规范而且能使语法高度规范化的根源[36]。下面我们将在上述概括描写的基础上具体分析一下汉语异质性表现的诸多方面的语言现实。这些现实问题，正是我们建设有汉语参与的翻译理论不能不认真加以考虑的依据和依归。

4.3.2 汉语的形式（形态）弱势与意念强势

汉语的词没有形态变化。以“数”为例外。汉语名词（及代词）没有复数式，形容词与动词更没有单数式与复数式之分。因此汉语语法中没有印欧语式的“数”这个范畴。“数”的概念由词汇体现；形态的功能，则由意念来完成。例如，以下的单转复式手段：

(1) 人 ⇨ 人们（“们”[37]是个“义素”）：附加助词以示复数
(2) 白马 ⇨ 五匹白马：利用数词加量词以示复数
(3) 意见和批评 ⇨ 异议：利用词义融合以示复数
(4) 联想 ⇨ 联想翩翩：利用叠字以示复数
(5) 问题 ⇨ 若干问题：利用表示复数的词语
(6) 万一有意外发生 ⇨ 万一有三长两短：利用更替以示复数
(7) 年月 ⇨ 年久月深：利用成语以示复数

在汉语中任何词语的复数概念都可以设法通过上述种种词汇手段

（lexical means）来表达，而词汇手段则是一个极富灵活性的开放系统，是一个“无限变数”（variable infinite）。这是词汇手段的优势，缺点是随机性太大，难以确定规范。双语转换中如何把握“数”的随机性，很大程度上取决于语境。《白马论》中共用“马”字 83 次，英语中用 horse 共 75 次，其中用复数式共 6 次：

原语（SL:Chn）	目的语（TL:Eng）
(1) 如黄黑马有可有不可，何也?	...why is it that yellow and black *horses* may yet answer in one case but not in the other?
(2) 马固有色，故有白马。	Horses have color. Therefore there are white *horses*.
(3) 使马无色，有马如已耳!	If horses had no color, there would be simply *horses*.
(4) 安取白马?	Where do *horses* come in?

可见语段中某一名词是否暗含复数，需依靠上下文作逻辑分析，这就是一个意念问题，而复数意念在汉语中则是暗含的，甚至是非常模糊的；而在英语中则必须呈显性。

形态语言中最重要的词语形态变化集中于动词，其中包括四个方面：时态（代号 T）、语态（代号 V）、三种语气代号：直陈语气 IndM、祈使语气 ImpM、假设语气 SubM 及与名词的数的一致（代号 C）。这一切语法范畴在英语中均可赋形于“形态”。以下段为例（英语斜体者均为动词）：

曰:“求马，黄黑马皆可致；求白马，黄黑马不可致。使白马乃马也，是所求一也；所求一者，白者不异马也。所求不异，如黄黑马有可有不可，何也？可与不可，其相非明。故黄黑马一也，而可以应有马，而不可以应有白马。是白马之非马审矣。”	动词形态变化 汉语动词一律用原形，无形态变化（“可”“应”是能愿动词 Coverb）。

B: *Ask* for a horse and either a yellow or a	T & ImpM,
black one *may answer*. Ask for a white horse and	T & IndM
neither the yellow horse nor the black one *may*	T & ImpM
answer. If a white horse were a horse, then what	T & IndM
is *asked* in both cases *would be* the same. If what	T & SubM, T & V
is asked is the same then a white horse *would be*	T & SubM
no different from a horse. If what *is asked is* no	T & V
different then why *is* it that yellow and black horses	T & SubM
may yet *answer* in the one case but not in the other?	T & C
Clearly and the two cases *are* incompatible. Now	T & C
the yellow horse and the black horse *remain* the	T & C
same. And yet they *answer* to a horse but not to a	T & C
white horse. Obviously a white horse *is* not a horse.	T & C

对比之下，英语动词的形态就很突出了：任何一个英语的动词在句中都不可能不具有符合严格规范的四个维度的形态：(1)定式与非定式(Finite vs. Non-finite)；(2)时态、语态及语气；(3)体式(Aspect)；(4)关系形态，即与该动词形成SV搭配时的“数的一致”(Concord or Agreement)。尽管英语从Alfred the Great(849–899)以后发生了很大的变化(例如名词的“内屈折衰变”：由“单数stan ⇨ 复数stanas”简化为“单数one stone ⇨ 复数twos stones”。现代英语名词有内屈折变化的已很有限了)，但动词的上述四维形态变化却稳定得很。由上例英语译文右侧代号，可以看到动词都必须一板一眼地显示出它的四维形态。这样，词语(特别是动词)形态就成了英语形态的主轴；语句赖形态以定型，可谓万变不离其宗。

4.3.3 汉语的意念主轴与英语的形态主轴

所谓“主轴”指语言生成及至定型的一种基本机制。语言既然有异质性，那么除开人类语言发生的生理机制莫不相同以外，其生成机制应该是有所不同的，否则语言就不会有异质性表现，例如屈折语的生成与非屈折语的生成应该各有千秋，各异其趣。试分析《白马论》的两段原文的英译（左）及其形态（形式）结构（右）：

英 译	形态（形式）结构
A: Because "*horse*" *denotes* the *form* and "*white*" *denotes* the *color*. *What denotes* the *color does not denote* the *form*. Therefore *we say that* a white *horse is not* a *horse*.	SVO+SVO S (SVO)+NegV+O SVO (S+NegV+C)
B: There being a horse, *one cannot say that* there is no horse. If *one cannot say that* there *is no horse*, then *isn't* [it] a horse?	S+NegV+O (there+V+NegS) S+NegV+O (there+V+NegS), NegV+S?

可见英语的形态（形式）结构包括以下组成部分：（1）词语的形态变化（第 2.2 节）；（2）动词四维变化；（3）核心句结构模式：SV 提挈及其扩展句型系列，即上列英语句段。右侧的核心句配置；每一句都必须符合英语的句法规范[38]；（4）被称为衔接结构的部件[39]，上列英语段中有：Because… and…/What…? Therefore…that…/There being…that…/If…then…/Since there being…that…why does being? 这四类形态（形式）结构的组成部分，犹如一根缆索的四股绞绳（strands），形成了英语思维外化为语言时，不可或缺的主轴（其中主轴中的主轴则是动词及 SV 提挈性搭配）。毫无疑问，英语如果没有这根主轴，就不能"定型"，也就不称其为英语了。实际上，上列英译语段只是我们的随机抽样。任何英语句、段都可以析出它之所以能成为英语句、段的四股形态主轴的组成部分的原因，现在我们来看看汉语原文：

(A) 曰："马者，所以命形也；白者，所以命色也。命色者非命形也。故曰：白马非马。"

(B) 曰："有白马，不可谓黑马也；不可谓无马者，非马也？有白马为有马，白之非马何也？"

很清楚，汉语没有（1）词语形态变化，更不可能有（2）动词的四维形态变化，这就缺少了（3）及（4）形态主轴的基础。汉语的句型一直是一个有争议的问题，其原因很复杂，主要原因是：第一，汉语的主语不具备印欧语式的主语功能（不可或缺；因而必然与谓语动词构成核心句 SV 提挈性主轴），汉语句子可以没有主语（如“有白马”，谁“有”呢？）；第二，汉语主语与动词谓语之间的关系可以非常松散，不存在必然的“施事加行为状态”及“被表述者（主语）和表述成分（表语）”等关系，更不存在“数的一致”的问题。在很多情况下，汉语主语只是一个话题（Topic），其余部分则是表述话题的述题（Rheme），构成“话题—述题”（TR）式句型。话题与述题都是某种意念组合，与印欧语的主谓 SV 提挈句型有很大区别。例如上例《白马论》的两个句段的句法特征和扩展式如下：

(A) 马者（话题 T）所以命形也（述题 R）；
白者（话题 T）所以命色也（述题 R）。
命色者（话题 T）非命形也（述题 R）。
故曰［(所以) 说 V］白马非马。(无主句，谁“说”？)
(B) 有白马（话题 T）不可谓无马也（述题 R）；
不可谓无马者（话题 T）非马也（述题 R）?
有白马（话题 T）为有马（述题 R），(TR 均为无主句，谁“有”？)
白之非马（话题 T）何也（述题 R）?

可见整个语段是两个小节“话题—述题”（TR）的集约，其中的 R 都是解释 T 或阐述 T，即意念与意念的对接（line up），也可以说是两个片段的意念所组成的“板块流”：

（A）TR; TR. TR.（S）VO.
（B）TR; TR ？ TR, TR ？

当然，以上每一个 TR 还可以作下位分析。例如“有白马”是“有”V 加“白马”O，是个无主语分句（S）VO，作上位主语；“不可谓（不可以说）”

是能愿动词 Cov（Coverb“可以”否定式）加动词“说”V,“无马”是及动物词“无”V,加宾语“马”O。整个句子的结构是［（S）VO］Cov V［VO］,也属于“主谓宾”分句，不过这里的主语只是一个话题，因为“有白马”不可能是“说”（“谓”）的施事者。汉语句子多半是这类话题—述题（TR）式句型，所以我们说汉语是一种话题性占优势的语言。这个问题下面还要谈到。汉语句子的线性扩展，常常是意念的直接对接，因此语序和虚词构成的衔接手段（如上例中的……“者，……也”），在语句生成中起着关键作用。除语序和虚词以外，不存在类似印欧语那样的词语形态及句法结构程式化的生成程序。如果我们同意将思维（概念）外化为言语的作用过程称为“投射”（projection, Wittgenstein, 1953），那么汉语与英语的差异在于前者属于“直接投射”，后者属于“间接投射”，如下页图 4–5 所示。

从图中两种图式来看，“间接投射”由于牵涉到多重的形式和形态程式整合，一般比较复杂[40]。但丝毫不意味着“间接投射”优于“直接投射”。我们提出这一点，旨在说明汉英句子生成方式的异质性。汉语的这种简约性和简捷性，即意念未受形式的限止，直接实现“思定于言”的特点，很早就受到操“言以律意”（用语法规则来规约人的意念）的印欧语语言学家的赞誉。例如德国的语言学家洪堡就指出，汉语的意念主轴有别于梵语（与古印欧语有亲缘关系）的形态主轴的语言现实：

汉语：直接投射 (from thinking to speech: “direct projection”)

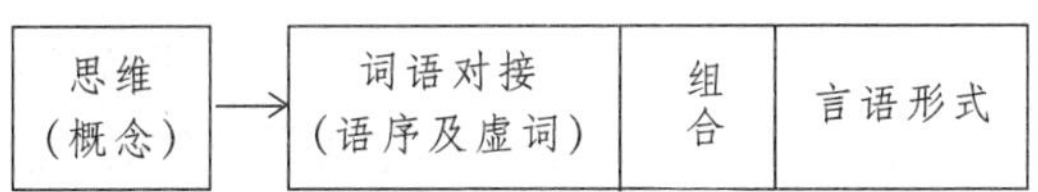

英语：间接投射 (from thinking to speech: “indirect projection”)

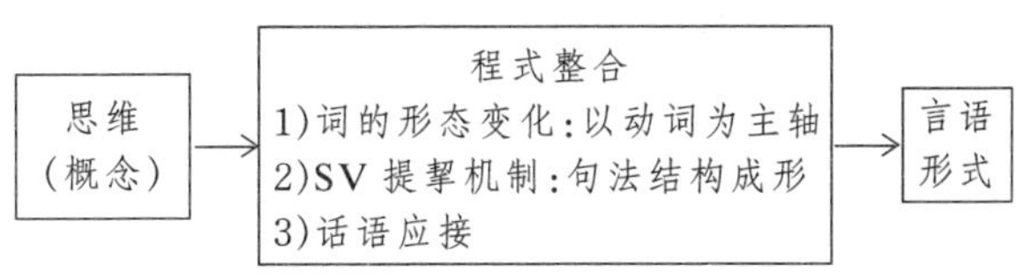

图 4–5

> Among all known languages the most violent contrast obtains between Chinese and Sanskrit, since the former consigns all *grammatical form* of the language to the *work of the mind* whereas the latter seeks to incorporate it, even to the finest shadings, in the sound. Thus the difference of the two languages obviously lies in defective, and visibly luminous, *designation*. Apart from the use of a few particles, which, as will be seen below, it is again largely able to dispense with. Chinese marks all grammar form, in the widest sense, by *position*, by a *word-usage* just fixed in one specific form, and by the connection of the sense—by means, that is, whose application calls for inner effort. Sanskrit, on the other hand, puts into the sound itself, not only the sense of the grammatical form, but also its more intellectual aspect, its *relationship* to material *meaning*. [41]

洪堡认为，由于汉语将所有语法形式的功能赋予了“意念运作”（the work of mind），也就是思维，只剩下为数不多的虚词或小品词（a few particles）和语序（position）来联结意义（connect the sense），这就使汉语不同于其他一切语言；他认为“正是由于汉语语法形式的缺如，使操汉语的民族提高了他们的心智能力，得以倚仗敏锐的心智能力”来补偿形式的缺乏，并“完成言语中的形式链接”[42]。洪堡说：“任何人都无法否认古典汉语具有一种惊人的高雅之美，这种美表现于它抛弃了一切无用的（语法）关系，以语言本身而不必凭借语法形式来充分表达纯粹的思想。”[43]

应该说明，我们在这里借洪堡以评汉语的意念主轴，意在说明汉语的异质性，不在评语言的优劣。人类的语文没有一个语种是十全十美的，但每种语言都各有千秋，无所谓优劣，一切取决于它们能否达意传情。因此，可以一言以蔽之：人类所有的语言，优在功能，美亦在功能。

4.3.4 汉语语法的异质性表现

就最广泛的意义而言，汉语语法与其他语种的语法一样是研究语言结构规律的科学。因此，所谓语法就是组成语言结构的三大组成部分之一

（其他两个组成部分是音位学和语义学，David Crystal, 1987）。乔姆斯基对语法的同质性解释则是着眼于生成，他认为“语法是某种可以生成语言中的句子以供分析的机制”（“device of some sort for producing the sentences of the language under analysis” Chomsky, 1957），而由此生成的句子必须是以这一语言为母语的人所认定的“合格句”。语法包括三个组成部分：音位、句法和语义。从以上二人所下的两个定义上来看，汉语语法的同质性与别的语言没有区别。事实也是如此。

但汉语语法具有鲜明的异质性，而导致汉语语法异质性的根源则是下述三点：（1）汉语的文字体系和声韵体系独树一帜，不具备形态发生学机制；（2）汉语的形式 / 形态弱势与意念强势；（3）汉语句法生成倚仗意念的直接对接与组合，思维不必经过繁复的形态变化与整合，可以以词根式依线性直接投射于外化的语言形式。汉语语法的异质性盖源于此。以上三点其实也是汉语语法异质的深层表现。

汉语语法的异质性是一个很大的研究课题。我们在下面谈的，只是几个与翻译关系最密切的问题，是理论研究不能忽视的语言现实，也可以说是汉语异质性的表层表现。

4.3.4.1 “意合对接”：语义功能的强化

从同质语言观的视角来看，句法分析应该主要凭借句法符号来操作，以句法平面的符号逻辑关系为依据，就可以析出语义来[44]。这条基本法则适用于一切具备形式 / 形态句法机制的语言。这就是说：（1）形态标记对句法结构有极强的提示功能；（2）句法结构对语义有极强的提示功能。一般说来，凭借以上两项功能，再加上语言的制约（也就是语用机制），我们就可以完成准确析出句子意义的操作程序。以英语为例，即便是意识流作品，任作家如何设暗语、布玄机，他只要一下笔，语词音的语法关系就会显现，我们可以全凭形式及形态标记（动词定式与非定式及人称等），全凭“右关系标记”（句法结构词）分析出句法结构，从而析出语义来。下面是乔伊斯（James Joyce）的著名小说《尤利西斯》（*Ulysses*）著名的结尾，其中除 and 和 yes 两个玄机词外，其他词语的功能还是清楚的，因此即便是玄机交织的意识流，它的基本意思也还是能分析出来：

> and Gibraltar as a girl *where* I was a Flower of the mountain yes *when* I put the rose in my hair like the Andalusian girls used or *shall* I wear a red yes and *how* he kissed me under the Moorish wall and I thought well as well him as another *and then* I asked him with my eyes to ask again yes *and then* he asked me *would* I yes to say yes my mountain flower and *first* I put my arms around him yes and drew him down to me so he could feel my breasts all perfume yes and his heart was going like mad and yes I said yes I will Yes. [45]

任何具备充足的形式／形态机制的语言都可以为译者提供“视觉上的句法结构提示”（visual clues of syntactic structure, S. K. Liddell, 1980），并凭借句法结构析出语义结构。这就是“句法结构→语义内容”模式。汉语不具备充足的形式／形态机制。汉语原语不可能给译者提供视觉上的句法结构提示，因为汉语的语法是隐含的，语内句法关系是模糊的。这样，语义的功能就凸显出来了：译者通常是根据意义来构建语法结构，并以这个语义语法结构为参照，转换为目的语。这实际上是“语义内容→句法结构”模式。以《白马论》中之一段为例，原语中既没有词类标记，又无句法层级结构标记，亦无语法范畴标记及句型标记：

> 曰：“马未与白，为马；白未与马，为白。合马与白，复名‘白马’——是相与以不相与为名，未可。故曰：白马非马，未可。”
>
> 曰：“以有白马为有马，谓有白马为有黄马，可乎？”
>
> 曰：“未可。”

从引文可以清楚地看到，汉语句法结构的基本特征是“意合对接”（parataxical linkage）[46]，其中包括词汇与词汇之间、词组与词组之间，分句与分句之间以及句法词项与词项之间的意合对接：正是这两个层级上的意合对接不用任何表示语法关系的结构标记，使汉语的语法范畴高度模糊化。在这种情况下，译者必须根据意义（对接项的语义整合）作形合式结构完形[47]，才能构建目的语的语段如下式（注意文中的斜体部分，即形合式结构完形部分，包括句法层级结构标记、语法范畴标记及句型标记）：

A: "[Since you say that] before the horse *is combined* with whiteness, it is *simply* a horse, *before* whiteness *is combined* with a horse it is *simply* whiteness, and *when* the horse and whiteness *are combined* they *are* collectively *called* a white horse, you *are calling* a combination by *what* is not a combination. *This is* incorrect. Therefore *it* is incorrect *to say that* a white horse is not a horse."

B: "*If you* regard a white horse as a horse, *is it* correct *to say that* a white horse is a yellow horse?"

A: "No."

为将汉语意合对接句段转换成英语，译者势必先析出意义（了解整体语义内容），然后再根据"语义内容→句法结构"的模式，以原语句结构为参照，构建英语句段，进行以严格的英语语法规范为依据的形合式结构完形，将汉语的隐性语法转换成英语的显性语法。

语法隐性使汉语语词与句子之间的关系高度简约化、模糊化，语句的定界也高度简约化、模糊化。"君君，臣臣，父父，子子"(《论语・颜渊》)可以说是完美的四组意念对接组合式（TR, TR, TR, TR），其中第一个词是话题（T），第二个词是述题（R）。Arthur Waley 译成"Let the prince be a prince, the master a master, the father a father and the son a son"，后面三组与汉语形式上相当对应，实际上英语是省略了 be，而且冠词绝对不能省，the 和 a 各司其职，一目了然。

比之于古汉语，现代汉语增加了不少使语法关系显性化的手段，主要的手段是启用助词，以助词表示语法意义和形态语言的语法范畴。现代汉语计有三类语法助词：

第一类结构助词：的、地、得、所；性、度、化等

第二类动态助词：着、了、过、正、正在；被、受、给；将、使、把等

第三类语气助词：呢、啦、吗、嘛、啊等

助词只是一种形式结构部件，可以使汉语增加语法显性，减低模糊性，但不可能使汉语改变语法的隐性特征，不可能使汉语具备屈折语语法的语法范畴（时态、语态、语气、词性、体、数、性、格、级等等），其原因是（1）添加助词仍是运用词汇手段；（2）助词的使用并无规定性，可用亦可不用，因此模糊性只是相对消除。例如在现代汉语中仍然广泛使用"隐性被动"（"首饰装在哪里"——被装；"电池还没换"——被换；"县长撤职了"——被撤职了）。试分析下面一个语段，助词（加着重点者）起了很大的作用（语义结构及语法结构成形）：

我提着这灵巧的小桔灯，慢慢地在黑暗潮湿的山路上走着。这朦胧的桔红的光，实在照不了多远，但这小姑娘的镇定、勇敢、乐观的精神鼓舞了我，我似乎觉得眼前有无限光明！（冰心）[48]

比之于古典汉语，现代汉语语法范畴的可辨识性（recognizability）确实提高了，也确实是得益于助词"的""地""着""了""得"等等，这在古汉语中是没有的。做到这一步，以汉语为母语的人在理解上一般是没有障碍的。但就翻译而言，问题并没有解决。第一，动词"提着""走着""照""鼓舞""觉得"应该用什么时态？因为在汉语中这些词都可以表示过去、现在以至将来。第二，哪几个动词应该用定式（finite form），哪几个用非定式（non-finite form）？因为在汉语中动词无所谓定式与非定式；第三，动词的语态、语气怎么用？第四，整合问题。原文语段分为六个sections，英译时要求按英语表达式组织，不能section-for-section照搬，自不待言。

要解决这些问题，就必须了解汉语语法的第二个异质性表现：尽在不言之中。

4.3.4.2 "尽在不言之中"：语法范畴的虚化

我们已经在上面多次提到汉语语法的隐性特征，特别是动词的时态、语态、语气以及体式（aspect）的缺如。实际上，所谓“缺如”，只是一种印欧语本位的提法。从汉语语法本位观来看，则无所谓缺如，汉语就是汉语。汉语语法本身只存在广义的语法范畴，如词法范畴（次范畴有名词、动词等），句法范畴（次范畴有主语、宾语；述宾关系、述补关系等）；不存在以屈折变化为基础的（inflexion-based）范畴，这些范畴自古以来汉语就以词汇手段（lexical means）表示——或者，更奇妙的是，根本不必表示，一切“尽在不言之中”㊾。西方有不少论者认为，除了上面分析过的文字结构、语法体系的独特性外，中国人自古以来就有自己的思维风格，有中国人自己的时空观念；对超感觉世界，中国人的兴趣仅止于“道与非道”与“美与不美”之类的对立二元辩证关系，对超乎语言文字所能记录的时序（temporal sequence）、施受（agentiveness vs. recipience）以及真伪（real vs. unreal conditions）关系，中国人常常采取一种“预设的缄默”（presupposed tacitness）态度㊿。某事发生在前，某事发生在后，言者不必“言之凿凿”，听者也不必“追究再三”，一切心照不宣。中国自远古的文献始，就将印欧语中的所谓时态、语态、语气、体式隐含于“尽在不言之中”。孔子在《论语·子罕》中说：

> 子畏于匡，曰：“文王既没，文不在兹乎？天之将丧斯文也，后死者不得与于斯文也；天之未丧斯文也，匡人其如予何？”

句段中“畏”应该是被动（受到威胁）；“曰”当然应该是过去式，“天之将丧斯文也，后死者不得与于斯文也”在印欧语中叫作“非真实条件复合句”，应该是虚拟语气；“天之未丧斯文也，匡人其如予何”叫作真实条件复合句。但在汉语中一切都已虚化，英语却必须一丝不苟地见之于形态：

> When the Master *was trapped* in K'uang, he said, when King Wen *perished, did* that mean that culture (wen) *ceased* to exist? If Heaven *had* really *intended* that such culture as his *should disappear,* a latter-day mortal *would* never *have been* able to link himself to it as I have done. And if Heaven *does* not intend to destroy such culture, What have I to fear from

the people of K'uang? (Legge)

“形态语至上论”者指责汉语缺乏印欧语式的屈折型形态变化，时空观虚化、淡化、模糊化，因而不善于、也不宜于论述属于超时空性命题。这完全是一种无知偏见。中华文献中属于上类命题的精彩论述何止千百！？下面是南朝杰出的哲学家范缜（约450—510）的名篇《神灭论》中的片段：[51]

或问：“子云神灭，何以知其灭也？”

答曰：“神即形也，形即神也。是以形存则神存，形谢则神灭也。”

问曰：“形者无知之称，神者有知之名。知与无知，即事有异。神之与形，理不容一。形神相即，非所闻也。”

答曰：“形者神之质，神者形之用，是则形称其质，神言其用，形之与神，不得相异也。”

Q: You have insisted that one's soul will be inexistent as soon as one's death. How do you know it?

A: The soul is inseparable from the body and vice versa, so that the soul will exist when the body exists and it will be inexistent as soon as the body withers.

Q: What does not possess consciousness is called body whereas what possesses it is called soul. It is obviously different whether to possess consciousness or not, and it is out of all reason to identify the soul and the body. Your point on the inseparability of the soul from the body is beyond my comprehension.

A: The body is the material substance of the soul and the soul is the functioning of the body. When we speak of the body, we mean its material substance; when we speak of the soul, we emphasize its functioning. The two should by no means be separated from each other.

问曰：“神故非质，形故非用，不得为异，其义安在？”

答曰:“名殊而体一也。”

问曰:“名既已殊,体何得一?”

答曰:“神之于质,犹利之于刃;形之于用,犹刃之于利。

利之名非刃也,刃之名非利也。然而舍利无刃,舍刃无利。未闻刃没而利存,岂容形亡而神在?”

Q: The soul is not the material substance nor is the body, the functioning. By what reason do you aver that they are inseparable?

A: They are different in name but the same in reality.

Q: They are already different in name, why can they be said the same in reality?

A: The correlation of the soul to its material substance is like that of sharpness to the edge of a knife, while the correlation of the body to its functioning is like that of the edge to sharpness. What we call sharpness is not the same as the edge, and what we call the edge is not the same as sharpness. Nevertheless, there could be no edge if sharpness is inexistent, nor sharpness surviving if the edge destroyed. If it is impossible for a destroyed edge to be still sharp, how can it be admitted that the soul could remain when the body is annihilated.

公元六七世纪之交的人，分析之精微，举例之精到，辩理之精辟，完全可以与 13 世纪和范缜唱对台戏的西方哲学家阿奎纳（Thomas Aquinas, 1255–1274）媲美[52]。屈折语形态手段的功能无非是一种语法表意功能。汉语取词汇表意功能以补语法（句法）表意功能之不足，只能说是各有千秋，根本不是一个孰优孰劣的问题，而且形态变化是一个封闭系统，只可能有减，不可能有加（英语形态之“衰变”，从中古英语到现代英语可谓惊人[53]）；而词汇手段是一个开放系统，机变随流，可减可加，功能之加强无可限量。在清末以后的半世纪中，汉语在如何用词汇手段标定时空观范畴方面，已有长足进展。以下二例分别取自钱钟书著《围城》（1946，第二章）及丁玲著《莎菲女士的日记》（1928，3 月 28 日）：

……鸿渐恨不能把报一撕两半，把那王什么主任的喉咙扼着，看还挤得出多少开履历用的肉麻公式。怪不得苏小姐哥哥见面了要说“久仰”。怪不得鹏图听说姓苏便知道是留法博士。当时还笑她俗套呢！像自己这段新闻才是登基加冕的恶俗，臭气熏得读者要按住鼻了。况且人家是真正的博士，自己算什么？在船上从没跟苏小姐谈起得学位的事，她看到这会断定自己吹牛骗人。德国那里有克莱登大学？写信时含混地说得了学位，丈人看信从德国寄出，武断是个德国大学，给内行人知道，岂不笑歪了嘴？自己就成了骗子，从此无面目见人！

...He wished he *could have ripped* the paper in two and *seized* what's-his-name, Chief-secretary Wang, by the throat, just *to see* how many more of those sickening clichés of resumé writing *could still be wrung* out of him. No wonder Miss Su's brother *had said*, "I've heard about you for a long time." No wonder when his brother P'eng-t'u *heard* him *say* her name was Su, his brother knew she had a Ph. D. from abroad. And at the time he had even laughed at Miss Su for *being* so conventional! The item about himself *was* in such supreme bad taste that the stench *was* enough *to make* the reader *hold* his nose. Besides, Miss Su was a real Ph. D. What *was* he *supposed to be*? While on the ship he *had* never *discussed* degrees with her, but when she *saw* this item, she *would conclude* that he *was* a deceitful braggart. Whoever *heard* of a Carleton University in Germany? In his letter to his father-in-law he *hinted* vaguely that he *had received* a degree. But because the letter *had been posted* from Germany, his father *had assumed* it *was* a German university. When those who *knew* about such things *heard* of it, they'd *laugh* their heads off! He *had become* a fraud and *would never be* able to face people again! [54]

当他——凌吉士——在晚间十点钟来到时候，开始向我嗫嚅的表白，说他是如何的在想我……还使我心动过好几次；但不久我看到他那被情欲燃烧的眼睛，我就害怕了。于是从他那卑劣的思想中所发出的更丑的誓语，又振起我的自尊心来，假使他把这串浅薄肉麻的情话去对别个女人说，一定是很动听的，可以得一个所谓的爱的心吧。但他却向我，就由这些话语的力，把我推得隔他更远了。唉，可怜的男子！神既然赋与你这样的一副美形，却又暗暗的捉弄你，把那样一个毫不相称的灵魂放到你人生的顶上！你以为我所希望的是“家庭”吗？我所欢喜的是“金钱”吗？我所骄傲的是“地位”吗？“你，在我面前，是显得多么可怜的一个男子啊！”我真要为他不幸而痛哭，然而他依样把眼光镇住我脸上，是被情欲之火燃烧得如何的怕人！倘若他只限于肉感的满足，那么他倒可以用他的色来摧残我的人；但他却哭声的向我说：“莎菲，你信我，我是不会负你的！”

When he—when Ling Jishi—*came* in at ten and *began stammering* about his desire *to have* me, I *felt* my heart *throbbing* in my breast. The lust in his eyes *scared* me. I *felt* my self-respect *revive* finally as I *listened* to the *disgusting* pledges *sworn out* of the depths of Ling Jishi's depravity. If he'*d tried* the same pat, superficial, revolting come-on with some other woman, she *would* certainly *have been* fascinated and he *might* well *have achieved* his goal. But when he *tried* it on me, he *drove* me off by the very force of all those words. Stupid, pathetic man! God *granted* you this beauty of form but *deceived* you by *giving* you a totally incongruous soul. *Did* you really *think* that all I desire *is* marriage and family? That all that *amuses* me *is* money? That all I'*m* proud of *is* my "position"? You have shown yourself *to be* an extraordinarily pathetic man! As I *teetered* on the edge of tears over his turn of events, he *locked* his eyes on my face. The lust *burning* in his eyes was terrible. If he'*d wante*d nothing more than sexual satisfaction, he *might* conceivably *have seduced* me with his sensuous beauty. But then in a tearful, *trembling* voice he *said*, "*Trust* me, Sophia, just trust me. I'*ll* never *fail* you." [55]

悉心的双语对照阅读就完全可以揭示：语言哲学中这个所谓“令人困扰的问题”，其实完全不必为之困扰。“词汇表意”根本不存在难以表达“形态表意”所不能表达的“情”和“意”——一切取决于表达者的功夫，所谓“枢机方通，则物无隐貌”（刘勰，《文心雕龙》）。对翻译者的启示是：以形态表意者只要能“通”以词汇表意者的“枢机”（反之亦然），那么，译文中的“物”（“意”也罢，“情”也罢）是不可能表达不出来的！

至于说动词的语法范畴，特别是（1）定式与非定式，（2）时态、语态、语气等等汉英之间的异质性表现，我们似乎可以这样说：就汉语而言，是范畴的虚化与表达意念的实化；**就英语而言**，是范畴的实化与表达意念的虚化：虚实之差仅在于手段。这个问题在所谓虚拟语气上论争较多，我们试将汉语与英语表示法以及思维哲学视角上的差异，列表 4–2 供读者参考。

表 4–2　汉英“虚拟”表示法及思维的“认知—表述”图式差异对比

汉语（CHN）：开放性	英语（ENG）：相对规范性
1. 就语法意义和功能意义而言，汉英是一致的，但汉语“虚拟”的语法意义比较弱，形式规范性差，主要表现为词汇手段。	1. 英语虚拟语气并不是一个十分重要的语法范畴，但无疑具有较规范的语法意义；主要手段是运用动词形态的“时态后移”(backshifting)。
2. 显性手段——词汇手段包括：(1) 利用副词、助词（助动词）：竟、竟然、就、就像、真、想、真想、多想、多么、也许，等等；(2) 利用连词（副词）：若、假若、倘若、假如、如果、即使、本来、原本，等；(3) 利用助动词：应、应该、（本）应、理应、似应、（本）可以、会，等等；(4) 其他：恨不得、恨不能，等等。	2. 显性手段：(1) 利用动词“时态形式”的“后移”构成 be 及情态动词 +V 的虚拟语气反事实标定式；(2) 利用（特别是在 PS 中）if, if only, as if though, as though, lest, in case, so long as 引导含有反事实标定式的动词谓语，表示推测、推想、推断、疑虑、疑惑、惋惜等情态；(3) 在以若干动词作主句谓动（reporting verb）的宾语从句中，

（续表）

汉语（CHN）：开放性	英语（ENG）：相对规范性
3. 显性手段——句法手段包括：(1) 利用带语气助词的感叹句；(2) 利用“PS-CS”二段式复句。* 4. 隐性手段包括：(1) 逻辑因素；全句的逻辑含义；(2) 语境因素；从句到语段的语用意义；(3) 语音因素；口语中的语势。	用 be 及“V-base”式（不分人称，不带情态动词）；(4) Should-S-V 及 Were-S-infinitive 式，以上四项中 (1) 是基本手段。以上四式构成英语的显性虚拟式。
思维“认知—表述”图式中的意念逻辑导向：不存在语法意义的“时态后移”形态程式；表现虚拟意念时由词语直接对接。	思维“认知—表述”图式中的形式机制导向；语法形式规范承接思维投射（projecting 大体相当于转换生成语法中的所谓 mapping）。

* PS（Presupposed Statement 前述），CS（Concluding Statement 结述）二段式复句如“我要是你（PS），一定活不成（CS）”，以汉语为母语的人“一听 PS”（即凭语言直觉）就能“知道”（认知）是一种非真实或反事实假设，而不必再有什么“形式装置”或标记画蛇添足地去表述。

4.3.4.3 “举纲意断”：句法结构的话题化[56]

任何共时的语言现象，都不可能没有它的历史渊源，特别是属于某种语言所具有的本质性、固有性的语言现象，更有其深远的历史背景可探可寻，决非历朝历代语文学家或语言学家的臆测武断。中国传统语言学有很大的局限性，但有一点非常值得我们肯定就是注重描写。梁启超在《清代学术概论》中概括地论述从汉代“许郑之学”到清代“段王之学”的方法论，阐发的也就是我国古代语文研究的描写主义原则：客体主体的互备互证与演绎归纳的相辅相成。从历史上看，传统语言学研究未重视语法等，固然与我国的传统语言学观不重视同质性研究有关，但主要的原因是“汉族语言文字本身的特点规定了中国古代语言学不以语法为对象……因为汉语的语法是比较简单的。虚词可以作为词汇的问题来解决，句法则古今的差别不大，古代汉语句法问题可以（通过）熟读领悟来解决”（王力：

1981，第 211 页）。王力这里所谓句法问题可凭熟读领悟就是指“句读”。所谓“句读之学”，据记载始于唐代湛然的《法华文句记》中所指出的“语绝”而“意未绝”中的间隙，前者为“句”，后者为“读”。可以说这是中国人意识到实际上中国句法以“意”为纲（而不是以“形”为纲）的表现。到了汉代这种“句读”之说已经很接近句法意识：言语（speech）中的“断”（pause）大抵反映结构。这在汉代章学诚的《丙辰札记》中又有显露，他意识到“句”与“读”实际上是句中的两个有分有合的语言单位。至元代程端礼已明确提出“句读”问题是“举其纲而文意断”。如果用我们今天的中国语法的句法观来解读，就不妨说“举其纲”就是提出一个话题或主题，“文意断”则是述题：“以意述纲而断其意”（making comment to wind up the topic）。我们可以从程端礼举出的以下的例子及他的解释看得很清楚，他讲的也就是我们说的 Topic/Theme—Comment/Rheme（话题 / 主位—述题 / 述位）：

- “者”“也”相应为读，如“大学者，大人之学也。”
- 文意未断为读，如：“言既自明其明德，又当推以及人，使之亦有以去其旧染之污也。”
- 覆举上文为读，如：“曰，然则此篇所谓在明明德，在亲民，在止于至善者，亦可得而闻其说之详乎？”
- 上反言而下正为读，如：“不亲其亲，不长其长，则所厚者薄而无以及人亲长。”
- 上有呼下字为读，如：“中庸何为而作也，子思子忧道学之失其传而作也。”
- 下有承上字为读，如：“德者本也，财者末也。”

可见话题主语是一个整体性意念：它可以是一个词，也可以是词组（同位并列，正反并列，如上例中之“不亲其亲不长其长”等），可以是分句（相当于英语的主语从句，如上例中之“中庸为何而作也”）；这是上位分析。下位还可以再分析，话题句中还有话题加述题，如“中庸为何而作也”这个话题主语中，“中庸”就是下位话题，“为何而作”是下位述题。

汉语的话题性在现代汉语中也很鲜明，例如：

> 燕子去了（T_1），有再来的时候（R_1）；杨柳枯了（T_2），有再青的时候（R_2）；桃花谢了（T_3），有再开的时候（R_3），但是，聪明的，你告诉我（T_4），我们的日子为什么一去不复返呢？（R_4）（朱自清，《匆匆》）

上例最后一句的述题还可以作下位分析，其中“我们的日子”是述题（R_4）中的话题（t），“为什么一去不复返”则是述题（R_4）中的述题（r）；R_4=t ＋ r（下位 tr）。我们可以从举例中看到汉语句法异质性 TR 结构的特征：第一，它不像印欧语中主语 S 与 V 之间必须有的施事与行为关系（e. g. He goes）或被表述者（S）与表述者（P）关系（e. g. The days are gone=Gone are the days）。汉语 T 与 R 之间的关系可以非常灵活，述题 R 通常是一种对话题 T 的阐述、说明、解述、叙述、评述、铺叙及至承接、承续、承述等等，总之关系可以非常自然疏放；第二，因此，话题性可以从结构上保证（或有利于）体现汉语的人文性，它不必设有结构性的“Concord”（数的一致）等“逻辑形式纽带”（“logical-formal ties”, Peter D. Hertz, 1971）及其他纯形式装置以制约意念的直接对接。大概，这正是苏轼所说的“法度”与豪放的结合。

4.4 结语

至此，我们似可将汉语异质性研究与中国翻译理论开拓、发展的关系作一概括性的阐发。

翻译理论建设的基本取向应该是有利于本民族语的译出或译入。完全建基于同质语言观的翻译理论，只能解释翻译学中的一般概念问题（“What”），无法就特定双语转换中的具体问题作出符合特定双语异质性的深入描写，提出系统的异质内涵（“Why” and “How”）。因此，我们需要做到的是同质和异质语言观的辩证结合，既需要解决“What”问题，也需要解决

“Why”和“How”问题。总之，我们必须从翻译学这门综合性极强的学科实际出发，恪守并时刻完善我们的多维语言观，使我们在指导思想上就能做到“因益铨衡，杜渐偏断”；特别是能使我们的研究有的放矢。马丁内有一段评述，对近十年来国外（也包括一些大陆和香港的）译论中的很多空泛论著和论文（特别是学术论文），可以说很有针对性：

> Fighting “mentalism” should not consist in denying the existence of well-established facts, but in showing what palpable realities stand behind loose pre-scientific phrasing: it is fair play, for contemporary structuralists, to ridicule a phrase like “the spirit of a language” because it is more likely to evoke some winged supernatural being than a set of internal relations; but it is bad policy to ignore or neglect the fact that any utterance or any segment of an utterance becomes a linguistic object only inasmuch as it has been identified as belonging to a given language. [58]

这里以图表方式概述汉语异质性表现：

表 4-3

汉语异质性表现概述		对翻译理论研究的启示与意义
深层表现	表层表现	
(1) 汉语文不具备形态发生学机制，汉语音位本身即具有异质性，不能产生屈折变化，只能产生“声、韵、调”三维变化。“反切”是双拼法，不同于拼音法。	(1) 汉语以字成词，以词取胜：字可以是词也可以是语素。因此词可以极为灵活地具有屈折变化的功能：词汇手段是一个开放系统。	(1) 语言中的功能是互为消长的。汉语中无屈折变化就加强了词汇的功能。因此，翻译理论应倾全力研究；(a) 词汇表达与形态表达的机制对比；(b) 词汇表达手段的功能、潜势、特征、局限性、对策比较等等。

（续表）

汉语异质性表现概述		对翻译理论研究的启示与意义
深层表现	表层表现	
(2) 汉语不具备形式/形态优势，没有充足的形式标记，形式弱式促进了汉语的意念强势；汉语缺乏充足的“形合装置”，因而加强了意合功能，形成了意念主轴与印欧语的形式/形态主轴异曲同工。	(2) 汉语的形式弱势促进了意念的优势；表现为意念（词）的直接对接而不必倚仗形式上的链接装置。词的直接对接使汉语达致“约（形式）而丰（内容）”（语义含蕴）的对立统一。	(2) 中国翻译理论必倾全力于意义研究，必须建立自己的“意义理论”，其中包括：(a) 意义的各个系统；(b) 语境（contextuality）对意义表现的重大意义；(c) 意义对应与形式对应问题；(d) 语际意义转换的操作原则；(e) 意义的共时观与历时观与翻译问题等等；并扩展为文本理解理论。
(3) 汉语从内部语言（思维）外化为外部语言（言语或语言）时，不必经过词语屈折形式化的生成整合程序，而是采取词语对接组合的直接投射式。英语等形态语言则是间接投射。	(3) 因此汉语语法表现出独特的异质性：(a) 意合对接导致语义功能的强化；(b)“尽在不言之中”的语法关系使语法范畴虚化；(c)“举纲意断”式的二分组合结构式成了汉语句结构主流即话题化（topicalization）。	(3) 中国翻译理论必须从汉语语法及英语语法异质性出发注重：(a) 程序论研究（“语义及意向⇨结构”模式与“结构⇨语义及意向”模式并重）；(b) 以词汇手段表达形态手段语法含蕴意义及意向的系统研究；(c) 意义及意向与结构形式（包括词素、语序、语段组织形式）关系的研究；(d) 语言与逻辑问题研究等，并以此整合为表现理论。

综上各节所述要旨可知，我们的翻译学（包括翻译语言学和翻译语言哲学）不能不将关注聚集在一个焦点上，这是一个“聚焦强度”超过一切的焦点，那就是意义。我们将在以下几章中为翻译学、翻译语言学和翻译语

言哲学提出必不可少的、比较系统的意义理论和文本理解理论架构供探讨。概而言之，汉语语言、文化的异质性要求我们为翻译学建立几个领域的理论，即（1）**意义理论**；（2）**理解理论**；（3）**表现理论**；（4）**翻译价值观论**以及**文化翻译理论**。

〔注释〕

①所谓“对策论”（Strategies）指有理论指导的、系统的对策研究，包括理论原则、价值观和方法论。对策论通常具有鲜明的目的性、针对性，因而具有必不可少的应用理论的功能。语言的异质观对策性研究有关于教学的（pedagogical），也有关于词典编纂学的（lexicographical），语言信息工程的，以及翻译学的。最近几年还出现了失语症治疗学的语言对策性研究。

②西方也有许多有见地的语言学家（特别是注意语义的历时和共时研究的语义学家）在这一点上认识是很明确的。如 S. Ullman 即其中之一。参见其著作 *The Principles of Semantics*, Basil Blackwell（1977）；在该书第二章中他说，“每种语言都有某种特异的趋向和特征”，“语言的特异性各不相同”。

③“范式”是美国哲学家库恩（Thomas S. Kuln）从语言形态学中借用到科学哲学中的概念，指常态科学所具有的基本特征。库恩认为有无范式是区分“前科学”（pre-science）与科学的标志。

④将“辩证统一观”认定为“马克思主义的认识论创见”是一种颇为流行的误解。哲学辩证法的科学化是德国古典哲学最伟大的成就之一，其代表人物是黑格尔（G. Hegel, 1770–1831）。黑格尔认为事物都处于矛盾统一中，矛盾是运动、发展的源泉，而矛盾“自身分离为彼此制约的对立面，这是事物的本质”。因此，片面地、静止地看待事物是不符合科学的。参见朱光潜译，黑格尔著《小逻辑》中译本初版，商务印书馆 1980 年版，第 66—67 页；第 258 页。

⑤参见 Wilhelm von Humboldt 著 *On Language*, trans. Peter Heath, CUP, 1980, pp. 29-35。

⑥引自 David Crystal 著 *A Cambridge Encyclopedia of Language*, CUP, 1994, pp. 6–7。

⑦巴尼尼（Panini, 约前 600）所撰著的这本语法被 Bloomfield 盛赞为“one of the greatest monuments of human intelligence”（R. Robins：1964）。

⑧参见 J. Lyons 著 *Language and Linguistics*, Cambridge, CUP, 1981；岑麒祥著：

《语言学史概要》，科学出版社 1964 年版；以及岑译 Antoine Meillet 著：《历史语言学中的比较方法》，载《国外语言学论文选译》，北京：语文出版社 1992 年版，第 12 页。

⑨参见陈保亚著：《论分析哲学的语言观》，载《思想战线》，1993 年第 3 期，第 15 页。

⑩、⑪以上二处引文分别见索绪尔著：《普通语言学教程》中译本，北京：商务印书馆，第 122 页及第 143 页。英译本 *Course in General Linguistics*, trans. Roy Harris, Open Court Classics, 1992, 分别见 p. 89 及 p. 98。

⑫ 参 见 C. Voeglin 著 *Linguistics without Meaning and Culture without Words*, 1949, p. 42；转引自冯志伟著：《现代语言学流派》，陕西人民出版社 1984 年版，第 98 页。

⑬参见岑麒祥编译：《外国语言学论文选译》，北京：语文出版社 1992 年版，第 138 页。

⑭结构主义者忽视意义与他们研究语言的方法论很有关系：他们采取的结构分析法总是按“语音—语素—句法”的顺序，语音最精密，句法最粗略。另外他们忽视意义的一个很重要的原因是他们调查的语言都是他们很陌生的部落语言（如美洲的印第安语），只能“听其音”，无力“会其意”。这是语言学中方法论影响认识论和价值观的典型事例。

⑮在欧洲持这一观点的是哥本哈根学派，以杰姆斯列夫（L. Hjelmslev, 1899–1965）为代表，提出“真正的语言学必须是演绎的”，演绎的语言理论关注的是寻找“常数”（constancy）和一个“系统”，以语言的符号逻辑为依据，这样演绎出来的“语言理论不能用现存的记录和语言去证实”，它“本身是独立于经验之外的，丝毫不表明它有什么应用的可能性，也不表明它跟实验结果有什么关系”。见 L. Hjelmslev, *Prolegomena to a Theory of Language*, Section 5；中文转引自冯志伟著《现代语言学流派》，陕西人民出版社 1984 年版，第 77 页。

⑯这七个子系统是 X Bar Theory（X 价理论）、θ-Theory（题元理论）、Case Theory（格理论）、Government Theory（管辖理论）、Binding Theory（约束理论）、Bounding Theory（界限理论）和 Control Theory（控制理论）。在这七个子系统理论中，格理论、控制理论和界限理论可以说与汉语没有什么相关性，因为汉语不是屈折语，也不存在“Wh- 的移动区域”问题。其实，从乔姆斯基早期提出的转换规则来看，对汉语及英汉翻译就没有什么规律性约束力，如主动句转换成被动句的规则是：NP_1—Aux—V—NP_2⇨NP_2—Aux ＋ be ＋ Past Part—V—by ＋ NP_1，这完全是英

语脱离了语境的形式演绎式，汉语“冰雪覆盖着大地”可以转换为“大地被冰雪覆盖着”，也可以转换成“大地为冰雪所覆盖”“大地上覆盖着冰雪”及“冰封大地”等等，表达方式随语境和文体的需要而定。

⑰持同质语言观的结构主义对意义问题采取的是回避态度。例如布隆菲尔德就拒绝正视语义问题，推搪语义的异质性可能引发对语言结构的争议。奎因因而十分赞赏布氏的这种同质语言观立场。转引自陈保亚《论分析哲学的语言观》，载《思想战线》，1993 年第 3 期。

⑱引自 P. Heath 译 Wilhelm von Humboldt 著 *on Language*, Cambridge: CUP, 1985, p. 81。

⑲“功能筛选”是马丁内语言功能观的一个用语。它表示一种研究的原则，即按是否具有表意功能和区别功能（能够区别“符素”即语素的意义及音位所起的作用，它本身虽然没有意义，但能起区别作用）来甄别语言事实或现象。

⑳此处马丁内参见了 W. S. Allen 所著 *On the Linguistic Study of Languages*, Cambridge, 1957, p.14；马氏语出 *A Functional View of Language, Realism vs Formalism*, Oxford at the Clarendon Press, 1965, pp. 4–5。

㉑、㉒、㉓、㉔引自马丁内著 *A Functional View of Language*, Oxford at the Clarendon Press, 1962，分别见第 160 页，“序言”第 8 页，正文第 105 页及第 4 页。

㉕ 参见 Roy Harris 著 *Reading Saussure*, La Salle: Open Court, 1987, p. 30。

㉖ 参见 J. R. Firth 著 *Paper in Linguisitics*, 1934–1951, p. 226；中文转引自冯志伟著：《现代语言学流派》，陕西人民出版社 1984 年版，第 160 页。

㉗“小学”一词的含义有一个演变过程，原指古代的幼童启蒙书。至汉代“小学”已成一家之言，《汉书·艺文志》说“凡小学十家，三十五篇”，可见“小学”已成为一门学科。至隋代小学被提升为经籍，《隋书·经籍志》云“《尔雅》诸书，解古今之义”。可见“小学”至隋代已远不止“启童蒙文字之学”，实际上已成为“经学”的基础性组成部分，包括文字学、训诂学、音韵学。

㉘ 清代学者崇尚古风与清代政治气候很有关系。清廷严厉钳制思想，文字狱盛行。学者为明哲保身，均藏身于训诂学。参见周大璞《训诂学要略》，湖北人民出版社 1980 年版。

㉙“六经注我，我注六经”是宋代哲学家陆象山的名言。《象山语录》：“学苟知本，六经皆我注脚”。又“或问先生何不著书？对曰‘六经注我，我注六经’”。

㉚“章黄之学”指清末章炳麟和黄侃（1886—1935）的学术研究和主张。章黄都执着于“考三代迄于六朝之音变”，在构拟古代韵部体系，特别是在上古声母方

面，超越了段玉裁、王念孙的成就。

㉛ 详见李瑞华主编：《英汉语言文化对比研究》，上海外语教育出版社 1994 年版。

㉜ 汉语属于汉藏语系，并不是说汉语与藏语有关系，这一语汇所指的划分是按地理归并的族群来分类。事实上汉语属于汉藏语系的"汉语族"（Sinitic），藏语属于汉藏语系中的藏缅语族（Tibeto-Burman Group）。不少西方语言学家也认为汉语自成一族。参见 W. P. Lehmann 著 *Historical Linguistics: An Introduction*, Holt, Rinehart & Winston, NY, 1962, pp. 45-46。

㉝、㉞ 引自 L. Calhoun 著 *A Skeptic's Critique*, Kansas UP, 1997, p. 7。

㉟ 取自 *A Source Book in Chinese Philosophy*, tran. & comp. by Chan Wingtsit, Princeton, New Jersey: Princeton University Press, 1960。

㊱ 英语的语法规范工作起步很早。第一本最有影响的语法书是 Robert Lowth 写的 *Short Introduction to English Grammar* (1762)。随后问世的是 Lindley Murray (1745-1826) 的名著 *English Grammar* (1794)。Murray 的语法曾经长期地、广泛地在英美用作教材，对英语的规范化起过很大的作用，一般认为他是"规定性语言观"（prescriptive approach）的代表人物。他有一句名言："Perspicuity requires the qualities of purity, propriety and precision. "（语言之是否清晰取决于三者：纯净、得体与精确。）实际上，这只是一种理想。

㊲ 这里说"们"，是"义素"（sememe），是指语法意义，它是一个表示复数的后缀助词。助词是不是还有词汇意义，语法界仍有争论。一般认为助词具有功能意义，只能相对独立；不像一般的汉语词汇，意义可以完全独立，如"雨""跑""绿色的"等等。"们"大约出现于元代，写作"每"。见元代贯云石《孝经直解》："百姓每自然和顺有"（蒙族古语"有"相当于今"啊"）。

㊳ 所有英语句子都可以归属于以下七种基本句型。以下是 David Crystal 在 *The Cambridge Encyclopedia of Language* (1994, p. 95) 中提出的七种模式以及例句：

Subject（S），Verb（V），Complement（C），Object（O），and Adverbial（A）

S+V

S+V+O

S+V+C

S+V+A

S+V+O+O

S+V+O+C

S+V+O+A

The dog+is running.

The man+saw+a cow.

The car+is+ready.

A picture+lay+on the ground.

I+gave+John+a book.

He+called+John+a fool.

Mary+saw+John+yesterday.

㊴ 参见 M. A. K. Halliday and R. Hasan 著 *Cohesion in English*, Longman 1976，及胡壮麟编著:《语篇的衔接与连贯》，上海外语教育出版社 1994 年版。

㊵ 我们可以从儿童的语言习得障碍来看形式和形态程式整合难于词语对接组合。下例引自心理语言学家 David McNeil（1933）的一项研究材料，表明即使以英语为母语的儿童在六岁至八岁以前完全无误地掌握形态整合能力亦非易事：

CHILD: Nobody don't like me.

MOTHER: No, say "Nobody likes me."

CHILD: Nobody don't like me.

（Eight repetitions of this dialogue.）

MOTHER: No, now listen carefully: say "Nobody likes me."

CHILD: Oh! Nobody don't likes me.

转引自 David Crystal 编著 *The Cambridge Encyclopedia of Language*, CUP, 1994, p. 234。以汉语为母语的儿童常犯的对接组合错误则是语序和虚词。例如他们常说"阿姨不都好"（阿姨都不好）、"奶奶来不哭"（奶奶来"了"，"我就"不哭）等等。外国学生学汉语时主要困难是四声和语调，其次也是语序、虚词和搭配问题，例如"我要水一点热，我来剃须"（水热一点，我才好刮脸）。

㊶ 引自 Wilhelm von Humboldt 著 *On Language*, CUP, trans, Peter Heath, 1989, p. 230。

㊷ 同上，p. 231。

㊸ 同前，p. 146。

㊹ 由于汉语缺乏充足的形式 / 形态标记，因此汉语的句法分析通常要在以下三个平面相结合的条件下进行，即:（一）句法平面;（二）语义平面;（三）语用平面。参见王维贤著《句法分析的三个平面与深层结构》，载《语文研究》，1991 年第 4 期，第 5 页。

㊺ 此段原文的三式译文见 7. 3. 3. 5 节。

㊻ 所谓"对接"指主谓词组（如"民富国强"）、偏正词组（如"绿水青山"）、述

宾词组（如“接待宾客”）和述补词组（如“敲碎打烂”）等都是用直接以词（词组）扣接词（词组）的方式构成。如：“全家出动接待客人。”“全家”是偏正词组，“出动”是动谓，“接待客人”是述宾结构，作“出动”的宾语，全句是 SVO 句式。这个句子也可以作如下分析：“全家出动”是话题（T），作主语（S），“接待宾客”是述题（R），作谓语（P），全句是 TR 或 SP。因此对接不仅指词的语素直接扣接、词组中词与词的直接扣接，也指句法项与句法项的直接扣接。

㊼ 所谓“形合”（hypotaxis）指一切依借形式和形态手段完成句法组合的方式，包括语汇词类标记、词组标记、语法范畴标记（性、数、格、时态、语态、语气、体式等等）、句法项（主语、谓语、宾语等）标记、分句与分句之间的句法层级标记、句型标记（如从句）、句式标记（如提问句）等等；语序也是一种广义的形式标记。

㊽ 译文仅供参考：

Holding this ingeniously-made little lamp, I walked slowly up the dark, wet mountain path. In truth, the dim orange light could not reach very far. However, the little girl's calmness and courage, and her optimism, made me feel as though the way in front of me was boundlessly illuminated.（tr. by Gong Shifen）

㊾ 参见何容著《中国文法论》：“语言里有些应该由文法来说明的现象，被我们记录语言所用的文字给隐没了，甚至弃掉了。”商务印书馆 1985 年版，第 17 页。

㊿ 参见中村原著，徐复观译《中国人之思维方法》，台北：学生书局 1995 年版，第六章。80 年代初期美国心理学和语言学界也有人曾经就中国人的思维局限性进行过论争。

(51) 英译取自石峻（Shi Jun），译者注云参照了 *A History of Chinese Philosophy*, by Fung Yu-an, tran. by Derk Bodde, Princeton, NJ: PU Press, 1953。

(52) 见阿奎纳的名著 *On Being and Essence*（*De ente et essentia*），主旨正是“形亡神在”。

(53) 参见 W. P. Lehmann 著 *Historical Linguistics: An Introduction*, NY: Holt, Rinehart & Winston, 1962, pp. 177-192。

(54) 译文取自 Jeanne Kelly and Nathan K.Mao, Bloomington & London: Indiana University Press, 1979, p. 31。

(55) 译文取自 *Selected Writings of Ding Ling*, ed. by Tani E. Barlow with Gary J. Bjorge, Boston: Beacon Press, 1989, p. 79。

(56)《隋书 · 律历志下》：“疏而不漏，纲要克举。”“举纲”就是提出一个主旨或要意；“意断”犹言将这个主旨或要意收断。程端礼早在元代就意识到中国句法结构有这么一个基本的二元组合程式，很接近今天我们提出的“Theme-Rheme”（TR）模式。清代初年也有人提出“主题而解之”的句法意识。

㊼ 转引自龚千炎著《中国语法学史稿》，北京：语文出版社 1987 年版，第 11 页。

㊽ 引自 A.Martinet 著 *A Functional Veiw of Language*, Oxford at the Clarendon Press, 1962, “Preface,” p. i。

第五章　翻译学的意义理论（上）：现代语言哲学中的各种意义观

5.0　概述

语言中与思维密切关联的意义问题，在语言研究中占有特殊的地位。由于人类语言能承载与思维紧密关联的意义（meaning），人类的语言才具有对任何科学或学科来说都不能忽视的意义（significance）。20世纪60年代末期，美国的语言哲学家奥尔谢夫斯基（Thomas M. Olshewsky）在第一部大型的语言哲学论文集 *Problems in the Philosophy of Language*（1969）导论中对心理学和哲学之关注意义问题做了一番对比。他写道：

> When the psychologist inquires how a word means, he is interested in understanding the psychological processes in verbal behavior. He wants to know how the word acquires meaning for the child learning its use, how a hearer's *behavior* patterns in response to the word reflect his interpretation, how learning the word as a part of a second language differs from learning it as a part of a native language, how thinking processes are encoded into words and decoded out again. These concerns focus on the behavior of human *organisms*, and conclusions are arrived at on the basis of empirically observed overt processes. When a philosopher inquires into how a word means, he is interested in understanding the logical structures and relations

> that make meaning possible. He may want to know what sort of "*entity*" a meaning is as distinct from the word that means, the speaker that means by the word, the object meant by the word, and the hearer to whom the word means. He may want to know the nature of the relations that exist between these factors that are involved in the communication of meaning. Many philosophers agree with J. L. Austin that this treatment is a misleading way to approach the logic of meaning, and analyze it along other lines. But whatever the formulation of the problem, the philosopher's concern is not with facts and generalizations about verbal behavior, but with understanding concepts, categories, and principles of meaning. ①

换言之，心理学关注意义问题重在言语行为机制，即人如何借助心智能力获得意义，并将意义赋形于言语，进而付诸言语行为与人交流，此其一。其二是心理学还要研究人们在用第二语言交流时，又如何在思维过程中将意义按其母语的句型编码（coding）和解码（decoding），以第二语言反映对原意的理解（reflect his interpretation）。这就不同于哲学家对意义的关注。哲学家之研究意义，旨在了解意义的逻辑结构与语言形式的关系，分析语用形式与意义“实体”（entity）之间的差异以及这些差异对人际语言交流的种种因素（如言者、听者、语境、话题等等）可能产生的影响。简言之，哲学家关注的不是一般的言语行为，而是意义的概念问题、范畴问题以及意义的真值等等原则性问题。

有趣的是，按照奥尔谢夫斯基的分析和解释，翻译学之关注意义既近似心理学又近似语言哲学：翻译理论家既重视意义获得与双语间按意义赋形于句子时的“编码—解码”规律，又重视意义实体的结构、意义结构与语言形式之间的关系。这就是说，翻译理论家既重视双语交际中的言语行为（意义—表达）问题，又关注语言逻辑问题。这种对意义的“双重关注”道理很简单：翻译活动是一种综合性很强的言语行为，既涉及意义的逻辑结构，又涉及语言的逻辑形式以及二者之间的逻辑关系。这样就产生了一个语言哲学视角中的翻译意义理论问题——而且恰恰是全部翻译理论的核心。

对此，很可能有翻译理论家提出异议。这是很自然的。意义是个很复杂的问题，可以有不同视角中的意义理论研究，可以有不同形态的翻译意义理论架构。多视角中的意义理论探讨，有益无害。意义既然是语言哲学中的核心课题，我们就不能不从语言哲学中的意义理论谈起。

现代西方语言哲学中究竟有多少"意义理论"，众说纷纭。艾尔斯顿（W. P. Alston）在谈及这点时说：

> The literature on this subject contains a bewildering diversity of approaches, conceptions, and theories, most of which can be grouped into three types, which I shall call "referential," "ideational," and "behavioral." The referential theory identifies the meaning of an expression with that to which it refers or with the referential connection, the ideational theory with the ideas with which it is associated, and the behavioral theory with the stimuli that evoke its utterance and/or the responses that it in turn evokes. Each of these kinds of theory exists in more forms than I shall have time to consider. But I shall try to choose forms of each that will clearly exemplify its basic features.②

艾氏提出了三种意义理论，即指称论（referential theory）、观念论（ideational theory）和行为论（behavioral theory）。这是一种偏窄的分法，可能是当时正值60年代中叶，哲学处于分化期。有些语言哲学家力图把很多意义观排除在哲学范畴之外。典型的例子是指号论（signs theory）的意义理论，其实指号论涉及命名（naming），命名问题涉及"名"与"实"，与指称论和"实在""实体"（entity）关系密切，因此理应属于哲学范围，尽管至今还有人坚称符号与哲学无关。③

关于意义理论的取舍、划分之所以众说纷纭，我们不能排除西方哲学界的门户之见。西方语言哲学大约在20世纪30年代开始出现明显的派别分化，大体与维根斯坦的前、后期转变相关联。20世纪60年代以前以英国为中心的语言哲学家（通称日常语言学派、自然语言学派）大体服膺"语言的哲学"（linguistic philosophy），指后期维根斯坦的哲学研究取向，即将

"语言分析"视为哲学研究的方法论，以概念分析为主要手段。而"语言哲学"（philosophy of language）则是指经由"弗雷格—罗素—前期维根斯坦"而发展起来的语言系统哲学理论（通称人工语言或逻辑形式化语言），以逻辑分析为主要手段。60 年代以来，"语言哲学"在美国得到很大的发展，出现了自然语言研究和人工语言研究互补合流的趋势，实际上各派别意义观尽管各有千秋，但总的看来都是从"语义—语用—语形"这三个维度、在"人的因素—语言的结构与形式—实在论"这三层关系中，提出关于意义的种种主张。

5.1 翻译学视角中的语言哲学意义理论

任何理论从提出到发展都不可能是无缘无故的，而世人对某一理论（或理论模式）价值的评析，则通常是从某一学科的特定视角出发，或褒或贬，也不可能是无缘无故的。近数十年来西方语言哲学家提出的各种关于意义的理论模式大约不下十种。这些理论模式的提出与发展都有其特定的依据和目的性，因而显示出各自的特点。但不论各种理论模式有什么特点和目的性，它们无不涉及以下三者之间的多重配置关系（见图 5–1）：

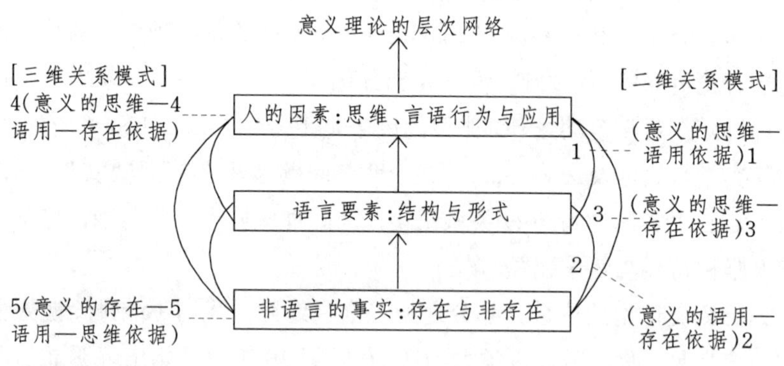

图 5–1

可见，不论是什么意义理论模式都是在上述三层网络中的关系配置与选择。根据配置和选择，我们可以将种种西方意义理论分成两大类：

> ……一些语言哲学家试图在研究语言与非语言事实的关系的基础上，建立语言意义理论，认为语言的词和句子的意义就是它们指称或代表的非语言的事实。可以说，这种类型的意义理论是一种外向性理论，它突出语言与非语言的事实之间的关系，强调语言不是一种自我封闭的系统，语言之外的实在或语言与非语言事实之间的关系，是说明语言的性质和意义的基本原则。另一些语言哲学家则侧重研究人与语言之间的关系，从人的思想、人的言语行为和语言的具体使用，探讨语言和言语的意义。④

下面我们将以翻译学意义理论的价值观为取舍标准、从外位参照的原则出发，对西方语言哲学（也涉及语义学）中可供翻译学参照的若干意义理论模式加以介绍、分析和评估。中国传统哲学中的有关论述亦有所涉及。我们的原则将始终是与译学的相关性。

5.1.1 指称论（Theory of Reference）意义观⑤

意义的指称论在中国和西方都有悠久的历史渊源。上面我们谈了西方的“唯名论”和“唯实论”。无独有偶，中国古代也有名、实之争，在中国哲学史上称之曰“名辩”，始于春秋战国时代。

名辩起于“名实相怨”（“相怨”意思是“相悖”。“名”是“指号”，实是“指称”），有特定的时代背景。春秋战国时代，战乱频起，兴亡迭替，其结果就是荀子在《正名》中所说“奇辞起，名实乱”。其时有“名存实亡”的事物，也有“有实无名”的事物，更多的则是“名不副实”的事物。于是哲学家纷纷提出名实问题。连孔子都提出“必也正名乎！名不正则言不顺，言不顺则事不成”的号召。名实之争可以说分为两派：“正名求实”派与“取实与名”派⑥。这是就他们辩名的目的而言。就派别阵营而言，可以说也分为两派：以惠施（约前370—约前318）和公孙龙为代表的“名家”辩士，以及以《墨经》为理据的墨辩学派。

名实之争的本质问题是名（古称“指谓”，今称“指号”）实（古称“物”，今称“指称”或“指称对象”）之间的关系。我们先介绍名家辩士派。

惠施的哲学理念驳杂。《庄子·天下》篇记载了他的辩才，却并没有提到他对名实问题有什么高见：

> 惠施多方，其书五车，其道舛驳（杂乱）。其言也不中。历物之意。曰：“至大无外，谓之大一；至小无内，谓之小一。无厚，不可积也，其大千里。天与地卑，山与泽平。日方中方睨，物方生方死。大同而与小同异，此之谓小同异；万物毕同毕异，此之谓大同异。南方无穷而有穷。今日适越而昔来。连环可解也。我知天下之中央，燕之北、越之南是也。泛爱万物，天地一体也。”惠施以此为大，观于天下而晓辩者，天下之辩者相与乐之。

比起庄周，惠施实在只能享有“夸饰之名”，因此胡适根本不承认他是什么“名家”[⑦]，但是公孙龙则是名副其实的名家辩士，他现存的著作《白马论》《迹府》《指物论》《通变论》《坚白论》《名实论》共六篇都不失名副其实的古典指称论专著，特别是《名实论》《指物论》两论见解鲜明。我们已经在前一章中引介了《白马论》全文。公孙龙的指称论见解有如下两点值得注意：

（一）他认为“名”就是“谓”（称呼），而“实”的意思则是“物”，就是客观世界中占有某种空间的东西。《名实论》说：“天地与其所产焉，物史。物以物其所物而不过焉，实也。实以实其所实（而）不旷焉，位也……位以位其所位焉，正也。”他解释了一个三维关系：“客体—实在—空间”作为正（名）的条件，而“名”呢，他的解释是“夫名，实谓（犹言对实物的称谓）也。知此之非（此）（也）（?），知此之不在此也，则不谓也。知彼之非彼（也）（?）[⑧]，知彼之不在彼也，则不谓也”。公孙龙的意思是名以谓（称呼）实，这时名必须副实。

（二）他不承认摹状词所“固定”的“实”（白马）与无摹状词“固定”的实（马）在本质上是相同的，不承认“白马”只是“马”的意义上的附加或描摹，无异于本质的马，从而得出了“白马非马”的“诡辩式”结论（《白马论》)。因为“无色马”、抽象的马，世界上根本不存在。其实，这标志着中国古典哲学本体论思辨思维的萌芽。很显然，公孙龙既然是一位比较知名的名辩学家，他之所以在当时论证这个看似无稽的命题，不可能是为诡辩而诡辩，而是有政治目的的。他不可能是“知其非而故辩其是”，他是“疾名实之散乱”(《迹府》)，是为了“审其名实，慎其所谓”(《名实论》)。我们应该在他的《通变论》中得到互文性启示。他的14篇论著传世者仅存1909字。这也说明中国正统哲学拒斥异议的偏颇倾向，发人深省。

战国时期名实之争的得胜者是墨辩学派。这个学派根据的墨家名学（即古典的中国逻辑学），集中于高亨（生卒年不详）校注的《墨经》。我们可以用《小取》篇中的一段话来概括他们的辩旨：

> 夫辩者，将以明是非之分，审治乱之纪，明同异之处，察名实之理，处利害，决嫌疑。焉摹略万物之然，论求群言之比。以名举实，以辞抒意，以说出故。以类取，以类予。

墨家这段论述对后世的影响很深。从引文可以看到，墨派对名实之辩的目的和他们的基本立场就站得住脚，而且很能说服人。其次，关于名实之间的关系也说得很中肯，特别是“以名举实，以辞抒意”，符合中国传统哲学的认识论和方法论，得到后世很多哲学家、文论家的支持和阐发［如王充（约27—约97）在《论衡》中说：“夫名异则实殊”；王弼（约226—约249）在《老子道德经注》中说：“用夫无名，故名以笃焉；用夫无形，故形以成焉”；列子在《列子·杨朱篇》中说：“实无名，名无实，名则伪而已矣”；刘勰（约465—约532）在《文心雕龙·情采》中说：“辞者，理之纬”[“理”指文意]。其实，墨派的“指称论”是有所指而发的。《经说上》说，“所以谓，名也；所谓，实也；名实耦，合也”就是上面说的“以名举实”，是针对公孙龙的“物莫非指”而发的；“以辞抒意，以说出故”(以言语表达出思维的脉络）是针对庄周的“得意忘言”而发的。此外，他们也分析了“名”的系统，认为“名”有三种：“达、类、私”[《经上》，“达”就是我们所谓“通名”(common noun)；“类”是类属名（class，如马有白马、黑马等等）；“私”就是今天我们所谓“专名”(proper noun)]。墨家提出“类”是认为这里有个逻辑问题：要以“类”来作比较才合乎常理（逻辑），不同类的东西不能相提并论，叫作“以类取，以类予”。于是中国哲学史中的名实之争以墨派占上风而告终。

指称论在古代中国称为“名实论”，与古代西方之“唯名论”和“唯实论”不谋而合，已如前述。在近代欧洲，传统指称论的先驱是密尔（John Stuart Mill, 1806–1873，严复译为“穆勒”）。密尔主张，“名”是事物的本身，而不仅是人的观念的产物：

> It seems proper to consider a word as the *name* of that which we intend to be understood by it when we use it; of that which any fact that we assert of it is to be understood of; that, in short, concerning which, when we employ the word, we intend to give information. Names, therefore, shall always be spoken of in this work as the names of things themselves, and not merely of our ideas of things. ⑨

密尔的这种观点，很自然地被人们理解为“名称指代的事物就是该名称的意义”，也就是说“字面上的指称就是这个词的含义”。这似乎仍然无异于欧洲古代断言“名实同一”的所谓“幼稚理论”（Naive Theory, N. Salmon, 1977）指称观。密尔的主要功绩是提出两个重要的概念，即“denotation”和“connotation”。前者相当于“referent”即“指称对象”或“所指（事物）”，逻辑上称为“外延”，后者相当于后世所说的“implied attribute”（暗含的附加义），逻辑上称为“内涵”。密尔认为专名是没有内涵的，罗素支持密尔的见解。摹状词概念也是密尔首先提出的。密尔的见解对后来的指称论代表人物影响颇深。其一是弗雷格（Gottlob Frege, 1848–1925），其二是罗素（Bertrand A. W. Russell, 1872–1970），还有前期的维根斯坦（Ludwig Wittgenstein, 1889–1951）。当代不少语言哲学家都受到他们的启示。

弗雷格是德国的数学家，被视为传统指称论的杰出代表⑩。弗氏思维缜密，阐述问题逻辑性极强。他主要是从思维和语言关系的视角研究语言哲学。他首先发现意义和指称有联系，但也可能有区别，应当更注意区别。

例如“暮星（Evening Star）就是暮星”（A=A）与“暮星就是晨星（Morning Star）”（A=B）这两个命题所指同一，但二者有区别：区别在于A=B式提供了更多的信息即“意义”。因此，他的结论是“指称同一意义并不一定同一”；同时，弗氏指出这里包含三个因素：（1）指称（nominatum，弗氏常用这个词表示指称）；（2）名称指代的对象；（3）意义。他说专名（proper noun）（指号、指号的组合、表达式）表述所言的意义，代表或指出其指称。我们是借助指号表达意义，指出其指称。但是某些特定的指号（如暮星和晨星）可能具有不同的词义（暮≠晨），但指称对象却只有一个（即Venus）（Frege，1892）。弗氏下面的一段论述经常被引用，对翻译学语际转换理论如何鉴定意义具有参考价值：

> The regular connexion between a sign, its sense, and its reference is of such a kind that to the sign there corresponds a definite sense and to that in turn a definite reference, while to a given reference (an object) there does not belong only a single sign. The same sense has different expressions in different languages or even in the same language. To be sure, exceptions to this regular behaviour occur. To every expression belonging to a complete totality of signs, there should certainly correspond a definite sense; but natural languges often do not satisfy this condition, and one must be content if the same word has the same sense in the same context. It may perhaps be granted that every grammatically well-formed expression representing a proper name always has a sense. But this is not to say that to the sense there also corresponds a reference. The words “the celestial body most distant from the Earth” have a sense, but it is very doubtful if they also have a reference. ⑪

弗雷格在这里说的第一点是“一义”可以“多词”。语内如此，语际也如此。“金星”（Venus）在汉语中称作“启明星”，更近一点称为“太白星”。“启明星”出自《尔雅 · 释天》：“明星，谓之启明。”郭璞在注中说“太白星也。晨见东方为启明，昏见西方为太白”，指称相同，指号相异，与弗雷格讲的一样。其次，弗氏提出了自然语言的一个“缺陷”，后者被罗素等人大加发挥，指责自然语言。弗雷格说，每一个表达式（具有完整性的一组符号）理应具有与之相应的确定的意义。但自然语言往往阙如，人们只好姑且认定代表专名的语法合格表达式都具有意义，但是它的意义却并不一定具有指称，例如“距离地球最远的天体”是有意义的，但它是否有指称则大可怀疑。正因为如此，弗氏认为自然语言中有许多“不真句”（untrue sentences），理由是应该在“思维—语言—实在”的三元关系背景下考察意义与真理：无指称可以有意义，有意义则并非都有真值（truth value），因为它可能无指称。

显然，弗雷格是现代意义上的第一位语言哲学家，试图以严格的逻辑形式分析来考察“意义”：即从人的思维（概念）起一直分析到句子的“真”与“不真”。西方哲学正是从弗雷格的这个论证出发，跨出了“语言转折”的新历程的第一步。

从弗雷格开始，不少语言哲学家看待日常语言的角度与翻译理论家便不相同。翻译理论家不会忽视语言中的人文本质特征给语言形式带来的缺陷（如第三章中提到的“恐龙”）。但是翻译理论家也认为，正是人文性使自然语言不拘一格因而色彩缤纷。例如“白猫”“黑猫”的“实在”就与“熊猫”不同。三者既有指称，又有意义，语法结构规范也是一致的，但就“实在”而论，后者就不同于前二者；逻辑上，“熊猫”属于“不真”，因为它不是“猫”。但日常语言不会因此而却步。人们仍然将“那一特定种类的熊”（the specific species of bear）冠以“熊猫”的命名将它称为“猫熊”。这一切都是人文因素在起作用：即人通过“类比描写”（analogical description）认定“熊”中的“那一特定物种”很像（类比）猫那么温良可爱——它虽然是“熊”，却昵而称之曰“猫”。可见，弗雷格反对将语言意义直接等同于语言的指称对象是对的：人类必须先认识不同的对象，才能给不同的对象命名，因此，他使用德语 *Bedeutung* 这个词来表示“意义”，相当于英语的 Stand for（指代）。在弗氏看来，sense（意义）与 reference（指称）始终是两回事：意义取决于指称，而不是指称取决于意义。按字面指代，rock and rye 的意思应该是“岩石和裸麦”。可是日常语言就是日常语言：在日常语言中，这个词组的意义是“冰块威士忌”，原因是人们先在意念上将“冰块”比作

rock，将威士忌的原料 rye 称作威士忌，才有诸如此类指称与意义不能直接挂钩的成千上百个命名。这一点，翻译学意义观是不能忽视的。

罗素是名副其实的传统指称论阐发者，也是弗雷格的追随者，他声言“在一切逻辑分析问题上，我都得益于弗雷格”（Russell, 1903），其实他的哲学思想远比弗氏庞杂。罗素处处谴责自然语言（见本书第三章 3.1 节），扬言可以建立完美的人工语言。他的语言形式理论追随弗雷格，但缺乏弗雷格的创见。他在阐述“意义”的意义时，思想就很含糊：“Meaning” must be a relation between an individual instance of a word and an individual instance of what the word means（*My Philosophical Development*, 1959, p.145）（“意义”必须是一个词的某个个别实例与该词所指的某个个别实例二者之间的一种关系），即意义以“关系”为依归。其实他说的就是“词语本身”即意义，因为词可以将它与它以外的事物联系起来，因此词的意义与其所指是同一的。在罗素的整个意义理论中，“意义”与“指称”总是混为一谈，他又把“指称”与“指号”混为一谈（他将“指号”称为“标示”indication）。罗素著名的观点是“摹状词理论”（theory of descriptions），其要点是“限定摹状词”（实际应称为“定语词组”，相当于汉语的“描写性偏正词组”）由几个词组成，词义由其组成词的意思组合而成，它可以是有意义的，也可以是无意义的，如“当今的法国国王是秃子”中“当今的法国国王”没有指称，无法断定合取句（当今有位法国国王，此人是个秃子）“真”“假”，因此是无意义的。罗素提出此说意在“指出弗雷格的不彻底性”，他认为应该将专名与摹状词分开，这样才能解释语言中出现的无指称的“空指号”问题。

指称论的当代代表人物大都认同弗雷格关于意义有别于指称之说，但也大抵赞同罗素关于“命名”（指号）与“命题”（proposition）的区别[12]。维根斯坦就是其中之一（但维氏并不是指称论者）。对翻译学意义理论而言，维根斯坦的见解中最有参照价值的是他的一个主旨性主张：“语言的意义是第一性的”（H. L. R. Finch, 1986），并致力于“思维—语言—现实”的三维研究以及对“命题（语句）意义”的阐述。维根斯坦认为“命题是实在的语言图像”，命名和事实之间存在的是“描述关系”。因此命题的意义就在于命名与事实之间的这种描述关系。而且，更重要的是，既然“命名”与

“事实”之间只存在描述关系，那么，命题的意义既不存在于事实之中，也不在命名本身，而存在于语句之中，由逻辑语形加以证实。我们面对的只是“命名作为事态的语言图像而作出的事态描述”（*Tractatus Logico-philosophicus*, 1921）[13]。从这里也可以看出维根斯坦后期主张的萌芽。维氏前期注重人工语言、形式语言或“理想语言”；后期则重视日常语言，他认为“词的意义存在于它的用法之中”（简称“Meaning is use，”J. Koethe, 1996），而不存在于它所指代的事物中。这样就可以解释许多语义现象（如一词多义、比喻用法等等）。维氏前后期的转变对整个语言哲学研究的取向是很有意义的，也有助于翻译学意义理论研究。正如他说的：

> 有人说我们在哲学上认定理想语言和我们的日常语言相对立，这种看法是错误的。因为这使人觉得，我们似乎能够改良日常语言。事实上，日常语言完全正确。当我们试图构建“理想语言”时，目的不是为了用它来取代我们的日常语言；而仅仅是为了排除人们的错觉：以为他们已经掌握了日常语词的精确用法。也正因为这样，我们的方法是不仅列举语词的实际用法，而且还有意提出新的用法[14]。

很明显，维根斯坦这时已经认识到了语言人文性之不可忽视。

克里普克（S. A. Kripke, 1940–　）也是指称论有影响的当代代表人物之一[15]。克里普克反对“摹状词理论”。他认为“专名是没有意义的”，其指称也无须摹状词作中介：摹状词既不与专名同义，也不能决定其指称，摹状词的描述功能只是对专名的指称起“固定作用”（fixation），不具有也不涵盖指称功能，只能限定指称对象使之符合限定摹状词的内涵。与克氏见解类似的还有丘奇（A. Church）和普特南（H. Putnam, 1926–　）等人。他们的意义观基本论点是：客观事物和人的认知水平都在不断发展和提高，因此我们以之指代事物（包括客观和主观）的名称的含义也在不断变化。例如，今天对微观世界的结构（microstructure）远比五十年前深刻、准确、丰富。因此，必须摆脱传统指称论的局限，不能断定一个名称必然符合包容其全部内涵或含义。实际情况是可能符合，可能基本符合，也可能不符合。一切视语境和意向而定。

现在让我们回到克里普克。克氏指称论的意义观建立在批判摹状词理论的前提上，已如上述。他本人的指称论的主要命题是关于“因果一历史”的专名论述。克氏强调说，既然专名是没有意义的，摹状词也只起固定作用，那么人们又怎么知道“柏拉图”“黑手党”“戈壁沙漠”诸如此类的专名之所指而且还不会混淆呢？克里普克的回答是有一条由历史传统一个环节接上另一个环节的交际链使然。这条交际链（chain of communication）克氏名之曰“因果链”（causal chain），意谓由历史之因达致今日之果。下面他举实例作了解释：

> Someone, let's say, a baby, is born; his parents call him by a certain name. They talk about him to their friends. Other people meet him. Through various sorts of talk the name is spread from link to link as if by a chain. A speaker who is on the far end of this chain, who has heard about, say Richard Feynman, in the market place or elsewhere, may be referring to Richard Feynman even though he can't remember from whom he first heard of Feynman or from whom he ever heard of Feynman. He knows that Feynman is a famous physicist. A certain passage of communication reaching ultimately to the man himself does reach the speaker. He then is referring to Feynman even though he can't identify him uniquely. He doesn't know what a Feynman diagram is, he doesn't know what the Feynman theory of pair production and annihilation is. Not only that: he'd have trouble distinguishing between Gell-Mann and Feynman. So he doesn't have to know these things, but, instead, a chain of communication going back to Feynman himself has been established, by virtue of his membership in community which passed the name on from link to link, not by a ceremony that he makes in private in this study: "By 'Feynman' I shall mean the man who did such and such and such and such."...On our view, it is not how the speaker thinks he got the reference, but the actual chain of communication, which is relevant.[16]

实际上，克里普克只提出了历时的一面。专名命名之所指，显然还有共时的一面。其实他在上面举的例子正是共时的“因果链”，尽管他说的是“初始式命名”（initial baptism, Kripke, 1980）。

另一位美国分析哲学家亨普尔（Carl G. Hempel）从另一维度，即主体经验的视角，提出意义辨析的逻辑理论。他的指称意义理论有如下要点可供译学参照：（1）建立“认知意义”（cognitive significance）和“经验意义”（empirical significance）两个概念。前者大体相当于“通过句法完形的理论系统而获得的句子的意义”；后者大体相当于符合“运用”（operationism）和“实用”（pragmatism）标准（或准则）的意义；（2）陈述理论的句子具备意义的条件是具有一个提供认知意义的观察句（observation sentence）逻辑参照系统（systems）为之提供经验意义的指称验证，孤立的句子是无济于事的，重要的是“系统”。他说：

> We will have to recognize further that cognitive significance in a system is a matter of degree: Significant systems range from those whose entire extralogical vocabulary *consists* of observation terms, through theories whose formulation relies heavily on theoretical constructs, on to systems with hardly any bearing on potential empirical findings. Instead of dichotomizing this array into significant and nonsignificant systems it would seem less arbitrary and more promising to appraise or compare different theoretical systems in regard to such characteristics as these:
>
> (a) the clarity and precision with which the theories are formulated, and with which the logical relationships of their elements to each other and to expressions couched in observational terms have been made explicit;
>
> (b) the systematic, i.e., explanatory and predictive, power of the systems in regard to observable phenomena;
>
> (c) the formal simplicity of the theoretical system with which a certain systematic power is attained;
>
> (d) the extent to which the theories have been *confirmed* by experiential evidence.[17]

亨普尔上面这段议论的意思是：认识意义具有不同的层次或系列，不应简化地认定有意义或无意义；为此，他提出了上述四种有渐进差异的特征，主旨在弱化逻辑实证，强化由经验验证的意义。

亨普尔认为，意义的“经验标准”一般说来是站得住脚的，因为如果一个句子能够进入观察句逻辑参照系或“集”（set），那么我们就可以说指称符合“可验证性原则”（testability-in-principle），因而具有经验意义，足以传达科学知识。

当代西方语言哲学家非常关注指称意义理论的还有奎因（Willard V. Quine, 1908–　）。奎因的主要研究领域是逻辑语形分析，他对意义理论的研究，并不集中于指称论。实际上，奎因反对传统的指称论，自称为经验论者。他认为人类认知循“概念—经验—行为—实用”的图式进行[18]。因此“意义”和“指称”不能混为一谈，正是由于将二者混为一谈，“哲学语言才如此混乱”而需要医治和纠正（1969）。主要的问题在于不能把意义等同于词的**概念内容**，等同于这个词所指示的**对象**和**实体**，等同于词的**内涵**；这一切对于认识这个词的意义只具有相对的获得经验意义的途径，决定意义的是人本身的经验，而观察意义的基本单位（由此扩及整体）是整个科学体系（“The unit of empirical significance is the whole of science”, Quine, 1961），而不是单个的词和句，因为整体中的词和句只具有相对意义。意义存在于整体中。因此，观察它们的意义只有在语词和非语词的“刺激—反应环境”（S-R environment context）中，在“整体意义经验”（sense experience）所能确定的“相对意义经验”中作出判断。可见奎因的意义观的主要特征是意义论的“整体性”（totality）和行为主义，而他的整体主义和行为主义又是建立在经验实证的基础上。奎因认为意义必须通过经验才能获得，而整个科学体系的经验意义又需要通过经验加以证实。因为意义经验之所以具有意义正是由于它具有可证实性，即整体性对经验的论证。奎因解释他所谓的“论证理论”时说：

> …But what, it may be asked, of the verification theory of meaning? This phrase has estabilshed itself so firmly as a catchword of empiricism

that we should be very unscientific indeed not to look beneath it for a possible key to the problem of meaning and the associated problems...The verification theory of meaning, which has been conspicuous in the litcrature from Peirce onward, is that the meaning of a statement is the method of empirically confirming or infirming it. An analytic statement is that limiting case which is confirmed no matter what.[19]

奎因另一个意义论证的重要概念是所谓的“整体性”：

The totality of our so-called knowledge or beliefs, from the most casual matters of geography and history to the profoundest laws of atomic physics of even of pure mathematics and logic, is a man-made fabric which impinges on experience only along the edges. Or, to change the figure, total science is like a field of force whose boundary conditions are experience. A conflict with experience at the periphery occasions readjustments in the interior of the field. Truth values have to be redistributed over some of our statements. Re-evaluation of some statements entails re-evaluation of others, because of their logical interconnections—the logical laws being in turn simply certain further statements of the system, certain further elements of the field. Having re-evaluated one statement we must re-evaluate some others, which may be statements logically connected with the first or may be the statement of logical connections themselves. But the total field is so underdetermined by its boundary conditions, experience, that there is much latitude of choice as to what statements to re-evaluate in the light of any single contrary experience. No particular experiences are linked with any particular statements in the interior of the field, except indirectly through considerations of equilibrium affecting the field as a whole.[20]

奎因强调整体性论证的“逻辑分析性”(logical analyticality)，即“认知行为”(cognitive performance)，而不是单凭“语言形式”(linguistic forms)，

例如对同义词的意义辨析就是这样。很多同义词在语言形式上是完全不相干的，例如 but, yet, however, anyhow, though, nevertheless 等等。因此，可以说奎因的逻辑语形分析重逻辑而不是重语形。而他的逻辑分析的起点则是意义的约定，奎因称之为“本体论承诺”（ontological commitment）。例如：Which points in Ohio are the starting points?（“俄亥俄州的起点在何处？”）这一提问之所以不合逻辑，是因为人们已有很多本体论（现实存在）性质的约定，才能判断什么陈述或提问属于无稽之谈。“起点”在时空逻辑上是线性的。

奎因的见解深深地影响了他的学生普特南。就哲学研究而言，普特南的主要研究领域是数理逻辑和心智哲学（philosophy of mind）。在语言方面，普特南的研究集中于词（主要是通名）的命名（指号）、指称、客体的本质属性、意义与实在的关系等问题。他的主张是所谓“内实在论”（internal realism），强调每个人的心智状态对决定词义起作用，语言共同体的约定也起作用。首先关于专名，他认为专名指号词义（或表面词义）不能与事物的本质属性混为一谈，对事物本质属性的片面描写不能替代意义，重要的是本质属性的总和（或集合）。因此，意义不可等同于词语的指称。这对于翻译有参照价值。例如“杏花村”表面词义是“杏花遍开的村庄”。实际上，可能什么杏花也没有，这时的实在（什么杏花也没有）正是本质属性，其指称可能只是某一个特定的“镇”“村”、居民点、酒店或饭店等等。普特南（其实还包括克里普克）的这种观点不够全面，我们可以举出很多反面例子说明专名是有意义的，如：“Dead Sea”（夹在以色列与约旦之间）与任何大海大洋都不相通，平时也甚少风浪，实在是死水一潭。在这个意义上说弗雷格和罗素并没有错，可见有些专名确是概念。这也是许多专名可以意译的理据。普特南的解释是，这固然是“由历史的因果的传递所决定的”，但语言共同体的约定也可以决定含义（或内涵）（Putnam, 1975, 1981）。

最后应该介绍当代美国哲学家路易斯（C. I. Lewis, 1883–1964）的有关见解。路易斯是现代模态逻辑的奠基人，他的意义理论被称为“实用主义的意义论”。路易斯认为从逻辑哲学上看，“意义”不能被简单地理解为命名—指称关系。因为这样一来就把意义框囿于外延逻辑之内；而路氏主张的是“严格含蕴的内涵逻辑”依据。他认为应该认识到存在意义的四种方式：

> 从外延（denotation 或 extension）这一含义或方式来说，所有的词都具有意义；从内涵（connotation 或 intension）这一方式来说，所有的词也都具有意义。关于词的意义的这两种方式是传统的和大家熟悉的（尽管人们在说明它们时并非总是相同）。为了对意义作更加清楚的说明，最好再补充两种形式，它们在这里被分别地称为“延扩”（comprehension）和“意谓”（signification）。可以把意义的这四种方式简述如下。(1) 一个词的外延就是这个词能够被应用于其上的所有现实事物的类（class）；(2) 一个词的延扩就是这个词能够被正确地应用于其上的所有可能的或者可以无矛盾地想象的事物的总类（classification）；(3) 一个词的意谓指的是事物中的那样一种特性，这种特性的存在表明把这个词应用于这类事物是错误的；(4) 从形式上考虑，一个词的内涵等同于所有其他那样的词的一种结合，在这些词中每一个词都一定可以应用于这个特定的词被正确地应用于其上的任何事物。[21]

路易斯的论述很值得我们参考。

概括说来，西方语言哲学中的指称论研究相当认真而且深入，近三十年来成绩斐然，卓见纷呈，不容我们忽略，也是很值得我们借鉴的“他山之石”之一。现将指称论意义观的发展沿革、代表人物、主要论点及其参照意义（significance for reference）列表如下，供参考研究。

表 5-1

代表人物	主要观点及主张	对译学的参照意见
J. S. Mill (1806–1873) 密尔： 英国哲学家	(1) 名称代表事物。 (2) 指称代表的事物即指称的意义。 (3) 多个摹状词可能指代同一所指。 (4) 提出了意义深远的“外延意义和内涵意义”的命题。	启发译学对意义的关系系统（名称—指号—指称—命题）作认真的多维观照。

（续表）

代表人物	主要观点及主张	对译学的参照意见
Gottlob Frege (1848–1925) 弗雷格：德国数学家、哲学家、哲学向语言转折的发起者；语言形式理论架构的奠基人之一	(1) 不同意密尔“指称即意义”之说，指出有名称（指号）而无指代对象的情况很多，如“飞马”。 (2) 意义与指称并不同一。一般说来，结构完整的指号（语符系列）都应有限定的意义。 (3) 专名如在语法上合格，形成正确的表达式则具有含义。 (4) 外延意义未必具有与之对应的内涵意义；有指称不一定其有含义。参见 (1)	(1) 深化译学研究对意义的关系系统的认识和探究：意义与指称之间存在同一性，也存在非同一性。启发译学对同一及非同一的条件进行深入的剖析，提出有关的理论原则和对策。 (2) 不要忽视专名的翻译问题。 (3) 弗氏对外延和内涵的相对性观照也是译学意义理论应该加以全面探讨的。
Bertrand A. W. Russell (1872–1970) 罗素：英国哲学家，哲学向语言转折的推动者；语言形式理论架构的奠基人之二	(1) 词的意义与其所指的对象是同一的；语言表达式的内涵就是其指称。表达式的意义总是与其指称对象紧密相连。 (2)“摹状词理论”——要点：(a) 摹状词可以有指称对象，也可以没有指称对象（如“当今的法国国王”）；(b) 包含不存在的事物即无指称对象的摹状词的语句是无意义的；(c) 如果对 (a) 中的摹状词提供假设前提或条件，那么它就是有意义的（如“飞马”的意义就是由于有一个假设前提因而具备逻辑形式）；(d) 摹状词有描写功能，也含有指称功能。 (3)“重外延”的意义观：句子的意义是其实词的所指对象及其关系的复合（或合取），因为所有的词都具有意义，尤其是名词、动词和形容词。	(1) 罗素坚持传统指称论的基本思想：所有的表物词 (object word)，尤其是名词、动词和形容词都具有意义；句法词 (syntax word) 表示信念 (belief)，如“是”与“非”等等逻辑关系这一点对翻译的意义论有参考价值。 (2) 其“摹状词理论”主要着眼于专名，指出“专名的意义由摹状词表达”，专名之所以有意义就在于说话者为之冠以摹状词。因此“专名的所指由摹状词决定”一说可供译学参考。

（续表）

代表人物	主要观点及主张	对译学的参照意见
L. Wittgenstein (1889–1951) 维根斯坦：奥地利哲学家，哲学向语言转折的完成者；“我思故我在”的唯我论的热烈拥戴者及批判者，后期的维氏不是指称论者，这里提出的是维氏有关“意义”与“指称”的基本关系的观点。	(1) 维根斯坦前期注重人工语言的逻辑形式研究；认为语言的逻辑形式就是语言“实在的内在结构”。 (2)“语言的意义是第一性的”，这一主张贯彻于维氏的全部研究中：意义不取决于指称而取决于使用。 (3) 维氏认为所指（命名）与事实之间只存在描述关系不存在同一关系。 (4) 哲学只是对语言的“批判”（即“是非”论证），日常语言是不可取代的。	(1) 对形式语言理论的局限性的论述对译学理论的取向有很大的启发作用。 (2) 维氏就意义在整个语言学中所起的作用而作的精到论述对译学意义研究具有深刻的指导意义。 (3) 维氏关于“能指与所指之间只是处于描写—被描写的关系”的见解非常值得翻译意义研究参考。 (4)“赋予指号以指称（所指）不能脱离命题的背景孤立地进行”，因此词语意义服从命题意义。这一论点意义重大。
S. A. Kirpke (1940–) 克里普克：美国分析哲学家，指称论的当代代表人物之一，其意义理论被称为“历史—因果”论。	(1) 克氏反对摹状词理论，认为“专名无意义”，指称也无须摹状词作中介；摹状词只有起固定作用的描述功能。 (2) 克氏认为，不能由一个指号准确地涵盖某一指称的全部含义（内涵）。 (3) 指出了专名指称的“历史—因果”论，认为意义的获得有一个过程，最初时可能有一个“初始命名”，继而传递至今。此理包括通名。 (4) 克氏语言意义理论基于哲学上的实在论：强调指称必须“不失真地指代实实在在的实体”(1980)。这一点反证极多：“爱国心”即无“实实在在的实体”。	(1) 从译学的视角来看，摹状词的作用只是固定指称的见解是对的。如“《红楼梦》的作者”有三种可能的指称：(a) 曹雪芹；(b) 高鹗；(c) 曹、高二人。如加上摹状词“前八十回《红楼梦》的作者”，指称即固定在曹氏一人上。因此英语author即不用复数式。” (2) 克氏认为专名无指称这个论断是不妥的，不能一概而论，特别是对汉语而言。汉字是象形文字，重意象：“琅山”本作“狼牙山”，有指称。 (3) 克氏意义理论基于实在论，有很大的局限性：历史—因果条件很可能随时代变化而变化。“轮船”早已没有“轮”了。

（续表）

代表人物	主要观点及主张	对译学的参照意见
G. G. Hempel （生年不详） 亨普尔： 美国当代分析哲学家，辨义的“认知经验观”是亨普尔先于奎因提出的，受到奎因的重视并予阐发。亨氏著述主要在50年代。	（1）提出“认知意义的经验原则”（1950），认为句子只有在下列条件下才有意义：(a) 按经验是可分析的或是自相矛盾的；(b) 按经验是可论证的或符合经验的。 （2）句子的意义判定基于整体性，不可孤立地观察。 （3）所谓认知经验判断不能用“非此即彼”的二分法，而必须多作比较。	（1）亨普尔提出的“认知经验准则”中的“经验”（empiricism）大体相当于我们所说的实践、从实践中获得的感知。（2）亨氏提出通过主体认知在语段的整体架构中获得意义而不能“断章取义”符合语段语言学的翻译意义观。
W. V. Quine （1908– ） 奎因： 美国逻辑学家，西方当代影响最广泛的哲学家，其主要研究领域是逻辑语形学，但非常关注意义理论。奎因著述主要在20世纪60年代以后。此外，奎因的意义理论是一种跨领域的宏观阐述，涵盖指称论、意念论、语境论及指号论等等。	（1）反对传统的指称论，并自称为“经验论者”，认为人的认知循“概念经验行为实用”的图式进行，因此意义获自经验。从他的著述的整体来看，他所强调的“经验”大体相当于“有认识的体验”。这是意义之源。 （2）意义通过观察体验而获取，因此被称为“行为主义的”。这是第一层。第二层：有观察体验（即有意义）并不等于说有指称。“意义属于精神的观念”（1953，1974），人的精神世界中有很多有意义而无指称的东西。 （3）因此，意义这种实体比较特殊：它通过表达式表达某种观念。结论是意义取决于“整体性”，也就是通常所谓“广义语境”。	（1）奎因的意义理论有一定的深度，可以说他的很多见解是对意义的哲学认识，是一种“从大处着眼”的宏观探究。奎因的论证方法是很有说服力的“演绎—归纳”式认识论陈述。 （2）奎因很强调“感觉经验”（1953），认为它是人类把握意义的力量之源。对翻译学的意义是：在客体存在（语词意义）与主体认识之间不能偏颇，必须重视译者主体体验对客体（文本）的独到的演绎。 （3）重视语言应用研究（语言意义即应用，1960）和广义语境，即意义的整体性（1969）。

（续表）

代表人物	主要观点及主张	对译学的参照意见
H. Putnam (1926–) 普特南：美国分析哲学家，主要研究领域是心智哲学的认识论和方法论。因此，其主要哲学观被称为“internal realism”（内实在论）。	(1) 普特南意义理论的特点是从哲学（或他所说的“心智科学”）的认识论视角来分析和把握词语的意义：即认为 (a) 意义不能与事物的本质属性混为一谈。意义是本质属性的总和，而指称则是词语概念与实在的契合；(b) 指称的实质是词语与实在（世界）的关系（1983）。 (2) 语言（语词）中的指称问题有一个发展演变史。因此指称与“实在”的关系“在渐进地变化”（1975）。	(1) 普氏认为意义是事物本质属性的总和及指称是词语与“实在”的契合，其意可取。例如“郎心如铁”中的“铁”的意义即是取其本质属性之总和与“铁”的实在的契合：“铁”不能改为“铅”“锡”“银”等等。可见“本质属性总和”之意可取。 (2) 普氏认为“因果论”(Kripke) 应加上“共同体决定论”是将历时性加上共时性，其意可取，翻译学应该借鉴。
C. I. Lewis (1883–1964) 路易斯：美国哲学家，现代模态逻辑的奠基人。其意义理论被称为“实用主义的意义论”。	(1) 路易斯认为意义不能一味简单地理解为“命名—指称”的关系，应该以严格的“内涵逻辑为依据”，发展意义理论。 (2) 路氏反对将词义与命名等同，认为外延是一种方式而已。理由是大批词的外延都不是单一的指称对象，如“glasses”（眼镜）目前即有上千种。 (3) 指称对象固然可以是“可假设的非现实”（如飞马），但有一定的矛盾存在，因而可以依内涵逻辑加以否定（如富有争议的“a round square”：圆形的方形）。	(1) 路易斯的意义理论比较注重实际问题，尽管他本人在论述时常常以模态逻辑为出发点并以此为依归，但确实比较注重实用。 (2) 因此，路氏的意义理论对译学很有参考价值：中心问题是必须恰如其分地强调内涵逻辑：应该倡导内涵与外延逻辑的对立统一，即辩证观。

以上我们重点介绍和探讨了几位西方语言哲学家有关指称论的意义观以及它们对译学可能具有的参照价值。意义的指称问题是西方古代、近代现代哲学家关注的焦点命题之一，也是每一位语言哲学家都要谈论一番而

又不免常常使人莫知其所云的问题。戴维·古柏（David E. Cooper）针对这一点作了以下分析[22]：

> The notion of reference, in particular, has always fascinated linguists, logicians, and philosophers. The linguist studies it as he must study any pervasive feature of language. The logician studies it, not only because he must be interested in pervasive features of natural languages if his artificial ones are to be of relevance, but also because of the numerous "paradoxes of reference", of which more later. Philosophers are interested in reference for other reasons. In referring, words relate directly, so to speak, to the world; and any thesis about reference is also going to be a thesis about what there is in existence to refer to. To deny, for example, that "the average man" or "virtue" refer is to deny that there exist such entities as the average man or the universal virtue.

然后他又试图对指称论者的诸多议论作一个概括的评述。他的见解可供我们参考如何理解所谓的"指称行为"：

> I believe that the three necessary conditions I have listed are jointly sufficient. Let me put the position more formally: a person successfully refers by using "The A" if and only if (*a*) he correctly presupposes the existence of the A in question, (*b*) "The A" is an identifying expression, or could be replaced by an identifying expression by the speaker, and (*c*) the speaker intends to refer to that which "The A", or the identifying expression which replaces it, actually applies to.

此外，古柏补充说指称与言者的意向也很有关系。毋庸置疑，意向对译学的意义论是不容忽视的：

> Still, while it is not always easy or possible to decide what the speak-

er's intention is, we can hold that having the right intention is a necessary condition of successful reference. Where the intention is confused or unclear, then to that extent his act of referring is not fully successful. It need not be a total failurc. Reference need not be a hit-or-miss affair, any more than writing a book need be a total success or a total failure.

意义中涵盖意向这一见解是十分重要的，因为意向在表达层面上作用于言语形式。这一点下面还要论证。

5.1.2 观念论（Ideational Theory）意义观㉓

观念（idea）是意义之源，此说之渊源远及亚里士多德。亚里士多德第一个指出语言的意义是思维的约定化观念，观念外化为语言时含蕴的就是意义。因此，观念论意义观也含蕴意向论，现合而论之。

真正从哲学的视角审视语言意义的先驱是笛卡尔。笛卡尔认为，思维之认识事物，是通过观念（概念）的形式实现的，而语言（词语）则是概念的载体，词语本身只是一种符号，无所谓真假，只有观念（概念）才有真假之分。因此，笛卡尔修正说，语言的意义超乎“思维的约定”，实际上，它是对思维的陈述和解析。这样，笛卡尔就将词语的意义与语言真值（truth value）联系了起来。这种意义与真值的统一观，还被笛卡尔赋予了能动性和动态性，即将语言的描述—陈述功能提升到了评价—陈述的功能。

英国哲学家洛克（John Locke, 1632–1704）是笛卡尔认识论的后继者，也是莱布尼兹（Gottfried W. Leibnitz, 1646–1716）用数理逻辑描写语言并制定人工语言的思想的导源者。笛卡尔认为人类凭借知识认识真理，而真理只存在于观念之中，观念决定了语言的意义。但笛卡尔认为人类认知的能力完全是先天或天赋的。洛克摆脱了笛卡尔的天赋观认识论，但保留了笛卡尔的理性精神，从而提出了著名的英国经验主义（British Empiricism）认识论命题，认为“人的心智最初是一张白纸”（“the mind is born a blank”），所有的知识都是以经验的形式记载在这一张白纸上。洛克认为，应该在“事物—思维—语言”的三维关系中审视意义问题；而人类之所以需要语言，意在交流头脑中由经验积累的观念（idea）。洛克指出，语言（词语）是交流观念的符号，只有承载观念的语言符号才有意义，也就是说，意义产生于人类意欲交流的观念，观念是“意义之源”：

> Man, though he has great variety of thoughts, and such, from which others, as well as himself, might receive profit and delight; yet they are all within his own breast, invisible and hidden from others, nor can of themselves be made to appear. The comfort and advantage of society not being to be had without communication of thoughts, it was necessary that man should find out some external sensible signs, whereof those invisible ideas, which his thoughts are made up for, might be made known to others...Thus we may conceive how words which were be nature so well adapted to that purpose, come to be made use of by men, as the signs of their ideas; not by any natural connexion that there is between particular articulate sounds and certain ideas, for then there would be but one language amongst all men; but by a voluntary imposition, whereby such a word is made arbitrarily the mark of such an idea. ㉔

同时，洛克还说明了观念（idea）、词语（words）、指谓（或意指signification）和语用（uses）之间的关系：（引文中的斜体按原文）

> *Words, in their immediate signification, are the sensible signs of his ideas who uses them*. The use men have of these marks being either to record their own thoughts, for the assistance of their own memory or, as it were, to bring out their ideas, and lay them before the view of others: words, in their primary or immediate signification, stand for nothing but *the ideas in the mind of him that uses them*, how imperfectly soever or carelessly those ideas are collected from the things which they are supposed to represent. When a man speaks to another, it is that he may be understood: and the end of speech is, that those sounds, as marks, may

make known his ideas to the hearer. ㉕

洛克虽然没有提出比较系统的意义理论，但提出意义源于“与观念契合并与客观事物契合”之说，强调了“语言交际功能的意义就在于意义”，开后世“探讨意义的意义之始”（“the exploration of the meaning of meaning”, E. M. Albert, 1958）㉖。由于当时欧洲哲学认识论水平由笛卡尔引入转折并不太久，因此洛克的研究也留下了尚待解决的意义问题。例如洛克说“词的使用是观念的明显表记，词所代表的观念是词的固有的和直接的意义”（1690）。这里就有一系列的问题。既然一个词与观念一定要“保持固有的、直接的关系”，否则就有碍交流，那么事实上人们用它代表许多观念，它们之间的关系怎么“固定”得下来呢？此外，如果词代表由经验产生的观念，那么“神灵”“灵魂”“天使”这类词并不代表由经验产生的观念，又怎么证明它们与观念“直接”有关呢？洛克的回答是，不能不说与经验有关。如果与观念无关，那么它们岂不都成了没有意义的咿呀之声了？

问题显然没有解决。半个世纪以后，休谟（David Hume, 1711–1776）起而为洛克解释。休谟是怀疑论者，他是否定神学的。休谟同意洛克的“双向契合”论，他认为观念起于知觉，知觉可以分为“印象”和“观念”，这两者都可以分为简单类与复杂类。因此简单观念由此而生，并与简单印象相对应，凡是不能用经验验证的东西，如“天使”之类的观念都只是一些“非事实性”的“简单观念”。因此，他提出两类命题的区分：一类是“观念关系命题”，谈的是找不出指称的事情；另一类是“事实情况命题”，谈的是找得出指称的事情。很明显，休谟和洛克都是不承认“指称是概源”的。密尔支持休谟，但密尔是指称论者。他解释说，难以找到指称的抽象观念的“观念本身”就是意义，正如数学方程式之类的意义，这种意义一般是不可能找到对应于客观世界的指称对象的。数学中的意义是人的心理联想和心理概括，这种概括和联想可以形成规则。规则化、公理化（theorem）就是意义。可见，意义可以是心理过程的一种“映象”或“意象”（image）、“联想”（association）或“表象”（presentation）。

观念论至20世纪受到了弗雷格、奎因等人的批判。指称论者认为必须将心理的、主观的观念内容与逻辑的、客观的思维形式分开。观念总是主观的，人各有异，而且同一个意义可以表现为种种不同的观念；而词语的意义并非某个人观念的心理产物，而是社会的共同约定，其**依据是指称**。

虽然如此，休谟在西方语言哲学史上还是十分重要的人物，他的功劳是指出了感觉、知觉、知性与经验的关系以及由经验而提升为语言表达时出现了不同的陈述形式的事实。休谟意识到有些句子主谓关系是分析的（谓语只是分析了主语，意义上无增益），但有些句子主谓关系就不一样了，谓语说明了主语的所作所为，主谓关系是综合的。可惜休谟的观察被当时的英国哲学界（有神学界作后盾）嗤之以鼻，是康德（Immanuel Kant, 1724–1804）阐发了休谟的灼见，提出了分析判断与综合判断的区别，指出前者只是"说明性判断"（Erlauterungsurteil），后者属于"扩展性判断"（Erweiterungsurteil）。康德认为，分析判断的语言形式表述的是普遍必然真理，而综合判断则既包含经验事实（行为）又包含普遍必然真理，因为这种判断是将谓词加之于主词的概念（观念）而完形的，而谓词之所以能与主词综合而达致完形，是基于经验。康德继承休谟而发展的这一语言哲学的基本命题之一，被视为西方近代语言哲学的经典理论基石的重要组成部分，成为近代西方语言哲学研究的基点和起点。

西欧近代语言哲学中首先倡导观念论意义观的人是英国哲学家摩尔（G. E. Moore, 1873–1953）。摩尔是近代西方分析哲学的创始人，关注日常语言分析，对形式化语言持批判态度。摩尔提倡概念分析法，认为"界定一个概念就是对这个概念的分析"（Moore, 1925）。摩尔是第一个明确提出语言的意义就是所指的概念、观念或物体属性，即所谓"观念论意义观"的语言哲学家。

观念—意向论意义观的现代继承者主要有格赖斯（H. P. Grice）、塞尔（J. R. Searle, 1932–　）、斯特劳森（P. F. Strawson, 1919–　）和哈曼（G. Harman）等人。

格赖斯著述不多，但值得注意。他的重要论著是《意义》（"Meaning"）一文。格氏意义观的主旨是"In addition to the meaning that words or sentences have，there is also a sense in which speakers mean things"（Martinich, 1990）（除了词语和句子有意义之外，说话者在陈述事物时也是有意而发的）。这就是说，词句的意义既包含词句所承载的观念又包含说话者本人可能有意而发的观念，格赖斯称之为意向（intention）。意义是意向观念化，意向是观念的功能化。因此，意向既然是说话者有意而发的观念，显然应当涵盖在词句的意义之内。我们可以举出两个例句，并取不含有人的意向和含有人的意向的不同情况：

(a) Those spots mean (meant) measles.

（那些疹子说明患者得了麻疹。）

(b) Those three rings on the bell (of the bus) mean that "the bus is full."

（公共汽车响了三下铃声，表示"客满"。）

根据格赖斯的解释，(a)类句不含人的意向，凡患麻疹者必然出疹子，不含随机性；(b)类句含有人的意向，是一种推断，可能确实是座满，也可能是司机（还可能是乘客）不耐烦，按铃表示"客满"，因此这种句子含随机性。

据此，格赖斯主张将（a）类不含人的意向的句子称为"自然意义（natural meaning/sense）句；(b)类含有人的意向的句子称为"非自然意义（non-natural meaning/sense）句"。下面是格氏的解释：

> When the expressions "means," "means something," "means that" are used in the kind of way in which they are used in the first set of sentences, I shall speak of the sense, or senses, in which they are used, as the natural sense, or senses, of the expressions in question. When the expressions are used in the kind of way in which they are used in the second set of sentences, I shall speak of the senses, or senses, in which they are used, as the non-natural sense, of the expressions in question. I shall use the abbreviation "means_{nn}" to distinguish the non-natural sense or senses. [28]

根据以上解释，格氏作出了如下推论（文中以 A 表示主语，以 mean_{nn} 表示非自然意义中的动词，X 表示宾语，指"说出某某事"）：

（1）“A $meant_{nn}$ something by X” is (roughly) equivalent to “A intended the utterance of X to produce some effect in an audience by means of the recognition of this intention”; and we may add to that to ask what A meant is to ask for a specification of the intended effect (though, of course, it may not always be possible to get a straight answer involving a “that” clause, for example, “a belief that...”).

（2）“X meant something” is (roughly) equivalent to “Somebody $meant_{nn}$ something by X”. Here again there will be cases where this will not quite work. I feel inclined to say that (as regards traffic lights) the change to red $meant_{nn}$ that the traffic was to stop; but it would be very unnatural to say, “Somebody (e.g., the Corporation) $meant_{nn}$ by the red-light change that the traffic was to stop.” Nevertheless, there seems to be some sort of reference to somebody’s intentions.

（3）“X $means_{nn}$ (timeless) that so-and-so” might as a first shot be equated with some statement of disjunction of statements about what “people” (vague) intend (with qualifications about “recognition”) to effect by X.㉙

格氏的意思是说，(1)“A 以说 X 来表示某事”大体相当于“A 想以说 X 来达到某些效果”(如果听者知道 A 的用意)；(2)“以说 X 来意味某事”大体相当于：某人想以说 X 来表示某事。例如“红灯亮表示交通暂停”这个句子含有非自然意义。但同样是非自然意义句，这个句子如果改成“交通公司以亮红灯来表示交通暂停”就很不自然了。不过，就意向的表达而言，后者却似乎更能起到表示（施事的）意向的效果；可见语言表达式需要将意义与意向这两个观念（概念）成分联系起来加以定夺；(3)“X（……）意味着(泛时时态)……”这一陈述式在表达“人们(泛指主语)想以 X 达到……效果”这一概念的诸“选言陈述”中，前者似应属于首选㉚。

格赖斯的见解引起了一些争议。塞尔支持格赖斯的见解。其实，“意向”（或“意向性”）是言语交际重要的心理机制之说始自维根斯坦。维氏认为意向是语言固有的“内在行为”，他认为语言机制大体而言就是“意向

→应用”过程。维根斯坦自相矛盾的错误是他否定意向的“心理根源”，无异于“自毁丰碑”[31]。塞尔认为意向确实是心理的、观念的、心智的，意义概念与意向观念有密不可分的联系。同时，塞尔指出格赖斯的“误区”是他没有看到，意义固然与意向有密切关系，又受到规范的支配，受到约定俗成的规则或惯例的支配，而不会执着于某一陈述式（如格赖斯 3 项），事实上，在言语交际中意义、意向、效果、规约陈述式四者总是统一的，只要符合这种“统一”，说话者意欲达到的效果也就能实现。很简单的例子是叫喊“Fire!”这一个词，意义（观念：“着火了”）、意向（“催人来救人灭火”）、效果（突出十万火急）及陈述式（英语的最佳约定式只需这一个名词；汉语的最佳约定式“着火了”即无主句 VO 式），就完全统一了。其实，塞尔的主张基本上援自他的老师奥斯丁（John L. Austin, 1911–1960）言语行为理论（以下有论述）。但他在批评格赖斯时只是强调言内行为（illocutionary act）和言效行为（perlocutionary act），他认为格赖斯实际上是笼统地将意向性观点归之于言内行为。同时他认为格氏及某些哲学家没有说明意义在什么条件下、在多大的程度上取决于什么样的规则或在另一些情况下取决于约定式。塞氏认为，他们大抵注意了“常规性规则”（regulative rules），而没有注意到“规约性规则”（constitutive rules）。下面是塞氏的解释及举例：

> I am inclined to think that both the failure of some philosophers to state rules for the use of expressions and the scepticism of other philosophers concerning the existence of any such rules stem at least in part from a failure to recognize the distinctions between constitutive and regulative rules. The model or paradigm of a rule which most philosophers have is that of a regulative rule, and if one looks in semantics for purely regulative rules one is not likely to find anything interesting from the point of view of logical analysis. There are no doubt social rules of the form “One ought not to utter obscenities at formal gatherings,” but that hardly seems a rule of the sort that is crucial in explicating the semantics of a language.The hypothesis...is that the semantics of a language can be regarded as a series of systems of constitutive rules and that illocutionary acts are acts performed

in accordance with these sets of constitutive rules.[32]

很明显，意义的陈述式应该考虑到社会性规则（“social rules”，Searle，1965）、规约性规则，因为人的观念（主体意念、意向）不能脱离使之产生这个观念的背景（客观情景），不能一味执着于常规性规则（语法常规及规范）。

> 塞尔强调意义的背景，认为语词和语句的意义是在一定的文化背景下获得的，这就是把意义看作一种社会的历史的范畴，揭示了意义的社会性，这种观点较之把意义看作语词语句无赖于任何背景而独立具有甚至是自然固有的观点，无疑是更胜一筹的[33]。

在格赖斯和塞尔的研究基础上，后来有些语义学家以意向为焦点发展了意向论语义学。事实上，塞尔至今都被誉为美国日常语言哲学派的代表人物之一，他的许多研究被视为美国日常语言哲学内容最丰富的成就。

除格、塞二氏以外，斯特劳森和戴维森也是意向—功能意义观有力的支持者。

斯特劳森的意义观是多维的。他的基本主张是哲学应关注日常语言逻辑，不应执着于数理逻辑。他的基本观点是意义寓于功能，功能体现意向，意向参与意义。他在《逻辑学和语言学论文》（1971）中写道[34]：

> 意义（至少就一种重要的含义来说）是语句或语词的功能；谈到（意义）和指称，正确或错误则是（在于）语词的使用或语句的使用的功能。指出一个语词的意义（就我使用这个词的含义来说），就是为了把这个语词使用于指称或者谈到一个特定的人或事物时提出一些一般的指导；提出一个语句的意义，就是为了把这个语句使用于构成某些真的或假的论断而提出一些一般的指导。

斯特劳森强调语言的社会人文性和社会约定性：

> 因为，谈论一个语词或语句的意义，不是谈论它在某一特定场合下的使用，而是谈论在一切场合下正确地把它用于指称或者断定某某事物时所遵循的那些规则、习惯和惯例。

他在《怀疑论和自然主义》(1983) 一书中强调了语言使用的社会人文性，肯定了维根斯坦的观点，即语言使用实际上是社会共同体的一种"生活形式"，表达式由社会约定性支配以体现其意义：

> 正如克里普克所指出的，可以把关于内在过程和外在标准、感觉和语言等等的论证，看作是从下述这个更加一般的想法中得出的结果：对意义的把握、对意义规则的遵循等等，是在一种共同的语言实践中达到一致的问题，或者，正如维根斯坦所说，是享有共同的"生活形式"的问题㉟。

就译学的参照价值而言，斯特劳森对意义的认识论研究可供我们借鉴之处，已如上述；他对意义的方法论研究，尤其值得我们重视和参考。而且正是在这些方面，斯特劳森对五六十年代以来的许多西方语言哲学家起到了开拓者和引导者的作用：

(一) 斯特劳森对主张纯粹以逻辑实证主义统治哲学，并对传统哲学加以抵制的本体论研究采取了分析的态度、批评的立场和折中的方法㊱。他从维护自然语言与注重日常语言的立场——更重要的是从坚持正确的语言哲学研究方法论的目的出发，反对逻辑实证主义中一味强调现代数理逻辑、仅仅执着于数理逻辑的形式分析方法(亦称为"人工语言分析方法")；而主张取逻辑形式分析法之所长(精确性、清晰性和条理性，前二者指"结构"，后者指"序列"或"程序")，结合日常语言分析法(亦称为"概念分析方法")，其长处是不忽视人类思维概念的机制、不忽视人类语言在社会交际的实际使用的变异［内涵的、外延的以及非语言的(non-verbal) 等等方面］。斯氏在阐述他之所以采用思维概念分析法与逻辑形式分析法二者互补互济的主张时说：

我介绍了哲学方法上的以上两种观点，它们似乎处于尖锐的、不可调和的对立之中。事实上，每一种观点的拥护者们常常在文章和讲演中把情况说成是这样。但是，实际上这种对立并不如此明显，人工语言的哲学建造者和自然语言的哲学研究者彼此之间并不一定是敌我分明的。至少在一点上，这两种方法可以被看作是互相补充的。因为，一方面，某种被构造出来的模式的简约性，只要通过对比，就有助于发现实际用语的复杂性问题；另一方面，对自然语言的作用，进行一番了解，对成功地构造简化的模式似乎也是必要的。所以，看来情况是要求合作而不是要求竞争[37]。

从原则上说，采用逻辑分析法与概念分析法相济相融的辩证方法论对翻译学也具有无可置疑的借鉴意义。我们将在第八章“翻译中的语言逻辑问题”中详加论述。

（二）斯特劳森不忽视言语交际中言者（the utterer）与听者（the audience）之间的因素（包括意向、人际关系、话语语境等）对语句陈述形式的调节作用，在一定程度上反映了日常语言或自然语言基础论的正确观点。语言从本质上说就是人类社会日常交际的产物，拒斥自然语言机制而执着于逻辑形式的演算或演绎以求得意义的努力无异于缘木求鱼。这是翻译学意义观的基本出发点。具体而言，斯特劳森始终将意义的基础或依据放在特定语境中的“语言本身”（词、句或篇章）中，而不是拒斥这个特定语境中的“语言本身”，另求形式演绎的途径。斯氏在其 *Meaning and Truth* 一书中说：

What is it for anything to have a *meaning* at all, in the way, or in the sense, in which words or sentences or signals have meaning? What is it for a particular sentence to have the meaning or meanings it does have? What is it for a particular phrase, or a particular word, to have the meaning or meanings it does have? These are obviously connected questions. Any account we give of meaning in general (in the relevant sense) must square with the account we give of what it is for particular expressions to have particular meanings; and we must acknowledge, as two complementary truths, first, that the meaning of a sentence in general depends, in some systematic way, on the meanings of the words that make it up and, second, that for a word to have a particular meaning is a matter of its making a particular systematic contribution to the meanings of the sentences in which it occurs.

斯特劳森的意思是：句子的意义取决于组成该句的词的意义；而词之所以具有某一特定的意义则是由该词在句中所起的作用决定的；在句义的系统结构中，词语各司其职，词义由"职"（功能）而生。意义并不是由语言学家"预设的语言意义"决定的（为此，现代语言学家们制定了大量的规则），而是由（1）人类实践约定俗成的规则及（2）在有目的的活动中所形成的规则决定的：

We are accustomed, and reasonably, to think of linguistic meaning in terms of rules and conventions, semantic and syntactic. And when we consider the enormous elaboration of these rules and conventions—their capacity, as the modern linguists stress, to generate an infinite number of sentences in a given language—we may feel infinitely removed from the sort of primitive communication situation which we naturally think of when trying to understand the notion of utterer's meaning in terms which clearly do not presuppose linguistic meaning. But rules or conventions govern human practices and purposive human activities. So we should ask what purposive activities are governed by these conventions. What are *these* rules for doing? And the very simple thought I spoke of which underlies the suggested type of analysis is that these rules are, precisely, rules for communicating, rules by the observance of which the utterer may achieve his purpose, fulfil his communication-intention; and that this is their *essential* character. That is, it is not just a fortunate fact that these rules allow of use for this purpose; rather, the very nature of the rules concerned can be understood only if they are seen as rules whereby this purpose can be achieved.㊳

我们可以从引文中看到，斯特劳森是很强调“交流—意向”（communication-intention）的。在他看来，约定性受交流意向的支配，意义的实现才有可能。这些意见，都很值得我们参考。

20 世纪 70 年代前期“观念—意向论意义观”有了新的发展。哈曼提出“概念语义学”［或概念作用语义学（Conceptual Role Semantics）］，它的基本主张是语句的意义由概念规定，而概念的规定取决于言者的“知觉—心智状态（或过程）”。其中知觉过程（或感知过程）产生的概念通常具有意象［或心象（image）］，名词和形容词、副词参与这个过程。心智过程指推理、推导、推衍，介词、连接词和一部分副词也参与这个过程。这是一个“关系过程”。概念作用语义学注重意义形成的“知觉—心理概念分析”，与译学的意义论关系甚微。

现将观念论意义观代表人物的主要论点及参照意义列表如下，供参考研究。

表 5-2

代表人物	主要观点及主张	对译学的参照意见
John Locke (1632–1704) 洛克：英国经验主义哲学的先驱之一，笛卡尔理性精神的后继者以及莱布尼茨的“自然语言与人工语言对立观”“分析陈述与综合陈述对立观”的导源者。	(1) 扬弃笛卡尔的天赋观认识论，提出“人的心智最初是一张白纸”的著名论点，但继承了笛卡尔的理性精神并以此审视经验。 (2) 语言是人类交流观念的符号，意义产生于语言承载的观念，观念反应事物，观念（思维）倚仗语言实现交流。因此，事物—思维—语言处于三维关系中。	洛克关于语言意义来源于对事物作理性审视的经验之说很有启发性。他指出意义实际上处于“双向契合”的条件或状态中，对译学意义理论更有不可忽视的借鉴作用：(a) 必须与事物契合（有所指的命名）；(b) 必须与概念契合（无所指的命名）。

（续表）

代表人物	主要观点及主张	对译学的参照意见
D. Hume (1711–1776) 休谟：英国哲学家，经验主义哲学观的继承者。	(1) 同意洛克的“双向面契合”论，并提出两类命题的区分：一类是“观念关系”命题（如“彼岸世界”）；另一类是“事实情况命题”（如“此岸世界”）。 (2) 认为“观念的命题”是经验的，要证明其确实性只能凭借逻辑。	休谟的见解进一步印证了洛克的主张，有助于译学深入了解指称与意义之间的关系及渊源，有助于我们建立翻译学的意义理论。
进入 20 世纪，观念论意义观主要向“意向论”发展：意义是意向的观念化		
H. P. Grice 格赖斯：美国哲学家，意义的意向论的主要阐发者	(1) 词句的意义既包含词语的意义又包含言者的意向。意义是意向的观念化，意向是观念的功能化。 (2) 意义分为“自然意义”（不含人的意向）与“非自然意义”（含有人的意向）：前者不存在推论；后者存在推论，存在言者的目的。 (3) 语义学的最终目的是研究“非自然意义”在人际交流中如何通过语言符号，表达某种态度（非自然意义）。	(1) 观念论意义观具有仅次于指称论意义观的重要意义。观念论向意向论的发展给译学意义研究注入了新的理念：必须将意向纳入意义的总体结构中，意义是意向的观念化，是一个很中肯的哲学概括。 (2) 意义中的意向、目的与社会人类活动密切相关，是意义的人文表现。不能因强调逻辑而否定人文。
J. R. Searle (1932–) 塞尔：美国哲学家，主要研究言语行为理论，即“语言怎样与实在相关联”及“意向在人类活动中的作用”。	(1) 意义是实现言语行为的基本因素，意义与意向相通。但是他认为格氏混淆了言内行为与言外行为，意向只体现为言外行为意向，与言内行为无必然联系。 (2) 言外行为是语用意义的基本形式之一。不一定每一个言语行为都有言外行为。	(1) 塞尔对言语行为与意义的关系的阐发性论述很值得译学借鉴，特别是言外行为。 (2) 塞氏强调语言背景对意义的制约作用这一点我们必须充分注意，并反映在翻译学的意义理论中，应进一步

（续表）

代表人物	主要观点及主张	对译学的参照意见
塞氏研究的方向体现他对语言哲学的人文关注。	(3) 必须注意语言背景制约下的言外行为意义。 * 塞氏的指称论观点： (1) 凡可指称的东西都是存在的东西。 (2) 虚构的东西也可以被意指，因为他们存在在虚构中。 (3) 指称的作用是"识别"(sorting out)。既然是"挑出来加以识别"则谓词无所谓指称；同理，摹状词是可以有指称、有意义的。 (4) 同意弗雷格的见解：意义先于指称；指称依靠意义以获得所指对象（才有意义）。	加以阐发：(a) 所谓"背景"的各个维度；(b) 如何制约意义；(c) 科学地界定"语境"与"背景"的含义。 * 塞尔的指称论意义观对翻译学的意义理论的构建有参照意义： (a) 界定"指称"时不能排斥虚构的指称对象； (b) 虚构的指称对象是有意义的，如"金山"；不能拒斥摹状词的意义在翻译中的意义；(c) 弗氏所谓"意义先于指称"对如何制定翻译专名的原则有参照意义，如"钻石山"意化为Diamond Hill；而"牛头角"不宜意化，原则何在？应加以理论化。
P. F. Strawson (1919–) 斯特劳森： 英国哲学家，日常语言学派的代表人物，但同时十分注重形式逻辑的分析。在对逻辑分析方法与日常语言的概念分析	(1) 斯氏的基本哲学思想是坚持日常语言逻辑，以现代形式逻辑补日常语言逻辑之不足；重概念分析，以逻辑形式分析补概念分析之不足。 (2) 斯氏认为应扬弃传统的意义理论（即意义＝所指），词义不等于该词的指称，词组亦然。 (3) 词、词组、句子的意义取决	(1) 斯特劳森的意义观对译学意义理论建设很有参考价值，如词语的使用、规则、约定性、语境对决定语词和语句意义的作用等等。 (2) 斯氏的方法论研究原则尤其值得我们重视：第一，分析态度，而不是一味抹杀和抵

（续表）

代表人物	主要观点及主张	对译学的参照意见
方法之异同优劣作比较研究并将二者结合的西方现代语言哲学家中，斯特劳森属于前列人物。	于使用它们并受到制约的约定性（conventions）：因此，意义寓于功能，功能使意义得以发挥。 (4) 意向参与意义。应该将语词或语句本身的意义与在特定场合下如何使用这些语词和句子来表达一定的意向分开。因此言者的意向与语句的意义是在特定的语境中融合的。 (5) 要达到这个目的，规则、惯例和规范是起决定作用的因素。 * 斯氏的指称论观点：反对罗素早期的指称论（摹状词理论），认为应将语句本身与语句使用同指称分开；摹状词本身没有指称功能，只有将它使用于特定的语境中才有指称功能，才有真假之分。	制。他主张取逻辑分析之所长补概念分析之不足，使二者互补互济；第二，不忽视日常言语交际机制，一味追求逻辑形式化的人工语言；第三，斯氏坚持言语交际的"交流—意向"功能观，认为"单单依照形式化逻辑演绎是不可能达到言语交际的约定化意义实现的"。 * 翻译学意义理论中考虑的语义真值不同于一般语义学上的语义真、假。译学语义真值是SL语义内容。本书另有论述。

5.1.3　语用论（Use Theory）意义观

语用论意义观始于后期的维根斯坦[39]。前期的维根斯坦语言哲学研究是沿着弗雷格－罗素的人工语言学即形式化语言学发展轨迹进行的；后期维氏转向日常语言学，提出词的意义存在于其应用中，被概称为"意义即应用"（本章5.1.1节）。在提出词的意义即词的应用的基础上，维氏提出语句的意义是思维投影（project）到语言中的"图画的实在"，探求语言的过程就是跟踪投影的过程（1953）。只有事实能表达意义（1958）。可见维根斯坦是语用论语义观的先驱，提出了"语言游戏"（language game）论。下面一段文字是他晚年对"意义寓于应用之中"的解释：

In saying "When I heard this word, it meant..., to me" one refers to a *point of time* and to a *way of using the word*. (Of course, it is this combination that we fail to grasp.) And the expression "I was then going to say..." refers to a *point of time and to an action*.

I speak of the essential *references* of the utterance in order to distinguish them from other peculiarities of the expression we use. The references that are essential to an utterance are the ones which would make us translate some otherwise alien form of expression into this, our customary form.

…

The words "the rose is red" are meaningless if the word "is" has the meaning "is identical with." Does this mean: if you say this sentence and mean the "is" as the sign of identity, the sense disintegrates?

We take a sentence and tell someone the meaning of each of its words; this tells him how to apply them and so how to apply the sentence too. If we had chosen a senseless sequence of words instead of the sentence, he would not learn how to apply the *sequence*. And if we explain the word "is" as the sign of identity, then he does not learn how to use the sentence "the rose is red." [40]

由于维氏以德文写作，论述方式与风格也很个性化，特别是他善于旁敲侧击，画龙点睛，常引起误解。英国哲学家摩尔曾经作过一次演讲为维氏作辩。下面一段摩尔的解释有助于我们理解维氏所谓 sense（意义）与 use（语用、应用）的关系。维氏将语言交流称为"language game"，摩尔亦借维氏之言"in this particular game"（意指"在这一特定的语言交际形式与应用场合"）说意义归根结底取决于"use"：

[Wittgenstein] then implied that where we say "This makes no sense" we always mean "This makes nonsense *in this particular game*"; and in answer to the question "Why do we call it nonsense?" what does

> it mean to call it so? Said that when we call a sentence "nonsense", it is "because of some similarity to sentences which have sense," and that "nonsense always arises from forming symbols analogous to certain uses, where they have no use." ㊶

维根斯坦对"use"的关注（use 决定 sense），引起后来很多语言哲学家的注意。研究成绩突出的语言哲学家都属于日常语言学派，其中之一是赖尔（G. Ryle, 1900–1976），另一位是奥斯丁（J. L. Austin, 1911–1960）。

赖尔主要的研究领域是心智哲学。在意义观上，他是功用论者，支持后期维根斯坦的主张。他认为哲学语言中产生的混乱根源在概念，必须凭借日常语言分析来清理概念（1951），而概念错误的根源又在语用错误（如将不能用于某一范畴的概念用于该范畴）。根据维根斯坦所提出的"意义在于应用"即"game"的原理，赖尔提出了意义的动词化（verbization）和副词化（adverbiality），也就是说所有人类语言中的意义都可以用动词和副词来准确地表达。因此准确的意义来源于准确的语词应用（尤其是动词），如果动词（和副词）意义准确，句子的语义就会准确，否则必然导致混乱。赖氏的结论是词及词组的意义是基本单位，句子不是基本单位（1963）；其次，赖尔提出语言的"客观意义"（可领悟的意义）在于"可交流性"，这样的语言存在于思维中。这时，我们可以说思维就是语言。可见赖尔的意义观是与观念论分不开的（Ryle：*On Thinking,* 1979）。"自言自语"实际上是对"潜在的听者"作语言—思想交流。在这种情况下，思维也就是意义；它不同于想入非非这类直觉的、非逻辑思维。

奥斯丁是摩尔和后期维根斯坦的拥戴者。奥斯丁的研究是对日常语言的微观哲学分析的典范。首先，他提出的方法论就具有很明确的目的性，即以实感的概念分析方法达致正确的哲学认识论。他在 *Sense and Sensibilia*（《感觉和可感觉的东西》，1960）中写道：

> The fact is…that our ordinary words are much subtler in their uses, and mark many more distinctions, than philosophers have realized; and that facts of perception, as discovered by, for instance, psychologists but

also as noted by common mortals, are much more diverse an complicated than has been allowed for.（p. 3）

可见人类将某物说成“人造”，又将某物说成是“假”，决非任意为之。这说明：

> First, words are our tools, and, as a minimum, we should use clean tools: we should know what we mean and what we do not, and we must forearm ourselves against the traps that language sets us. Secondly, words are not (except in their own little corner) facts or things: we need therefore to prize them off the world, to hold them apart from and against it, so that we can realize their inadequacies and arbitrariness, and can re-look at the world without blinkers. Thirdly, and more hopefully, our common stock of words embodies all the distinctions men have found worth drawing, and the connexions they have found worth marking, in the lifetimes of many generations: these surely are likely to be more numerous, more sound, since they have stood up to the long test of the survival of the fittest, and more subtle, at least in all ordinary and reasonably practical matters, than any that you or I are likely to think up in our armchairs of an afternoon—the most favoured alternative method (*Philosophical Papers*, pp. 181-182).

奥斯丁所解释的是：（1）人是词语的使用者，说什么、怎么说，人自有其理；（2）词语并没有义务一定要与事物相符，它可以有自己的随意性；（3）词语是世世代代人沿袭而用的沉积，适者长存是自然之理。说“人造丝”的时候人们是有意以假乱真，以求尽力“挽救”商品价值和功能（如“人造卫星”）；说“假牙”“义肢”时人们认为不如笑言其假：既然“人”可以“造丝”，那么自己为什么不造一颗牙、一条腿呢？综上所述，我们可以将奥氏的方法论原则概述如下[42]：

（一）必须针对日常语言的弱点即哲学界对日常用语的指责，注重分析语用微差，校正认识上的偏颇。实际上语义微差凝聚着人对世界认识上的精微差别和认识史。通过正确的语言哲学分析，我们就可以提出言语行为理论的依据。

（二）必须坚持以日常语言为“最实在的”研究素材，脱离、忽视或拒斥日常用语规范来制订改良方案以医治自然语言的人工计划是不能接受的，技术和科学发展可以被用于改进语言应用，但不能以此拒斥自然语言。

（三）必须坚持不脱离言语行为实际，来分析日常的语言应用，抽象地研究意义是没有意义的；同样，不顾日常语言现实，用制订人为的语言形式化模式来考察和医治自然语言也是没有任何意义的。

总之，奥斯丁和斯特劳森一样，认为哲学的使命与其说是分析（更不是“医治”自然语言），毋宁说是阐释语言。哲学家的任务是找到一个概念系统和概念分析的操作系统来科学地阐释语言。奥斯丁的“言语行为理论”（Speech Act Theory）就是在这个方面上的建树[43]。

言语行为理论的基本思想是言语和行为不能分开（“saying something is doing something,” Austin, 1962）。从形式上看，奥氏似乎只是关注陈述式问题，但实际上与意义关系非常密切。奥氏原先将言语活动（speech events）中使用的言语分为陈述性言语（constative speech）与实施性言语（performative speech），前者意在陈述某种可真可假的行为（如 The dinosaur died out long ago，恐龙早已绝种，用过去式，属于“真”；如果用 is dying out 而且没有时间状语，就是“假”。这里涉及逻辑问题，见本书第八章）；后者无真假之分（逻辑语义学上叫真值），只有一个得当不得当的问题（如 He is talking about his purpose of his visit，他在这种场合下谈他的目的是不是得当的问题）。后来，奥氏发现实施性言语也存在真假问题（如将上句改成 He is hinting about…，那就是听者自己有个理解问题：他是否有“暗示”的问题）。而且，“陈述性”与“实施性”之间也很难作科学界定。20 世纪 60 年代初期，奥氏提出言语行为包括以下三种具有“特征性意义”的行为：（A）类是表述性言语行为即“非言内行为”（locutionary act）；（B）类是意向性言语行为即“言内行为”（illocutionary act）；（C）类是取效性言语行为即“言效行为”（perlocutionary act）。试观察下面三类句子，即可发现它们都具有上述三类言语行为中的“特征性意义”，这就要求我们表现在翻译中。

（A）非言内行为句：表达言外之意或陈述某一事实、事件、行为；无论陈述句或疑问句，特征性意义都只是“意指”（signification），即赋义于形（词句）而已：

（a）JFK was laid to rest in Arlington National Cemetery.

（肯尼迪安葬在阿林顿国家公墓。）

（b）Did you ever go to that Cemetery?

（你去过那个公墓吗？）

（B）言内行为句：表达言内之意或含蕴某种寄寓在言内的决断、愿望、劝告、预见、催促、促请、允诺等等，其特征性意义是在陈述中附加某语势（force, Austin, 1975: 98）[44]：

（c）Your complaint will lead to his resignation.（预言或婉转地劝告不要去“投诉”）

（你这么一投诉他就得引咎辞职了。）

（d）我不去，我们之间的恩恩怨怨已经够多了。（决断，已把话讲明了）

I won't go. There has been a lot between us.

（C）言效行为句：言者表述或陈述某种可以在听者一方产生影响而达致某种效果（effect）：

（e）Here are some examples.

下面举几个例子。（说话者希望听者同意或反对。读者必然会注意）

（f）这儿风景多美啊！

What beautiful views!（希望引起听者有人同感，而不是反感）

我们可以从以上B类句与C类句的特征性意义看出意向性言语行为与取效性言语行为的区别：前者只表达言者的意思、意向、暗示等等，无意直接引发对方行动；后者旨在直接引发对方行动。奥斯丁研究的焦点在意向性言语行为，他认为正是这个领域构成了指称、意义和意向的叠区。而为了表示意向性语势（illocutionary force），他又将重心放在动词上，他认为动词的使用失当，引起哲学语言的混乱。为此，他查遍了全部英语词库，发现意向性语势动词形态达到了 10^3 量级[45]。奥斯丁写道：

> The notions that we have considered then, are the performative, the infelicity, the explicit performative, and lastly, rather hurriedly, the notion of the forces of utterances...At least, though, think that if we pay attention to these matters we can clear up some mistakes in philosoply; and after all philosophy is used as a scapegoat, it parades mistakes which are really the mistakes of everybody. We might even clear up some mistakes in grammer, which perhaps is a little more respectable. And is it complicated? Well, it is complicated a bit; but life and truth and things do tend to be complicated. It's not things, it's philosophers that are simple. You will have heard it said, I expect, that oversimplification is the occupational disease of philosophers, and in a way one might agree with that. But for a sneaking suspicion that it's their occupation.[46]

奥斯丁的这种语用论意义观，对后来语用学（linguistic pragmatics）起了很大的推动作用。奥斯丁的主要贡献是扩大了意义的维度也加深了意义结构的句法深度，如下图所示：

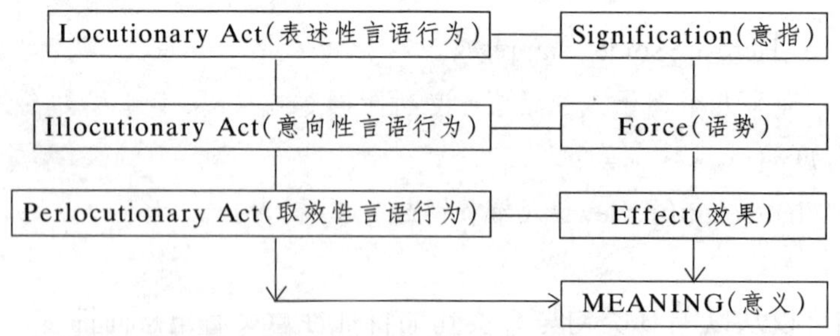

图 5-2　Speech Acts 的意义涵盖：意义与意向的整合

塞尔是奥斯丁言语行为理论的进一步阐发者。塞氏也将研究重心放在意向性语势上，从而发展了他的意向性理论，但中心已转移到真假命题领域。意义问题见前节所述。

现将语用论意义观代表人物的主要论点及参照意义列表如下，供参考研究。

表 5-3

代表人物	主要观点及主张	对译学的参照意见
L. Wittgenstein (1889–1951) 后期的维根斯坦：从 1933 年开始，维氏从人工语言哲学转向自然语言哲学（日常语言哲学）。	(1) 明确提出词的意义存在于用法之中；语言应该回到日常语言中去；用语言的回归澄清“哲学中的真伪”。 (2) 在语词的“意义在于应用”的基础上，维氏提出语句的意义是“思维投影（project）在语言中的图画的实在”。	(1) 维氏提出的语言的回归对译学理论（尤其是意义理论）研究的引导作用非常深远。 (2)“投影论”（语言是思维的投影）对研究思维在翻译中的作用机制有参照意义。
G. Ryle (1900–1976) 赖尔：英国心智哲学家，后期维氏思想的支持者。	(1) 以日常语言的正确概念作标尺来清理哲学语言中的混乱。为此，应特别注意动词和副词。 (2) 强调“思维—语言—意义”的统一关系，认为直觉思维应该提升到逻辑思维。	赖氏提出思维是语言准确、意义准确的基础，对研究思维在翻译中的作用机制有参照意义。
J. L. Austin (1911–1960) 奥斯丁：英国语言哲学家，日常语言学派应用理论杰出的阐发者。	(1) 日常语言分析法应该是语言哲学分析的前提。 (2) 奥氏以实际成果证实了日常语言分析法的科学性和实用性：即言语行为理论。 (3) 在三种言语行为中，奥氏以第二种即意向性行为（言内行为）为重点剖析言语行为的本质是意义与意向的关系问题。	(1) 奥氏的方法论观点对译学有指导意义。 (2) 言语行为理论是日常语言哲学派对意向性意义观的应用分析的典范。 (3) 奥斯丁研究的重点是意向—意义二重维度的关系，译学还需要在三重维度上展开自己的研究

（续表）

代表人物	主要观点及主张	对译学的参照意见
	因此语言的应用与意向关系十分密切。	即“意向—意义—陈述式”。但奥氏的研究以日常语言为本、以言内行为为重点。其对言语行为含义的深入探讨可以给译学很大的启发。

5.1.4 指号论（Signs Theory）意义观[47]

指号论历史十分悠久，而且不论在中国或西方的哲学探讨中，“指号”（符号，在中国古代称之为“象”）一开始就与“意义”构成了二元对立项。中国先秦诸子中最早的符号学论始于墨子。《墨经·经说上》中说：“声出口，俱有名，若姓字丽。”意思是说语音是一种声音指号，具有意义，犹如姓与字（名字）之彼此附俪。这是最早的“声—形—义”符号结构论。《经上》说，“闻，耳之聪也（听觉功能）。循所闻而得其意（意义），心之察也（通过思维，得到理解）”；“言，口之利也（人都有说话的能力）。执所言而意得见（根据言语而获得意义），心之辨也（思想就有了判断的能力）”；又说“言”是“通己于人”；“闻”是“通人于己”。这已是相当有见地的语言符号交流论。墨子还提了语言的本质是以命题表达思维的精辟见解。《墨经·经上》说，“举，拟实也”（提出命题，应摹拟实在，不应出于虚妄）；“言，出举也”（言语交流，就是提出命题）。关于语言符号交流的法则，墨子提出“立辞三物”：“故（事件原委），理（判断原则），类（类属关系，不相干的事不要混为一谈）”，清楚地提出了他的语言形式逻辑雏形理论范式[48]。我国最古老的符号术汇集是《周易》。《周易》内容丰富而驳杂，科学性与神秘性各参其半，可取的是古人总是将符号与意义联系在一起（不完全是任意，在很大程度上属于始自华夏先民的天象和人事观察经验），建立了一个“本象（归纳）——广象（演绎）”系统[49]。

《易经》有六十四卦，即六十四个卦形，卦形复有卦辞，卦辞（和爻辞）

就是对卦形所包含的意义推衍，都收集在《易传》中。例如《乾卦》的卦形和意义可推衍如下：

表 5-4

八卦	自然	动物	人体	人伦	植物	颜色	季节
乾☰	天	马	首	父、君	木果	大红	秋冬间
坤☷	地	牛	腹	母		黑	夏秋间
震☳	雷	龙	足	长男	竹	青	春
巽☴	风	鸡	股	长女	木	白	春夏间
坎☵	水	豕	耳	中男	坚木	红	冬
离☲	火	雉、龟	目	中女	空木		夏
艮☶	山	狗	手	少男	节木		冬春间
兑☱	泽	羊	中	少女			秋

卦形	卦名	卦辞	爻题	爻辞
䷀	乾（上乾下乾）	元亨利贞	初九	潜龙勿用。
			九二	见龙在田，利见大人。
			九三	君子终日乾乾，夕惕若；厉，无咎。
			九四	或跃在渊，无咎。
			九五	飞龙在天，利见大人。
			上九	亢龙有悔。
			用九	见群龙无首，吉。

《易经》六十四卦按二元式排列如下：

表 5-5

64	63	62	61	60	59	58	57
49	50	51	52	53	54	55	56
48	47	46	45	44	43	42	41
33	34	35	36	37	38	39	40
32	31	30	29	28	27	26	25
17	18	19	20	21	22	23	24
16	15	14	13	12	11	10	9
1	2	3	4	5	6	7	8

德国数理逻辑学家莱布尼兹（本书第 5.1.2 节，另见下述）曾经就六十四卦的排列惊叹地写道："这个《易图》可以算是现存科学中最古老的历史记载了。然而这项科学记载，依我所见，虽为四千年前久远的古物，迄今却没有人了解它的意义，这是不可思议的。它和我的计算方法完全一致……如果我没有发现二元式，那么它的体系至今都不会使人明了。"[50]

西方关于指号与意义问题的探讨发源也很早[51]。亚里士多德是集大成者，他以朴素的约定论说明了语言符号与思维（意义）的关系。对这个问题的探讨至中世纪后期有了很大的发展。洛克和莱布尼兹是西方语言哲学进入近代时期的先驱。

葡萄牙哲学家冯塞卡（P. Fonseca, 1528–1599）被誉为西欧"中世纪最后的明星"。冯氏是第一位明确界定"指号"和"意指"（sign and signification，后者又有人译为"指表"）的概念以及二者之间的关系的语言哲学先驱。他指出意指就是能被人的感知所接受和理解的东西，而指号则是能代表或说明意指的东西；指号有形式指号（formal signs）和约定指号（conventional signs）之分；前者又可以称为工具指号，后者又可以称为自然指号。洛克的功绩是首先提出"指号学"（semiotics）及其研究范畴并指出指号是一种认知工具。人类在认知中获得知识，这时主体（人）和客体（知识）需要一种体现二者的统一的"工具系统"即指号系统，也就是语言。

于是语言就成了人类记载观念的指号系统。因此指号也可以说是观念和事物的统一。指号学的职能就是研究二者统一的机制。

莱布尼兹是德国很有创见的数学家和哲学家，与牛顿大体同时却不约而同发明了微积分。莱布尼兹多才多艺，在逻辑学方面，主要贡献是提出了著名的“莱布尼兹法则”（Leibnitz's Law：所有同类事物如具有一切共同的本质属性，则它们都是同一事物）和“充足理由律”（Law of Sufficient Reason）。莱氏认为语词是概念的“代表”和“说明者”，是供人类推理或推演的工具，一切陈述都是具有“主词 S—谓词 P”逻辑结构的命题（S-P Proposition），并由此说明了这是自然语言基本的逻辑结构形式。莱布尼兹代表了指号学强调逻辑形式也就是数理逻辑的发展方向，而成为人工语言学和逻辑语义学的先驱。

现代指号学的意义理论发端于皮尔士（C. S. Peirce, 1838–1914）。皮尔士具有代表性的基本观点是“指号的三重指称论”[52]。皮氏认为指号的第一重指称（the Firstness）是直接指称，即指号代表的实在指称；第二重指称（the Secondness）是关系指称，即指号代表的“具有共同属性的根据”的指称；第三重指称（the Thirdness）是解释性或推衍性指称，即指号的解释者所作出的对指号的种种解释或推衍。就语言学而言，皮尔士的上述指称论，实际上是他的指号论意义观，被归纳为以下公式“a Repr b x”（其中最重要的是“Repr”，叫作“皮尔士代表关系”，其中“a”和“b”都是指号，“x”是指称对象），这个公式的文字表述式是“指号 a 相关于 b 解释或替代、代表对象 x”。可见皮氏的观点是：符号的功能是“替代或代表”。意义存在于“对象 x”中：这个“对象 x”是一个特指变项（相当于罗素的摹状词），在信息转换过程中“b”被解释为“a”，根据的就是“它”（“it”，即“对象 x”），因此“它”被奎因称为“语言 L 的本体”。西方有些符号学翻译理论家就把这个语用过程称为“翻译的符号学模式”。我们将在介绍罗兰 · 巴特时谈到这个模式的意义及其局限。

奥格登（C. K. Ogden, 1889–1957）和瑞恰兹（I. A. Richards, 1893–1979）的名著 *The Meaning of Meaning*（1923，《意义的意义》）是指号语义学的经典文献，但至今仍有颇多争议，攻之者几乎年年有之[53]。继此，奥、瑞二氏又发表了二十多部专著，旨在建立指号理论（特别是基于指号学的言语交际理论），并因此而触发了席卷欧美学术界的论战。从基本的哲学观来看，奥、瑞二氏受英国经典经验主义哲学影响很深，这也可以说是他们的意义理论之源。著名的“指称三角图式”（见第四章），就是以英国经验主义为理据构想出来的——符号是个人的“经验约定”，用以代表所指（注意下文中用的是“someone”，而不是“群体”）：

> Between the symbol and the referent there is no relation other than the indirect one, which consists in its being used by *someone* to stand for *a referent*. Symbol and Referent, that is to say, are not connected directly (and when, for grammatical reasons, we imply such a relation, it will merely be an imputed, as opposed to a real, relation) but only indirectly round the two sides of the triangle. (*M of M*. p. 17)[54]
>
> （符号与所指对象之间除了间接关系之外没有相关联的关系，这种间接关系就是符号被用来代表所指。这就是说，符号与所指不是直接相关的——即使出于语法上的考虑暗示有这样的关系时，那也只不过是推导性的，不是什么实在关系——二者只是沿三角形的两条边延伸，产生间接关系。）

那么，发生“直接相关”的又是什么呢？二氏认为是三角中的实线部分。间接关系搭成的关键是“指号—情境”（sign-situation）或曰“环境”，而所谓“指号—情境”（环境）指由外在刺激与内在过程（与之相对应的是“external and psychological contexts,” *The Meaning of Meaning*, p. 126）所限制或规定的“符号”。明白一点说，就是情境化符号所引起的心理经验和精神反应。二氏解释说：

> ...when a context has affected us in the past the recurrence of merely a part of the context will cause us to react in the way in which we reacted before. A sign is always a stimulus similar to some part of an original stimulus and sufficient to call up the engram formed by that stimulus.
>
> An engram is the residual trace of an adaptation made by the organ-

ism to a stimulus. The mental process due to the calling up of an engram is a similar adaptation: so far as it is cognitive, what it is adapted to is its referent, and is what the sign which excites it stands for or signifies. (*M of M,* p. 133)

(……如果某一情境曾经给过我们以感应，那么，只要这一情境的某一部分重现，就会使我们像以前那样作出反应。指号永远是一种刺激，这一刺激的某一部分相似于前此受到的刺激的某一部分，并足以唤起先前的刺激所形成的印象。

印象是有机体适应刺激留下的心理轨迹。唤起印象的精神过程是一个相似的适应过程：因此，与印象适应的东西就是它的所指对象，即激发指号去指代或意指的东西。)

二氏在做了这一番心理机制描写后，终于以较浅近、明白的语言道出了他们对“意义”的解释：

Meaning, that pivotal term of every theory of language, cannot be treated without a satisfactory theory of signs. With some of its senses (in which “my meaning”—“what I am thinking of”) the question to be answered is, in brief, “What happens when we judge, or believe, or think of something: of what kind of entities does the something consist; and how is it related to the mental event which is our judging, our believing, our thinking?”（*M of M*, p.127）

西方后世的许多批评家接二连三地指出二氏关于意义的定义忽视了意义所产生的社会约定性。语词的意义根本不是像二氏所描写的那样，在个人心理活动、经验、精神过程以及事物与个人的因素关系中获得的。莫里斯也提出过这样的批评。尽管如此，二氏仍是对指号论意义观作深层探索的先驱。

莫里斯（C. Morris, 1901–1979）与皮尔士一样在哲学上都是美国实用主义哲学家，其研究重心都在一般指号学。在语言指号学方面，莫里斯提出了一个指号学定义，这个定义有明显的语用学语言观倾向，但影响深远：

> 语言是一组多情境指号的“集合”，它们有着对一个解释者族的成员共同的人际意指，可由这些成员产生，并以某些方式（但不以别的方式）形成复合指号。或者更简单地说，一种语言是在结合方式上受到限制的一个多情境共指号集合。[55]

莫里斯解释说语言具有多指号的特点。使用者对于多种指号可能存在多种解释，这就使指号具有人际性（或人际开放性）；同时语言指号又是多情境的，多情境使语言本身形成了“系统”，即上文所说的“集合”。莫氏这个定义后来成了语言指号学的经典阐释之一，其中包括语形、语义、语用三个维度。莫里斯后来在《指号理论基础》中解析了他的指号学意义生成机制和意义生成过程：

> 在指号过程中，某物是有中介地亦即借助于第三个事物而考虑到另一事物（译注：也就是墨子所说的“思及旁通”）。所以，指号过程就是一个有中介的思考过程。中介物是指号媒介物；思考是解释；过程的行为者是解释者；被思考的东西即其特指。[56]

就指号学而言，特指或指示（indication）属于语义学领域。莫里斯所谓“特指”，指词项所指代的特定对象，它具有某种“复杂的关系”，即行为主义所提出的中介过程，要对这个过程作出上述的指号分析，即莫氏所说的“中介思考”。思考所得即意义。可见，莫里斯符号学意义观的中心思想是意义的功能性，指号发挥体现三类关系（语形、语义、语用）的功能。意义分析的结果取决于词项关系。这也可以说是指号学典型的意义观。

就翻译学而言，指号学中最有价值的意义研究是罗兰·巴特（Roland Barthes, 1915–1980）对指号与意义之间简约而又明晰的关系的剖析。巴特在《符号学概论》（*Elements of semiology*）的“论意指”（“Signification”，有人译为“指意”“词义”“指表”等等）[57] 中有一节精彩的总结性论述。巴特总结了能指（符号）与所指（指称）之间存在着以下四种相互关系，巴氏称之为“significant correlation”。首先，他分析了能指与所指之间关系比较复杂的原因：

> The *signification* can be conceived as a process; it is the act which binds the signifier and the signified, an act whose product is the sign. This distinction has, of course, only a classifying (and not phenomenological) value: firstly, because the union of signifier and signified, as we shall see, does not exhaust the semantic act, for the sign derives its value also from its surroundings; secondly, because, probably, the mind does not proceed, in the semantic process, by conjunction but by carving out. And indeed the signification (*semiosis*) does not unite unilateral entities, it does not conjoin two terms, for the very good reason that signifier and signified are both at once term and relation. This ambiguity makes any graphic representation of the signification somewhat clumsy, yet this operation is necessary for any semiological discoures.

巴特在这里指出符号与价值及能指与所指是两对相应的关系，其中符号与能指所涵盖的价值与所指可以是各式各样的、非单一的。因此不应将能指与所指即符号与价值之间的关系看得太简单，实际上它们存在的关系可以有以下四种模式：

索绪尔的解释：

> 1）$\frac{\text{Sr}}{\text{Sd}}$: In Saussure, the sign appears, in his demonstration, as the vertical extension of a situation in *depth*: in the language, the signified is, as it were, behind the signifier, and can be reached only through it, although, on the one hand, these excessively spatial metaphors miss the dialectical nature of the signification, and on the other hand the “closed” character of the sign is acceptable only for the frankly discontinuous systems, such as that of the language.

杰姆斯列夫（Louis Hjelmslev, 1899–1965）[58]的解释：

2）ERC: Hjelmslev has chosen in preference a purely graphic representation: there is a relation (R) between the plane of expression (E) and the plane of content (C). This formula enables us to account economically and without metaphorical falsification, for the metalanguages or derivative systems ER (ERC).

拉康（Jacques Lacan, 1901–1980）[59]的解释：

3）$\frac{S}{s}$: Lacan, followed by Laplanche and Leclaire, uses a spatialized writing which, however, differs from Saussure's representation on two points: i) the signifier (S) is global, made up of a multilevelled chain (metaphorical chain): signifier and signified have only a floating relationship and coincide only at certain anchorage points; ii) the line between the signifier (S) and the signified (s) has its own value (which of course it had not in Saussure): it represents the repression of the signified.

最后是巴特补充的一种解释，可以称为“替代”式：

4）Sr≡Sd: Finally, in non-isologic systems (that is, those in which the signifieds are materialized through another system), it is of course legitimate to extend the relation in the form of an equivalence (≡) but not of an identity (=).

索绪尔认为能指与所指呈对应式，被称为“直接关系”模式。这种解释显然不能解释以下词语（符号）与实际意义（语义内容）之间的矛盾问题：

Sr(名):能指	Sd(实):所指
[黑体或斜体部分]	[黑体或斜体部分]
花心郎君	→ *a fickle* husband
手气不佳	→ *Luck* goes against sb.
面首	→ *gigolo*
两袖清风	→ *make light of fame and wealth*
the *shadow* of a name	→ **虚**名
pass muster	→ 令人**满意，过得去**
sin tax	→ **劣行税**（“劣行”包括赌博、吸毒等等）
get back to sb.	→ 回头**找……算账**

上述八个例子就可以看出索绪尔的片面性，索氏看到的只是一些字面对应表达式。

杰姆斯列夫的线性关系模式是一个重要的补充。日常语言中有许多结构式正是 E（表达式）R（关系，犹云“引导出”）C（语义内容或意之所在）。杰氏认为“表达”与“意义”是两个平面也可以是前后两个部分，关系 R 只是一个连接部件，可虚可实，通常是虚化的或意合的。例如“E 不见棺材（R：前提 ←）C 不落泪”是两个平面的结合，“E 理直（R：条件 ←）C 气壮”是两个部分以及“E 留得青山在”（R：结果 →）“C 不怕没柴烧”，“E 冰冻三尺”（R 阐释 →）“C 非一日之寒”等等。话题（T）与述题（R）式句子都符合杰氏的模式。（巴特据此论以解说性阅读析出意义的方法我们将在第八章中论及。）

拉康提出的 S-s 关系模式对翻译中的意义转换最具相关性。拉氏认为能指（大写）S 与所指（小写）s 之间具有一种浮动关系，“S”与“s”之间的“-”表示特定语境下的固定化。例如“亮”这个词即大写 S，可以有许多词义，即小写 s_1、s_2、s_3……，如在“发亮”“透亮”“明亮”中各有其义，搭配不一而足。但在“打开天窗说亮话”中“亮”与“话”搭配，属于非常规搭配，就需要在很多“浮动的”小写 s 中寻找、筛选，结果才可以“固定在一个点”（an anchorage point）上，即“明亮”：“亮话”就是“讲得明明白白的话”。

巴特的 Sr-Sd 关系属于语义替代或引申，也是一项重要的补充，因为这时二者之间已经不再是对应关系了。巴特在上文中提及的是实化

（materialized）替代或引申[60]。例如 panic（痛苦）本义是比较虚幻的，但在下面这句话中 panic 的意义已转移到另一个“system”了：*Cheers is a real panic*（《欢乐酒店》真是笑死人），panic 的意思是“层出不穷的笑料”。“Black humor”中的 black 词义也不再是颜色“系统”中的概念了。“Black humor”指美国 20 世纪 60 年代中年作家 John Barth 等人作品中表现出的一种话中带刺的嘲讽，具有怪诞甚至病态的幽默感。巴特的指号学理念虽然没有摆脱结构主义的框框，但显然已经超出了索绪尔的狭隘领域。

整个说来，指称论及其意义观受皮尔士的影响最深，包括巴特在内。而皮尔士对后世的影响主要集中于他的基本哲学观。可以说，皮氏的基本哲学观几乎影响了所有西方的指称论者，而且对译学也有积极意义。在皮尔士看来，人对符号（指号）意义的解释（interpretation）遵循一条双重互动轨道（皮尔士称之为“dyadic relations”），其一是“主体的经验概念”（experiential conception），其二是“动态客体的功能”（the function of dynamic objects）。符号作用于主体（相应于“其二”作用于“其一”）始于主体的“感觉”（feeling），皮尔士称之为内化（internalization），内化过程是动态客体作用于主体使之产生经验概念的“原动力”（initiating force），而意义则是内化过程中产生的经验概念的“抽象”（abstraction）。上面所说的是皮尔士哲学观中的基础理论即多元论，我们已在第二章中提到。皮氏哲学观中的第二个要点是实用主义。这一点我们将在讨论翻译学关于“真”（truth）的问题时再谈，因为我们现在谈的是指称即有关意义的问题。皮氏基本哲学观的第三个要点是不确定性，这就与指称有关了。Linda C. Burns 在《模糊性：自然语言和三段论探讨》（KAP, 1991）中引述皮氏这个基本哲学观必然导致自然语言模糊论时阐发说：

> Peirce (1902) is often considered as the originator of the notion of vagueness in language, although, as we have seen, Ullmann dates it rather earlier. Peirce was perhaps the first to try to formulate the notion in a rigorous way, as follows:
>
> A proposition is vague where there are possible states of things concerning which it is intrinsically uncertain whether, had they been contem-

plated by the speaker, he would have regarded them as excluded or allowed by the proposition. By intrinsically uncertain we mean not uncertain in consequence of any ignorance of the interpreter, but because the speaker's habits of language were indeterminate; so that one day he would regard the proposition as excluding, another as admitting, those states of things. Yet this must be understood to have reference to what might be deduced from a perfect knowledge of his state of mind; for it is precisely because these questions never did, or did not frequently, present themselves that his habit remained indeterminate. (1902: 748)

由于由符号蕴含的意义是“不确定的”（“indeterminate”），就产生了一个在符号标志（index）下的指称对象“究竟是什么”的问题。皮尔士对此作了很认真的探讨，提出了“三重指称”论。他认为首先是符号的“直接对象”（immediate object），即符号是“解释”，常可用 to（refer to）来表示；第二是“动态对象”（dynamic object），即与直接对象有共同属性的东西，也可以称为相对等价对象，常可用 for（stand for）来表示；第三个指称皮尔士称之为类推关系项，即解释本身又变成了一个指号对象，这个类推出来的对象由于确实是符号下的蕴含内容，因而实际上成了该指号的指代对象，对象的运动过程就是“符号过程”。为便于读者理解上述的理论描写，下面引述 Carl Hausman 为解释皮尔士的上述哲学语义学理念所举的一个例子，意在以实带虚，作为我们对指号论意义观论述的结束语[61]：

It may be helpful to introduce an illustration. Suppose that one of my teeth aches when I drink liquids. I interpret this as a sign of some impairment or malady（牙质损伤或坏死）. Thus, an interpretant is determined in which my pain is regarded as a representation or sign. The pain is an “index”（标志）of something. In turn, my dentist is able to refine this sign after learning that the pain occurs only when the offending liquids are hot. He says that the pain is a sign of bacterial infection. Thus, according to Peirce's semiotics, the pain is now a more “refined index”（确证标志）

linked with symbolic activity（符号活动）. This index refers to an infection, which is understood as the effect of bacteria that produce gas and thus pressure inside the tooth.

What initiates this semiotic process（符号过程）is a pole in a "dyadic, causal relation"（因果性二项关系）. It is the activity of the bacteria that causes gas, which in turn causes pressure and the felt pain. The initial condition contributes to the origin of a series of dyadic relations（并连式二项关系）, and the outcome is a series of interpretive acts（解释行为，即作"这样"或"那样"的解释）. Thus, my report of pain determines a mental representation of the pain for both the dentist and me. My report is indexically related to the pain, which caused my reaction and is expressed in the report, just as the bacterial gas caused the pain. However, once I reacted, interpreting the pain as an index of something and reporting this to the dentist, triadic relations（三项关系）were invoked, because the dentist understood general laws or regularities that are applicable to the correlation of pain, hot liquid, the behaviour of gases, and so on. This knowledge enabled the dentist to determine a mediating connection between symptom and cause. The pain is an indexical sign（标志符号）of bacteria with respect to, or by virtue of, the laws of bacterial activity.

Without probing the complexities of the example further, it is possible to apply it to the origin of interpretation as it is conditioned by "a dynamical object"（动态对象）. The originating dynamical object is a condition that, in time, is first manifested in the experience of pain. The dentist's representation of the pain as a symptom or effect construes the pain as "an immediate object"（直接对象或表征对象）, which is the dynamical object as interpreted. In this case, the immediate object is recognized as the pain, the dynamical object itself being that which constrains experience and is intrepreted as pain（约束，制约条件）, and thus as an immediate object. However, as indicated earlier, constraints are also present in the "system of signs"（符号系统）that constitute what the dentist knows about toothaches, bacteria, and so forth. Thus, interpretation yields a complex immediate object, namely, the dynamical object interpreted as bacteria and gases. Because of the dentist's role, the dynamical object as initially manifest in pain has been brought into the dentist's interpretive sights. Its interpretation in the form of the immediate object then can be developed（即上文所说的“类推”）in terms of the laws of toothache infections（按“牙痛细菌感染规律”作皮尔士所说的类推关系项类推）rather than, for example, the laws of fractured teeth.（括弧内中文注解为作者所加）

上例说明，人对符号的解释（意义）受制于意义标志系统，这个系统体现一系列动态对象（或表征对象，即上例所说的一些症状，如牙痛可能是感染、可能是断裂等等），动态对象中心有一个是实际对象（如上例是感染，而不是牙质断裂等等），因此此人“牙痛”这个“符号”按因果性二项关系推衍的含义就是“细菌感染”。

表 5-6

代表人物	主要观点及主张	对译学的参照意见
G. Leibnitz (1646–1716) 莱布尼兹：德国数学家、哲学家、微积分的发明者；在哲学上莱氏是唯理主义者，因而注重逻辑分析，被罗素称为自己的“引路人”。	(1) 莱氏是“莱布尼兹法则”和“充足理由律”的发现者和阐发者。 (2) 在哲学上莱氏是英国经验主义的坚决反对者。 (3) 在语言观上莱氏认为语言是功能手段。在意义观上比较接近观念论。 (4) 莱氏的最重要的贡献是提出人工语言的构想。	(1) 莱氏与英国经验主义者的论战，纠正了经验主义走向非理性化的偏向。 (2) 莱布尼兹在语言观上比较接近洛克，基本上认同意义的观念论；但莱氏认为人的观念不一定反映外物，符号与意义间的关系不是绝对任意的。 (3) 莱氏是语言逻辑分析的先驱，是现代形式逻辑—数理逻辑的奠基人之一。
皮尔士揭开了现代指号学的帷幕，研究热潮遍及欧美		

（续表）

代表人物	主要观点及主张	对译学的参照意见
Charles S. Peirce（1839–1914）皮尔士：美国数学家、逻辑学家和实用主义哲学的创始人	(1) 皮氏是现代指号学公认的先驱及实用主义哲学的创始人。 (2) 皮尔士在哲学上是多元论者，尤其是关于真理问题，他提出过 (a) 契合论；(b) 极限论；(c) 共识论和 (d) 信仰论。 (3) 皮氏的意义理论要旨是客体对象作用于人这个主体，从而产生“能动性概念”。所谓能动性是主体可以根据效果即实用主义的原则来检验概念的真实性，如果是真，那么概念也就是意义；皮氏的意义理论很接近观 念论。他认为指号指代对象体现为“观念”，这个观念又是指号的“根据”(《皮尔士全集》，第 2 卷)。 (4) 皮尔士提出了三重指称论，一重指称是直接指称；二重指称是关系指称；三重指称是解释性或推衍性指称。	(1) 皮尔士指号学系统理论打开了一个新的译学疆域。 (2) 具体来说，皮尔士认为指号就其指代对象而言，存在“三维关系”（指号、指号对象、指号的解释者），这对译学的意义理论有参考价值，即不能忽视皮氏所强调的解释者。对译学而言就是翻译者(包括译者及翻译研究者)。皮尔士正确地指出，解释者实际上是起决定作用者，但从表面上看，解释者只不过是一个中介，是一种居间因素即“替代”和“代表”（所谓“皮尔士代表关系”）。可见完全否定主体的决定性作用，一味强调“文本中心”也是站不住脚的。
K. C. Ogden (1889–1957) & I. A. Richards (1893–1979) 奥格登与瑞恰兹：英国文艺评论家、语义学家。	(1) 奥、瑞二氏是“指称三角图式”的创建者。 (2) 提出“sign-situation”论（“符号—情境”因果论），大意是意义源于符号—情境因果链机制，符号在某一情境中引起人的心理经验和精神过程，因此某事物的意义就是	(1) 二氏提出的指称三角图（语义三角）影响深远。其合理成分是第一次以视觉上的简约图式提出了“所指对象—形式—意义(概念)”是三角关系。 (2) 三角图式最大的问题是二氏对“三角”中的每一项都缺乏明确的、科学的界定。

（续表）

代表人物	主要观点及主张	对译学的参照意见
	对某事物所引起的心理经验和精神过程的解释。	(3) 二氏提出“符号—情境”互为因果，结果“概念”等于被取消了、架空了。(Hardy, 1967)
Charles Morris (1901–) 莫里斯：美国实用主义哲学家、一般指号学家。	(1) 莫氏提出，意义产生于以指号为中介的思考过程，而思考就是解释。 (2) 指出意义的功能性，意义分析的结果取决于词项关系。	(1) 莫氏以实用主义哲学观指导语言研究，因而重人际性以及多情境制约下的三维（语形、语义、语用）言语行为。 (2) 莫氏认为意义存在于词项关系中。 此点可以佐证译学的词义辨析方法论。
Roland Barthes (1915–1980) 罗兰·巴特：法国哲学家、文艺及社会评论家、美学家、结构主义在西欧的主要代表人物。	(1) 巴特指出指号与指称之间的关系相应于符号与“价值”（即语义内容）之间的关系。 (2) 而它们之间的关系是多种多样的。巴特列出了四种模式：索绪尔式、杰姆斯列夫式、拉康式和巴氏替代式。 (3) 巴特还提出了结构解析的文本意义分析法。	(1) 巴特对指号与指称关系的类型综合和分析对翻译学意义理论的建设具有无可置疑的参照意义。 (2) 巴特的文本分析法也很有参考价值。我们将在第七章中论及。

5.2 结语

本章以意义观为“纲”、以各家理论为“纬”、以“人”为“经”，概要地介绍了语言哲学（以现代西方语言哲学为主）中四种意义理论。立意如下：

第一是从历史的、宏观的视角，理清语言哲学中最重要、最基本也是讨论得比较深透的“命题—意义”问题的来龙去脉以及哲学家中关于意义问题的共识和歧见，并力图解释他们的基本哲学观与意义观之间的联系。弄清楚这些问题，可以促使我们加深对意义问题的重要性的认识，加深对译学与哲学之间渊源积久的认识。

第二是探求他山之石，以建立和发展我们译学的意义理论。译学具有明显的综合性。译学与哲学渊源很深，我们尤其应该到哲学领域那峰峨峻拔、积石峋嶙的山上去探宝求珍。中国传统的人文科学崇尚纵向的悠古承袭，传宗继世，厚往轻来[62]；尤其忽视横向的相融互济，补短取长，继往开来。这种自我封闭的倾向，我们应该在身体力行中勉力改正。中华文化呈凝聚型，西方文化呈扩散型，我们应该尽我们的努力促进形态的异化，在凝聚中有扩散，继扩散后再凝聚。不要执着或固守那个“吾日三省吾身”的自我封闭圈。

第三是要坚持本位观照，外位参照，以我为主，体用得宜。我们重点介绍了四种意义理论，这四种意义理论模式对建立和发展中国翻译学都有很明显的相关性和针对性。这里涉及我们的若干取舍原则或根据。具体而言，首先是要符合汉语的异质性，汉语不具备形式（形态）优势，重意合，语法隐含。这是一个基本事实以及基于这个事实所应建立的语言观问题，我们在第四章中已经有所阐发了。其次是要符合翻译作为语际转换活动“必须重意义的对应转换”这一项实质性基本原则。翻译运作是要研究形式，主要是应注重研究形式的表现论，至于意义对应转换的“形式规范”，则不论它们何等“科学”，何等“精理极致”，对中国译学是没有或甚少实际意义的。最后，意义理论研究的关键是方法论问题和价值观问题。翻译学从根本上来说是一门人文性很强的学科。人的心智功能、思维机制和社会情境在翻译的全程运作中始终起着决定性作用，概念分析方法远比逻辑推演方法，更适用于翻译中 SL-TL 意义对应和 SL-TL 审美对应的实现。数理逻辑中按函项集作真值演算可能有助于翻译信息工程学，但千千万万个翻译者每天处理的可能永远是日常语言和自然语言。人工语言、数理逻辑语言可能在有限的程度上，分析和改善日常语言、自然语言，充当一种元语言用以作为自然科学的陈述或论证手段或代码，但前者永远不可能取代后者，而且非但不能取代后者，它只可能越来越依附于后者，因为随着社会的进步、世界各种文化形态接触的深度和广度与日俱增，自然语言和日常语言会变得愈益丰富多彩和多变，人类“心智潜能”（mind potentials）中包括想象力、联想力、情感迁移能力、形象描摹能力和抽象思辨能力将越来越具有超时空性，令逻辑形式学家望洋兴叹！这一点我们只要看看维根斯坦前期向后期转变以及瑞恰兹对“情感意义”的提升、卡尔纳普不断放宽对“有意义”命题的实际要求、奎因对意义问题的发展观和变通态度就很清楚了：真正的哲学家终究会在真知和真理面前采取求实态度。科学拒绝盲从。对此，艾利斯（John M. Ellis, 1994）作了一番中肯的批评和解释可供我们参考：

> This remoteness of formal logic from our actual use of language can be seen in the fact that, for example, a set (not a category) is designated by a letter (x); since none of the particular organizing principles inherent in a specific real-world category can now be relevant (because they cannot be known), all subsequent arguments must be based on an absolute identity of all members of the class. But this means that the most important and most central feature of language is not present in this kind of artificial language: it has been completely bypassed...
>
> Many linguists and philosophers have tried to push language toward logic and mathematics in order to make its working more precise and thus (as they have thought) more unambiguous and more useful to us. There could be no greater misconception about language than this. Logic and mathematics are specialized, restricted forms of language that lack its essential reality—its arbitrary and yet fixed system of making equivalences.[63]

从翻译学“外位参照”的视角来看，意义理论的价值标准应表现为以下三点；同时，我们将以此为参照提出我们的理论原则：

（一）不论是什么意义理论模式，它必须非常重视人的因素，其中包括思想、表达思想的言语行为和语言的具体使用。道理很简单，语言是人的交际工具，是思维（意义）传播的媒介，这个媒介如果不承载意义，就是“非人文化”（dehumanization）。因此，**语言之最本质的属性是人文性，表现为承载人的思维（意义）和情感**。脱离人文性的纯形式演绎或“演算”式意义理论模式，对科学原理阐析和信息工程可能是有益的，但对以意义的对应转换为实质而且必须倚仗人的知、情、志的翻译而言，则是没有什么实际效用的，用亚里士多德的话来说，那只是“一种高翔于现实生活之上的诗意的比喻”罢了。同时，必须指出，语言的人文性最充分地体现在自然语言中或日常语言中，而翻译的对象语言（SL 及 TL）正是各式各样的自然语言或日常语言。其实，在西方语言学界，很早就有人指出并论证了基于数理逻辑的人工语言的种种意义观，对具有明显的人文性的自然语言研究没有什么意义可言。20 世纪 80 年代初，美国语言哲学家巴怀斯（J. Barwise）和柏利（J. Perry）在其合著中写道：

> 我们一直深信，发端于弗雷格、罗素、塔尔斯基以及数理逻辑学家们著作中的标准逻辑观，完全不能发挥哲学家、语言学家和电脑专家们期望它发挥的作用，标准逻辑观的许多观念只适用于数学（对此我们现在也有所怀疑），却并不适用于日常语言。[64]

Barwise 和 Perry 批评西方语言哲学家用数学语言来解释和试图解决自然语言的意义问题不仅徒然，而且肯定会引起更多的混乱（如引进了很多数理逻辑术语），从而使解决意义问题更加困难，因为这样一来使意义描写越来越走向“非人文化”：

> 标准理论模式的传统成绩斐然，但其缺陷却不能忽视。现代逻辑的先驱弗雷格、罗素、怀特海（A. Whitehead）、古德尔（K. Godel）和塔尔斯基等人头脑中占主导地位的是数学语言。这种先入为主的观念使他们将数学的许多假设和看法注入模型理论的核心。随之又将它们当作语言总体的假设，这样就使得以标准模式理论来解决自然语言的语义问题愈益困难[65]。

如果对意义的描写偏离了意义的本质和基本功能，即如何使用词语以表达和表现（express and represent）人的思维和情感，而这一点又正是翻译学意义转换理论关注的中心和力求达到的目标，那么这种意义理论模式对我们的“外位参照”又有什么实际意义呢？

（二）不论是什么意义理论模式，它必须非常重视语言运用中的意义，具有一种动态的意义观，而不应受到结构主义、形式主义的框囿。对此，英国语言学家 Stephen Ullman 曾经作过如下阐述：

> 但是大多数的结构主义语言学家不愿意谈论语义事实。……有一位著名的结构主义语言学家曾经语出惊人地论述说：“语言的语言学系统不包括语义学。系统是抽象的，是一种信号系统。我们一旦研究语义学就不再是研究语言而是研究与语言联合的语义学系统了。”这种极端的立场在会场上（指 1953 年芝加哥国际语言学家会议——译注）得不到广泛的接受。但另一种误会却差不多没有遇到挑战，即认为语义学没有系统，不能采用结构主义的方法。这就导致了语义学和“结构”的一分为二，总括成如下的公式：“任何语言系统都有结构的一面和语义的一面，可以分开来论述。”⑥⑥

实际上，所谓“分开来论述”只不过是“分而不述”。可以说，从结构主义衍生出来的所有派别及其有关意义的主张都是重形（式）不重（意）义的。正如 Ullman 所说的：

> 结构主义学派仍继续对语义学的方法充耳不闻。如果这种情况永远继续下去，其结果对于语义学和整个语言学都是极端有害的。它会妨碍语义学的进步，……它将使结构主义语言学转变为一种专门关心主题的形式而被砍掉了（另）一方面的学科。如果这意味着把语言的语义方面置之不顾，那么科学准确性所付出的代价就未免太高了。事实上，像这样的一种语言学概念甚至不是真正合乎科学的，因为科学方法的“必要条件”（*sine qua non*）应该与题材相称，一种没有语义学的语言学将会扩大目前存在于结构主义者和非结构主义者之间的疏

远，使哲学家和其他对语言深感兴趣并渴望语言学家给予开导的人大失所望。[67]

毫无问题，语言学如果不研究意义，那么 Ullman 所说的语言学的“科学准确性”就实在是所剩无几了！

（三）对翻译学而言，意义的理论模式应该为语言的使用者提供意义表达的诸多途径（accessibility），这就是说，意义的理论描写应该包括意义表达和意义陈述的各种可供选择的手段，其中包括意义表达和意义陈述的多维系统，而且应当具备尽可能充分的对策，即对实践的指导原则。翻译学意义理论是在同质语言观和异质语言观的辩证统一思想指导下意义转换的理论描写，也是本书下一章的任务。

另外还有几个具体问题必须加以说明或澄清。

其一，在本章论述的意义理论中所列举的哲学家是以“论”为“纬”（即横断面），并不说明这位哲学家属于这个“派”，实际上，现代哲学家从不以意义观为“标签”分派，而是大致以基本方法论分出两个大体的“阵营”：一派是以意义概念分析法为基本方法论的哲学家，另一派是以逻辑形式分析法为基本方法论的哲学家。即使如此，哲学家中既执着于前者又引入后者（或相反）的人也大有人在，奎因和斯特劳森就是很好的例子。这也说明哲学不是数理化，$E=mc^2$ 这类公式不适用于语言哲学，因为不论哲学界争论何等激烈，也没有一位哲学家反对过一条真理：人类的语言从本质上说就是模糊的。正因为如此，自然语言将与人类共存，而人工语言则只是一种远远谈不上完善的自然科学和工程学方法论工具。

其二，翻译学和语言哲学就像其他学科一样，有不少跨范畴的课题。为顾及某一特定课题最基本的相关性及最本质的属性，同时也顾及本书体例上的一致与论述分布上的大体平衡，我们将某些重要的现代哲学家所论及的意义问题放到主旨更为明确、且含理论意义的有关章节中了。例如，当代法国最有影响的哲学家利科（Paul Ricoeur）和德里达（Jacques Derrida）等人论述意义的主旨集中于理解、阐释和解释，因此我们将在第七章关于翻译思维的三个平面中加以论述。这种情况很多，有些地方我们做了相互参照的注释，但实难全面做到也没有必要完全相互参照。这时如何融会贯通或触类旁通就靠读者自己了。

其三，许多西方语言哲学家都将意义的真值问题列为重要的研究项目，有些哲学家（如塔斯坦、卡尔纳普、克里普克、维根斯坦、奎因）甚至倾其毕生精力于真值问题研究。但这个问题我们在本章却很少涉及，其所以如此，我们在上面其实已经作了解释。对翻译学而言，“意义上的真值”取决于原语，翻译运作是在对 SL “真值的预设前提”下进行的。在翻译学的意义理论框架中，真值问题实际上是对原语意义理解及表达上的“真”，所以西方有人说翻译学理论中的真值是“second hand truth value”（“第二手真值”），一切取决于原语“第一手真值”的可靠性，不需要翻译家去“越俎代庖”（代替原作者去论证语义真值）。这是有一定道理的。当然，翻译是一种严谨的、严肃的言语交际及转换运作，我们虽然不必越俎代庖，但也不能盲目地依样画葫芦。语言中的逻辑问题我们将在第八章中详加探讨。

概而言之，我们之所以不厌其详地分析介绍了上述种种语言哲学中的意义理论，其目的在借由全面的外位参照，使我们在建设译学的意义理论时，既有充足的理论思想，又有坚实的理论架构，既有“故国家珍”，又有“异域瑰宝”。

最后有一点要说明，西方和中国哲学著作浩如烟海，仅语言哲学一类，西方近代及现代著作（如果说始自弗雷格）包括代表论著即不下一二千种，我们要在其中择其精、选其要、述其旨、明其用实非易事。而且任何学科欲借其鉴，就难免受到本学科功利观之框囿，评估失准。因此希望读者以求索态度读之，尽力多读一些本章中所列或引介的参考书，务求自己有一个客观的、明确的理解，幸勿以书中之言为定论。我们志在译学理论疆界的开拓，外为我用，不在品评域外百家的功过是非，这是自不待言的。

〔注释〕

①引自 Thomas M. Olshewsky 编 *Problems in the Philosophy of Language*, Holt, Rineheart and Winston, Inc, 1969, p. 10。

②引自 William P. Alston 著 *Philosophy of Language*, Prentice-Hall Inc, 1964, pp. 11-12。据 A. R. Lacey 编 *A Dictionary of Philosophy*（new ed.）提到六种意义理论，

即 Referential Theories, Ideational Theories, Relational Theories（Correspondence Theories, 对应论）, Use Theories, Causal Theories（因果论），及 Verification Theories（证实论）（London: Routledge, 3rd Edition, pp. 194-197）。本书的主旨并不是全面介绍现代西方语言哲学中的诸多意义理论模式，而是着眼于翻译学之所需。我们的原则始终是与翻译学的相关性。

③参见 Charles S. Hardwick 的文章 "Peirce's Influence on Some British Philosophers"。作者肯定了皮氏符号论对哲学的深刻影响。

④引自车铭洲著《价值意义论纲》，载涂纪亮主编《英美语言哲学》，中国社会科学出版社 1993 年版，第 59 页。

⑤在中外哲学史中，谈论过指称问题的人很多。特别是西方现代语言哲学界，所有的语言哲学家都或多或少地要论及指称问题，我们不可能在这一节中一一提及并罗列其主张。本书是在论及某位哲学家的主要主张时附带提及其指称论意义观（如美国哲学家塞尔，我们是在论述其意向论时附带提及了他的指称论意义观）。

⑥见孙叔平著《中国哲学史稿》（上），上海人民出版社 1992 年版，第 157 页。

⑦见胡适著《中国哲学史大纲》卷上，第八章，第一章。

⑧公孙龙的著作在经籍中历来不受重视，勘校、诠注中附会尤多，贬斥之见历代可见。《桓谭新论》中说："公孙子常争论白马非马，人不能屈。后乘白马，无符传，欲出关，关吏不听，此虚言难以夺实也。"这完全是因学术观点之不同而辱以人身歧视。后来连刘勰都说《白马论》"巧辞理拙"，不讲一句公平话，反而说对公孙子的不公正批评"非妄贬也"（《文心雕龙·诸子》）。近人韦政通云，公孙子提出这类问题来讨论，其实是很有意义的，它"有可能发展出一个知性的思想系统"，对哲学而言，实不可少，其著作受冷落而散佚，"是传统哲学的一大损失"。（韦政通：《中国哲学辞典》，台北 1980 年版）

⑨引自 Mill 著 "Of Names"，载 M. R. Harnish 编 *Basic Topics in the Philosopry of Language*, New York: Harvester & Wheatsheaf, 1986, p. 130。

⑩"传统指称论"是一个比较松散的提法，可以涵盖古希腊的所谓"幼稚理论"以及洛克、密尔、弗雷格、罗素等人的一些观点。及至塞尔（J. R. Searle）、维根斯坦和丘奇（A. Church）等人也有不少观点也属于传统指称论。传统指称论的主要观点是：名称分别具有内涵和外延，也各自具有意义（含义）和指称，外延由含义决定，指称也由含义决定。此外，西方传统语言哲学家常常将名称的内涵与指称的含义即意义看作一回事。

⑪引文出自 Gottlob Frege, “On Sense and Nominatum, ” A. P. Martinich 编 *The Philisophy of Language*, Second Edition, NY & Oxford: OUP, 1990, p. 191。英译者是 Herbert Feigl, 译自 *Ueber Sinn und Bedtung*, 1892 年版。

⑫关于“命题”的定义，哲学家常因人而异。我们采用语义学的界说。所谓命题，指表示判断的陈述，以“句”为单位。“命题”含有反映事物情况、状况或本质的意念；另外，命题总有真假之分。概而言之，“命题”的“语义—逻辑学界说”有三条：（1）必须是陈述句（不是疑问句、祈使句、感叹句）；（2）必须含有意念；（3）有真假之分。比如，“‘太空人’比‘地球人’聪明”这个句子是陈述句；有意义；可能真也可能假。因此命题成立。“北极冰山经大西洋漂浮到达南极”是陈述句，也有意义，但绝对不可能真，因此命题不成立。

⑬文中引介的语句的中文措辞参照了涂纪亮著《现代西方语言哲学比较研究》，中国社会科学出版社 1996 年版，第 282—284 页。

⑭原文阙如。译文引自维氏著《蓝皮书和棕皮书》，中文参照了周昌忠著《西方现代语言哲学》，上海人民出版社 1992 年版，第 92—93 页。本书作者在语句方面有技术性修改。

⑮ Kripke 主要的研究领域是逻辑哲学尤其是其中的“可能世界问题”，提出了反传统的因果论意义观。

⑯引自 Kripke 著 *Naming and Necessity*, Cambridge: Harvard UP, 1980, pp. 91–92。

⑰引自 Hempel 著 “Empiricist Criteria of Cognitive Significance: Problems and Changes”，载 *The Philosophy of Language*, 2nd ed., by A. P. Martinich, NY & Oxford: OUP, 1990, pp. 22-23。

⑱引自周昌忠著《西方现代语言哲学》，上海人民出版社 1992 年版，第 226 页。

⑲、⑳引自 W. V. Quine 著 *From A Logical Point of View*, 2nd ed., Cambridge: Harvard UP, 1961, p. 35 and p. 37。

㉑此处引文采用了涂纪亮著《现代西方语言哲学比较研究》中的译文，中国社会科学出版社 1996 年版，第 286—287 页。本书作者对个别词语有技术性修改，但仍欠通顺；原文阙如，无法重译。

㉒引自 David E. Cooper 著 *Philosophy and the Nature of Language*, Longman, 1973, p. 70; pp. 84-85。

㉓有人将语义学上的 idea 译为“意念”。按 idea 在这里的意思是语义学上的用法，应为“观念”或“概念”；ideational 则译为“概念的”，见方立等编、胡壮麟等校

《语言学和语音学基础词典》，根据 David Crystal 编 *A First Dictionary of Linguistics and Phonetics* 译出，前者由北京语言学院出版社出版（1992 年 2 月）；后者由 Andre Deutsch 出版社出版（1980 年第一版）。本书在 idea 用于此意时，一律译为“观念”；将 notion 译为“意念”。

㉔转引自 W. Alston 著 *Philosophy of Language*, Prentice-Hall, Inc, 1964, p. 23。

㉕引自洛克著“Concerning Human Understanding”，载 *Great Books of the Western World*, Vol. 35, p. 253。

㉖实际上集中讨论“意义的意义”问题的先驱是 I. A. Richards 和 C. K. Ogden，二人于 1923 年合著之 *The Meaning of Meaning* 是一本专论。但他们的意义理论是从符号学视角提出的。

㉗载 *Philosophical Review*, Vol. 66 (1957), pp. 377–388。

㉘引自 Grice 著“Meaning”，载 *Philosophical Review*, Vol. 66 (1957), pp. 377–388。

㉙同前。

㉚“选言陈述”即 Grice 文中的“statement of disjunction”。选言陈述是形式逻辑的命题，属于推理的一种。选言推理（disjunctive inference）衍生选言陈述。

㉛参见周昌忠著《西方现代语言哲学》，上海人民出版社 1992 年版，第 105 页。另参见 Wittgenstein 著 *Philosophical Investigations*, 1933, p. 43。

㉜原文取自 Searle 著“What is a Speech Act?”载 *Philosophy in America*, Max Black, ed, Cornell UP, 1965, pp. 221–239。

㉝转引自涂纪亮著《塞尔》，载《当代西方著名哲学家评传》，第一卷《语言哲学》，山东人民出版社 1996 年版，第 239 页。

㉞斯特劳森对意义的研究还涉及语言的真理观、对罗素指称论的批评、描述的形而上学等等，与译学关系甚微，从略。戴维森的主张集中于真值论。文中斯氏二段论述转引自涂纪亮著《现代西方语言哲学比较研究》，第 284 页。

㉟以上三段斯氏论著原文阙如。引文的中译取自涂纪亮著《斯特劳森》，载《当代西方著名哲学家评传》，第一卷《语言哲学》，山东人民出版社 1996 年版，第 96—97 页。

㊱逻辑实证主义（logical positivism）始于上世纪 20 年代，是维也纳学派创建的一种思潮，以史里克（M. Schlick）、卡尔纳普（R. Carnap）、塔尔斯基（A. Tarski）为代表。第二次世界大战以后，其中心移至美国，以奎因为代表。逻辑实证主义主

张批判传统形而上学（思辨哲学），建立以数理逻辑为方法论的“科学的哲学”。逻辑实证主义可分为两派：一派承认感觉经验可以为断定“真、假”提供证实手段；另一派认为“真、假”纯由逻辑形式来判断，只主张用逻辑分析方法，拒斥传统哲学的概念分析方法。

㊲原文阙如。译文出自李步楼译《哲学中的革命》，艾耶尔等著，北京：商务印书馆 1986 年版；此处转引自周昌忠著《西方现代语言哲学》，上海人民出版社 1992 年版，第 335—336 页。本书作者在文字上略有修改。

㊳引自 Strawson 著 *Meaning and Truth*, Oxford: OUP, 1970, p. 1 及 pp. 3–4.

㊴本章中用“语用”一词时指维根斯坦所说的 use，既不是指“指号语用学”（由 Morris 提出），也不是指“逻辑语用学”（由 Montague 等人发展的）。

㊵引自 Wittgenstein 著 *Philosophical Investigation*, trans. by Anscombe, BB. 1981，p. 175。

㊶引自 John Cook 著 “Wittgenstein on Privacy”，载 *Philosophical Review*, Vol. 74 (1965)。

㊷参见周昌忠著《现代西方语言哲学》，上海人民出版社。

㊸很多语言哲学家都对言语行为理论作出了贡献。如五十年代的斯特劳森和六、七十年代的塞尔。塞尔发表过三本这方面的专著，如 *Speech Acts—An Essay in the Philosophy of Language*（1969）等，对奥氏的观点作了很中肯的修正。

㊹塞尔曾将这类言语行为分为以下五类：（1）Assertive / Representative（断言性）；（2）Directive（指令性）；（3）Commissive（承诺性）；（4）Expressive（表情性）；（5）Declarative（宣告性）。以下五式各有不同的语势：“断言”一般表示信念以说服听者；“指令”一般表示授意；“承诺”一般希望对方释念；“表情”一般向对方示意言者心态；“宣告”一般宣布终止或开始，以便对方知晓。

㊺塞尔在“What is a Speech Act?”一文中解释说：

Some of the English verbs and verb phrases associated with illocutionary acts are: state, assert, describe, warn, remark, comment, command, order, request, criticize, apologize, censure, approve, welcome, promise, express approval, and express regret. Austin claimed that there were over a thousand such expressions in English.

㊻引自 J. L. Austin 著 *Performative Utterances, Philosophical Papers*, 2nd ed., J. Ullmson and G. E. Warnock, eds, OUP, 1970, pp. 233–252。

㊼“指号学”（以下称号均可 science of signs, semiotics, semiology 汉译也可以用

符号学）是语言哲学的方法论，被视为理论语言学的组成部分。指号学有自己理论架构。本书此处只涉及指号学与意义问题。另外，“指号”（sign）“指称”（referent 或 referent）是语言哲学家的用语；“符号”“符码”（都是 sign 文论家也用 symbol）是符号学家的用语；“能指”（signifier）、“所指”（signified）是语义学家的用语。其实，“指号”“符号”“符码”“能指”都是一回事，“指称”“所指”也是一回事。学科不同，用语不一，我们在借鉴外位学科时，只好采取“客从主人”的原则。

㊽参见胡奇光著《中国小学史》，上海人民出版社 1987 年版，第一章。

㊾此处所引三个图表均取自王玉德等编著《中华神秘文化》，湖南出版社 1993 年版，分别载于第 35、16、53 页。

㊿转引自朱谦之著《中国哲学对欧洲的影响》，福建人民出版社版，第 231 页。本书作者在译文词句上有技术性修改。

51读者可以参考莫里斯著 *Signs, Language and Behavior*,（NY：Prentice-Hall, 1946）书后的附录。莫氏简明扼要地概述了西方的指号学历史。

52这个解释是根据 R. M. Martin 著 *Logic, Language and Metaphysics*（NYUP, 1971, Chapt. 3, pp. 37-50）作出的。Peirce 自己的叙述是：

> According to my present view, a sign may appeal to its dynamic interpretant in three ways: 1st, an argument only may be *submitted* to its interpretant, as something the reasonableness of which will be acknowledged; 2nd, an argument or dicent may be *urged* upon the interpretant by an act of insistence; 3rd, argument or dicent may be, and a rheme can only be, presented to the interpretant for *contemplation*. Finally, in its relation to its immediate interpretant, I would divide signs into three classes as follows: 1st, those which are interpretable in thoughts or other signs of the same kind in infinite series, 2nd, those which are interpretable in actual experiences, 3rd, those which are interpretable in qualities of feelings or appearances.（引文中斜体字均为原作者标出的）本节后还有解释。

53该书不乏创见，但篇章结构松散，论理的连贯性极差，文风芜杂晦涩；而且书中颇多偏激、嘲讽（尤其是针对罗素）之辞，令其时英美及欧洲大陆读者反感。为助理解，我们附上了参考译文。英美很多报刊书评都写过评论，有篇书评说，二氏在书中充分表露“having no respect for anyone before and after them”（自视为前无古人，后无来者）。

54二氏这个“指称三角图式”是传统语义观的概略性图解式。其中符号（也就是词）必须通过概念（思想）与指称（对象）建立起联系。词与指称不能建立直接联系，所以二氏用虚线表示，这是很显然的。如“月亮”这个词“符号”不可能与月球那个星体建立起联系，其间必须有一个言者在说“月亮”这个词，听者才知道言者在说太空中那个星体。问题是二氏在构建这个三角形图时（1923）对“Symbol”“Thought”和“Referent”这三个概念都没有加上科学界说。例如 symbol 可以是词，也可以是语素（词素），如果是语素就不一定都能找出 referent 来，有些词甚至难以找出语素界限来，更谈不上 referent 了（如 doubly 是 double+ly 两个语素合成的，其中“l”是属于“doubl”呢，还是属于“ly”呢？）此外，既然名为“语义三角”，那么又怎么表示一词多义呢？更大的问题是这个三角形不能涵盖虚指指称（如一批结构功能词 if, also, or, yet，等等）。还有，符号同形，概念相异的情况也涵盖不进去（如“好好先生”“yesman”与“好、好、先生”“yes, yes, sir.”之分）。最后，二氏对“referent”也没有时空及范畴界定，“superpower”（“超级大国”）以前指“美国”或“苏联”（指称对象），现在只指美国（指称对象），但“指称对象”并不等于“意义”。

(55)原文阙如。译文引自周昌忠著《西方现代语言哲学》，上海人民出版社 1992 年版，第 138—139 页。本书作者略有技术性修改。由于缺乏原文参照，译文甚难充分达意。

(56)原文阙如。译文引自车铭洲编、李连江译《西方现代语言哲学》，南开大学出版社 1989 年版，第 78 页。由于缺乏原文参照，译文甚难充分达意。

(57)引文英译者是 Annette Lavers and Colin Smith, Hill and Wang, 1994，载该书，第 11 章，第 48—50 页。

(58)杰氏是哥本哈根学派的主要代表人物，是一位很有创见的语言学家。

(59)拉氏是法国精神分析学后结构主义学派的代表人物，主要研究语言的无意识过程。详见本书第七章。

(60)其实“替代引申”也包括虚化（generalized）。例子很多，brain child 中的 child 只能译成主意、想出来的办法、点子（“出点子”就是出主意），显然不能译成“孩子”。“实化”和“虚化”是语义的一对反方向延伸，可以推衍出无数替代或引申。

(61)载 J. Brunning and P. Forster 编 *The Rule of Reason: The Philosophy of Charles Sanders Peirce*, Toronto: TUP, 1997, p. 191。

(62)中国历史哲学观历来重视“兴灭继绝”，这是一种非常狭隘的、有害的“血统论”封闭性宗法思想。见《中庸》：“继绝世，举废国，治乱扶危，朝聘以时，厚往而薄来，所以怀诸侯也。”这种宗法的历史哲学观对我国的人文科学发展甚至自然科学研究负面影响很深。

㉝引自 John M. Ellis 著 *Language, Thought, and Logic*, Evanston, Illinois: Northwestern UP, 1994, p. 95。

㉞、㉟巴、柏二氏原文载 *Linguistics and Philosophy*，1985. 原文阙如，以上二段为转引，本书作者作了技术性修改。

㊱、㊲原文阙如。译文取自岑麒祥编译《国外语言学论文选译》，北京语文出版社 1992 年版，第 196 及 197 页。本书作者在行文上略有技术性修改。

第六章　翻译学的意义理论（下）：中国翻译学意义理论架构

6.0　绪论：意义对译学的意义

意义是语言哲学的核心问题，也是翻译理论的核心问题。关于前一点，我们在上一章中已经论述过了。这里，我们应当认识到，同样是核心问题，哲学家和逻辑学家对待意义问题与翻译理论家在目的、方法论、认识论和价值观（功能观）上都有很大的差异。哲学家和逻辑学家研究意义的终极目的是确定意义的真值（语词和命题的真或假，即 true or false)。为此，他们构拟了一套一套的实证手段、公式作为元语言[①]。西方近代和现代语言哲学家以前所未有的热忱、探索精神和科学方法对意义问题进行了多维剖析，提出了各式各样的意义理论模式。对此，我在前一章中按与译学的相关性原则作了大体的介绍。我们可以从中看到语言哲学家对意义的研究对译学建立意义理论具有不可或缺的借鉴意义。

现代翻译学是一门独立的科学。我们必须着眼于范围至为广阔的翻译实践之所需，参照语言哲学家的研究成果，为建设本学科的意义理论而努力。为此，我们应首先探讨意义对译学的意义。

翻译学的建设与任何学科一样，首重基本理论建设，而就译学而言，基本理论建设的首当其冲的任务是意义理论建设。其所以如此，原因很简单，这是由翻译的实质决定的：任何翻译实务的实质都是语际的“意义对应转换”（equivalent transferring of meaning）。意义在翻译运作全程中起轴心作用。凡是成功的译作最基本的一点其实都在工于达意。伏尔泰（F. M. A. de Voltaire, 1694–1778）是法国第一位将莎士比亚的著作译成法文的译者。由于伏尔泰“极其准确地把握了莎士比亚的意义”，获得法国文坛和举国赞扬。法国公众倾倒于伏尔泰翻译的莎士比亚，而忘却了甚至贬斥本国的高乃依和拉辛。伏尔泰晚年倾向于偏执保守，扬言自己“中了翻译的圈套”而痛悔不已！其实古罗马有许多哲人、文艺大师和教育家早已告诫翻译者“翻译中意义乃是第一要义”。伏尔泰的自我否定，实在是一种“可笑又可悲的自毁”（Schleiermacher, 1799）。翻译如果不顾意义、排斥意义，或者哪怕即如昆蒂良（M. F. Quintilian, 约 35—约 95）说的“在实质上多少有损于意义”（“cause some meaning-loss in substance,” Quintilian: *Instistutio oratoria*），那么，人们对翻译的信任就会毁于一旦。翻开中国和西方任何一部翻译史，史家评议功过是非纵便有千差万别，但幸获褒评的翻译家无一不是在达意传情上用足功夫者。这个常常被忽视的事实证明：忽视意义的翻译者，不但损毁了世人对翻译的信任，同时也损毁了译者本身。

人类文化对意义的关注历时已久。在中国，辨义研究始于训诂[②]。传统训诂学实际上是一种跨学科（校勘、修辞、音韵、篇章等）的释义研究，对中国经籍经义的疏解、推源、界义、定夺作了大量的工作，著述浩如烟海。训诂学在方法论上也有很多值得我们继承和发扬的成果（如词义辨析的手段）。由于训诂长期着眼于疏解经义，因而被视为“经学”的“附庸”。从历史上看，《尔雅》的问世是中国释义学之发端，时间大约在战国末年，距今有两千余年的历史[③]。《尔雅》之后的训诂学到两汉格局悉定，至盛唐训诂已从“附庸”而“蔚为大观”。虽然如此，传统的训诂释义学由于缺乏同质语言的宏观共时观照，始终沉溺于诠释经义，沉黀积重，孱萎无力，不能进入系统研究词义辨析的科学轨道，更没有能力跨进意义研究的广阔领域[④]。中国近代、现代语言学摆脱训诂的窠臼走向以同质语言观为导向的科学化意义研究起步很晚。迟至 20 世纪下半期，汉语研究界才有语义学研究专著出版。反映语言学进展的汉语语义学专著出版则更迟[⑤]。意义的历时研究很薄弱，这是我们的翻译学必须注重意义理论的系统建设的第二个原因。

第三个原因（也是依据）是由汉语的类质性决定的，本书第一章已作了详尽的分析。汉语不具备充足的、可以蕴含及至推衍出意义（特别是语法意义）的形式机制，更不具备形态发生机制。这就加强了意义理论的重要性，及语句全赖词汇以充分表意的必要性和必然性，因为自然语言的功能总是处在互补调节中。这种互补调节机制“此消彼长”，不是由人的主体意向决定的，但却总是由人的主体需要（社会交际）而得以强化、规约化、完善化。这就是现代汉语的意念主轴由古汉语的简约雏形发展为当今的定势和优势（与形式主轴相比）的历程。

翻译学必须具有自己的意义理论还有最后一个原因：意义是语言中最复杂的现象。翻译涉及双语，因而更增加了意义的复杂性。我们拟在本章中详加说明语言哲学在我们建设翻译学的意义理论中，能在多大的程度上、在什么范围内以及在何种意义上，可以充当对我们有用的“他山之石”。我们的原则是“本位观照，外位参照”，即以这些学科的成就对翻译理论的启发性及与翻译理论的相关性（relevance）为取舍标准（或借鉴）的依据，取翻译理论之所需，舍与翻译理论之所“隔”（清・戴震 1723–1777：“隔于我用，则天下之至理弃不足惜”，《字义疏证》），“隔”就是没有相关性。与翻译学意义理论处于相“隔”关系的语言学或语言哲学理论，即便非常“科学化”，非常“现代化”至成风靡时尚，我们也不应牵强攀附。意义理论的建设属于基本理论建设，我们尤其应当始终恪守这种严谨务实的科学态度。

综上四点，我们可以将意义理论的重要性表达如下：

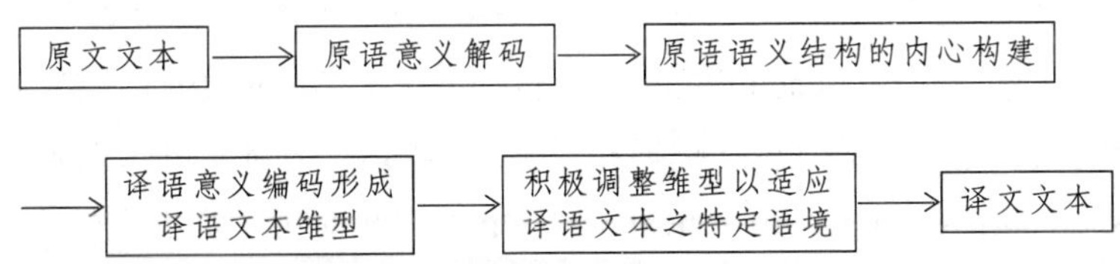

图 6-1　意义在翻译运作中的轴心作用

我们可以从上述图式看到，翻译过程始于意义把握，终于意义表达，始终以意义为中心，一步一步推进。翻译学意义理论的任务就是以上述论点为依据，始于 SL 意义把握而终于 TL 的话语（篇章）中对 SL 意义的最佳表达式。为此，我们应以语言学和语言哲学可能给我们提供的一切手段，探索达致"意义把握"的途径，以及如何在这个基础上保证"意义表达"符合预期效果的实现过程，并为这一过程作出系统的理论描写，以指导翻译实践。基于上述分析，我们就可以确定翻译与意义理论的基本任务。

人类语言（以及在某些情况下的非语言符号）中蕴含的意义究竟是什么？意义究竟有些什么特征和功能？日常语言中的数不胜数的说法为什么常常"经不起推敲"（untenable，如"人言可畏"、to call a spade a spade 等等），却又经得起岁月的考验呢[⑥]？这里涉及意义的一般的、被普遍接受的特点问题。这是翻译学意义理论的认识论基础。翻译理论家赞赏语言哲学家（包括日常语言学派和人工语言学派）的努力和研究成果，但二者对意义研究的目的不同、价值观和功能观不同，译学有为翻译实践所需而且为翻译实践所证实的意义理论，其中包括意义的认识论（6.1）、意义的表现论（6.3）和意义的对策论（6.4）。以上三论就是翻译学意义理论的基本任务，即理论架构。

6.1　翻译学意义理论的认识论

翻译学意义理论的基本任务——也可以说是首当其冲的任务，是展开对意义的认识论研究。所谓意义的认识论，指对意义的认识规律的发掘和研究，而这种发掘和研究可以集中于一个非常实际的焦点，也就是对意义的把握或"意义获得"（acquirement of meaning, V. Welby, 1911）。翻译学意义理论的认识论，就是对意义把握和意义获得的从"自实际出发"到"见实际成果"的理论描写（a theoretical description of how and where the meaning is meant）。

为此，我们需要在三个平面上进行上述理论描写：

第一个平面是意义的基本特征：我们的理论描写必须紧扣住语际意义转换的实质和目的。读者将可以看到我们已经省略了在本章以前探讨过的语言意义的特点（如人文性，见第三章）以及关于人类语言意义的"泛泛之见"。

第二个平面是意义的"存在形态"：同样，我们也不可忽视语际转换的目的和功效；在第二个平面的探讨中竭尽全力揭示语义作为实体而存在的种种“可识别的形态”或“可辨认性”（recognizability），使意义把握或意义获得落实。

第三个平面是对意义真值的逻辑分析：本章中我们对这个平面的理论描写会比较简略，因为本书有专章探讨翻译中的语言逻辑问题。但按语言哲学的原则来说逻辑分析在语言分析中是不可或缺的。本书拟在第八章集中讨论。

6.1.0 译学视角中意义的基本特征

语言的意义问题非常复杂，基本特征也见仁见智⑦。我们将基本上参照语言哲学家的意义观，严格按与译学的相关性展开探讨。

6.1.1 意义的实体性

意义的实体性就是所谓“言之有物”。言之无物，当然是 nonsense，这是按常理而言。哲学上的“实体”（entity）是一个概念分类的最高范畴和最大范畴⑧。实体既包括物质实体，又包括非物质实体；既包括有感觉实体，又包括无感觉实体等等。这些实体一旦进入人类的认识世界，就形成了古代希腊哲学和逻辑学家波菲利（Porphyry, 234–305）所构建的一个树形图，哲学界称之为“波菲利树形图”（Porphyry Tree）：

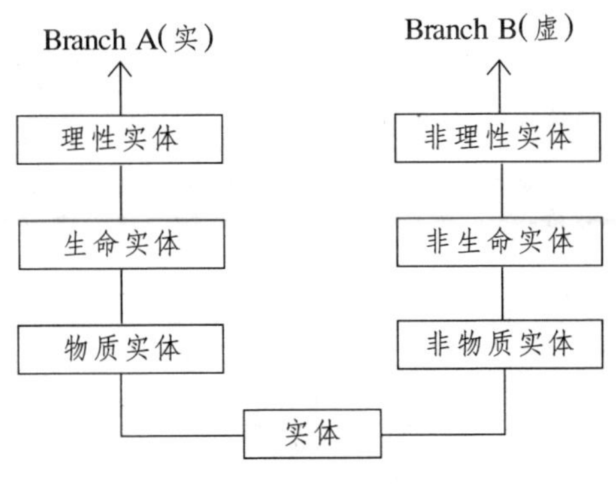

图 6-2

波菲利认为人类所有的概念都可以归属为“实体”，因此概念是一种存在形式：它可以是实的（Branch A），也可以是虚的（Branch B）。“实的实体”指时空客体（spatio-temporal objects），因为它们的存在占有时、空，相当于波菲利的“物质实体”，虚的实体（*abstracta*）可以叫作抽象实体（abstract entity）。人的抽象概念、非物质概念（如理论概念、科学概念）都是抽象实体，即柏拉图主张的“观念或形式的现实本体论”（realist ontology of Ideas or Forms）存在，也有的哲学家称之为“柏拉图主义的实在论”，其中包括当代的一些西方哲学家，如奎因、普特南和塞拉斯（W. Sellars）等人。他们认为在虚的实体中除了一大批表示性质（如 redness）和数量（如“一、二、三”）的形容词、量词和副词可以统称为“质量实体”外，还应包括“理论实体”和文艺作品中的“虚拟实体”。“理论实体”虽然可能还是科学假说，但只要科学理论反映客观世界的实在或现象（如 H5N1 病毒），那么理论实体就一定有其指称，有其意义。“虚拟实体”反映艺术家依据直接经验或间接经验“虚拟”的某种实体（如 Cupid、“凤凰”“飞马”），显然是有意义的[⑨]。

除了有实在的时空实体、可以表示性质和状态的质量实体（常常是可感知的，所以应该归属于“实的实体”）以及理论实体、虚拟实体以外，人的概念中还有一种非常重要的、不可或缺的专门用以表示关系的概念，我们可以将这一类概念称为关系实体（relational entities），包括一切发挥结构功能因而具有功能意义的结构的词（在汉语中称为虚词）和语句的结构机制。因此我们可以构拟一个翻译学意义实体的树形图：

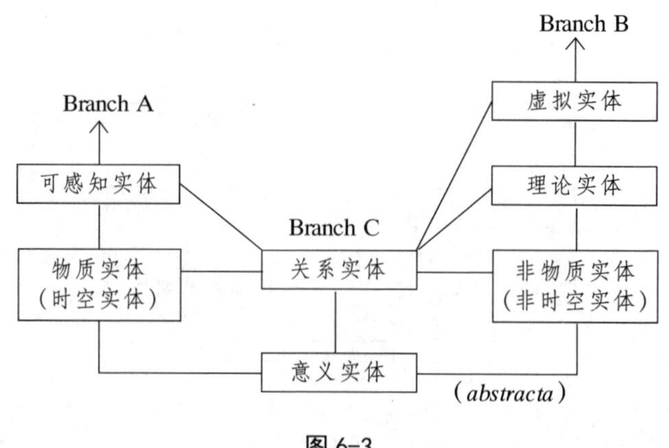

图 6-3

实际上，在意义实体的树形图上与在波菲利的树形图上一样，有些项目很难在两枝之间划出一个绝对的次范畴，例如“可感知实体”中“冷”“热”“黑”“白”固然是可感知的，但“冷酷”“热爱”“黑暗（的年代）”“白白（浪费掉）”又具有属于不可感知的抽象性质，可以归入“非物质实体”次范畴。发生这种现象是什么原因呢？原因在语言的人文性和意义的人文性在语言中永远存在着不能用弗雷格式的泾渭分明的界线划分的领域和范畴。奎因也是逻辑实证主义者，但他看到了这一点，才在20世纪60年代转向柏拉图的实在论立场，提出“对本体论的承诺”的前提，也是明智的抉择。他将“类”（Class）的概念引入实体（实在论）领域，从而厘清描述性抽象实体的意义。他以humble及humility为例解释说：

> One might, with laudably scientific motives, resolve to sweep these abstract objects aside. One might begin by explaining “Humility is a virtue” and “Redness is a sign of ripeness” away as perverse ways of saying of humble concrete persons and red concrete fruits that they are virtuous and ripe. But such a program cannot without difficulty be carried far. What of “Humility is rare”? We may for the sake of argument construe “Humility is a virtue” and “Humility is rare” as “Humble persons are virtuous” and “Humble persons are rare”; but the similarity is misleading. For whereas “Humble persons are virtuous” means in turn that each humble person is virtuous, “Humble persons are rare” does not mean that each humble person is rare; it means something rather about the class of humble persons, viz., how small a part it is of the class of persons. But these classes are abstract objects in turn—not to be distinguished from attributes, save on a certain technical point...So “Humble persons are rare,” unlike “Humble persons are virtuous,” has only the appearance of concreteness; “Humility is rare” is the more forthright rendering. Maybe this abstract reference can still be eliminated, but only in some pretty devious way.[⑩]

这样，那些诸如描述性形容词的“不可感知的抽象对象”，就如理论实体、虚拟实体一样，汇入了非物质实体，是其中的一个“类”，从而进入了实义实体的树形图。

6.1.2 意义的疏略性

意义是一个疏略的网络系统：在语言的每一个层级——从词的义素、词、词组、句、句段等等，每一项意义单位，意义都只是一个疏略的网络系统，不具备精密入微的描写能力。原因是：第一，人的思维虽然可以是“非线性的”(non-linear)，但语言(承载意义)必须是(也只能是)线性的。因此，语言必然缺乏与思维同步的多维描写的能力。下面这张图表示的是三维空间中的二维环面：

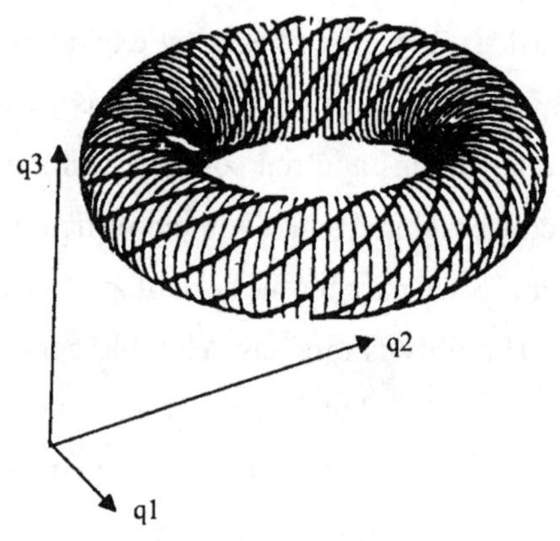

图 6-4 非语言所能描写的环面

如果不用图像符号手段，很难设想人们能够单凭语言手段完成描写任务！语言的线性使之实在无力“三管齐下”地同步作出多维延伸，并进行记录和描述，使每一个记录和描述在任何一个维度和步骤上都不差分毫、丝丝入扣地互相连接或咬合（linked and fused)。世界上找不出一位语言大师能倾其语言功力，完成一位绘图员不需几分钟就能完成的描写任务。这是语义学家常常忽视的一个客观事实。

第二，语言意义的疏略性还表现在语词的有限（这是“数”的方面），以及每一个词的外延意义（denotative meaning）的简约（这是“质”的方面）上。语言中的词汇虽然是一个开放系统，但在某一个特定的历时和共时的特定位置上词义的义项也是很有限的，而且每一个义项的语境适应性更有明显的局限。直到现在，语言以外的外部世界（自然）和内部世界（人）的很多“存在”（或“实在”）的形状、色彩、质地都是人的语言无法描写的。下面这幅图是人的蛋白质 RuBisCo 细胞的一维微观结构图像[11]，也是任何语言大师纵使有笔下生澜之神功，亦难以用语言描绘于万一的：

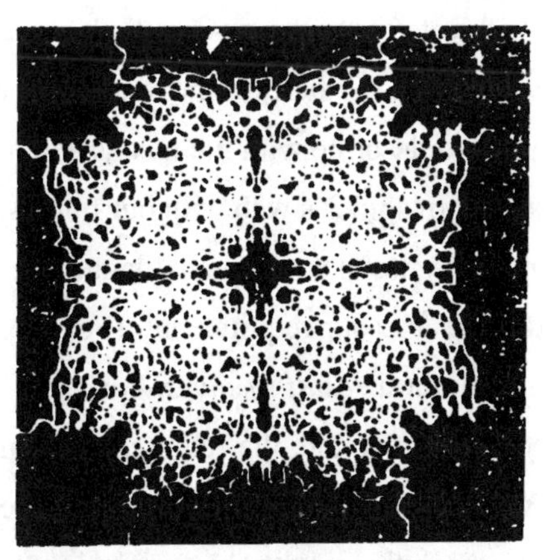

图 6-5　蛋白质一维微观现象：非语言所能描写

意义的疏略性导致了它的简约性。从负面视角来看，这种简约性备受指责，早已有之，因此才使约翰逊博士（Samuel Johnson, 1709–1784）用了数百字，以极尽精微之能事来解释一个小词“net”（网）。时至今日，辞典编纂家受到的压力并没有减轻。下面是《简明牛津词典》对“狼”这个词的解释：

> Wolf: Erect-eared straight-tailed harsh-furred tawny-grey wild gregarious carnivorous quadruped allied to dog preying on sheep etc. or combining in packs to hunt larger animals. (*Concise Oxford Dictionary*)

“Wild”（野生动物）本身就是一个概括词，即便前面加上四组复合限制定语（“竖耳”“直尾”“粗毛”“褐黄”），语义仍然简约疏略。正因为如此，前期维根斯坦（专注于语言的数理逻辑化时期）才说意义简约疏略是日常语言不可救药的“痼疾”（inveteracy）！经历了二十年的思考，特别是在他辞去教职静居在爱尔兰乡村以后，才终于认识到了日常语言的魅力——西方语言学家和语言哲学家将维氏这种“返璞归真”称之为“维根斯坦的回归”。维根斯坦在他晚年的作品《哲学研究》中写道：

> Here it is difficult as it were to keep our heads up—to see that we must stick to the subjects of our every-day thinking, and not go astray and imagine that we have to describe extreme subtleties, which in turn we are after all quite unable to describe with the means at our disposal. We feel as if we had to repair a torn spider's web with our fingers.
>
> The more narrowly we examine actual language, the sharper becomes the conflict between it and our requirement. (For the crystalline purity of logic was, of course, not a *result of investigation*: it was a requirement.) The conflict becomes intolerable; the requirement is now in danger of becoming empty. We have got on to slippery ice where there is no friction and so in a certain sense the conditions are ideal, but also, just because of that, we are unable to walk. We want to walk: so we need *friction*. Back to the rough ground! [12]

自然语言是“粗糙的”，但却是无比深厚和坚实的；它是含混的、简约的，却是无比丰富多彩的。正因为这样，不少西方有见地的语言哲学家指出了意义的另一个重要的特点——对译学的意义理论来说，也是一个极其重要的特点：“不确定性”（indeterminacy）。

6.1.3 意义的不确定性

所谓意义的“不确定性”（皮尔士的用语是“indeterminism”）是“确定

性”的相对概念，也就是说二者是意义特征的相辅相成的两个方面。皮尔士和奎因都是“不确定性”和“确定性”辩证统一观的先驱和倡导者。从翻译学来看，意义的确定性是可译的依据，“不确定性”来自于意义的模糊，则是可译性的限度。

皮尔士提出指号意义的不确定性年代相当早，大约在19世纪90年代初[13]，我们在上一章引用过皮尔士的一段论述已经可以看出他在指号意义问题上的相对主义思想。当然，作为符号逻辑学家，皮尔士是将“确定性”和“不确定性”看作两个相辅相成的“逻辑公理”（logical axioms）来阐发的：前者受“因果律”（the law of causality）支配，后者受“偶然律”（the law of accidental cause）支配[14]。这就不同于弗雷格和罗素等人只承认确定性的观点。

奎因是当代倡导意义的不确定性的重要哲学家。他认为，意义的不确定性无处不在。这是由于不同语言对“刺激”的反应在意义和指称上不可能相同[15]，所以才产生了翻译的不确定性。奎因举了一个后来被广为引用的例子：不懂土著语的人听见土著人看见rabbit叫一声“gavagai”，就认定后者的“音”就是前者的“意”（所指）。后来他用这个“音”去测定土著人指的是不是rabbit，土著人听了茫然不知所指。奎因是这样写的：

> The utterances first and most surely translated in such a case are ones keyed to present events that are conspicuous to the linguist and his informant. A rabbit scurries by, the native says “Gavagai,” and the linguist notes down the sentence “Rabbit” (or “Lo, a rabbit”) as tentative translation, subject to testing in further cases. The linguist will at first refrain from putting words into his informant’s mouth, if only for lack of words to put. When he can, though, the linguist has to supply native sentences for his informant’s approval, despite the risk of slanting the data by suggestion. Otherwise he can do little with native terms that have references in common. For, suppose the native language includes sentences S_1, S_2, and S_3, really translatable respectively as “Animal,” “White,” and “Rabbit”. [16]

从这一点出发奎因分析说：

> Stimulus situation always differ, whether relevantly or not; and, just because volunteered responses come singly, the classes of situations under which the native happens to have volunteered S_1, S_2, and S_3, are of course mutually exclusive, despite the hidden actual meanings of the words. How then is the linguist to perceive that the native would have been willing to assent to S_1 in all the situations where he happened to volunteer S_3, and in some but perhaps not all of the situations where he happened to volunteer S_2? Only by taking the initiative and querying combinations of native sentences and stimulus situations so as to narrow down his guesses to his eventual satisfaction. ⑰

奎因的结论是：指称的客观性在完全不同的语言中，应该客观地进行比较，以便在不确定中加以确定：

> The principle of indeterminacy of translation requires notice just because translation proceeds little by little and sentences are thought of as conveying meanings severally. That it requires notice is plainly illustrated by the almost universal belief that the objective references of terms in radically different languages can be objectively compared. ⑱

奎因认为，不确定性原则在翻译中不能掉以轻心，正是由于翻译是将语言拆开来进行的；翻译者习以为常地认为每个句子表示各不相关联的意义。这时（尤其是在迥然不同的语言之间）将不确定性加以确定就尤其重要了。

6.1.4 意义的游移性

意义的疏略性和不确定性导致了意义的游移性（fluidity），也可以说由于意义本质上是疏略的、不确定的，导致了意义的游移化（fluidified）效果，使人类语言中的意义具有无限能动性。意义游移性的主要表现是人类可以**借由使用赋予词语意义**，也就是维根斯坦所说的：

> The meaning of a phrase for us is characterised by the use we make of it. The meaning is not a mental accompaniment to the expression. Therefore the phrase "I think I mean something by it," or "I'm sure I mean something by it," which we hear so often in philosophical discussion to justify the use of an expression is for us no justification at all. We ask: "*What do you mean*?" i.e., "How do you use this expression?"⑲

这样，人就完全成了语言的主宰者，而不是受到语言主宰。英语中早就有"词本无义，义随人生"（Words have no meaning; man gives meaning for them）之说。这就充分体现了语言的人文性。同时也非常符合语言的现实：语言具有极强的语境适应性、意义承载功能和替换功能。凯撒只用了六个词"I came, I saw, I conquered"，就涵盖了他一生征伐的伟业和满足感；这六个词的意义可以使人一怔：读者可以因此而诅咒凯撒，也可能倾服于凯撒的雄心。莎士比亚那六个小小的结构词（虚词）"To be or not to be"更是拨动了五百年人心，使读者永远不会淡忘那个王子的幽愤。汉语语义得益于疏略不定，使我们能游移地寓意寄情的例证极多。"方寸地"就很妙，乍看似指占地极微。其实"方寸之地"是指心，"方寸已乱"指心乱，语出《列子・仲尼》："吾见子之心矣，方寸之地虚矣！"不过由于语言符号犹如空框，它可以"尽如人意"地容载它可能容载的"意"，后人也可以撇去列子的比喻而用其实"意"。罗大经在《鹤林玉露》卷六中说："但存方寸地，留与子孙耕。"⑳总之是"方寸地"何止方寸！可以说，意义如果没有疏略不实的特性，人类就不会有诗歌，不会有文学——当然也就不会有翻译。李清照的"寻寻觅觅，冷冷清清，凄凄惨惨戚戚"现在已经有了六种译式，连武松打虎也有了三种"打法"。我们将在意义的对策论和后几章中谈论这些问题。

在西方，除了语言哲学家、逻辑学家和词典编纂学家以外，当代欧洲还有很多知名的哲学家及文论家如利科（Paul Ricoeur）、德里达（Jacques Derrida）和萨特（Jean-Paul Sartre）都极力支持意义的不确定论。我们将在

第七章中论述。值得注意的是现代心理学和心理语言学家都在论证言语交流中语义的游移性问题。下面一段论述引自 J. Channell 著 *Vague Language*（Oxford UP, 1994, p. 8）：

> I have been arguing for some years now...that the correspondence between the ideas possessed by two individuals who are in communication on a common topic is rather poor, a condition which we ordinarily do not notice because we seldom make explicit attempts to validate a communicated idea against the original. When we do, as in the case of giving directions to someone about how to do something, we are suddenly made aware of the discrepancy that exists between "the same" idea in the minds of two different people. Ordinary situations demand that we place only the loosest of interpretations upon some linguistic utterance we hear. (1974: 72)

6.1.5 意义与思维的伴随性

意义的疏略性、不确定性和游移性皆因伴随思维及观念而产生。思维（thinking）侧重于意义发生、发展的过程，观念（idea; thought）侧重于意义发生、发展的结果。我们这里所说的“伴随”（attending）指：意义以其物质外壳——词语——不折不扣地服务于观念的形成（shaping）；或者说，观念赖承载意义的词语而得到记录和阐发。对此洛克解释说：

> The use men have of these marks（观念的标记，指词语）being either to record their own thoughts, for the assistance of their own memory; or, as it were, to bring out their ideas, and lay them before the view of others: words, in their primary or immediate signification, stand for nothing but *the ideas in the mind of him that uses them*, how imperfectly soever of carelessly those ideas are collected from the things which they are supposed to represent.[21]

洛克指出，承载意义的词语通常是并非完美（imperfectly）或漫不经心（carelessly）的意指（signify⇨signification）观念，因而衍生出晦涩和混乱势在难免。为了阐释得更清楚一些，洛克作了以下经常被引用的剖析：

> But though words, as they are used by men, can properly and immediately signify nothing but the ideas that are in the mind of the speaker; yet they in their thoughts give them a secret reference to two other things.
>
> First, *they suppose their words to be marks of the ideas in the minds also of other men, with whom they communicate*: for else they talk in vain, and could not be understood, if the sounds they applied to one idea were such as by the hearer were applied to another, which is to speak two languages.
>
> Secondly, because men would not be thought to talk barely of their own imagination, but of things as really they are; therefore they often suppose the *words to stand also for the reality of things.* We shall speak of different ways of applying words more at large, when we come to treat of the names of mixed modes and substances in particular: though give me leave here to say, that it is a perverting the use of words, and brings unavoidable obscurity and confusion into their signification, whenever we make them stand for anything but those ideas we have in our own minds.[22]

因此之故，我们常常说用辞晦涩、行文混乱的根源是思维混乱、概念混乱。密切关注这一点对翻译来说尤其重要。试读以下一段译文，其中并无艰深的词语，问题出在译者只是用目的语词语承载似是而非的意义，却完全脱离了（unattending）对原作者思维丝丝入扣的伴随：

> 语言，及其不可穷尽的副本（这里，它们是重复性，）不断呈现给我们一些貌似新颖的旧东西、新奇伪装下的熟悉观念、表现为发生混乱的新机会的业已理解的区别、似乎是不可预测的联结的已被同化的组合（瑞恰兹，《教学中的解释》，1938 年版，第 4 页）。

这段译文的 SLT 是这样的：

> Language, with its inexhaustible duplications (which here are duplicities), ceaselessly presents to us the old as though it were new, familiar ideas in novel disguises, understood distinctions as fresh opportunities for confusion, already assimilated combinations as unforeseeable conjunctions.

按洛克的观念论基本思想，我们似可将翻译的语段转换基本模式大致表述如下：

$$\text{Translation（翻译）} = \frac{\text{Thinking in SLT（原语语段思维）}}{\text{Thinking in TLT（译语语段思维）}} : \text{Synchronous Movement（同步运动）}$$

很显然，洛克是将整个语段（text）作为一个整体来考虑的，因而谓之“同步运动”。其实语段中的语句要作很多调整。据此，上段原文应译作：

> 语言具有重复性，它呈现在我们面前的是它那不可穷尽的翻版：它以新鲜的伪装呈现旧的内容，表达看似新颖，实际上业已为人所知的观念；同样，那些业已被人们理解的事物特征，成了使人混淆不清的新现象，而业已融为一体的东西，也就变成了似乎见所未见，闻所未闻的新事物。

总之，洛克的见解的关键是前面他所说的“words, in their primary or immediate signification, stand for nothing but the ideas in the mind of him that uses them,”这就是说：“词”者“意”之所“用”“意”者“心”之所“思”。把握这一点，对翻译的意义是不言而喻的。

6.1.6 意义的逻辑性

语言逻辑性的本质是意义的逻辑性。皮尔士认为意义逻辑性的第一要义是思维的清晰，并将内容丰富但逻辑混乱的概念比喻为一团令人望而生畏的"泥浆"：

> The very first lesson that we have a right to demand that logic shall teach us is, how to make our ideas clear; and a most important one it is, depreciated only by minds who stand in need of it. To know what we think, to be masters of our own meaning, will make a solid foundation for great and weighty thought. It is most easily learned by those whose ideas are meagre and restricted; and far happier they than such as wallow helplessly in a rich mud of conceptions.[23]

在中国哲学思想中，逻辑基本上属于"理"的范畴[24]。荀子说"文理情用，相为内外表里"(《荀子・礼论》)，认为"文"(语言、文章)是不是站得住脚，要看它是否贯彻了"理""切理"(符合思维规律)。荀子在《劝学篇》中说："乱顺而后与之言道之理"。庄子对"理"也很重视，《知北游篇》中说"四时有明法""万物有成理"。这个"理"就是客观规律性以及主观上如何"顺"(顺应)客观的规律性。南宋的文论家李廷机(生卒年不详)在《举业琐言》中谈到思维要"核事切理"的重要性。他说："然规矩二术，亦自有辨。今人只糊涂认'成法'为规矩，不知规取其圆，矩取其方。故文艺中有著实精发、核事切理者，此矩处也……"其实"理""规""矩""辞顺""理切"等等都是指自然语言的逻辑。爱因斯坦在"The Common Language of Science"中谈到的所谓语言规则(rules)也就是逻辑。他说：

> If language is to lead at all to understanding, there must be rules concerning the relations between the signs on the one hand and on the other hand there must be a stable correspondence between signs and impressions. In their childhood individuals connected by the same language grasp these

rules and relations mainly by intuition. When man becomes conscious of the rules concerning the relations between signs the so-called grammer of language is established.㉕

从广义来理解，爱因斯坦两次提到的与交流效果休戚相关的rules，就是逻辑或叙事论理的条理、思维的条理（即“有条有理”），可以说是人际语言交流的、仅次于语义清晰的第二要义。下面一段英语语段，文字表面上并没有分条分项，但条理性很强。作者首先解释了“缴税”的时限前提，然后说明在什么情况下以及怎样减税，最后说纳税人究竟应缴多少税：

Tax is levied for a year of assessment on income accrued and payable in the year although it cannot be assessed until it is actually received. The earnings accruing to a person less expenses wholly, exclusively and necessarily incurred in the production of assessable income, depreciation allowances on plant and machinery used for the production of assessable income and allowable charitable donations are charged to tax. The tax charged is the lower of net assessable income less allowable charitable donations charged at the standard rate or net chargeable income charged at progressive rates. Net chargeable income is net assessable income less personal allowances and allowable charitable donations.㉖

以下是某译者的译文。译者将SLT的条理弄得面目全非，并且完全以自己的理解作叙述逻辑加以表述：

实际上，在收到评税表时，纳税人应缴之税额仍不能评定，盖因需在某一评税年度内将应课税之收入作统一评估，此时应缴税额才是完整不缺、必须缴纳的。可见‘应课税收入’是应缴税额减去免税额及可免税之慈善捐款数，因为此时之税款已除去设备折旧费及上述可免税之入息。

如果不核对原文，仅从译文表面上看行文，基本上是流畅的。但只要细读原文就可以看到译文偏离原文铺陈条理，行文中错漏百出。以下是试译，翻译时应扣紧原文条理性，即叙述的扩展逻辑：

> 所得税按课税年度的实际收入及应得收入评估。纳税人的应评税收入指应得收入减除为赚取应征税收入而完全、纯粹及必须支付的费用，减除用于赚取应征税收入的机器及设备的折旧免税额，以及减除可扣除之认可慈善捐款。应课税额指应评税收入实额减除认可慈善捐款以标准税率计算及应课税收入实额以累进税率计算两者之较低数额。应课税收入实额，指应评税收入实额减除个人免税额和认可慈善捐款的余额。

可见符合逻辑表现在两方面：一是词语意义及搭配符合语法规范及社会语用规范；二是行文的叙述扩展条理和层次分明，二者缺一不可。

6.1.7 结语：意义的定义问题

统观译学视角中意义的上述六项基本特征，我们可以看到意义问题的复杂性及其在翻译语言学中的重要性；同时，通过基本特征分析，我们也可以看到西方语言哲学中的意义理论对译学意义理论建设的积极作用。

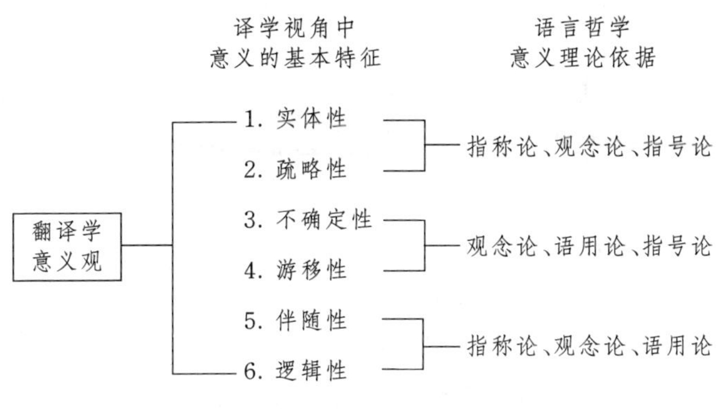

图 6-6

至此，我们可以将翻译学意义观中的“意义”表述如下：意义是意指（signifying）过程的产物或结果，意指过程是在语言的实际运用中对指称（包括物质指称、关系指称和抽象指称）的观念化；由此可见，意义是在语言的实际运用中的观念化了的指称。因此，意义高于指称。

需要说明的是，对意义这样复杂的问题，我们只能下这种分析式定义（A. Pap, 1964），即用分析性陈述（analytical statements）来说明问题，避免简单化[27]。即便如此，本书对意义所下的上述定义也只是从语言哲学和译学的视角所作的理论概括。

6.2 意义获得的途径

意义“获得”或“把握”（Auffassung, Frege, 1892）在翻译学中是一个非常复杂的理论问题，万万不能把它看作只是一种“看图（SLT）索骥（SLM）”式的操作描写。实际上，翻译学对意义获得的理论描写是翻译学意义理论认识论的核心。这个核心包括以下四个课题，也就是意义获得的四个途径：指号系统（6.2.1）、指称系统（6.2.2）、语境系统（6.2.3）和翻译学的“意义范式”（6.2.4），最后落实到TLT指号的序列化即译文。很明显，这四个系统的分布和构建是对上述意义定义的演绎论证。

6.2.1 指号系统

就翻译而言，指号系统（the system of signs 或 the system of signifiers）是意义获得的基本依据，翻译者主要通过对指号的操作——解码来获得意义，因此指号不仅是依据，而且是意义获得的操作对象、手段和必经途径。离开指号，翻译者将无所适从。

翻译学的指号理论的轴心是剖析指号容载意义的机制以及这一机制功能发挥的特定方式。指号正是通过其特定的方式，发挥其特定的功能。我们必须把握它的功能特征，剖析其特征性功能运作方式，也就是意指过程来把握意义。

6.2.1.1　指号的容载功能：容载的无限性

指号的特殊功能是“容”与“载”（containing and conveying），“容”指容纳观念化了的指称（从实指对象到观念），“载”指言语交际中的意义的双向运载。

所谓“容纳的无限性”指（1）语言这个意义的容载体犹如一个空框，可以容许它的容载物无限次地更替；（2）这个空框容载体并没有什么定界分明的周边（clear-cut boundary），因此可以容许某种弥漫性的扩展，从而包容临界的容载物。以上说的第一项是说指号有指代 denotative meaning（所指意义，逻辑学中也称为外延意义）的功能；第二项是说指号也有指代 connotative meaning（内涵意义或含蓄意义）的功能。这里先说所指意义。

语言空框对意义的容载是无限的，它是一个开放系统。正由于容载可以有无限次更替，意义把握才成为翻译中一项十分艰巨的任务。英语词典中词义达数十项的词为数不少。从历时性来看，这些义项常常是历史文化演变的沉积；从共时性的角度分析，义项的增生又反映出语言的地缘繁衍的态势和规模。英语就是很好的例子。英语词语的很多义项来自美国英语及澳大利亚、加拿大、新西兰英语，甚至很多非英语地区的语言。

义项增生的结果是特定指号的能指 Sr 下可能指代无数个所指 Sd_1…Sd_2…Sa_3…Sd_4，而真正指代的所指却只有一个。这种能指与所指的关系，就是上一章中提到过的拉康的模式。

以中国典籍中的“道”为例。哲学家上至老子，下至王充、张载罕有不论及“道”者。这里有两种情况，一种情况是同一著作或作者论及“道”时的不同含义；另一种情况是不同作者论及“道”时的不同含义，即所谓见仁见智。第一种情况以《易经》为例。《易经》中所说的“道”，大抵有四五种含义，分别英译为 way, method, course, path（及其他）[28]。如：

- 乾道变化——the method of Khien is to change and transform
- 反复道也——treading of the (proper) path over and over again
- 其道穷也——the course is pursued to extremely
- 天地之道——after the way (course) of heaven and earth

• 驯致其道——allow it to go on quietly according to its nature

第二种情况是对“道”的含义不同的哲学家均有其不同于他人的解释，即能指相同，所指殊异。现在我们从老子说起直到王安石为止。

(1) 老子（生卒年不详）：

道可道，非常道（《老子》第一章）

The Tao that can be told of is not the Absolute Tao; ...（Lin Yutang）

(2) 孔子（前 551—前 479）：

夫人之道，忠恕而已矣。（《论语 · 里仁》）

Our Master's Way is simply this: Loyalty, consideration.（Arthur Waley）

(3) 庄子（前 369—前 286）：

已而不知其然，谓之道。（《庄子 · 齐物论》）

They stopped, yet they do not know that they stop.

This is Tao.（Burton Waston）

(4) 荀子（约前 325—前 238）：

万物为道一偏。（《天论》）

The ten thousand beings are only one corner of the Way.（Burton Waston）

(5) 韩非（？—前 233）：

然则今有美尧、舜、汤、武、禹之道，必为新圣笑矣。（《五蠹》）

That being so, if somebody in the present age praises the ways of Yao, Shun, Wu, T'ang, and Yu, he would, no doubt, be ridiculed by contemporary sages.（W. K. Liao）

(6) 董仲舒（约前 179—前 104）：

繇此言之，天人之征，古今之道也。（《举贤良对策》即《天人三策》）

From this it can be said that the resemblance between Heaven and man is the constant way from the time of old until now.（ed. Shi Jun）

董仲舒也用“术”来指“道”，如：

……不在孔子之术者，皆绝其道。（同上）

...all those which have nothing to do with...the doctrine of Confucius... When the strange and evil theories are swept off, ...(ed. Shi Jun)

（7）韩愈（768—824）：

博爱之谓仁，行而宜之之谓义，由是而之焉，之谓道。（《原道》）

To love universally, which is called humanity; to apply this in the proper manner, which is called righteousness; to proceed from these to the Way...(ed. Bary)

同样说的是“道”，但韩愈说他是反对道家之道的：

斯吾所谓道也，非向所谓老与佛之道也。（同上）

This is what I call the Way and not what the Taoists and Buddhists call the Way. (ed. Bary)

韩愈在《原道》中也用“道”来指方术之类如：

……教之以相生长之道。

... taught them how to protect and nourish their lives...(ditto)

（8）柳宗元（773—819）：

有能知此，道大名播（《敌戒》）

Those who understand it will be the celebraties with high virtue. (Shi Jun)

（9）张载（1020—1077）：

太和所谓道。（《正蒙·太和》）

The Great Harmony is what is meant by Tao.

张载是北宋理学的创始人之一，他的所谓“太和”或“道”，是“天道”

的代称，而天道指的是自然界的和谐运作，既不同于道家之道，不同于儒家之道，也不同于墨家、法家的方术、规管、治运之道。实际上，“道”在中国哲学史的范畴论中可以指代人生观、世界观、政治主张、思想体系等等；“道”这个符号实在是一个具有容纳无限性的“容载空框”（a container with infinite space），也就是说有无穷个 Sd（$Sd_1…Sd_n$）。此其一。

其二是就特定的言者（the Speaker）而言，在特定的上下文中能指与所指之间一般不存在任意性，也就是说，对言者说来 Sr 与 Sd 之一的结合（互为内外表里）不存在不确定性和游移性。不确定性和游移性只存在于听者（the Listener）或译者一方，因此，就后者而言，必须把握若干制衡手段（实际上是系统）来固定 Sr 与 Sd 之间的关系，即确定 Sd_n 的位置。

含蓄意义更难把握，常常受变幻的时空条件的制约。“六月雪”的所指意义很明白：六月间下雪（或下的雪）。但含蓄义可能指“天有不测之风云，人有旦夕之祸福”，含贬意；也可能指“夏日炎炎喜见雪，一袭清凉降人间”，含褒意；而在中国传统文艺作品中“六月雪”是冤狱的典故，张说写的《狱箴》云：“匹夫结愤，六月飞雪。”

含蓄意义常常是概念意义的弥漫性扩展，因而通常带有情感（affective）或感情（emotive）色彩。我们在“意义结构”一节中还要谈到。

6.2.1.2 指号的相对任意性和相对的意义提示性

索绪尔曾经将符号的任意性称为“第一原则”和“基本原则”。他在《普通语言学教程》中是这样写的：

> **Principle I: The Arbitrary Nature of the Sign**
>
> The bond between the signifier and the signified is arbitrary. Since I mean by sign the whole that results from the associating of the signifier with the signified, I can simply say: the linguistic sign is arbitrary.[29]

随着理论的展开他又在该书的后半部中解释说，不能认为所指与能指之间的关系是绝对任意的，应该承认符号的任意性有若干限度（limits），超过这个限度符号即具有意义提示性。也就是索氏所说的“相对理据”：

> Everything that relates to language as system must, I am convinced, be approached from this viewpoint, which has scarcely received the attention of linguists: the limiting of arbitrariness. This is the best possible basis for approaching the study of language as a system. In fact, the whole system of language is based on the irrational principle of the arbitrariness of the sign, which would lead to the worst sort of complication if applied without restriction. But the mind contrives to introduce a principle of order and regularity into certain parts of the mass of signs, and this is the role of relative motivation. If the mechanism of language were entirely rational, it could be studied independently. Since the mechanism of language is but a partial correction of a system that is by nature chaotic, however, we adopt the view-point imposed by the very nature of language and study it as it limits arbitrariness.[30]

很显然，索绪尔是认识到在符号系统中是存在着可以凭借它作为相对理据（“relative motivation”）来探求所指的，他举出法语的数词合成及前、后缀作例子来论证任意性只是相对的，而提到汉语是所谓“ultra-lexicological type”（超词汇类型）。其实任何语言中都有很多词语的词义理据是可以论证的，只不过汉语词的文字结构形式具有更大的语义提示性（semantic suggestibility 或 suggestiveness）罢了：例如“森”——木多，使人想到一簇树林，“淼”——水多，使人想起一片汪洋。汉字可以为人们展开一幅幅语义提示性书画，例如“幌”，左边是“巾”（一幅布），右边是“日光”；一幅布垂帘，挡住阳光，就是“帷幔”。汉字中这种例子很多。由于它属于自然语言成分，不可能做到很精确、很规范，但它足以说明符号的非任意性，具有索绪尔说的“充足理据”。汉字的语义衍生非常符合英国古典的经验主义语义观，例如休谟就认为一切由文字记录的意义都来自客观世界在人的心智中唤起的感觉（perceptions, Hume, 1740）[31]。

对译学而言，从广义的视角来看（即不拘泥于文字符号结构），我们必须认定 SLT 中一切符号都是非任意的（包括标点符号），SLT 作者的每一个选入 SLT 的用词，都是有意安排甚至精心设计的。只有这样认识指号，译者才不致忽略语言文字体系中所蕴含的所有的有待于转换的信息。这是翻译学指号论的前提或基本原则。在翻译家看来，在他拿到原著的那一刻起，“白纸”上所有的“黑字”都是有待他重新审度的“有意义的指号”（significant signifier，简称 SS）。

翻译学指号论的第二个命题是 SS 的结构和分类。

首先要确立的概念是指号总是处在一个“二重结构”中，雅克布逊（Roman Jakobson, 1896–1982）称之为“Duplex Structure”。下面的图表展示的是索绪尔、杰姆斯列夫和罗兰·巴特对二重结构的解释，可以帮助我们拓宽对指号与指称间的关系的理解：

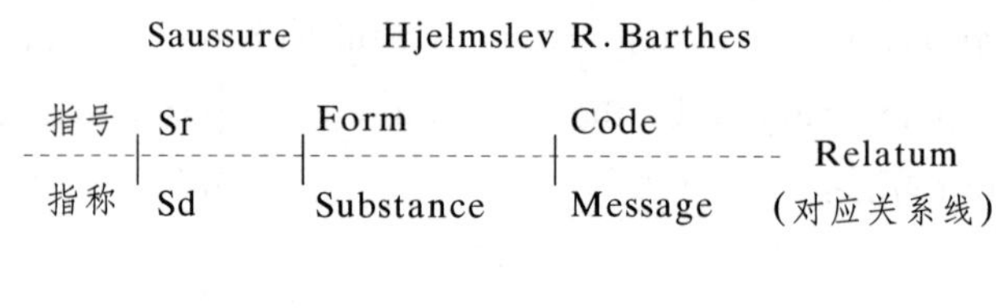

图 6-7

二重结构说明线上与线下部分的对应关系及线上三项与线下三项的互相解释关系；更重要的是说明了能指与所指、形式与实质、代码与信息三对二重体都处在对立统一的关系中，离开了一方另一方就变得毫无意义。

这个前提，正是我们可以按指称为指号分类的依据。这是我们要在翻译学的指称论一节中阐述的问题，很显然这个问题与意义获得关系非常密切。

6.2.1.3 指号的驳杂性

驳杂性（miscellany）是语言符号的最大特色，形成这一特色的原因非常简单：语言反映自然和社会现实，语言又是民族文化或多民族文化的沉积。其结果是语言中（即以词汇而论）充满了各式各样的变异（variation），其中包括地缘变异、社会变异、功能变异（以上是共时变异）以及历时变异。这里说的还只是语外因素引起的变异。除语外因素以外，还有大量语内因素引起的变异，包括受语言本身的内部发展规律和规范制约而产生的变异。

下面是 P. Trudgill 所作的一项研究（1983），他以英语为例，选择社会变异对英语进行剖析。他的研究表明，英语社会变异相差之悬殊，令人惊异。他将所谓上流社会的英语与所谓低下层社会的英语上、下之差比作一座金字塔如下图：

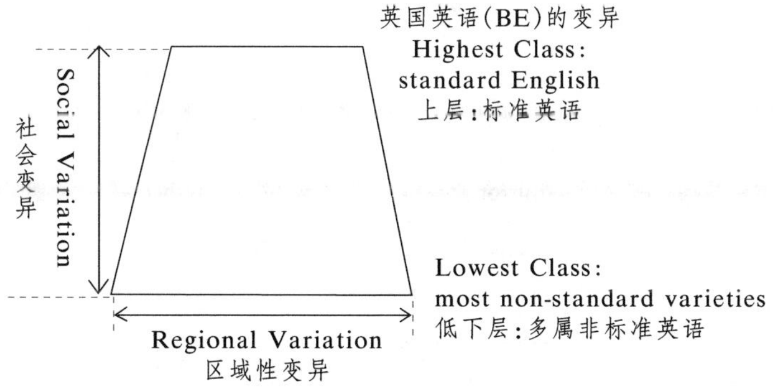

图 6-8

变异的表现之一是指号（词）的多样化，非规范化。对翻译而言，最大的问题是不得不辨析同一指称的 SLT 指号的不同变体；其次，不同的 SLT 变体的同一指称的 TLT 表达。这两个问题也出现在 A. S. C. Ross 所列的 UC（upper class）与 Non-UC（Non upper class）语汇表中（1954），（A）纵列与（B）纵列的（TLT）指称是同一的，但它们的指号则不同：

表 6-1

(A) 社会上层	(B) 非社会上层	(C) 汉语基于原语指称对应的对应指号	
UC	non-UC	Formal Informal	
have a bath	take a bath	一次沐浴	洗了个澡
bike, bicycle	cycle	自行车	脚踏车，单车
luncheon	dinner	午餐	午饭

（续表）

（A）社会上层	（B）非社会上层	（C）汉语基于原语指称对应的对应指号	
riding	horse riding	骑马；骑术	骑马；马上功夫
sick	ill	病，不适	生病，不舒服
knave	jack	流氓	无赖，二流子
mad	mental	发疯；发疯似的	疯疯癫癫的，神经兮兮的
looking-glass	mirror	镜	镜子
writing-paper	note-paper	信笺	信纸
jam	preserve	果酱	果酱
wireless	radio	无线电	收音机
table-napkin	serviette	餐巾	餐巾
lavatory-paper	toilet-paper	卫生纸	卫生纸，手纸
rich	wealthy	富有	有钱，阔气
vegetables	greens	蔬菜	蔬菜，菜

上表取自 David Crystal, *CEL*, Cambridge, 1994, p. 39.

上表说明：语言中大量存在指号不同、指称相同的现象，驳杂混同。指号的驳杂性还包括每一个语种中的外来词，即所谓借用词（borrowings），英语借用词之驳杂已经到了来者不拒的地步，以下是部分英语外来语的语源：

表 6–2

英　语	语　源	英　语	语　源
ballot banshee Scots	Italian 意大利语 Gaelic 苏格兰盖尔语	robot schmaltz	Czech 捷克语 Yiddish 依地语（以色列语）

（续表）

英　语	语　源	英　语	语　源
chow mein	Chinese 汉语	slim	Dutch 荷兰语
garage	French 法语	sofa	Arabic 阿拉伯语
gong	Japanese 日语	tomato	Nahuatl 拉瓦特语
goulash	Hungarian 匈牙利语	tycoon	Japanese 日语
junta	Spanish 西班牙语	veranda	Hindi 印地语
kiosk	Turkish 土耳其语	window	Old Icelandic 古冰岛语
llama	Quechua 凯楚阿语	yen (=desire)	Chinese 汉语
marmalade	Portuguese 葡萄牙语		

上表取自 David Crystal, *CEL*, Cambridge, 1994, p. 330.

指号驳杂性还涉及维根斯坦提出的“私人用语问题”（private language argument）。维氏否认有私人用语问题，他的立论建立在他力图否定有“私人心理经验”（private mental occurrences）但肯定有“内心经验”（interior occurrences）的论证上。维氏深信，强调非恒常的“私人之念”由于不能被人理解，肯定会导致词语的误用或滥用。他的理据是：私人语言指个人可能是“瞬息即逝”的意念或感觉。这种意念或感觉的特色虽然是私人的，但也必须用公共语言记录表达出来；因此，即便是这种“私人语言”，也必然存在于语言共同体之中，脱离了共同语言所能描写“私人之念”实际上是不存在的。同时，维根斯坦肯定每个人都有可以用共同语言描写自己的“内心经验”[32]。正是由于这个原因，语言指号才极其丰富多彩。这一点对译学是有意义的。

6.2.1.4　指号的误导性

指号是容载体，但它本身又具有人的感官可以获得提示的标记功能。因此，可能出现的第一种情况是标记与容载物（所指或指称）完全一致；第二种情况是标记与容载物（所指或指称）不是完全一致，第三种情况是标记与容载物（所指或指称）不一致，第二、第三种情况构成了符号的误导性

(misleading)。以下是双语转换中的三种情况：

第一种情况：标记（能指）与容载物（所指）完全一致

high-pressure：高压

少年读物：juvenile books

第二种情况：标记（能指）与容载物（所指）不完全一致

educationist：教育家（英语中 -ist 只表示从事某项工作者，汉语中“家”指专家）

烈士祠：martyry（英语有宗教色彩；汉语有道德或政治色彩）

第三种情况：标记（能指）与容载物（所指）不一致

bonus：花红（汉语是委婉语、吉利语）

三心二意（的）：mercurial（双语中都是比喻词）

指号误导性的典型表现是“望文生义”。下面是美国语言学家 V. Fromkin 和 R. Rodman 在 *An Introduction to Language*（1988）中对美国学生所作的一次测试：

词——	学生的释义——
deciduous（每年落叶的）	“有能力下决心的”
longevity（长寿）	“非常非常高的”
fortuitous（幸运的）	“防卫牢固的”
gubernatorial（总督的）	“与花生有关的”
bibliography（参考书目）	“神圣地理学”
adamant（坚硬的东西）	“与原罪有关的”
diatribe（谩骂）	“供整个家族食用之物”
polyglot（通晓多种语言的人）	“一个以上的 glot”
gullible（轻信的）	“与海鸥有关的”
homogeneous（同类的）	“忠于家庭生活的”

可见指号的视觉提示性可以引起令人啼笑皆非的误解。这也是索绪尔

极力强调要认识到符号的任意性的理由。

双语转换中 SL 指号的误导性是一个需要时时留意的问题：指号有时可能成为“陷阱”，因为它是“视觉或听觉可感”的，因而可以使人产生错觉。一般说来，误导不是双语转换的必然现象，只是或然现象，或然率视乎双语在命名中的差异程度。汉英命名法差异是比较大的。汉语命名重“因形见义”或“因义就词”，总之是力求见到文字即可以想到它提示的意义。这就是《说文解字 • 叙》中所说的“视而可识，察而见意”。当然，这时的“可识”和“见意”也都只是提示，而且提示可以是正面的，也可以是负面的（也可能误导）。英语在基本词汇命名上，任意性很强，但合成词、加缀词也有提示性，已如上述。此外，双语在比喻法上的差异也很大，差异在视角的不同手段（明喻、暗喻、借喻等）上大同小异。影响人们观物察意的因素常常是个文化问题（如“君子之德，风也；小人之德，草也”，《孟子》），有时则纯粹是个感觉经验的差异（如“crystal clearness”，说英语的人认为水晶的晶莹给人感觉最强烈，而汉语则说“黑白分明”、像“白纸黑字那么一清二楚”，认为黑白之分感觉最强烈）。观念产生于感觉经验，感觉经验的依据则是客观世界的事物，因此，在认识论上，无论操何种语言的人，对意义的共核（common core），看法都是一致的，不同之处在方法论。

以上四节是翻译学对指号的功能特征的理论描写。这是我们在讨论指称论之前必须加以探讨的。

6.2.2 指称系统和超指称系统

与指号作一比较，就可以看出指称的本质特点：指称是实在的（real）或质实的（substantial），指称总是与观念的实际或实在相关联，这就是说，指称体现意义的实体性，也可以说指称是意义的体现者。

翻译学的指称论还有以下特点必须首先加以确认和界定：

（1）翻译学或双语学（bilingualism）所谓的“指称”，一般指 SLT 的指称或含义；

（2）SLT 指称是翻译操作的基本依据，但不是全部依据；

（3）意义是观念化的指称，因此意义高于指称；对 SLT 意义（及意向）的把握，高于对 SLT 指称的分析，因为前者必须涵盖主体（译者）对原语整个语段的意义（及意向）把握，而这时的意义必须产生于翻译思维的完成期（详见本书第七章）；

（4）TLT 意义真值基本上取决于 SLT，翻译学称之为“真值共享”（the shared truth value）（详见本书第八章）。

我们在前面说过意义高于指称，而且远比指称复杂。意义是一个多维的结构体。把握意义（及意向）就是要分解这个结构体，析出它的多维意义。但是我们不能脱离指称或不顾指称，在“空中楼阁”中缘木求鱼。要分析意义结构，就要把握住体现意义结构的指称系统。

6.2.2.1 指称的类别问题

我们可以将体现概念意义的指称分为以下三类：

第一类指称包括体现物质实体意义的指称和体现可感知实体意义的指称。前者如“冰”，其指称是“处于冰的状态的物质”（摄氏零度以下的固体形态的水）；后者如“冰冷的”，其指称是“可以使人产生冰冷的感觉的”。在汉英双语转换中，前者被转换为 ice，后者则是 icy。这类指称的对象都是物态的或可感觉的。

第二类指称比较复杂，原因是这类指称都不是物质实体，一般不具备时空属性，我们可以称之为非物质及非物态的实体指称。例如汉语中的“精神”“元气”“气度”“胆识”等等，英语中的 excellence, guts, maze, momentum 等等，传统语法称之为抽象名词，我们在抽象名词中找不到实实在在的、凭感官可以探测到的指称对象，但毫无疑问它们都是有意义的。这类指称中的第二种即所谓理论指称，包括自然科学或知识中所有非物态的公式、方程式、公理、定律等等，例如 $E=mc^2$, quark, gravity 以及“同化作用”“亲和力”“冬至”“春分”等等。这类指称中的最后一种指称是所谓“虚拟指称”。这类指称是人类的形象思维或神话思维创造的非真实指称对象。它们是虚构的，但却是有意义的，其中包括文艺作品、神话故事和民间传说中的人名、地名、物名、事件名称（如“桃园三结义”、Last Supper）等等。

第三类指称是关系指称。这一类指称是非物质的、非物态的、非虚构的，但它们却是非常重要的，因为它们是人类的概念与概念之间的关系纽带，如果没有这种纽带，人的概念就无法成形、组合、作线性延伸发展，每一个概念都将是一个孤立的个体。关系指称包括全部语法词语，具有由语法词语体现的关系意义（rclational meaning），涵盖全部词法和句法。关系指称也聚集在思维科学中，所以这种指称既是关系指称，又是理论指称，具有双重意义，如 judgement, inference, supposition 等。

以上指称的分类，可以使我们立刻想到前面分析过的译学意义实体的树形图（见6.1.1）。指称系统是意义系统的体现者，也是意义结构的体现者，当然我们这里说的是意义的宏观结构。指称总是力图体现某种意义实体，因此意义实体树形图与指称系统树形图是重叠的。

6.2.2.2 超指称的意义系统

意义高于指称。意义的场界也远比指称宽泛，指称无法覆盖（cover）；但是指称一旦进入某一语境框架，即获得了较确定的意义，这时的指称已被语境观念化了。

意义之所以高于指称，正是由于意义是指称观念化（conceptualization）的结构。我们所说的言语是有组织的观念，不是有组织的指称。指称比指号实在，意义又比指称实在；意义是最后的实体，但不是最终的实体。指称具有客观对象的不确定属性，但它一旦进入有意义的句子，则句子的意义就能赋予指称这种客观对象的不确定属性以相对确定的意向价值（value）和质素（quality）。例如 I want to drink some water 一句中的 water，一般指代的东西即分子式为 H_2O 的透明、无色、无味的液体物质，它的意向价值和质素仍是不确定的。但句中所用的 water 的指称对象则显然不可能是 sewerage water, polluted water, poisonous water, infectious water 等，否则逻辑上就站不住脚（“我”就不会“想喝”。这就是“意向”）。可见，句中的 water 的指称是观念化了的指称，即“人可以饮用借以解渴的水”。句子的意义大抵是某种有意向参与的观念整合体：最一般的意向就是陈述。意向问题主要涉及表现论，下文再谈。

意义的超指称性（extra-reference）表现为：在一定的语境框架或交流

环境中，不必附加摹状词就能在众多不确定的指称对象中筛选掉不合格的指称对象，筛选出合格的指称对象，例如上句中的 water，就是经过筛选的。我们再举一个例子：glass 一词至少可以具有以下 25 种指称对象[33]：

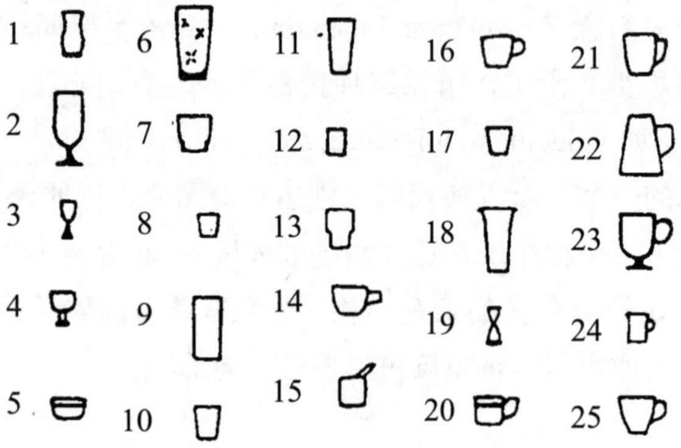

图 6-9

我们先看海明威（E. Hemingway）这句话：

We touched glasses.（我们碰了碰杯）

从句义框架限制看至少可以排除 10 种杯子。但究竟是什么杯子仍不能确定[34]。

再看克罗宁（A. J. Cronin）这个句子：

He handed the glass of beer to Grandpa.
（他将一个啤酒杯递给了祖父）

从句义框架限制可以很容易地筛选掉 23 种杯子，但同样不能确定是哪一种盛啤酒的杯子[35]。

下面对上列 25 种杯子的指称对象确认，表明了摹状词的功能和单凭指称对象不足以确定意义的事实：

1. fruit cup
2. wine glass
3. cup for liqueur
4. juice glass
5. fruit cup
6. glass
7. glass
8. medicine cup
9. glass
10. outdoor cup
11. Ron McDonald happy cup
12. cup
13. cup
14. coffee cup
15. sipper cup
16. coffee cup
17. Dixie cup
18. glass
19. measuring cup
20. baby's metal cup
21. coffee cup
22. beer mug
23. mug
24. coffee cup
25. coffee cup

* 以上均取 David Crystal 编 *A Cambridge Encyclopedia of Language*, 1994, p. 245.

词有超指称意义。一种情况是它（如 water）进入句子以后，超指称场界缩小了，意向、价值和质素相对确定；另一种情况是，即使它（如 glass）进入了句子，超指称场界仍不能确定，除非附加充分的定量、定性、定形的摹状词。

词还有以下几种形态的超指称意义：

一、内涵意义（含蓄意义）

意义的延伸变化不受指称的限制，超越了其指称场界。我们来考察两个句子：

（1）她这一变心，弄得家不像个家了。

（2）A thief is a thief.

第（1）句中的第二个"家"的含义已经不同于第一个"家"字，第二个“家”具有温暖、和睦等等感情意义，而第一个家仅指家庭这个有名无实的实体，也就是它的概念意义。同样第（2）句中的第二个thief的含义已经不同于第一个thief。第二个thief具有偷窃成性、难以从良的含义。这类主要由言者表示态度、观感或价值观（attitudes，feelings or values），从而使概念意义得以充实、延伸、附加或特殊着色的意义，语义学上称为内涵意义或含蓄意义（connotative meaning），与所指意义或外延意义（denotative meaning）对应。内涵意义其所以比指称宽泛，是因为在语言交流中这个词义增加了“交流价值”（communicative value），增加了为其指称所不能涵盖的“推断性质”（putative properties）。“如鱼得水”中的“水”具正面价值，而“血浓于水”中的“水”则具负面价值。里奇（G. Leech）在说明这一点时写道：

> More of what is distinctive about conceptual meaning will appear when we contrast it with *connotative meaning*. Connotative meaning is the communicative value, an expression has by virtue of what it *refers* to, over and above its purely conceptual meaning. Still further, connotative meaning can embrace the “putative properties” of the referent, due to the viewpoint adopted by an individual, or a group of people or a whole society.[36]

内涵意义主要发挥人际言语交流中的感应、感召作用：

> Connotative meaning reflect the valuing process of interpretation. As people respond to and talk about things, they evaluate. People like things or don’t like them, think something is good or not. These feeling (valuing) responses provide the connotative meanings. Indeed, this valuing process may provide the most important meanings we attach to words, and we have negative or positive reactions to most words. Very often children acquire these connotative meanings before they develop denotative meanings for the same words. Connotative meanings are thus more basic, more

deeply rooted, and more likely than denotations to determine how we respond to words.[37]

可见，内涵意义充分说明了意义的人文性和此岸性，因为它总是与我们正在谈论的“真实世界”（real world）相连，而又“若即若离”。任何人都无法穷尽某一个词的全部内涵意义，它的随机性和开放性使这个词的所指意义千变万化。歌德有句名言，“理论是灰暗的，生命之树则是碧绿的”，句中两个色彩词都饱含内涵意义，究竟蕴含什么意义那就见仁见智了。“一树黄梅个个青”一句中含有一个悖理：“黄梅”怎么会“青”呢？答案就在connotation 里了！

超指称的意义系统中还有多种意义是我们必须把握的[38]。

二、情态意义

情态是一个涵盖面很广的词，它包括情感也包括感情，还包括很多随机性的情绪变化和形态，如 agitation（激动）、anger（愤怒）、ardor（热忱）、despondency（消沉）等等，大约有几十种、上百种情感（包括积极的、消极的、中性的）形态。很多情感或感情都不能涵盖在简单的指称中。这种情况使用中的语言（尤其是文艺作品）很普遍。我国扬州梅花岭史可法祠有句悼辞：“数点梅花亡国泪，二分明月故臣心”，字里行间的情感完全是超指称的。

把握情态意义涉及审美问题。情态涵蕴常常需要“显影”，汉语修辞中称之为“烘托”。这时最佳烘托背景是上下文，执着于一词一句的指称是没有意义的。例如英语中 liberal 常常是褒义词，而在下面一句中 liberals 则取贬义：The place has always been full of liberals. In Washington we call them crackpots, knee-jerks, dogooders.（*New York Times*, Oct.7, 1963）（这地方到处都是些我行我素的人。在华盛顿我们把他们叫作怪物，你一敲他，他就又跳又蹦，还自以为在为民造福呢。）可以从原文的选词看出言者的揶揄情态。

三、文化意义

社会文化可以赋予一个词、一个词组和句子完全超指称的意义。许多看似平常的词及其有关的指称，却蕴含着非常独特的社会文化意义。有时一个词的意义实际上记录了某种文化的变迁史。Dwight Bolinger 在其 *Aspects of Language*（1993）一书中谈到了 Mandarin（国语、中国官话）一词发展的文化沿革。穷根究底，这个词可以发源于梵语 mantrin，其指称是“顾问”，是英语 mind 的亲缘词，指称是“心智”（思想、智力）。Mantrin 被葡萄牙语借入时成了 mandarin，其指称是“官僚”（贬意）。随着殖民主义的扩展，葡语的 mandarin 被英语借入，指称是“讲起话来文绉绉的东方文官”。到 19 世纪末英国人用这个词时已失去原指称，意义转而为“官式汉语”，贬意也已淡化，到今天贬意已完全消失了。语言流变常常源于文化流变。源于文化流变的意义变化，是根本不把指称“放在眼里”的。例如我们今天说的“真相大白”“大白于天下”中的“大白”是“完完全全弄明白”。其实“大白”经历了曲折的流变，原指称已“荡然无存”。“大白”的指称在春秋战国时是白色的旗帜（《礼记》）。到汉代指称是“酒杯”（《文选·左思〈吴都赋〉》）。随后至唐代指称成了“白帽子”（唐·孔颖达），等等。文化历史变革是一种势不可挡的力量，一切都要经过它的洗礼。正如清人袁宏道说的：“大变晚习，于物无所不收，于法无所不有，于情无所不畅，于境无所不取，滔滔莽莽，有若江湖。”（《袁宏道集笺校》卷十八）很显然，这时人们关注的只是意义，而不是指称。

四、结构意义

结构意义也就是语法意义，包括里奇的“七种意义”中所列举的搭配意义（词语级，也包括联想意义[39]）和主题意义，这类意义都是由于语法（包括词法和句法）机制在语言运用中起着不同的作用引起的，不涉及英语和汉语中的一批结构词，结构词一般说来是有关系指称的。

主题意义是超指称的，它产生于句法机制中语序的变化、强调手段的运用或信息焦点的转移。主题一般指处于主位（the matic position，通常位于句首）的成分，主位之易就会产生主题意义的变化。试比较：

（a）*Mr. Smith* could not make it out at all.（Priestley）

（b）*It* could not be made out at all by Mr. Smith.

（a）句着眼于主体（Mr. Smith）的行为；（b）句强调的是事件（客体）的状况。在汉语中也一样。试比较：

(a) 踏着这头，那头便动。(《朱子语类》卷一一九)

(b) 这头踏着，那头便动。

（a）句强调言者（主体）的行为；（b）句强调受事（客体）的状况（被踏着）。这类句法意义是超指称的。搭配意义和联想意义也产生于语言的运用中。应该说，一个词与另一个词搭配而用在常规状态下是有指称的（或实指或虚指，或实指虚化：如“这一席话”中的“席”，“一缕情丝”中的“缕”与“丝”），而非常规搭配则很可能产生超指称意义，即所谓“可意会而不可言传”，搭配“脱了格”（“格”指常规）：指称难定，意义难定。这也许正是非常规搭配难译的原因。“只恐双溪蚱蜢舟载不动许多愁”（李清照）中的以舟载愁，“江头来是风波恶”（辛弃疾）中的“风波恶”，“不知秋思落谁家”（王建）中“秋思落”都是非常规搭配，它们是超指称的，翻译时我们得替它们找一个最贴切的指称。非常规搭配中的指称处在“似花还似非花”之间，正好说明意义的游移性。

里奇认为联想意义产生于用词的策略（“strategic choice of label with regard to improving associations”, p. 47）。我们可以从与 priests 搭配的摹状词中“悟出”它们的超指称联想意义：

auxiliary priests：有二等助手、难撑局面的意味

part-time priests：有要求不高、水平尔尔的意味

worker priests：似乎有其他牧师都不工作，属摆饰性的意味

最后选定的是覆盖了“所有的联想意义”的 self-supporting priests。事实上，人的联想可以伴随任何意义而生，其中包括概念意义和主题意义。

试读下例：

（1）“环滁，皆山也。”（欧阳修）（句子意义引起的联想是山峦环抱中的一块盆地）

（2）“残阳如血。”（句子意义使人联想起悲壮的沙场）

（3）Nature I loved, and next to Nature, Art.（W. S. Landor，OSV 语序，主题意义使人联想起言者一定是一个把自然看得高于一切的雅士。事实正是如此）（Landor，1775–1864，英国诗人，性格孤僻。独居，死于意大利）。

很多概念意义极易产生联想意义。美国很多城市以 -sville 为词尾（源于法语，概念意义为 city）。从 20 世纪 50 年代起这个词尾由于使用频率太高因而产生联想意义“极为”“极其”，dull-sville 变成了“极其沉闷”。因此“联想”是一种意义生成的超指称的增值方式：联想可以将概念、观念等推进或“拉伸”（stretch）到一个指称虚淡难寻的缥缈境界。

含蓄意义的超指称增值就更常见了。pin（小针）可以说是一个很不起眼的小词，它单独出现的时候就使人产生渺小、微不足道的感觉。但是 pin 的含蓄意义可以与搭配词相关联而一并增生，firing pin（撞针）可以使人产生危险感，neat as a new pin 可以使人产生爽利感，pins and needles 可以使人产生针刺感，pinups 可以使人想到贴满一墙的女人像。英国诗人柯珀（William Cowper, 1731–1800）在他的著名的幽默叙事诗 *John Gilpin* 中用了“in merry pin”这个词组，使人联想到的则是英国乡村中的酒鬼、颤抖的手中那只盛满啤酒的酒杯和酒鬼们乐以忘忧的惺忪眼[40]。

至此，我们可以将指称系统、超指称系统，及其意义的关系指称结构、体现意义结构，列表如下：

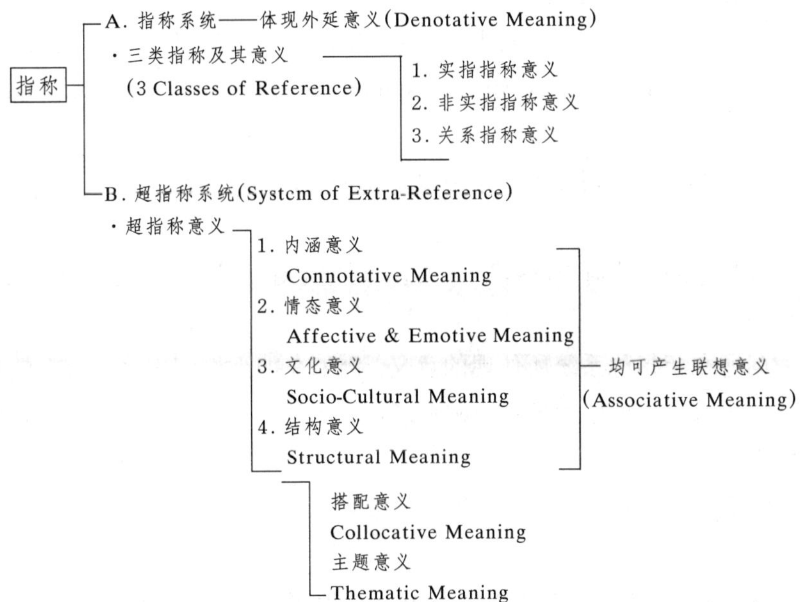

图 6-10　指称系统与超指称系统

6.2.2.3　指称的定位问题

上面我们论述过拉康的“指号—指称关系模式”（即 $\frac{Sr}{Sd_1...Sd_2...Sd_3}$）。这个模式有效的条件是：某一指号具有多重可能的指称，而其中必有一个是符合该指号承载内容的，例如“press”（vt）这个指号 Sr 具有以下观念化的大约十个指称：压 Sd_1；（往下）按 Sd_2；揿 Sd_3；捏 Sd_4；握 Sd_5；夹（拧）Sd_6；抿（扪）Sd_7；扣 Sd_8；挤 Sd_9；踩 Sd_{10}，我们可以相当有把握地认定以下句中“press”的对应指称，即所谓给指号定位（fixation）：

（1）I pressed her cold, strong hand, and said “Extraordinary!”（Mansfield）

Sd_5：我握着她冰凉、有力的手，说道：“这非同小可啊！”

（2）Mounting the steps of No.172 she hurriedly pressed the bell.

(Cronin)

Sd_3：她登上了一百七十二号（寓所）的台阶，急忙按了按门铃。

(3) He remained still for sometime, with his lips pressed together. (Wells)

Sd_7：一时间他一动不动地站在那里，抿着嘴唇。

按拉康的模式对"press"(vt)这个词作上述定位（指号与指称对应）是可行的。

问题在超指称系统所体现的意义。例如在如下例句中"press"的意义已从指称系统被推进到了超指称系统，其中所含蕴的超指称意义我们用X来代表：

(A) X的意思是"紧追不舍地要……"：

(1) Everyone began pressing him for details. (Forster)

人人都紧追不舍要他交代细节。

(2) I pressed him hard for consent to our marriage. (Walpole)

我紧追不舍要他同意我们这门婚事。

(B) X的意思是"（被）弄得喘不过气来"；"强施于（逼）……"；"硬要……"：

(3) The taxes pressed down heavily upon the people. (Henderson)

沉重的赋税压得老百姓喘不过气来。

(4) I pressed money on her but she would not take it. (C. P. Snow)

我用钱来逼她，但她不吃这一套。

(5) You'll excuse me going, I'm rather pressed tonight. (Galsworthy)

你行行好让我走吧，今晚我忙得够呛了。

如果我们仔细观察，"press"的超指称意义都是在指称意义上的"加码"，因此我们可以用这个模式来表示：X指附加的超指称意义成分，指号

Sr 涵盖指称意义加超指称意义，即概念意义加内涵“含蓄”意义。至此，只剩下一个极重要的因素（或限制条件）需要阐明，即语境（context），我们可以统称为 contextuality，其代号是 C。

6.2.3 语境系统

语言学家和哲学家都关注语境对意义（meaning）的意义（significance）。在语言学家中伦敦学派的弗斯（J. R. Firth）就是语境论的早期倡导者之一。他在 1930 年的一次演讲中就指出：

> If we regard language as “expressive”or “communicative,” we imply that it is an instrument of inner mental states. And as we know so little of inner mental states, even by the most careful introspection, the language problem becomes more mysterious the more we try to explain it by referring it to inner mental happenings which are not observable. By regarding words as acts, events, habits, we limit our inquiry to what is objective in the group life of our fellows. (*The Tongues of Men and Speech*, 1964, p.173)

弗斯的见解当时只是针对心灵主义的神秘论而发，但他的主旨是很清楚的。他认为人们在论证意义的生成时，与其诉诸我们不甚了然的内省状态（inner mental states）而陷入神秘论，还不如多多关注“人类群居生活的客观环境”。

1933 年，布隆菲尔德出版了《论语言》一书，提出了著名的“S—（⇨r）⇨R 公式”（言语发生的刺激反应论），这个公式是行为主义语言观的代表性标志，它虽然从中排斥了意义这个核心问题，但布氏确实明确地提出了“说话人说话时的情景”（“the situation in which the speaker utters”）。布氏说，如果不存在这个情景，反应就不会发生，这就间接地肯定了语境的作用。所以里奇说：他们是以一种“差强人意的形式”（“a weaker form”）肯定了语境的机制：

> In practice, therefore, linguists like Bloomfield espoused a weaker form of contextualism, in which the relation between context and meaning was more indirect, and which may be expressed in a formula like "MEANING IS ULTIMATELY DERIVABLE FROM OBSERVABLE CONTEXT"or "MEANING IS ULTIMATELY REDUCIBLE TO OBSERVABLE CONTEXT." ㊶

但总的说来，语言学家对语境论的研究到20世纪50年代后期受到形式主义势不可挡的浪潮〔以乔姆斯基 *Syntactic Structures*（1957）的发表为标志〕冲击，因此并无突出的建树。

在语言哲学领域，哲学家对语境问题关注尤早。最先提出语境问题的基本思想的近代语言哲学家是弗雷格㊷。他认为“只有在语句的语境中才能找到词的意义”㊸。在弗氏的影响下，维根斯坦、达米特（Michael Dummmett, 1928– ）和奎因对意义语境关系的研究都很值得译学重视。

（一）他们提出了语言的“意义即应用”的观点，以维根斯坦为主力。维根维坦认为意义存在于自然语言的日常应用中，离开日常语言的应用，语言实际上只是“一堆没有意义的符号集”。奎因支持维氏的基本观点，实际上比维氏深入了一层。他首先肯定语言的人文性：语言人文性机制表现为人通过观察和模仿他人的行为而领悟其中的意义，人的语言应用总是以已经习得的有意义的语句为基础，通过类比、替代和联想进行交流，从此循环不已地习得新语句的意义㊹。

（二）他们提出了语言意义的社会观。达米特明确提出了“语言意义的社会性”的正确主张，认为语言的作用归根结底在于意义，不从属于社会规约性的个人语言是没有意义的：因此，必须首先建立语言的社会价值观，在社会价值观前提下，才谈得上个人言语方式（idiolect）的“特殊的意义”（即个人赋予词语的独特意义）㊺。

强调语言及其意义的社会性，就是承认非语言语境对语言意义的制约性，这是符合语言实际的。这个思想源自前期维根斯坦的“思维—语言—世界”的三元关系论，在这个三元关系中，具体表现思维的语言在“实在的世界”这个框架之内才能活动。语言在实在世界中的应用就是真值的证据。在达米特看来，规定真值条件如果不是为了说明语句的意义，就毫无意义。

（三）奎因明确提出“意义取决于语境”。在奎因看来，意义由观察而获得的经验产生，而“经验意义的单位是整个科学”（Quine, 1953），因此我们不仅应该像弗雷格那样将意义单位从词语推进到句子，而且还应该前进一步，将意义单位提升到科学理论的整体，以科学理论的整体为框架和依据。实际上，奎因是提倡一种宏观的语境论；他在 *Ontological Relativity and Other Essays*（1969）中强调了所谓“语境定义”的重要性，指出只有作为整体的语境获得了意义，作为组成部分的语句才具有意义。整体语境是决定意义的首要证据。这实际上是在强调非语言语境的重定。

（四）奥斯丁的言语行为理论的重要依据就是语境，或者说言语行为应当如何做到适境，即意向与形式的统一。首先，他在 *Philosophical Papers*（1961）中说，语言研究有一点必须强调的是“在什么时候应当说什么”以及“在什么情境中应当运用什么样的词语”，适境是问题的关键。我们可以通过对奥氏提出的日常语言“三步分析法”，看到它的分析法的核心正是情境的适应性：

第一步是用语言应用的适境（在特定情况下的特定的最佳）表达式来证实辞书的释义；第二步是以适境为条件，罗列并验证各种不同的表达式差异；第三步是以“数据手段”来为适境言语行为作理论描写。其次，是以奥斯丁的整个语言行为理论的前后期发展来剖析其核心问题集中于适境。其前期关注的理论命题是关于所谓“实行式语句”（the performatives）与“直陈式语句”（the constatives）的“真、假”特征与真值条件[46]。奥氏将焦点集中于句式真值论，这与译学重视的以意义为轴心的语境问题关系甚微，但他在 20 世纪 60 年代初进行的言语行为理论研究，对译学则很有参考价值[47]。在奥氏的这个理论体系中，核心课题是 illocutionary act（意向性行为，或译为“施为性言语行为”“以言行事行为”等等），正是在这个核心课题中，他引入语境机制，作为与语言形式（表达式）息息相关的因素。按奥氏自己的阐释，意义和指称必须放到总体言语情境中加以考察；离开总体言语情境框架来谈意义和指称必然是不得要领的（Austin: 1962）。我们从奥氏的整个言语行为理论来看，语境 C 确实是贯彻始终的（下页图文中 Sp 代表言者，Hr 代表听者，C 代表某一特定的总体言语语境框架）。

由此可见语境是某种言语行为得以实现的必不可少的时空条件[48]。继奥斯丁后，斯特劳森和塞尔等人又就言语行为理论多所阐发，都肯定了语境在言语交流中的作用。在这方面，贝克（K. Back）、哈尼希（R. Harnish）在 20 世纪 70 年代末期提出的“语境中的相互信念”（mutual contextual beliefs）的观点尤其值得参考。他们认为相互信念是推动交流的前提，而语境则是相互信念前提的时空条件。实际上世界上不存在没有实际交流意义的、泛时空条件的（也就是没有语境，包括语言语境和非语言语境）相互信念，因此也不存在什么“泛语境的有意义的交流”[49]。

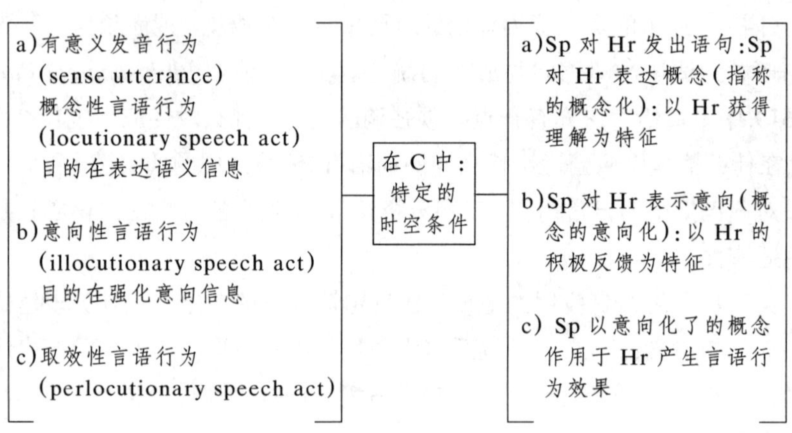

图 6-11　奥斯丁言语行为程式

6.2.3.1　语境对意义的决定作用

在语言学中，“语境”（contexuality）一词的意义涵盖面很广，可以小至词语搭配，大至文本所处的时空范围、阶段或领域。例如《易经》的语境，小至“易”与“经”的搭配（不同于《易传》），其指称就是六十四卦，包括上经三十卦，下经三十四卦（《易传》的指称是“十翼”，即十篇卦传）。这个指称的观念化就是《易经》的意义，即“关于易（变化）的经书”，所以 James Legge (1882), Harlez (1889), F. Werle (1951) 和 J. Blofeld (1965) 等人都把它译成了（*The*）*Book of Changes*。《易经》的语境可以指它问世的时代（战国初期）和地域（古中原、齐鲁地），因此《易经》小的语境是它的搭配（易 + 经），被称为“语言语境”（linguistic context），大的语境涉及时空领域，被称为“非语言语境”；前者也称为微观语境（指从搭配即词组、分句、句、句段、文本或篇章直至题材）；后者则是宏观语境（也叫作 larger context），包括广泛的非语言因素，即社会、文化、历史因素。因此翻译学中所谓意义对语境的适应或语境对意义的制约实际上是一回事，我们统称为“适境”（fitness to contexuality）。

我们先来考察一下语言语体（微观语境）对语义的固定作用（fixation）。前面谈到意义具有模糊性、游移性、不确定性，要使意义明朗、固定、确定，首先就是靠微观语境。我们举一个极普通的词 good 为例。good（*adj.*）在 *The American Heritage Dictionary of the English Language*（《美国传统英语词典》，1981）的主要意义共 25 项，下面是 7 个例句：

(a) It wouldn't be good for her health.（Sinclair）
这对她的健康没有好处（无益于她的健康）。

(b) You are looking good and you've put on weight.（J.London）
你看起来气色挺好，体重也增加了。

(c) I am going to have a good try.（Priestley）
我要认真（好好）试一试。

(d) But you must write me a good long letter.（Yeats）
你得给我写一封名副其实的详函。

(e) I was never any good at trigonometry.（Greene）
我的三角从来就没学好。

(f) I'm awful good at looking after people.（Mansfield）
照顾人是我的拿手好戏呢。

(g) It's never good of you to have listened to me.（Wells）
你从来没有真正听我的话。

以上 7 个例句是 good 在微观语境（搭配、成语或词组、句子）中的语义变化。它为什么发生变化或者说它的意义（观念化指称）为什么能如下表般固定呢？

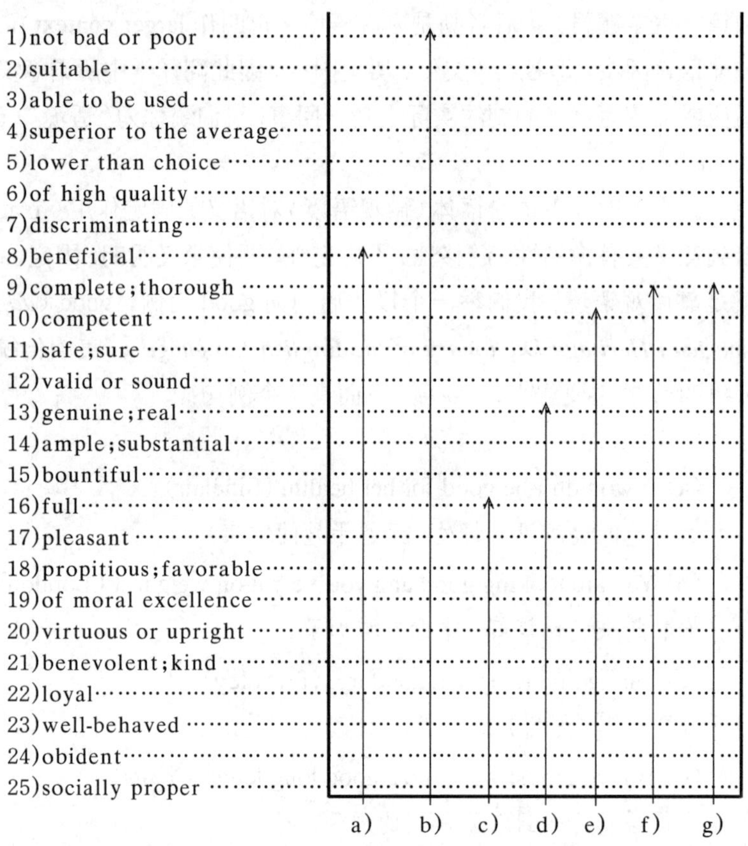

图 6-12　意义受微观语境的制约

意义的基本特点之一是“疏略”，之二则是“模糊、游移、不确定”。正是由于有以上特性，因此辩证地看，既是意义的缺点，又是意义的优点。我们可以肯定，再过一二十年，good 的意义还会增生。另一方面，意义在句子（涵盖搭配和词组）中又绝不是随心所欲地任意游移，微观语境使它们定位在特定的义项上，即(a) ⇨ (8)；(b) ⇨ (1)；(c) ⇨ (16)；(d) ⇨

（13）；（e）⇨（10）；（f）⇨（10）；（g）⇨（13）。如果我们用符号学模式来表示，以 iff [50] 表示“取决于”，则以上各句的关系式均为 $\frac{Sr}{Sd}$ iff C。

下面我们再来看看宏观语境对意义固定化、质实化或情态化的作用。原语 STL 是赫胥黎的《为〈物种起源〉辩》：

In Support of *the Origin of Species*

Thomas Henry Huxley

I have said that the man of science is the sworn interpreter of nature in the high court of reason. But of what avail is his honest speech, if ignorance is the assessor of the judge, and prejudice the foreman of the jury? I hardly know of a great physical truth, whose universal reception has not been preceded by an epoch in which most estimable persons have maintained that the phenomena investigated were directly dependent on the Divine Will, and that the attempt to investigate them was not only futile, but blasphemous. And there is a wonderful tenacity of life about this sort of opposition to physical science. Crushed and maimed in every battle, it yet seems never to be slain; and after a hundred defeats it is at this day as rampant, though happily not so mischievous, as in the time of Galileo.

But to those whose life is spent, to use Newton's noble words, in picking up here a pebble and there a pebble on the shores of the great ocean of truth—who watch, day by day, the slow but sure advance of that mighty tide, bearing on its bosom the thousand treasures wherewith man ennobles and beautifies his life—it would be laughable, if it were not so sad, to see the little Canutes of the hour enthroned in solemn state, bidding that great wave to stay, and threatening to check its beneficent progress. The wave rises and they fly; but unlike the brave old Dane, they learn no lesson of humility: the throne is pitched at what seems a safe distance, and the folly is repeated.

赫胥黎的基调是"辩"，由此而发出义正词严的批评和嘲讽，这就使本文获得了单靠微观语境不足以获得的超指称意义X。文本的宏观语境决定了它的超指称意义X，其中包括情态和文体风貌：1859年达尔文发表了《物种起源》论文，引起英国宗教界一片哗然，扩及欧洲政界、宗教界和科学界的争论，持续一百年。文中每一句话都是针对当时的反对者而发，翻译时应该传达作者在字里行间（超指称）饱含着的正义感和无畏精神：

为《物种起源》辩

托马斯·亨利·赫胥黎

我曾经说过，在理性的最高法庭上，科学是自然界最忠实的诠释者。但是，如果法官听命于无知妄说，首席陪审员成了偏见的代言人，那么，科学家坦诚的陈辞又有何用？！就我所知，几乎所有伟大的科学真理，在为世人普遍接受以前，尊贵的大人物大抵都要坚持人所探究的自然现象无不完全受制于神意，谁要是企图探究这些现象，不但枉费心机，而且亵渎神威。这种反对自然科学的态度，具有异常顽固的生命力。尽管它在每次战役中都被击溃、遭受重创，但却似乎永远不会被消灭。今天，这种反对态度已经遭受了上百次挫败，但是仍然像在伽利略时代那样猖獗。所幸它已经无法重拾昔日的恣意横行了。

这里，请让我借用牛顿的一句名言：有些人一生在伟大真理的海滩上拾掇晶莹的卵石。他们日复一日地注视着那虽然缓慢，但却确定无疑地在上涨的气势磅礴的海潮，在那海潮的胸怀中，包藏着无数能把人类生活装点得更高尚美好的珍宝。要是他们看到阻挡潮流的坎纳茨式的小丑，悻悻然坐在宝座上，喝令巨涛停止前进，并扬言要阻止那造福人类的进程时，他们会觉得即使不是着实可悲，也是可笑之至的！海潮上涨了，小丑们逃之夭夭。但是，小丑究竟不像古代那位勇敢的丹麦老人，学得谦恭一点。他们只是把宝座挪了一个看似可以保全自己的地方，又跟往昔一模一样地行事。

宏观语境可以将SLT定格在某种特定的时空坐标中（一般说来，这是微观语境办不到的)，并使文本具有局部语言结构所不能完成但又不能脱离局部语言结构“细胞”所整合而成的情感内容和文体风貌。它的符号学范式是$\frac{Sr}{Sd+X}\boxed{\text{iff}}C$。

不少典故以词语搭配的形式出现，但含义却多于该搭配的指称意义(字面含义)，原因就在于在这个搭配的背后隐藏着超指称意义，搭配上不过是露出水面的冰山之巅。例如“dicers' oaths”(不值分文的誓言)源出16世纪英语，被莎士比亚用出了名，见《哈姆雷特》：

Hamlet: Such an act
That blurs the grace and blush of modesty，
Call virtue hypocrite，takes off the rose
From the fair forehead of an innocent love
And sets a blister there，makes marriage-vows
As false as dicers' oaths.

(W. Shakespeare, *Hamlet*, III, iv,)

哈姆雷特：你的行为使贞节蒙污，使美德成了伪善；
从纯洁恋人的额上摘下了蔷薇，
取而代之的是一个烙印；
使婚姻的盟约变成了赌徒
不值一文的誓言。

就这样，典故使指号情态化了，带有挥之不去的贬义。典故的表达力和效果一般产生于历时的使用。从表面上看，典故只提供了一个微观语境，实际上它常常暗含一个幽深的宏观语境，这一宏观语境可以产生超指称意义。

语境还可使意义意象化和情态化。这种效果也通常出自宏观语境。我们知道意义溯源于人的感性经验。感性经验使人的头脑产生表象，表象产生观念(G. Berkeley, 1710)，观念产生意义。试比较：

• 一窝蜂 vs. 一群羊、一堆草、一沓纸：前者有特殊情态（无秩序、盲动等）；而后者无。

• 一刀切 vs. 一箱装、一车运、一次过：前者有特殊情态（无视个别的、特殊的情况）；而后者无。

• white Christmas vs. white paper, white coffee, white uniform，前者有特殊情态（节日气氛更浓、温馨的回忆、家庭欢聚等等）；而后者无。

为什么“一窝蜂”“一刀切”“white Christmas”等虽然是微观语境，仍然能产生超指称意义 X，从而得以参与 $\frac{Sr}{Sd+X}\boxed{\text{iff}}$ C 范式呢？关键在于这些词语所提供的不仅是指称意义，还提供了人脑中的意象，提供了某种“活动”或“游戏”（Wittgenstein, 1953）[51]的情景。这时，“言、景、义”就交织在一起了。

6.2.4 结语：翻译学的“意义范式”

至此，我们可以将语境在翻译学意义理论中的重要性总结如下：

（1）词语的适境即特定的意义适应于特定的语境，是双语意义换转的最基本要求。

（2）语境是使意义从模糊、游移、不确定进入精确、清晰、确定的固定因素；语境使意义固定。

（3）语境分为语言语境（微观语境）和非语言语境（宏观语境）。微观语境（主要指各式词语搭配，词组即固定词组与非固定词组、分句、句子、语段直至文本）决定指称意义，其范式是：$\frac{Sr}{Sd+X}\boxed{\text{iff}}$ C。宏观语境（指文本的题材、主题、交际功能及文本的文化、社会、历史背景）决定超指称意义，其范式是：$\frac{Sr}{Sd+X}\boxed{\text{iff}}$ C。

（4）微观语境和宏观语境都可以使词语意义情态化，但一般说来，文本的情态化、风格化的主要手段是宏观语境。

（5）不应忽视微观语境特别是固定词组（典故性成语）和非常规搭配可能具有的超指称意义，尤其是在情态化、风格化中所起的作用，它们所提供的超指称意义通常是“画龙点睛”式的。

6.3 意义的表现论

表现论的前提是意义认识论，其基本机制是以下诸因素的有机的、动态的整合：意义、意向对形式的调节及语境的终端定型功能。

意义认识论的目的是“意义获得”；表现论也就是论意义表现法，其目的是探讨如何将“获得的意义”（the acquired meaning）落实到得体的目的语文本 TLT 中。

因此，翻译学表现论的基本课题可以集中于：

（1）翻译再现的层次：深层翻译、中介层翻译与表层翻译，主要涉及对 STL 意义把握、意向把握应以何种形式及程序完整无缺地表达出来。（6.3.1）

（2）动态翻译与非动态翻译，主要涉及翻译主体（译者）对 STL 的意义诠释、意向把握及处理原则，是执着于意义还是执着于形式，以及主体精神应当担负什么角色。（6.3.2）

（3）关于表现法的辩证观，主要涉及形与义的相辅相成的关系，怎样在意向调节及语境定型功能的制约下处理好形式问题。（6.3.3）

以上三论是翻译学意义表现论（the theory of representation in translation）的核心主题。

6.3.1 翻译再现的层次

对有相当的表达功力的翻译者而言，对意义和意向把握的深度和完整度与其表达的质素是成正比的。一般说来，具有这样水平的翻译也完全理解“勿失厥义”（三国时代支谦引维瘴难语，“厥”的意思是“其”，当时指的是梵文经书；“勿失厥义”意思是不要丧失经书原文的本义）的重要性。

应该说，“勿失厥义”是表现论的第一要义或基本要求。

因此，我们可以根据译者对意义把握和意义表达的程度之深浅将翻译分为深层翻译、中介层翻译及表层翻译。下面是《易传》中《系辞》的一段：

> 一阴一阳之谓道。继之者，善也；成之者，性也。仁者见之谓之仁，知者见之谓之知，百姓日用而不知，故君子之道鲜矣。

很明显，译者要把握意义必先把握指称：“阴、阳”就是一个大问题，此外还有“仁”“知”“君子”“道”等等。表层的翻译通常的做法是（1）回避指称；（2）不求甚解，按字面定指称；（3）不揭示句子与句子间的逻辑关系，译成流散型语段（俗称流水句）。下面的翻译属于这种类型：

> The collocation of Yin and Yang is called Tao. He who follows it is wise. He who succeeds to follow it gives the credit to his nature. He who is benevolent could find benevolence in what he regards it as benevolent and he who is wise could find wisdom in what he regards it as wise. The ordinary people act upon these principles everyday without being aware of them. This is why they say that the superior man's Tao is rare.

中介层翻译以意向参与对意义的调节、调和为特征，频频借助于替代、解释，以充分表达作者的陈述意向。

下面引用的译文出自理雅各（James Legge, 1815–1897），理雅各的翻译似乎是在针对浅层翻译的弊端，有意地释而改译之：

> The successive movement of the inactive and active operations constitutes what is called the course (of things). That which ensues as the result (of their movement) is goodness; that which shows it in its completeness is the natures (of men and things). The benevolent see it and call it benevolence. The wise see it and call it wisdom. The common people, acting daily

according to it, yet have no knowledge of it. Thus it is that the course (of things), as seen by the superior man, is seen by few.

理雅各的译文内容或有值得推敲之处，但他旨在摆脱或力图摆脱中国典籍翻译初期的表层翻译幼稚病是毋庸置疑的。这种以解释指称为主旨的翻译，基本上保持了原文的“机理”（组织层次）。我们称之为“中介层翻译”。再看《系辞》中还有一段文字，历来被视为儒家宇宙生成论的源头：

> 是故易有太极，是生两仪。两仪生四象。四象生八卦。八卦定吉凶。吉凶生大业。是故法象莫大乎天地。变通莫大乎四时。县象著明莫大乎日月。……

理氏的译文不仅工于涤除翻译中的浅表之见（止于从字面上解释指称是什么意思），而且对原语作了恰如其分的意向性释义（即意在研究说明什么），重视超指称意义。理氏的译文如下：

> Therefore in (the system of) the *I* there is the Grand Terminus, which produced the two elementary Forms. Those two Forms produced the Four emblematic Symbols, which again produced the eight Trigrams. The eight trigrams served to determine the good and evil (issues of events), and form this determination was produced the (successful prosecution of the) great business (of life). Therefore of all things that furnish models and visible figures there are none greater than heaven and earth; of things that change and extend an influence (on other) there are none greater than the four seasons; of things suspended (in the sky) with their figures displayed clear and bright, there are none greater than the sun and moon; ...

“深层翻译”也称为“深层涵养翻译”，重在发掘“言下之意”和“言外之意”，总之是“超指称”成了译者的关注中心。我们可从小处看到理氏在翻译时很重视有意向参与的超指称意义:“一阴一阳”表示的不是搭配，而是运动，理氏译出来了。汉语中这种例子很多:“一前一后”“一进一出”“一开一关”，成语结构本身就有运动、发展意向的含蓄意义。对于深层意向把握，理氏非常慎重，不轻易以音译了事。例如“太极”他按意译舍音译。两汉时代刘歆、王充、郑玄都将“太极”理解为“元气”(如王充《衡论·谈天》:“元气未分，浑沌为一。”)。在唐代孔颖达以前，“太极”并无定义，《吕氏春秋》认为“太极”就是“太一”:“太一出两仪，两仪出阴阳，一上一下，合而成章。”据孔颖达的解释，“太极”就是“太初”(孔颖达《系辞传》正义)，所以理雅各将“太极”译成“Grand Terminus”是有道理的。

现在我们将表层翻译、中介层翻译与深层翻译的差异比较如下表:

表 6-3

表层翻译 [偏重外在关系的直接表现] “亦步亦趋”	(1) 执着于表层(形式结构、字面意义等表层因素)的对应表现 (2) 忽视内在关系(结构的、语义的、语段的)对应表现 (3) 忽视超指称意义(情态的、风格的)的对应表现 (4) 坚持传统的“信达”概念，不甚关注目的语的读者接受 (5) 基本特点是追求“等值对应”
中介层翻译 [偏重对指称意义的解释] “若即若离”	(1) 仍未放弃表层双语对应的努力，但随时准备变通 (2) 注意到以解释指称析出意向，作为调节杠杆，力求以此与原义“整合” (3) 力求保持原文语段的机理或层次感，并善作变通 (4) 力求调和双语的读者接受 (5) 基本特征是“调节”“调和”
深层翻译 [注重内在关系的动态表现]“离神得似”	(1) 表层结构是意义的依据，但它只是形式载体，不是实体 (2) 注重内在关系分析(句法的、语义的、语段的)及受制于语境的动态表现 (3) 注意超指称意义的把握和表现：意义与意向的理想整合，包括目的语文化因素的参与整合

（续表）

	(4) 整合的必然结果： (a) 注重语段机理重组 (b) 注重题材和体裁的特色和表现法 (c) 十分重视目的语的读者接受 (d) 基本特点是“取善择优”及实现大体“等效” (e) 原文文本在目的语中的“再生”(本杰明，1923)

中外翻译史上有许多例证说明，表层翻译与深层翻译是表现论问题，也是翻译价值观问题，而深层表现论的关键是：（1）引入意向与意义整合；（2）确保语境的定型功能。执着于表层翻译的翻译家认为翻译理应符合原作的表层，因为原作的表层体现原作者的艺术匠心，这种不舍形式的艺术性的努力也不是没有道理的。

6.3.2 动态表现与非动态表现

表现法是一个开放系统，具有无限变式。翻译固然不是创作，没有大至创作那样的自由度，但翻译表现法仍然是一个相对开放系统。在这个相对开放的系统中，译者的自由度还是相当大的。这就是说，译者的主体性能动发挥的自由度是相当大的。相对自由度可以容许译者发挥动态表现（dynamic expression）优势。

其一，译者对原文的概念在把握或理解上可能存在很大的差异（主要指指称系统）；

其二，译者对原文的内涵在意向把握或意义诠释上可能存在很大的差异（主要指超指称系统）；

其三，译者本人的“前理解”、素养、翻译功力和风格发挥可能存在很大的差异（译者的专业水平）；

其四，译者本人的语言观和翻译观使然。

现在我们试以《水浒传》第二十三回“横海郡柴进留宾，景阳冈武松打虎"中武松打虎一节的三式翻译作一分析：

那个大虫又饿又渴，把两只爪在地下略按一按，和身往上一扑，从半空里撺将下来。武松被那一惊，酒都做冷汗出了。说时迟，那时快，武松见大虫扑来，只一闪，闪在大虫背后。那大虫背后看人最难，便把前爪搭在地下，把腰胯一掀，掀将起来。武松只一躲，躲在一边。大虫见掀他不着，吼一声，却似半天里起个霹雳，震得那山岗也动，把这铁棒也似虎尾，倒竖起来只一剪。武松却又闪在一边。原来那大虫拿人，只是一扑、一掀、一剪；三般提不着时，气性先自没了一半。那大虫又剪不着，再吼了一声，一兜兜将回来。武松见那大虫复翻身回来，双手抡起哨棒，尽平生气力只一棒，从半空劈将下来。只听得一声响，簌簌地将那树连枝带叶劈脸打将下来。定睛看时，一棒劈不着大虫；原来打急了，正打在枯树上，把那条哨棒折做两截，只拿得一半在手里。

那大虫咆哮，性发起来，翻身又只一扑，扑将来。武松又只一跳，却退了十步远。那大虫恰好把两只前爪搭在武松面前。武松将半截棒丢在一边，两只手就势把大虫顶花皮胳膊地揪住，一按按将下来。那只大虫急要挣扎，被武松尽气力捺定，那里肯放半点儿松、宽。武松把只脚望大虫面门上，眼睛里，只顾乱踢。那大虫咆哮起来，把身底下爬起两堆黄泥，做了一个土坑。武松把那大虫嘴直按下黄泥坑里去，那大虫吃武松奈何得没了些气力。武松把左手紧紧地揪住顶花皮，偷出右手来，提起铁锤般大小拳头，尽平生之力，只顾打。打到五七十拳，那大虫眼里、口里、鼻子里、耳朵里，都迸出鲜血来。

以下是 J. H. Jackson（简称杰氏）的英译：

The tiger was both hungry and thirsty, and crouched on the ground ready for a spring. As the tiger sprang forward Wu Song was startled, and was covered with a cold sweat, but slipping to one side he escaped. The tiger immediately turned round, and roared like thunder, so that the ridge almost quaked.

The tiger's tail was erect and stiff as a poker, and was lashed from side to side in rage. Wu Song did not keep still, but kept moving about irregularly. In fact the tiger had only three methods of killing men, a crouch, a leap, and a blow with its tail. If these three failed, the tiger at once lost all courage or spirit. In such cases it always turned round, and gave a loud roar. When Wu Song saw it turning round seized his cudgel with both hands, and using the utmost of his strength he whirled it aloft, and brought it down with a crash. There was a great noise followed by a fall of leaves and twigs from the dense undergrowth. Wu Song saw that he had missed the tiger, and simply in his haste had hit the undergrowth. As his long cudgel was broken in half, he threw a part away. The tiger roared again, crouched, and again leapt at Wu Song. Wu Song again swiftly stepped to on side. The tiger whirled round and came just in front of Wu Song and planted its fore paws on the ground. Wu Song threw the remaining half of the cudgel away, and seized the tiger's forehead skin with both hands, and pressed the tiger down on the ground. The tiger struggled to get up, but Wu Song exerted all his strength, and would not let it go the least bit. He kicked it in the eyes. This made the tiger roar, and scoop out holes in the yellow soil with its front paws. Wu Song now pressed the tiger's snout into the hole in the ground, and it had to endure this disgrace as it was losing its strength. Wu Song now grasped the loose skin on the tiger's head in his left hand, and taking his right fist hit the tiger severely. After about seventy blows blood streamed out of the tiger's eyes, mouth, nose, and ears, and the beast lay panting for breath.[52]

以下是 S. Shapiro（简称夏氏）的英译：

Both hungry and thirsty, the big animal clawed the ground with its front paws a couple of times, sprang high and came hurtling forward. The wine poured out of Wu Song in a cold sweat. Quicker than it takes to say, he dodged, and the huge beast landed beyond him. Tigers can't see behind them, so as its front paws touched the ground it tried to side-swipe Wu Song with its body. Again he dodged, and the tiger missed. With a thunderous roar that shook the ridge, the animal slashed at Wu Song with its iron tail. Once more he swivelled out of the way.

Now this tiger had three methods for getting its victim—spring, swipe and slash. But none of them had worked, and the beast's spirit diminished by half. Again it roared, and whirled around.

Wu Song raised his staff high in a two-handed grip and swung with all his might. There was a loud crackling, and a large branch, leaves and all, tumbled past his face. In his haste, he had struck an old tree instead of the tiger, snapping the staff in two and leaving him holding only the remaining half.

Lashing itself into a roaring fury, the beast charged. Wu Song leaped back ten paces, and the tiger landed in front of him. He threw away the stump of his staff in front of him. He threw away the stump of his staff, seized the animal by the ruff and bore down. The tiger struggled frantically, but Wu Song was exerting all his strength, and wouldn't give an inch. He kicked the beast in the face and eyes, again and again. The tiger roared, its wildly scrabbling claws pushing back two piles of yellow earth and digging a pit before it. Wu Song pressed the animal's muzzle into the pit, weakening it further. Still relentlessly clutching the beast by the ruff with his left hand, Wu Song freed his right, big as an iron mallet, and with all his might began to pound.

After sixty or seventy blows the tiger, blood streaming from eyes, mouth, nose and ears, lay motionless, panting weakly.[53]

以下是 Pearl S. Buck（简称赛氏）的英译：

Now that great tiger was both hungry and thirsty and it put its front paws down lightly on the ground and leaped and seemed to descend out of space. Wu Song gave a start of fright and the wine came out on him in cold sweat. To tell it is slow, but it happened too quickly! Wu Song, seeing the great tiger springing forward, ran and hid behind the beast. Now it was hard for the tiger to see a man behind it, and so it put its front paws down on the earth and lifted up its back and hinder parts and thus struck out. Wu Song ran and hid again to one side. The tiger seeing it could not catch him by springing or kicking gave a roar and it was as though there was a crack of thunder in the near air. And the very mountain trembled.

Then the tiger made its tail, that was like a bar of iron, to stand erect, and then it beat its tail suddenly down. Wu Song again darted to one side. Before this when the great tiger caught a man it gave one leap and one kick and one beat with its tail and if these three did not avail, half its strength of anger went down. Now when the tiger could not catch the man, it roared again and it turned itself about. Wu Song, seeing that great tiger turn itself about thus, lifted high his club with both his hands, and with all the strength he had he brought it down and struck it through the air. He heard a thud and a tree fell with a scattering of leaves and branches. When stared he saw that in his excitement this blow had not hit the tiger, and he had only hit a dead tree and the club was broken in two, and there was but the half of it there in his hand.

Then the great tiger set up a roar and its temper rose and it turned itself about and again sprained down. Wu Song again gave a leap and went backwards some ten steps, but the beast had leaped with its forepaws just before it. Then Wu Song threw aside the half club he held and with both his hands he grasped the tiger by the spotted scruff of its neck, and held it in knots, and with all his might he pressed it down. The beast struggled to be free but Wu Song with all his might held it hard and was not willing to loose his hold by the least. He thrust out both his feet on the great beast's face and kicked at random into its face and eyes. The beast began to roar and pawed up two heaps of clay underneath its body and made a pit. Wu Song pressed its muzzle down into the pit and the beast was worn weak with its struggle against him.

Thus Wu Song with his left hand held its scruff and he slipped his right hand out and he made his fist into a very hammer of iron and with all the strength he had he struck and struck again. When he had struck some fifty or seventy blows, then from that great beast's eyes, mouth, nose, ears the fresh blood flowed out and it could not move at all. Only from its mouth the breath came in gasps.[54]

我们先来看看三位翻译家对指称意义的翻译。《水浒传》属文艺文体，翻译当然不必拘泥于一字、一词、一句，我们举的例子，意在比较三位译者对 STL 的意义把握是否准确得当，是否符合施耐庵和罗贯中用汉语文字表达出来的本意。用维根斯坦的话说就是“语言游戏”是否反映“现实生活游戏”，前者的灵活度是否符合后者的灵活度。

仅从上例当然不足以窥三氏译文之全貌，但外国译者翻译中国作品的通病已可见一斑。汉语从单音节词居多发展到双音节词居多以后，很多双音节词前的摹状字其实没有什么意义。汉语说“迸出鲜血”就是迸出血来，赛氏译成 fresh blood，没有必要，“只顾乱踢”就是只顾用脚踢，赛氏译成 kicked at random，也没有必要。“偷出右手”夏氏译成 free his right hand 比较符合动态原则，而赛氏译成 slip his right hand，着眼于“偷”字，则大可不必。老虎被武松按住变得狂野之极，“身底下爬（扒）起两堆黄泥”（其实，只是虎爪在地上乱抓乱扒，刨出了一个土坑），三位译者都太拘泥于汉语表层，此处原作者的意向实际上只在于凸显生动性。三氏译文中这种例子还很多，总体看来，夏氏对动态原则关注较多；而赛氏则太拘泥于原文，严重缺乏动态性，基本上是非动态翻译。

表 6-4

《水浒》原文	Jackson 译文	Shapiro 译文	Buck 译文
•（老虎）……用爪在地下略按一按，和身往上一扑	crouched on the ground ready for a spring	sprang high and hurtling forward and clawed the ground a couple of times	it puts its front paws down lightly on the ground and leaped and seemed to descend out of space
• 酒都做冷汗出了	omit	the wine poured out of Wu Song in a cold sweat	the wine came out on him in cold sweat.
• 一闪	slipped to one side he escaped	he dodged	omit
• 说时迟，那时快	omit	Quicker than it takes to say	to tell it is slow, but it happened too quickly
• 把腰胯一掀，掀将起来	omit	it tried to side swipe Wu Song	lifted its back and hinder parts and thus struck out
• 吼一声似半天里起个霹雳，震得山岗也动	roared like thunder, so that the ridge almost quaked	with a thunderous roar that shocked the ridge	gave a roar and it was as though there was a crack of thunder in the near air. And the very mountain trembled.
• 大虫拿人，只是一扑、一掀、一剪	three methods of killing men, a crouch, a leap and a blow with its tail	three methods for getting its victim—spring, swipe and slash	When…tiger caught a man it gave one leap and one kick and one beat with its tail
• 气性（先没了一半）	at once lost all courage and spirit	spirit diminished by half	half its strength went down
• 性发（起来）	roared again	lashing itself into a roaring fury, the beast charged	set up a roar and its temper rose

（续表）

《水浒》原文	Jackson 译文	Shapiro 译文	Buck 译文
• 花皮胳膊地揪住	seized the tiger's forehead skin	seized the animal by the ruff and bore down	grasped the tiger by the spotted scruff of its neck, and held it in knots
• 尽气力捺定	omit	would't give an inch	with all his might he pressed it down
• 爬起两堆黄泥，做了一个土坑	scooped out holes in the yellow soil	it's wildly scrabbling claws pushing back two piles of yellow earth and digging a pit before it	pawed two heaps of clay underneath its body and made a pit
• 揪住顶花皮	grasp the loose skin on the tiger's head	cluthing the beast by the ruff	its muzzle
• 偷出右手来	taking his right hand	free his right hand	slipped his righthand
• 迸出鲜血来	blood streamedout of	blood streamingfrom	the fresh bloodflowed out

6.3.3 结语

维根斯坦提出的语言游戏理论，翻译学实可用作一种极好的借鉴。这里涉及 image（意象）对理解的作用，维氏不赞成意象具有超乎象征的表意功能，我们当然不必苟同[55]，但其语言游戏理论的核心思想则是可取的。他认为，“语言是有限手段的无限运用”，语言形式是不可穷尽的。他问：

> But how many kinds of sentence are there? Say assertion, question, and command? There are *countless* kinds; countless different kinds of use of what we call "symbols," "words," "sentences." And this multiplicity is not some thing fixed, given once for all; but new types of language, new

language-*games*, as we may say, come into existence, and others become obsolete and get forgotten. (We can get a *rough picture* of this from the changes in mathematics.)

Here the term "language-*game*" is meant to bring into prominence the fact that the *speaking* of language is part of an activity, or of a form of life.

因此，维氏认为所有“游戏”皆强调如下事实：语言活动是生活形式（既体现意义，又体现意向）的一部分，语言中出现的交流活动和表现方式（即游戏）是“生活形式”的表现；它在特定语境中的活动规则，不会超出现实的、实际生活的活动规则。就翻译而言，对原语中所描写或记录的现实的实际活动，译者有权参与并按游戏规则的实际再现特定的生活形式，而不必受到原语中可能出现的语言误差的掣肘。原因是，语言是发展的，施耐庵生活的时代的语言游戏形式与今天的汉语可能有很大的差异，但“实际生活形式”的基本规则是不会改变的；人喝了酒，又被野兽吓了一跳，“酒都做冷汗出了”，这种很符合“生活形式”的描写是不宜省略的；同样，老虎在被按住头挨揍时，它的前爪绝不会有工夫、有意识地去“做了一个土坑”，它只会野性大发地在地上乱扒一通。这都是“生活形式”。翻译的动态性应该以生活形式的动态性为依据，而且应该说那是一个非常可靠的依据。有了这个依据，“动态表现”就不会流于“任意表现”，而作者执着于“生活形式”的意向性，也无非是确保生动和真实。

在表现法中贯彻动态原则，可以使每一个译者充分发挥各自的表现功力和主体的主导性潜能，特别是在交际效果、风格特征方面。所谓“艺无止境”正是这个道理。但翻译究竟不同于创作，翻译上“艺无止境”的前提是对原文文本概念意义和内涵意义的充分而准确把握。没有这两方面的把握，动态表现难免要出现偏差，甚至无从谈起。我们在第二章中提到过反对主体在认识和表现中的任意性，反对主体直观认识的凌驾性（Husserl，1946），意义把握是动态表现的依据。胡塞尔认为一切“认识论上的谬误根源都应归咎于‘超越’”。表现法上的随意性正是对客体“实在存在”——文本意义，包括有意义的形式意义——粗暴的“超越”。

6.4 意义的对策论

对策（strategy）具有高屋建瓴的指导性，这是翻译学的意义理论不可少的。本节包括以下三项研究课题：（1）必须将意义看作能动的而非凝滞的实体（6.4.1）。（2）必须通达权变，关键在把握意向（6.4.2）。（3）正确处理内容与形式的关系，形式受制于意向的调节（6.4.3）。

6.4.1 必须将意义视为能动而非僵化的实体

本章中我们已经谈到意义是一个疏略的网络，它具有模糊的、游移的、不确定的一面。意义的辩证观是既要看到其明确的、限定的一面，又要看到其模糊的、游移的、不确定的一面。不可忽视的是：几乎所有的辞典、字典都只能记载每个词明确、限定的一面。这样就显示了一种假象，似乎意义都是明确的、限定的。我们可以在一本好的词典中任意找出一个词来作一下分析就可以看出词典给出的定义的两面，但白纸黑字记载的通常是一个词明确、限定的一面。下面是 *Cambridge International Dictionary of English*, 1995（《剑桥国际英语词典》）中关于 spell 的解释（体式全按照该词典）：

> Spell［PERIOD］/spel/*n*［C］a period of time for which an activity or condition lasts continuously • *I lived in London for a spell.* • *She* had *a brief spell as captain of the team.* • *He had an unhappy spell working as an engineer.* • After a long spell of unemployment，Geoff finally found a job. • *She's had several spells of sickness this winter.* • *I keep having getting dizzy spells* (periods of feeling as if I'm spinning around), *doctor*. • A spell is a short period of a particular type of weather. *In 1963 there was one of the longest cold spells ever recorded in the British Isles.* • *The weather forecast is for dry, sunny spells.*

释义中说“一段时间”（a period of time），这段时间究竟有多长？又说“不断持续”（lasts continuously），究竟持续多久？释义中没有说。不过话又说回来，如果把这段时间明确定下来，又怎么可能呢？又有什么必要呢？日常生活语言说到时间时常常是个模糊的不定数量词，因为我们不是在做科学实验，所以词典的“有限性”也是符合“生活形式”的。

意义在“生活形式”中具有的这个非同小可的特点给了我们很大的启示：必须如实地将意义看作能动的而非僵化的、凝滞的实体。具体来说，我们应该将意义看作能作水平运动和垂直运动的能动体：作水平运动就是将意义引申（extend）；作垂直运动就是将意义在对应的基础上、根据语境作无限次替代（substitution）或阐释（explanation or interpretation）。引申、替代以及阐释（其实“阐释”也是替代）是翻译方法论的“主轴线”；其他方法都是“次轴线”，它们都是从“主轴线”推衍出来的。详见图示：

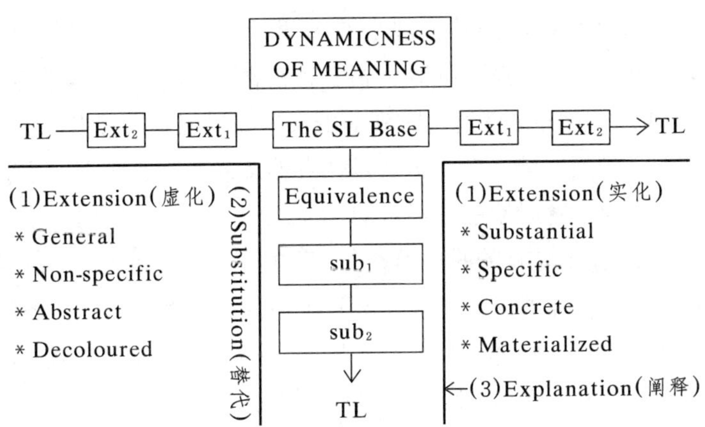

图 6-13　意义的动态性

意义能动性的实质是指称的不确定性（Quine, 1969）；这种不确定性依靠语境对意义的固定功能（fixation）加以确定。对此，以维根斯坦的“Meaning is use”为依据，达米特、斯特劳森、奥斯丁和塞尔等人都有论述。

6.4.2 必须通达权变，关键在把握意向

“通变”作为哲学方法论在中国始于《周易》：“参伍以变，错综其数，通其变，遂成天地之文；极其数，遂成天下之象，非天下之至变，其孰能与于此。”（《系辞上》）从汉代起扬雄、王充、班固到晋代葛洪、梁代刘勰等人将通变思想用于文论，影响极深。于是“通变”遂被视为文艺创作的基本对策。

“通变”的基本依据是“生活形式”的涤旧陈新，为文者不能“离析世情”，而“滞乎不移之困”（晋·葛洪，《抱朴子·百家》）。这是从哲学社会观来看通变。维根斯坦说无数的语言游戏皆基于无数的“社会活动游戏”，也是这个道理（Wittgenstein, 1953）。从文艺观来看通变的依据是语言形式和体式的参伍相变，作家不能以古制今，“因循寄人篱下”（南齐·张融，《门律自序》），袭而不变，自我作古。

我们还应该从翻译学的功能观来看通变，那就是要在翻译中按具体行文的意向，整合语义，摆脱所谓“等值”“等效”的陈规，善于“选择”和“调整”。在这里，机械的、违背历时观的表层形式对应是没有出路的，译者只有通晓通变之理及因势（势，也就是作者的意向）制宜之术，才能使语言交流达致跨文化、跨时空的终极目的。例如，《老子》一书问世于春秋时代，取警言体式，原本是有韵的哲学论文，意在有声有色地言道。《道德经》五千言内涵意义极其丰富，渗透老子凝重淳厚而又婉曲的意向，因而表现形式及风格千变万化。翻译这种典籍舍顺势、通变之外别无他途。以该书第八十章一句“使民重死，而不远徙”的十种译式为例：

（1）Orde Poynton—So that though there may be a heavy death rate yet the people do not fly to distant places.

（2）Arthur Waley—He could bring it about that the people would be ready to lay down their lives and lay them down again in defence of their homes, rather than emigrate.

（3）C. Spurgeon Medhurst—They should be made to comprehend the gravity of death and the futility of emigration.

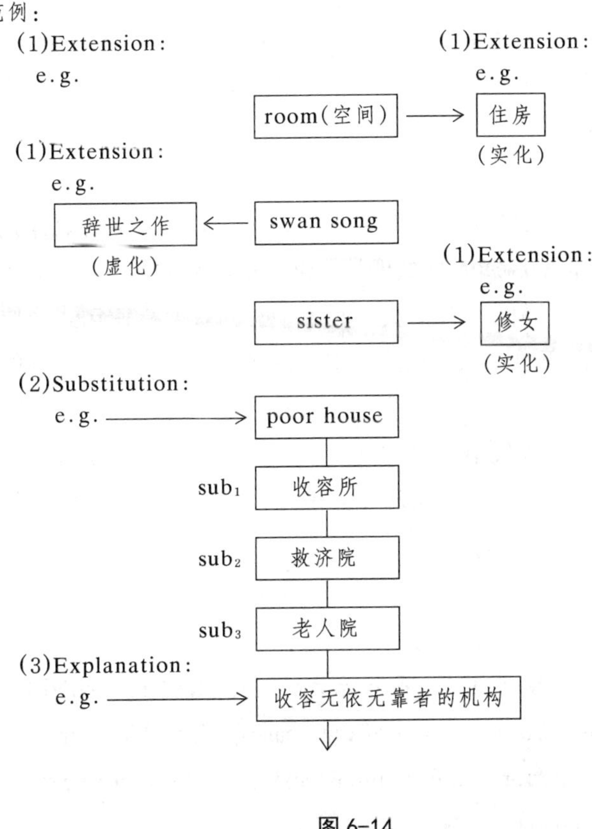

图 6-14

（4）R. B. Blakney—Where people die and die again but never emigrate.

（5）Lin Yutang—Let the people value their lives and not migrate far.

（6）Ch'u Ta-kao—I will make the people regard death as a grave matter and not go far away.

（7）Chan Wing-tsit—Let the people value their lives and not migrate far.

（8）John C. H. Wu—Let them [the people] mind death and refrain from migrating to distant places.

（9）Paul J. Lin—Let the people weigh death heavily and have no desires to move far away.

（10）Ch'en Ku-ying—(The rulers) should cause the people to regard dying (in their native place) as important/And thus make them loathe to move far away.

从上例来看，属于语义变通的十有三式（例如林语堂的翻译就将原文的“死”译成“生命”）；属于体式变通（原语是韵文警句式，字数整齐）十有十式；属于句式变通的十有十式，其中十有四式取祈使句式（原语是直陈式）。因此可以说变通比例是相当大的，译式之异无不以对老子的意向把握深浅之分为依据。

古典语文如此，现代语文亦如此。下面我们试举两个取自出版书籍的反例，看看翻译者如果不能领悟通变的道理，其译作是否把握了作者的意向、能不能达到交流思想的目的：

以下是原文：

（1）They talked of his university, which he had visited frequently during the past two years, and of the near-by city which supplied Sherry Island with its patrons, and whither Dexter would return next day to his prospering laundries.

由于译者迁就原文，执着于形似，不作意向分析，结果译文不知所云：

他们谈论他的大学，在过去两年中，他时常拜访，他们也谈到邻近他大学的那个供应时瑞岛游客的城市。这个城市，也便是戴克斯特次日回到他那些欣欣向荣的洗衣店的地方。

翻译原文随举随释的长句必须充分加以变通，顺乎作者的陈述意向。今改译如下：

他们谈到了他就读的大学。在过去两年中，他常常到那所大学去。

他们也谈到大学附近那个城镇，那些光顾雪莉岛的游客，都是通过那座城镇到岛上去观光的。德克斯特在城里开了几间洗衣店，生意兴隆；他正准备次日返回城里，打点他的店铺。

（2）To say of what is that it is not, or of what is not that it is, is false, while to say of what is that it is, or of what is not that it is not, is true.

所说但非所云，或非所云，则是假；而所说即是所云，但非所说，则是真。

译者显然没有突破 SLT 的形式屏障，领悟 SLT 的意义。翻译只有在译者完全领悟原意，真正把握作者欲界定真、假的意向后［上句（2）原文中有很多词只有关系指称。译句不成体统，错也是错在没有把握关系指称之间的关系上。因此要彻底弄清楚关系指称词的相互关系］，才能有准确的意义与意向把握，才谈得上进入表达阶段，才谈得上如何充分变通，按汉语表达法重组译句：

将事实如此说成并非如此，或将并非如此说成事实如此，即所谓“假”；将事实如此说成事实如此，或将并非如此说成并非如此，即所谓“真”。

“不拘一格”是顺势、通变的途径或手段，也是顺势、通变的成果与特征。这里的“格”指 STL 的形式格局。翻译之大忌是死抱住“信”的形式标准，不善于处理“离”与“即”的关系，不懂得“若即若离”的妙理。下节我们将研究这一基本对策。

6.4.3 意义理论中的形式问题：形式受制于意向的调节

形式与内容的关系是一个哲学范畴的问题，也是事物存在（包括意义实体）的两个方面：没有形式的内容是并不存在的虚幻，没有内容的形式是毫无意义的信笔之作。一般说来，内容是存在实体的基础，起主导作用；

但如果没有形式，那么“内容”也就失去了存在的时空条件和依托。在西方哲学史中第一位看到内容与形式这种相辅相成的关系的是亚里士多德。但亚里士多德并没有完成内容与形式的统一论。他将形式看作了“每个事物的本质及其第一实体”，等于将形式混同于内容。正确阐明了形式与内容的关系的是德国古典哲学家，他们完成了内容与形式的统一论。黑格尔在《逻辑学》中说：“内容不如说是在自身那里就有着形式，甚至可以说唯有通过形式，才有生气和实质。”可见**形式具有本体论的意义**，这一点我们的认识是严重不足的。黑格尔又说：“关于形式与内容的对立，主要必须坚持一点：即内容并不是没有形式，反之，内容既具有形式于自身（之）内，同时形式又是一种外在内容的东西。”[56]可见形式又具有认识论的意义，这一点我们的认识也很有限。这是意义理论对待形式问题的基本立论。从这一基本立论出发，译学意义理论中的形式具有以下不可忽视的三条对策论原则，基本思想是意义、意向与形式的统一观。现试分析如下述：

一、把握体现意向的形式意义（meaning of the form）

从译学意义理论的视角来看，形式可以分为“有意义的形式”（form with meaning）和“无意义的形式”（form without meaning）。有意义的形式正是意向的表现，是我们关注的中心。

“无意义的形式”属于语言形式常规（norms）。语言中的每一个范畴都有其特定的形式常规。例如英语句法范畴中的 syntagmatic relation（组合关系），即 linear sequence（线性序列）共有七种常规：（1）SV；（2）SVO；（3）SVC；（4）SVA；（5）SVOO；（6）SVOC；（7）SVOA。这种线性序列都只是句法形式框架（frames），除了“句法意义”（广义的“意义”）以外，没有语义学上的意义。Paradigmatic relation（聚合关系，即纵向替代 vertical substitution）也是没有语义学上的意义的。语法意义只涉及结构问题，不涉及意向性意义问题。

“有意义的形式”是对常规（或规范）的变异。语言常规是封闭系统，变异是开放系统，因此变异是无穷尽的。这也表现出语言的人文性。我们大体可以说变异具有有意向的形式意义，如何译是表现问题。这里牵涉到可译性限度。一般说来，修辞性形式变异通常是可译的，结构性形式变异的可译性限度很大。核心问题是语言的异质性和文化特征在起限制作用。下面是美国现代诗人 e. e cummings（诗人本人有意的小写名字）的一首诗“in just”中的头两节：

in just
spring when the world is mud-
luscious the little
lame balloonman
whistles far　　and wee
and eddieandbill come
running from marbles and
piracies and it's
spring

这里有两点值得一提，两者都属于结构性形式变异，都具有“视觉形式意义”，也正是作者的意向。一是第五行“far”与“and wee”故意离得很远。第二点是将两个男孩子的名字“eddie”与“bill”跟“and”紧紧地排在一起，意思是“Eddie”与“Bill”你挤我，我挤你。这都是为了加强“视觉意象”，意在表现形式结构的意义，可见形式手段确实参与了意象建构。

以下是修辞性形式变异：

（1）I am writing these lines to say I am still in the pink and hoping you are the same.（J. B. Priestly）

“In the pink”是“in good condition”的替代修辞，前者比后者更富有感性描述功能：

如今我容光依旧，愿君亦然。聊以数语相告。

比喻陈述是直言陈述的变异，也属于修辞性形式变异，不少是可以保留住它的形式意义的。非常规搭配的修辞性很强，形式意义常可转换：

(2) 一夜秋风，枕边吹散愁多少？（唐·李煜）

上句中非常规搭配在“风吹愁”（SVO）中的“愁”，“风吹愁散”是格调很高的非常规搭配，意象清雅脱俗：

How much of my sorrow did the wind blow off last night?

以下修辞性超常搭配几乎都可以译出来，不过为了保证意向（加重 force），需容许一定程度上的转义：wild idea⇨无羁之念，facts speak louder⇨事实胜于雄辩，loud ocean⇨喧嚣的海洋；remorseless dash of billows⇨浪的无情冲击，Fat gifts are the usual thing when big bosses go⇨大老板退休油水足是常事，（her）destructive charms⇨（她那种）祸水般的魅力。可见在微观语境中转义（替代或引申）常常是不可避免的。

另一方面，也要看到“有意义的形式”的修辞意义在语言异质性文化特征的凌驾性框囿下常常丧失殆尽。李白的诗“人烟寒橘柚，秋色老梧桐”包含两个结构性变异：“橘柚寒”及“梧桐老”成了“寒橘柚”和“老梧桐”（SV⇨VS），翻译中无法表达。翻译在面对非常规搭配时通常也难译其巧：“打开窗户说亮话”（怎么会有“亮”的“话”呢？）和“把丑话说在前面”（怎么会有“丑”的“话”呢？）就是很好的例子。

以上说的是修辞性形式变异。下面我们再谈一谈结构性形式变异，这种变异一般只是为了强调意向，这也是结构超常的目的：

(1) “吾谁欺？欺天乎？”（《论语·子罕》）（SOV? VO?）
(2) 臣死且不避，卮酒安足辞！（《史记·项羽本纪》）（SOV, OV?）
(3) Sweet are the uses of adversity.（Shakespeare）（CVS）
(4) Once upon a midnight dreary...（Edgar Allan Poe）（Md+Mr）
(5) A good generous prayer it was.（Mark Twain）（CSV）
(6) Rude am I in my speech...（Shakespeare）（CVS）

（7）A tone of most extraordinary comparison Miss Tox said it in.（Dickens）（O+Prep）

（8）Down dropped the breeze...（Coleridge）（AVS）

现在我们来看看这类形式变异产生的强调意义有多少可以换到目的语中：（译句词序同原句）

（1）Whom am I deceiving? The Heaven?（常规，且自然）

（2）I don't even evade death, why freaking out a cup of wine?（常规，且自然）

(3) 善处逆境，必有好运。(常规，且自然)

(4) 一个午夜，冷清寂静……（对应，但不太自然；试比较：一个静寂的午夜）

(5) 文情并茂，祷辞一篇。(对应，但不太自然；试比较：一个文情并茂的祷辞)

(6) 我言谈粗鲁……（常规，且自然）

(7) 托克斯小姐谈及这件事时语气可谓非同寻常。(如取对应式则违反汉语语序常规)

(8) 柔风天降……（“天降柔风”在汉语的结构是 SVO）

可见，结构上有意向性的形式变异能转换至目的语中的成数不大，个中汉英异质性差异是根本原因。我们在基本立论中说过，形式与意义相辅相成，互为内外表里。如果在语际转换中，形式对应不能表达不违反日常逻辑和社会约定性的意义，那么追求形式变异就是毫无意义的语言游戏。汉语在传统上也是反对“形义相离”“形不逮意”的。

二、形式运筹的决定因素

形式（这里指的是表达式）在言语交际中具有积极的、不可或缺的中介功能，即范缜所谓“形之于用，犹刃之于利”，“未闻刃没而利存，岂容形亡而神在”?（《神灭论》)，因此翻译中不能忽视。那么形式是由什么来决定的呢？

形式的决定因素（determinants）有四：

第一是语义结构，即概念内容及其组成形式决定表达形式（expression），见我们的基本立论，此处不赘述。

第二是语境，见上，此处不赘述。

第三是言语行为表达式所依据的意向性和约定性。从根本上分析，奥斯丁、塞尔等人关于言语行为的理论，正是在本书前文中提出的基本立论框架中展开的，概念性言语行为、意向性言语行为和取效性言语行为都离不开语境机制，也离不开形式机制。原因是言语形式（表达式）是表达观念的手段。既不体现在语言形式（即表达式）中又无语境制约或映衬的"观念"，无异于空中楼阁，实际上是不存在的。斯特劳森认为言语行为理论的核心问题是意义应如何表达（注意以下引语的斜体部分，即斯氏强调的部分）：

> Given that we know (in Austin's sense) the meaning of an utterance, there may still be a further question as to *how what was said was meant* by the speaker, or as to *how the words spoken were used*, or as to *how the utterance was to be taken or ought to have been taken*...In order to know the illocutionary force of the utterance, we must know the answer to this further question.[57]

斯氏论证说，奥斯丁其所以反复强调意向性行为的语言约定性（linguistic convention）在于说明一定的约定形式表达一定约定的意义。例如首席陪审员在宣读到判决时的约定式只可能是"Guilty"或"Not Guilty"。**特定情境中的意向性观念决定特定的表达式**。概念性行为（说什么内容）和意向性行为（以什么形式）和取效性行为（想达到什么效果）这三者中，意向性行为是关键的一环，而意向性行为是奥斯丁反复强调的约定性行为。斯氏论证说：

> A locutionary act is an act of saying something; an illocutionary act

is an act we perform *in* saying something. It is what we *do*, *in* saying what we *say*...

The illocutionary act is "a conventional act; an act done as conforming to a convention." As such, it is to be sharply contrasted with the producing of certain effects, intended or otherwise, by means of an utterance. This producing of effects, though it too can often be ascribed *as* an act to the speaker (his *perlocutionary* act), is in no way a conventional act. Austin reverts many times to the "conventional" nature of the illocutionary act, and speaks also of "conventions of illocutionary force." Indeed, he remarks that though acts which can properly be called by the same names as illocutionary acts—for example, acts of warning—can be brought off nonverbally, without the use of words, yet in order to be properly called by these names, such acts must be conventional nonverbal acts.

第四是语言的异质性因素。表达式的语言异质性特征在很多情况下是不可逾越的，原因是这时的表达式融汇了特殊的（1）文字结构特征；（2）语法结构特征；（3）音韵格律特征；（4）审美气质特征；（5）文化历史特征。以上五个维度的制约，常常给诗歌翻译留下非常有限的动态表现空间。唯一的对策是：散文化的阐释。以唐代李商隐的两句诗为例：

可怜夜半虚前席，不问苍生问鬼神！

以上所说的五个维度的限制统统融汇在这两句诗（共十四字）中：（1）七字对仗句，为汉语所独有；（2）无主语，两句的句法结构为汉语所独有：V+A+V+O, V (Neg.) +O+V (Aff.)+O ［“不问……（而）问……”是一种汉语的关联句式］；（3）平仄格律为汉语独有；（4）痛感帝王昏聩，愤怨溢于言表；（5）诗中有一个出自《史记》的著名典故。

在以上各种条件的制约下，李商隐的两句诗只得采取以下的表达式（诗体化分行式无多大“诗意”）：

Isn't it strange for an emperor to move his seat ahead And asked about the Ghosts while ignoring the Common People?[58]

形式意义的丧失常常使执着的译者不得不叹息"我罪我知"，实际上不必苛责自己。形式意义不能忽视，但任何译林高手到头来都不得不放弃一个缠人之念：翻译实在是一种令人遗憾的艺术。形式上的"绝妙"常常维系于译者对"形式的决定因素"的运筹之外。

三、实现形式与意义意向的整合：形式的适度异化

形式与内容可以相互转化，也是黑格尔提出来的。他在《小逻辑》中说，"我们在这里看到了形式与内容的……相互转化"。这种转化的实质是形式和内容的结合关系的异化，这是符合客观世界的规律的：形式和内容的结合不存在"绝对关系"。（黑格尔《小逻辑》，第 278 页）

就翻译而论，形式的适度异化也是唯一可行的对策。我们似乎可以将这种适度异化厘定出若干参照规范。今试以例为证，阐释我们所谓的"形式适度异化的参照规范"。下面是《三国演义》第二十一回中一段著名的故事"曹操煮酒论英雄"以及英译。译者是 Moss Roberts（Berkeley: UC Press, 1991）：

曹操煮酒论英雄　关公赚城斩车胄

……操曰："夫英雄者，胸怀大志，腹有良谋，有包藏宇宙之机，吞吐天地之志者也。"玄德曰："谁能当之？"操以手指玄德，后自指，曰："今天下英雄，惟使君与操耳！"玄德闻言，吃了一惊，手中所执匙箸，不觉落于地下。时正值天雨将至，雷声大作。玄德乃从容俯首拾箸曰："一震之威，乃至于此。"操笑曰："丈夫亦畏雷乎？"玄德曰："圣人迅雷风烈必变，安得不畏？"将闻言失箸缘故，轻轻掩饰过了。操遂不疑玄德。后有诗赞曰："勉从虎穴暂趋身，说破英雄惊煞人。巧借闻雷来掩饰，随机应变信如神。"

以下是 Roberts 的英译，请注意表现形式方面的运筹：

Cao Cao Warms Wine and Rates the Heroes of the Realm;
Lord Guan Takes Xuzhou by Stratagem and Beheads Che Zhou

…"Now," Cao Cao went on, "what defines a hero is this: a determination to conquer, a mind of marvelous schemes, an ability to encompass the realm, and the will to make it his." "Who merits such a description?" Xuande asked. Cao pointed first to Xuande, then to himself. "The heroes of the present day," he said, "number but two—you, my lord, and myself." Xuande gulped in panic. Before he realized it, his chopsticks had slipped to the ground. Then the storm came on. A peal of thunder gave him the chance to bend down casually and retrieve them. "See what a clap of thunder has made me do?" he remarked. "A great man afraid of thunder?" Cao asked. "Confucius himself became agitated in thunderstorms," Xuande reminded him. "How could I not fear them?" In this way he succeeded in glossing over the cause of his anxiety. Later a poet left these lines in admiration:

Xuande sheltered in the tiger's lair:
Cao betrayed two names that made him quake.
He seizes on the thunder as the cause—
A perfect ploy negotiates the pause.

译文在形式上既有别于原文（汉语的）形式特征，又有别于译语（英语的）形式特征：这是一种相互的、朝对方"靠拢"的转化（即所谓"中性化"），当然主要是译语向原语靠拢。例如英语的诗歌是无所谓对仗（antithesis）的。译者显然尽力有意模仿汉语：正文前标题两行句子结构都是 SVO and（S）VO；语段中的一对一答也都扣得很紧。但在词语用法、句法结构、应对关联形式上都完全是英语式的。这就是我们所谓以"动态模仿"（dynamic mimesis）实现适度异化：其参照规范是（1）在不失原意的前提下实现形式对应；（2）在不失译语句法结构和语段发展的自然逻辑的前提下进行形式模仿；（3）以"体用关系"来说明则是以原语意义与意向，即内容为"体"，以译语的结构手段为“用”；原语“体”具于内，译语“用”见于外；体用并举，二者均备又互为表里。

6.5 结语

翻译学意义理论（包括意义的“三论”——认识论、表现论和对策论）是借助各派语言哲学意义理论建立的。但就目的和方法而论，前者与后者有很大的区别。语言哲学家集中关注于意义分析，采取的大抵是逻辑实证的形式演绎方法加上概念分析。翻译理论家集中关注于意义与意向把握，采取的是概念加结构解析的现象归纳方法。语言哲学家在分析意义时是站在共时的水平线上辨真伪，而翻译理论家在力图把握意义时，是站在共时和历时的交叉点上求索，以达致意义的全部获得。因此有人认为语言哲学家的意义理论是静态观的意义理论。我们也许可以说，翻译理论家的意义理论则是动态观的意义理论。

〔注释〕

①实证主义（positivism）是西方近代、现代哲学中影响最大的流派之一，始于19世纪30年代。实证主义哲学家关注的是哲学与科学的关系，坚信真知来自对经验和现象的科学描写，除此以外，人们没有必要去探究事物存在的本源，本源即哲学本体论问题。当代实证主义哲学的主流即分析哲学，也称为逻辑实证主义（logical positivism）。代表人物有石里克（M. Schlick, 1882–1936）和卡尔纳普（R. Carnap, 1891–1970）等人，其先驱则是罗素和怀特海（A. N. Whitehead, 1861–1947）以及前期的维根斯坦。逻辑实证主义者认为可以借用数理逻辑的形式化公式和公理系统，制定一套语言规则来检验语言的真、假。另见第三章。

②骆鸿凯《尔雅论略》：云“古今训诂书不过名物、训诂二类；而名必有意，则训诂实为名物之根”。转引自何九盈著《中国古代语言学史》，广东教育出版社1995年版，第3页。

③关于《尔雅》问世的年代，目前仍无定论。很多人认为成书于西汉，汉文帝时已“置博士”主管释义（赵岐《孟子题辞》）。何九盈认为《尔雅》成书于战国末年，为齐鲁儒生编纂。（《中国古代语言学史》）

④传统训诂学“先天不足（一开始就把意义局限在‘义疏’的狭小领域中），后天有余（历代儒生循循相附）”而导致沉戆积重。如汉代秦恭训释“曰若稽古”（《尚书・尧典》）四个字就用了三万字，被清代沈篧斥为“疏剔字句小节，不能旁通其大意”（《落帆楼文集》），纯系末流，不可救药。

⑤例如赵元任的《语言问题》出版于 1980 年。语义学专著如石安石的《语义研究》出版于 1994 年，由北京语文出版社出版。清末马建忠发表《文通》以后特别是汉语从文言演进到白话阶段，几乎所有的语法学家都忙于汉语的全方位语法学初阶建设，无暇也不可能立即认识到分科建设的必要。

⑥逻辑实证主义的哲学家认为日常语言是“非逻辑”或“反逻辑”的、芜杂含混的，因此经不起科学论证。“人言可畏”中“人言”就是“人说话”或“人的言语”，有什么可怕的呢？“a spade”（一把铁铲）显然已被约定叫作“a spade”，不这么叫又应怎么叫呢？为涤除自然语言中这一类毛病，他们构拟了许多论证公式和程式。

⑦不同的学科常常对意义有不同的理解，例如心理学、传播学、伦理学、信息工程学、修辞学、神学对意义基本特征的描写或界定就各不相同。

⑧哲学上的“实体”指“being”，即“the fact of existence”（“存在的事实”）。古希腊的新柏拉图派学者波菲利认为所有的概念都是实体。参见 I. N. Bochenski 著 *A History of Formal Logic*, Oxford UP, P. 135。

⑨德国的哲学家迈农（A. Meinong）将知识的对象分为“实存”（Existieren）和“虚存”（Bestehen）。迈农特别举出了数量词和描写性形容词意义的实体性，因为“描写”通常是基于经验。例如“崇高的”，人如果从来没有从比较中耳闻目睹过崇高的人文事物，就不可能产生“崇高的”这个概念。

⑩见注⑦，心理学家、精神分析学家以及修辞学家等等都是从本学科的视角对意义的基本特征进行描写和界定。

⑪取自美联社发布的新闻图片，是美国加州大学研究的一项成果。

⑫引自 L. Wittgenstein 著 *Philosophical Investigations*, trans. by G. E. M. Anscombe, Basil Blackwell, Oxford, 1953（1981 ed.），第 106、107 节。

⑬、⑭参见 P. Forster 著 “The Logical Foundations of Peirce’s Indeter minism”，载 *The Rule of Reason: The Philosophy of Charles Sanders Peirce*, ed. by J. Brunning and P. Forster, Toronto: Toronto UP, 1997, pp. 58–59。

⑮参见涂纪亮著《现代西方语言哲学比较研究》，中国社会科学出版社 1996 年版，第 350 页。

⑯、⑰、⑱引自奎因著 *Word and Object*, Cambridge: MIT Press,1969, p. 27, and pp. 78–79。

⑲引自维根斯坦 *The Blue and Brown Books*, p. 65，转引自 Oswald Hanfling 编 *Philosophy of Language I*, London: The Open University, p. 25。

⑳见《辞海》，上海辞书出版社 1986 年版。后人以“方寸地”比喻心的当然还有，如《新唐书・员半千传》：“陛下何惜玉陛方寸地，不使臣披露肝胆乎？”。

㉑、㉒引自 John Locke 著“Of Words”，载 E. Hayden & E. P. Alworth 合编 *Classics in Semantics*, London: Vision Press, Saxone House, 1965, pp. 39–58。

㉓引自皮氏著“How to Make Our Ideas Clear”，载 *Classics in Semantics*, London：Vision Press, Saxone House, 1965, p. 151。

㉔例如，韩非子说，“理者，成物之文也”。“成物之文”就是事物的规律。荀子在《正名》中说“形体色理，以目异”。有注说，“理，文理也”，也就是平时说的条理。

㉕载 D. E. Hayden & E. P. Alworth 编 *Classics in Semantics*, London: Vision Press, 1965. p. 324。

㉖引自 David Flux 著 *Hong Kong Taxation*, 1981, p. 8。

㉗Arthur Pap 对分析性定义有如下一段论述：

> Analytic definitions of concepts *can give rise to analytic statements*...An analytic statement is true by definition in the sense that with the help of a correct definition, i.e., one expressing the meaning with which the defined term is actually used, it is transformable into a logically true statement；and a logically true statement is one which can be seen to be true just by virtue of its form. i.e., the meanings of logical constants, such particles as “all, ” “some, ” “which, ” and “or.”

引自 *Problems in the philosophy of Language*, ed. T. Olshewsky, Holt, 1969, pp. 284-285。

㉘《易经》有很多译本。参见 Cary F.Bayness 译 *The I Ching*, Bollongen Series XIX, Princeton University Press, 1985, Preface, p. xiii。

㉙、㉚引自索绪尔著 *Course in General Linguistics*, trans. by Wade, NY: Baskin, McGraw-Hill, 1966, p. 67 & 133。

㉛参见 Hayden 与 Alworth 编 *Classics in Semantics*, Vision Press, 1965, 载 David Hume 著 *Of the Origin of Our Ideas*, p. 77。

㉜维根斯坦说，假令用 S' 来表示私人之念以保证隐私，而不用共同语，但即令在日记中记上了无数个 S'，这种“私人语言”也是毫无意义的。如果要赋予它以令人明白的意义，那么就必须用共同的语言。这时，S' 没有了，“私人语言”也就不存在了。

㉝“真实世界”中的 glass 很可能还不止于此，我们可以很容易地找出其他形状和用途的 glasses。

㉞、㉟到这一步存在的不确性问题，就归因于语言的模糊性问题了。

㊱引自 G. Leech 著 *Semantics*, Penguin, 1990, p. 12。

㊲引自 A. Taylor 等著 *Communicatiing*, Prentice-Hall, Nj, 1986, p. 75。

㊳里奇将意义分为七种：（1）Conceptual Meaning（概念意义）；（2）Connotative Meaning（内涵意义）；（3）Social Meaning（社会意义）；（4）Affective Meaning（情感意义）；（5）Reflected Meaning（反应意义）；（6）Collocative Meaning（搭配意义）；（7）Thematic Meaning（主题意义）。参见 Geoffrey Leech, *Semantics*, Penguin Books 1990, pp. 9–22。

㊴里奇所说的联想意义（associative meaning）包括内涵意义、社会意义、情感意义、反应意义和搭配意义，即除概念意义和主题意义以外的五项意义。

㊵参见 *A Dictionary of the Origins of English Idioms*，北京：科学出版社 1994 年版，第 455 页有下例：In merry pin 高兴；愉快。“pin”可能指啤酒杯上的刻度。刻度有许多用处，其中之一是能使饮酒人增添乐趣：饮酒人必须不多不少喝到下一个刻度，要做到这一点可不容易。凡是未做到的人不得不一喝再喝，直至兴尽而醉。亦作 in jolly pin，例句：The calendar, right glad to find His friend *in merry pin*, Returned him not a single word, But to the house went in.（William Cowper, *John Gilpin*, 1782）（教士高兴地看到，他朋友兴致很高，一句回话也没有径自进屋子去了。）

㊶引自 Leech, *Semantics*, p. 64。

㊷、㊸参见涂纪亮著《现代西方语言哲学比较研究》，第 379 页。

㊹参见周昌忠著《西方现代语言哲学》，上海人民出版社 1988 年版，第 234 页。

㊺参见达米特《真理和其他难解之谜》，第 430 页。转引自周昌忠著《西方现代语言哲学》，上海人民出版社 1992 年版，第 270 页。

㊻参见 Kent Bach 著 “Introduction”，载 *Basic Topics in the Philosophy of Lan-*

guage, NY：Harvester & Wheatsheaf, 1986, pp. 7-9。

㊼奥氏在 *How to Do Things with Words*（1975）中说，“这些年来我们已越来越清楚地认识到发出语句的场合是何等重要，认识到我们所用的词语在多大的程度上受到上下文的制约才能得到解释……”。

㊽参见 Strawson 著 *Intention and Convention in Speech Acts*（1964）及 Searle 著 *Speech Acts—An Essay in the Philosophy of Language*（1969）。

㊾参见 K. Bach 及 R. Harnish 合著 *Linguistic Communication and Speech Acts*, MIT, 1979。

㊿这是借用逻辑学中的一个符号，意思是“当……而且仅当……”。

51“图像论”和“语言游戏论”分别是维根斯坦在前期和后期提出来的。前期的维氏认为“语言的实在就如图像的实在一样”，它们的逻辑形式是相同的。语言游戏论指人在使用语言时就如同在做游戏一样，总有一定的规则，但并不是处处都有规则限制，语境起很大的作用。

52引自 J. H. Jackson 译 *Water Margin*, The Commercial Press, 1963。

53引自 S. Shapiro 译 *Outlaws of the Marsh*, Beijing Foreign Languages Press, 1980。

54引自 Pearl S. Buck 译 *All Men Are Brothers*（1933）。

55Moore 在解释维氏的观点时说：“He admitted that sometimes you cannot understand a word unless it calls up an image, but insisted that, even where this is the case the image is just as much a ‘symbol’ as the word is”。转引自 C. H. Brown 著 *Wittgensteinian Linguistics*, Mouton, 1974, p. 99。

56、57引自 P. F. Strawson 著“Intention and Convention in Speech Act”，载 *Philosophical Review*, Oct 1964, 439-60。

58李商隐此诗的前两句为：“宣室求贤访逐臣，贾生才调更无伦。”可怜，可怪。虚，徒然，空白。前席，移坐向前。苍生，老百姓。《史记·贾生列传》载：汉文帝在宣室召见贾谊，询问鬼神的本原。谈到深夜，文帝钦佩贾谊博学多识，不禁移动自己的坐位，凑近贾谊。这两句诗讽刺汉文帝热衷于鬼神之事，而不关心百姓的疾苦，同时对贾谊不得施展治国安民的抱负深为惋惜。南宋文学家朱弁认为这两句诗是用事的典范：“‘可怜夜半虚前席，不问苍生问鬼神’，用事如此，可谓有功矣！”（《风月堂诗话》）

第七章　论翻译思维

7.0　概述

翻译学研究翻译思维的目的，一是认识论上的需要，二是具有一定的实用性。认识论问题前面已有论述。就实用性而言，我们希望用哲学方法论对翻译思维进行剖析，目的有三：其一是使翻译程序论更加科学化，以符合思维的一般规律；其二是透过对翻译思维的剖析，使我们能科学地认识“理解”（understanding）的机制，从而使我们能更加科学地把握意义；其三是透过对翻译思维的分析，正确掌握演绎与归纳的方法。

7.1　翻译思维的特征：三个平面

人类的思维是一种能动性极高的复合机制，由三种形态的思维组成。

思维的主体形态称为概念思维或逻辑概念思维。这一主体的思维形态，能动性很强，表现为人可以自由地、自觉地运用大脑进行概念组织活动，进行判断和推理，进行分析和综合，进行归纳和演绎。可见概念思维也是翻译思维的主体形态。

人类思维的第二种形态是形象思维。形象思维的特征是运用形象并借助于情感和意志体验，形成表象或意象（representation or image）[①]，于是意象就成了一种表达手段，用在文艺作品中，也不时用在其他的文体中。形象思维强调以感性表象来催动接受者的审美认同，因此形象思维关注的是艺术效果和感召力。但是我们这样说不等于将概念活动和判断力排斥于形象思维之外。恰恰相反，我们要看到的是形象思维虽然以感性表象为表达手段，它仍然无时无刻不需要逻辑思维的伴随，否则艺术形象就不可能具有任何思想性，而且艺术形象的构建本身就要求运用精微的审美判断。我们可以说形象思维是二维的：以形象表象为体，以概念（逻辑）为用；而概念思维则是一维的，其中的概念、判断、推理实际上是一种逻辑思维，不同于语言的线性运动。

人类思维的第三种形态是直觉思维。直觉思维是最接近人的心理机制（包括长期积累的感知经验、对客体触媒能产生随机应变的潜意识、可以驱动行为包括言语行为的感悟或顿悟等等）的思维形态。我们常说的语感就是直觉思维的表现。语感在语言生成和优化中所起的作用是非同小可的，特别是就汉语这样的形式程式机制颇弱的语言而言。虽然我们现在还不能对语感的上述职能作出更为科学的解释②。

人类的这三种思维形态全面地表现在翻译思维中。翻译中不仅需要有概念（逻辑）思维，还必须调动形象思维和直觉思维。原因是语言运作是三种思维形态综合运作的表现，原著是原文作者以三种思维形态综合运作的成果，原著是原文作者的心迹的记录③。因此，说到底，翻译是对原著作者的心迹跟踪。

翻译思维除了与人一般的语言思维形态综合运作规律完全契合以外，还具有它的独特性，那就是它是“跨语言—跨文化—跨心理”的语言思维活动：翻译永远不可能只局限于语内的（intralingual）“语义—思维”表达活动，它可能永远是一种语际的（interlingual）“语义—思维”转换表达活动：语际思维转换表达比语内思维表达复杂得多，这是自不待言的。

我们了解语言思维是一种“三种形态”的综合运作以后，就可以进一步对翻译这种“语际的综合性思维转换表达运作”（简称“翻译思维”）进行更深入的剖析。

翻译思维结构的基本特征是层级性。它实际上是在三个平面上进行的：第一个平面是语义平面；第二个平面是逻辑平面；第三个平面是审美平面。三个平面的结构如下图：

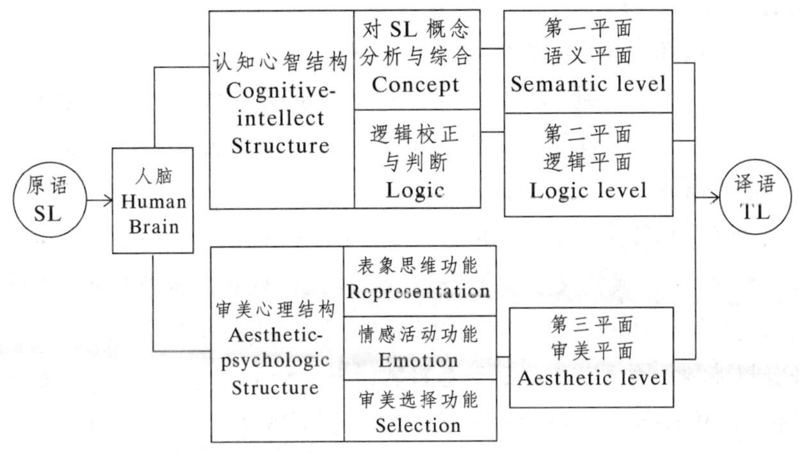

图 7-1　翻译思维的三个平面

以上三个平面中的逻辑平面我们将在第八章中考察。审美平面涉及的问题，属于审美心理结构的运作，不在本书的考察之列④。本章将力求全面深入地加以探讨的是翻译思维的语义平面所涉及的问题，集中对于文本（text）的理解（understanding）这个当代哲学家、文论家极为关注也是翻译理论家亟待解决的问题。⑤

7.2　现代西方哲学与文论的"理解理论"

翻译的成败固然与一词一句的意义把握很有关系，但成败所维系的不是一词一句的意义，而是对全局即"整个文本"（the whole text）或"整体性文本"（the total text）的理解。维根斯坦反对传统的语义学正是因为在他看来，传统语义学只执着于一词一句，忽视意义的整体。维氏反对将意义局限于个人的心理状态，而主张将意义放到"社会语言实践"和"生活形式"的整体框架中加以考察。维根斯坦认为，命题（句子）的意义是真是假，归根结底取决于观察事物的社会方法、取决于我们置身其中的社会生活背景以及语言伴随社会行为方式所处的情境，也就是前面提到的宏观语境⑥。

维氏的观点似乎得到当代很多语言哲学家的认同[7]。但是从翻译学的实际要求来看，应该说意义的整体观固然很重要，可以对理解起指引作用，但意义的局部观（如上述的一词一句）也不能忽视。翻译所需要的理解是宏观与微观的结合。翻译学需要构建和发展自己关于理解的理论。为此，摆脱因袭的理解观是至关紧要的。

欧洲哲学家关注对文本的理解问题始自古典释义学（classical hermeneutics）。古典释义学始于公元二三世纪，代表性人物是生于埃及的神学家奥利琴（Origen, 约 185—约 254）。奥利琴毕生致力于调和希腊哲学与基督教神学，因而首先遇到对基督教经书（Scripture）的理解释义问题，其时称为“the Art of Exegesis”（诠释术）。到奥古斯丁（St. Augustine, 354–430）时代，诠释术已发展出了一套“神圣教义规则”（Rules for the Divine Law）。这虽然是一套规定性的释义条规，但却是最早的释义学方法论。古典释义学发展为具有强烈的论争活力的宗教—学术运动始于 10 世纪，阐释论战集中于“God”这个词，论战以天主教派为一方，新教派（Protestant）为另一方。天主教派猛烈抨击奥利琴和杰罗姆（约 347—约 420，1546 年被罗马天主教派定为圣经通行本 *The Vulgate* 的译者）的翻译语言使意义失真，使经书充满含混（uncertainty）和晦涩（unintelligibility），并举出大量例证，证明经书翻译严重有失于阐释（serious hermeneutical insufficiency），扬言“经书翻译要么失去欣畅要么失去上帝”，二者必居其一。在这场释义论争中应运而生的人物是新教派的神学兼语文学家弗拉西斯·伊利里库斯（Flacius Illyricus）。伊利里库斯在他的著作 *Clavis*（1567）中构建了一套完整的释义学规则[8]。

18、19 世纪之交杰出的解释学哲学家是施莱马赫（F. D. Schleiermacher，1768–1834），施莱马赫既重视释义操作法则又重视对理解的哲学分析。施氏明确提出理解是一切形式的解释或译释（interpretation）的基础，因此“对理解的分析就是对解释作出系统分析的基础；理解过程既与言语又与书写息息相关，是人终其一生的心智活动”：

> All interpretation of literary works is merely the methodical development of the process of understanding, which extends over the whole of life

and relates to any kind of speech or writing. The analysis of understanding is, therefore, the basis for making interpretation systematic. But this can only be done in the analysis of literary productions. The system of rules which determines the means and limits of interpretation can only be based on the relation between understanding and creation. ⑨

随后，施氏指出，解释者的个人素质和心智状态对准确的解释起着决定性的作用：解释的质素取决于解释者为保证有效地解释原著而作出的心理调节。这就是说，解释者必须将自己（his own being）置于原著的历史背景和环境之中并孕育一种以己之所得感应他人的心理状态：

The possibility of valid interpretation can be deduced from the nature of understanding. There the personalities of the interpreter and his author do not confront each other as two facts which cannot be compared: both have been formed by a common human nature and this makes common speech and understanding among men possible...All individual differences are, in the last resort, conditioned not by qualitative differences between people but by differences of degree in their mental processes. By transposing his own being experimentally, as it were, into a historical setting the interpreter can momentarily emphasize and strengthen some mental processes and allow others to fade into the background and thus reproduce an alien life in himself. ⑩

施莱马赫是“解释学循环”（hermeneutic circle）的第一位揭示者：

Here we encounter the general difficulty of all interpretation. The whole of a work must be understood from individual words and their combination but full understanding of an individual part presupposes understanding of the whole. This circle is repeated in the relation of an individual work to the mentality and development of its author, and it recurs again in the relation of such an individual work to its literary genre.[11]

在方法论上，施莱马赫最有价值的贡献是他提出为了获得准确的理解，解释者必须突破文本的“视觉屏障”重建意义所由之产生的历史情境或生活环境，从而消除“误解”（misunderstanding）。总之，施莱马赫留下的精神遗产是对理解的史无前例的关注。第一个继承这份遗产的是狄尔泰（W. Dilthey, 1833–1911）。狄尔泰的主旨性见解是要通过经验论（“生活经验”和“重新生活”）为人文科学创建不同于自然科学的方法，狄氏称之为“历史的人文科学方法”，首当其冲的问题是理解。狄氏认为理解是一种以“智能运作”（intellectual operations）为必然成分，又与心智密联的心理过程（mental process），这一过程没有“绝对起点”，只存在一种“由我及物”或“由我及他”的交互通感（即 Gemeinsamkeit），人类能交互通感达致理解的依据是“生活经验”，而释义的基础任务就是寻找沟通之途，特别是跨时空的沟通之途。然而狄氏认为解释者为了达致“今”与“古”之间的交互通感，总是不免落入施莱马赫提到的“解释学循环”（hermeneutic circle）中：

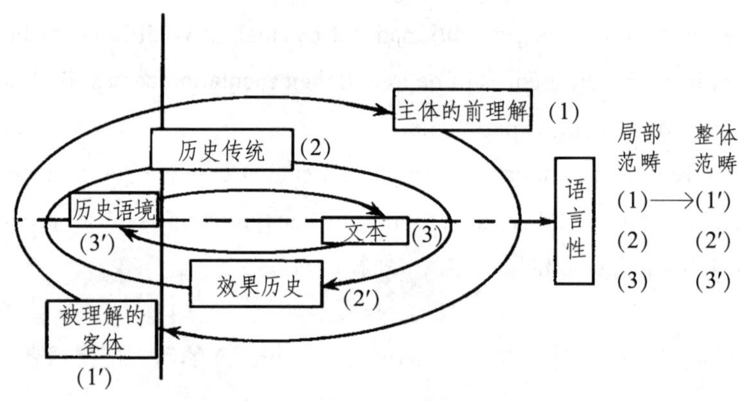

图 7-2 解释学循环圈中的多重循环

所谓“解释学循环”，指解释者理解活动的无休止循环式，即从局部（词句）到整体（文本），再由整体到局部，如此循环不已。这种循环运动的关键是在解释者本人的头脑中存在着一个“前理解”[12]，而“前理解”总是处在特定的历史传统环境之中，因此循环可以达致“理解”，也可能陷入“误解”，陷入“恶性循环”。关键在于主体如何涤除自己的“前理解”中的偏见、谬误等等。而且，更重要的是，即使是“理解”有时也无以证实其准确性，因为“作者已经死去”，任何解释者透过他的“前理解”而获得的“理解”都可能受到解释者的主观性的浸染。可见解释的必然循环具有“积极”和“消极”两面性。正如哲学评论家 H. P. Rickman 所说的：

> The hermeneutic circle is so important because the part-whole relationship is, according to Dilthey, pervasive in the human world. Individuals are members of organizations which, in turn, are part of society. Instinctive drives, or mental images, have their place in a mental structure. So, to understand a person, we must consider the role which his imagination or reason plays in the structure of his mental life. Similarly, to interpret a culture we must treat it as a system in which art, literature and science are related to each other and in which each fulfils a function. This is why such concepts as system, structure and function have become key terms in the human studies.⑬

同时，我们又不能不看到循环的消极面：

> But negatively this principle means that there are no absolute starting points, no self-evident, self-contained certainties on which we can build, because we always find ourselves in the middle of complex situations which we try to disentangle by making, then revising, provisional assumptions. This circularity—or perhaps one might call it a spiral approximation towards greater accuracy and knowledge—pervades our whole intellectual life. An outstanding example is the fact—alredy noted as crucially important for the human studies—that the thinking of individuals can only be understood by reference to the world of mind or the cultural sphere while comprehension of the latter involves knowing about the mental processes

> of individuals. This is, of course, logically unsatisfactory; but the scientist, concerned mainly with relationships between the general and the particular rather than with the whole and its parts, is involved in an analogous circle. He can only have a general conception of what dogs are like by gaining knowledge of individual dogs, but could never recognize an animal as suitable for his study on dogs unless he had a general ideas of what a dog is.⑭

其实，Rickman 上面谈到的正是解释学循环的重要前提——“前理解”（Vorverstandnis 或 pre-undenstanding），包括一切形态的“先概念”（pre-concepts），人们对事物的解释不受这个“前理解”的浸染是不可能的。因此狄尔泰承认，“解释永远只能将自己的任务完成到一定程度”，“一切理解永远只是相对的，永远不可能完美无缺”。⑮

海德格尔（M. Heidegger, 1889–1976）对理解的解释非常富于进取性。他的最大功绩是将“理解”提升为人的理性存在的形式，即“我在，故我思”（I am therefore I think），理解是“此在”（Dasein）的构成因素和标志。海德格尔首先以存在主义的立场论证了人与世界的关系。海氏认为人不是“被置于”世界之中，人是以积极的参与者“进入到”世界之中，因为有人的存在，世界才有意义，因此意义和理解都是以人的“此在”[有时也指 being as such（Sein als solches）] 为前提，这就是前理解、前结构的功能所在，他写道：

> The interpretation of something as something is essentially grounded in fore-having, fore-sight, and fore-conception. Interpretation is never a presuppositionless grasping of something previously given. When the particular concretion of the interpretation in the sense of exact text interpretation likes to appeal to what “is there,” what is initially “there” is nothing else than the self-evident, undisputed prejudice of the interpreter, which is necessarily there in each point of departure of the interpretation as what is already “posited” with interpretation as such, that is, pre-given with fore-having, fore-sight, fore-conception.⑯

基于此，海德格尔对“令人困扰的解释学循环”(即所谓“恶性循环”：人的理解总是不可避免地陷入一个循环圈：论证的前提竟然正是被论证的观念；或被论证的观念原来正是自己经论证过的前提）作了进取的解释：循环实际上是一种再认识、一种提升的认识过程，海德格尔宁愿称之为“循环性时间的循环”(circle of cyclical time，Heidegger)，它是一种变化、一种运动。可见理解具有暂时性（temporality)，不可能一劳永逸地解决，因为时间是无穷尽的，而且某一时限中的“存在”可能发展出各种可能的见解：

> *The Temporality of Understanding.* With the term *understanding* we mean a fundamental existential; neither a definite *kind of cognition*, as distinct from explaining and conceiving, nor a cognition in general in the sense of grasping something thematically. Understanding constitutes the being of the There in such a way that, on the basis of such understanding, a Dasein in existing can develop the various possibilities of sight, of looking around, and of just looking. As the understanding discovery of what unintelligible, all explanation is rooted in the primary understanding of Dasein. ⑰

伽德默（Hans-Georg Gadamer, 1900–2002）继承了海德格尔对理解所作的进取性解释。伽氏认为文本是“现在”与“过去”的对话记录，是经验的记录：“All experience is valid so long as it confirms itself; to that extent its dignity rests on its fundamental repeatability” ⑱。因此，伽德默认为解释学循环实为取代归纳式理解的线性模式（linear model of inductive understanding)，因为线性运动不符合人文科学的思维方式。如果说“前理解”“前结构”难免存在“偏见”，那么“偏见”之源在“权威感”，而权威感与要求盲目服从文本并没有什么关系。因为，很明显，如果没有“权威感”，就不可能有文本，文本要求的只是一种认同、一种承认（recognition)。伽德默说：

> Admittedly, it is primarily persons that have authority; but the authority of persons is ultimately based not on the subjection and abdication of reason, but on an act of acknowledgement and recognition, the recognition,

> namely, that the other is superior to oneself in judgment and insight and that for this reason his judgment takes precedence—i, e., it has priority over one's own. This is connected with the fact that authority cannot actually be bestowed but is earned, and must be earned if someone is to lay claim to it. It rests on acknowledgement and hence on an act of reason itself which, aware of its own limitations, trusts to the better insight of others. Authority in this sense, properly understood, has nothing to do with blind obedience to commands. Indeed, authority has to do not with obedience but rather with recognition.⑲

因此，我们不能因为前理解可能融入了偏见、主观性而因噎废食地否定前理解在理解中的作用，后人不能因为前人对文本的理解可能有先入之见而废弃前人对文本的解释，否定历史参照性对“时下性理解”（current understanding）的重要意义。伽德默认为，我们在理解文本时，“永远不可能不进入”一个可能存在“偏见”的领域（文本的意义场界），即被理解者的观念领域。问题的关键在于理解者自己应当将自己置于某种“预期状态”（Gadamer, 1937）下，寻找理解的客观性，化“误解”为“理解”。伽德默对文本语言的重视也很值得翻译学借鉴。伽氏认为，语言是一种“更根本的存在”：要获得对文本的充分理解就必须更充分地把握文本的语言。伽德默的名言是“任何存在的存在物即语言”（Gadamer, 1947）。

当代西方最有影响力的解释学家之一是保罗·利科（Paul Ricoeur，1913–2005）。利科志在推进哲学解释学与结构主义接轨，以改造结构主义，也改造解释学。他对解释学的基本主张是：必须一方面防止狄尔泰的启蒙主义客观确定性理念，另一方面则又要防止海德格尔和伽德默所表现的主观主义。因此，利科既反对线性理解模式（model of linearity），又反对循环式理解模式（model of circularity）。他主张的是“解释学弧线”（hermeneutic arc），即理解产生于“即”与“离”之间，在“主”与“客”之间保持着某种辩证关系。首先利科论证说，理解不同于解释，前者恪守“文本在意向上的统一”，后者倾向于“对文本结构上的分析”：

> …understanding, which is more directed toward the *intentional unity of discourse*, and explanation, which is more directed towards the analytic structure of the text, tend to become the distinct poles of a developed dichotomy. But this dichotomy does not go so far as to destroy the initial dialectic of the utterer's and the utterance meaning...In thc same way the polarity between explanation and understanding in reading must not be treated in dualistic terms, but as a complex and highly mediated dialectic. Then the term interpretation may be applied, not to a particular case of understanding, that of the written expressions of life, but to the whole process that encompasses explanation and understanding. Interpretation as the dialectic of explanation and understanding or comprehension may then be traced back to the initial stages of interpretive behavior already at work in conversation. And while it is true that only writing and literary composition province a full development of this dialectic, interpretation must not be referred to as province of understanding. It is not defined by a kind of object—inscribed signs in the most general sense of the term—but by a kind of process, the dynamic of interpretative reading.（*Interpretation Theory*, p. 74）

可见利科围绕理解提出了四个问题：

（一）理解一个文本不能忽略意向与意义的统一，原因是文本作者一般都是寓意向于意义之中。这种统一观既是理解（explain）的任务，又是理解的鹄的。

（二）理解不同于解释。解释（explanation）重在解析文本的结构，是一个包括理解的过程：能理解的东西一定能解释；能解释说明已经理解。在话语交流和文本阅读中，作者提出的是一个期待与对方（听者、读者）共享的意义领域。这时对方的共享反馈就是“理解”，而不是“解释”，尽管对方也一定会、一定能按他的理解加以解释。所以说理解和解释之间的关系是一元的而不是二元的（dualistic），是高度地辩证相关（highly mediated dialectic）的，不可以分割开来的。

（三）解析（interpretation）包括理解和解释的辩证统一过程，也就是领悟（comprehension）的表现形式。如果说理解是“对文本意义的朴素的把握”，那么解析及至领悟则是“理解”的一种“更加精致的形式”⑳。

（四）领悟不属于理解的领域，而是一种涤化了的过程，对文学文本而言，领悟是至关紧要的，必须得到充分的发挥（a full development of this dialectic）。

利科提出的上述诸项见解对我们创建翻译学的理解理论具有重要的参照意义。

与西方哲学对理解的研究并行不悖和相互促进的还有西方文论的一些新趋势，其代表人物对理解的研究也有很明显的进展，值得翻译学借鉴。我们在前面曾经介绍过巴特的符号学研究对意义把握和理解的贡献（巴特反对将文本视为语言结构的摹本）。下面我们将先介绍以德里达（Jacques Derrida, 1930–2004）为代表的解构主义（Deconstructionism）理解观：按德氏的说法“文本”是解构分析的基本概念中心和起点。德里达的基本立场和主旨性见解都是对结构主义乃至整个西方传统文化的批判：“解构具有叛逆性”。因此德氏也被视为后结构主义（post-structuralism）的代表人物之一。

德里达的研究始于对索绪尔的分析性批判和质疑。在世人看来，海德格尔与伽德默可能已经是很进取的了，但对德里达来说，他们二人在批判结构主义中还不够彻底、不够有力，因此他提出的主张是“解构”——即对结构的彻底消解。其实，我们不难看出德里达的这个主张其实源自海德格尔的解构观。根据海德格尔和德里达的研究者 Herman Rapaport 的分析，正是海氏在其代表作《存在与时间》（*Sein und Zeit*）中说到笛卡尔表面上利用中世纪经院哲学术语时的论述，启发了德里达的解构理论。Rapaport 说：

> Everyone familiar with the medieval period sees that Descartes is “dependent” upon medieval scholasticism and uses its terminology...The full extent of this influence cannot be estimated until the meaning and limits of ancient ontology have been shown by our orientation toward the question of being. In other words, the destructuring sees itself assigned the task of interpreting the foundation of ancient ontology in light of the problem of

temporality. Here it becomes evident that the ancient interpretation of the being of beings is oriented toward the "world" or "nature" in the broadest sense and that it indeed gains its understanding of being from "time."[21]

德里达显然受到了海氏的启发，但他的观念和思维方式却具有彻底的反传统色彩。上面提到，文本是解构分析的基础、中心和起点，因此德里达提出了"文本之外别无他物"的分析纲领。具体说来，这个分析纲领的主要立论如下：

（一）消解逻各斯中心论（Logocentrism，在希腊语中 logos 的意思是 speech 或 word，伽德默认为逻各斯具有几个维度的意思：思想、观念、规律和语言）。逻各斯中心论就是唯语言形式论或唯语词论，这是西方行之远古的传统[22]。德里达立意拆销、推翻这个由语言禁锢思维（意义）的传统。在德里达看来，"逻各斯"被基督教文化视为众神之神宙斯的语言，因而也被赋予了"神之法"的无上权威。德里达认为逻各斯中心主义被两千年西方文化传统赋予的这种绝对权威的实质是一个空虚的封闭性结构体，具有的是一种空虚的纯粹功能，结果"语言"被从与人的生命（存在）息息相关的"言语"中分离、离析了出来，成了一种"假定存在"。索绪尔在语言与言语之间选择了语言而摒弃了言语，德里达所作的是对索绪尔的"反选择"（counterchoice），他的目的就是要用言语去消解语言。他认为言语才是"语言的现实"，言语是活的，而文字作品（writing）是死的，"作家已经死去"，我们阅读他时，他并不在场。德里达写道：

The substitution of reading for a dialogue which has not occurred is so manifest that when we happen to encounter an author and to speak to him (about his book, for example), we experience a profound disruption of the peculiar relation that we have with the author in and through his work. Sometimes I like to say that to read a book is to consider *its author as already dead and the book as posthumous. For it is when the author is dead that the relation to the book be comes complete and*, *as it were*, *intact.* The author can no longer respond; it only remains to read his work.

> The difference between the act of reading and the act of dialogue confirms our hypothesis that writing is a realisation comparable and parallel to speech, a realisation which takes the place of it and, as it were, intercepts it. *Hence we could say that what comes to writing is discourse as intention-to-say and that writing is a direct inscription of this intention*, even if, historically and psychologically, writing began with the graphic transcription of the signs of speech. *This emancipation of writing, which places the latter at the site of speech, is the birth of the text.*㉓

德里达在这里的立意是：写作基于话语，在话语中我们可以使言者直表其意向。但在那位言者的写作中，我们是得不到他针对“有问”而直接作出“必答”的回应的。因此，读者要将言者的意向从文字写作（它是“固定的、惰性的、死的”；也是“对生命的威胁”）中解放出来：解放之日就是文本诞生之时。

（二）消解所谓“在场的形而上学”（Metaphysics of Presence）。德里达认为整体结构主义是建立在“结构”的预设或设想上。从索绪尔开始，包括语言在内的“结构”就被看成一个“自足体系”㉔。就语言而言，它只是语音形象的“堆栈”（warehouse），也就是说语言只是一个“形式集”。索绪尔写道：

> Language exists *in the form* of a sum of impressions deposited in the brain of each member of a community, almost like a dictionary of which identical copies have been distributed to each individual (see p. 13). Language exists in each individual, yet is common to all. Nor is it affected by the will of the depositaries. Its mode of existence is expressed by the formula:
>
> 1 + 1 + 1 + 1+...= I (collective pattern)㉕

可见在索绪尔看来，语言是一个封闭性自足系统。而言语呢？索绪尔则认为：

What part does speaking play in the same community? It is the sum of what people say and includes: (a) individual combinations that depend on the will of speakers, and (b) equally wilful phonational acts that are necessary for the execution of these combinations.

Speaking is thus not a collective instrument; its manifestations are individual and momentary. In speaking there is only the sum of particular acts, as in the formula:

1 + 1' + 1" + 1'"...

For all the foregoing reasons, to consider language and speaking from the same viewpoint would be fanciful. Taken as a whole, speech cannot be studied, for it is not homogeneous; but the distinction and subordination proposed here clarify the whole issue.[26]

可以说，德里达正是反对这种语言的同质结构论。他与索绪尔的见解相反，认为我们要认识的，正是表现为个人的、暂时的言语活动，其手段是消解结构这个“形式集”，“释放被结构固定的、可控制的一切”。因为在结构主义者看来，结构是中心，既是起源，又是结束。自始至终，结构中心永远“在场”(presence)。因此要消解受到结构禁锢的一切就是要消解“在场”，**还生命于不在场者**。为此，德里达的解构策略就是针对“在场”，“颠倒既定的等级次序模式”(如西方传统哲学中的二元对立项)[27]。

(三) 消解文本表面的确定性、统一性、单一性。德里达认为解放文本就是要宽释、消解它表面上的确定性、统一性、单一性。为此，他专门造了一个词“différance”，这个词与“difference”(二词读音相同)似是而非。前者源自法语中的“differ”(意思是推迟、延期、延误)。“différance”兼具difference与differer之意，融而贯之，“differer”就有了“因疏隔(如思维与言语之间等)而具有差异”“由时空差而衍生出的语义差异”“形似而神异”等等随机性很强的意义，现在暂译为“延异”[28]。这样，用“différance”来解释文本中的症结问题，就可以化阻滞、通行文、得真意(义)，总之是对文本的解释。在这一点上，德里达被误解为只是重复了索绪尔的符号任意性观点。其实，索绪尔所说的符号任意性只重表面现象，德里达是强调这种任意性的“原理”。根据德里达的分析，任意性来源于文本脱离了话语（或言语），不具备话语可以随时被听者打断的优越性，因而产生了游移性：

> Thus, in living speech, the *ideal* sense of what is said turns towards the *real* reference, towards that “about which” we speak. At the limit, this real reference tends to merge with an ostensive designation where speech rejoins the gesture of pointing. Sense fades into reference and the latter into the act of showing.
>
> This is no longer the case when the text takes the place of speech. The movement of reference towards the act of showing is intercepted, at the same time as dialogue is interrupted by the text. I say intercepted and not suppressed, it is in this respect that I shall distance myself from what may be called henceforth the ideology of the absolute text. On the basis of the sound remarks which we have just made, this ideology proceeds, by an unwarranted hypostasis, through a course that is ultimately *surreptitious*. As we shall see, the text is not without reference, the task of reading, qua interpretation, will be precisely to fulfill the reference. The suspense which defers the reference merely leaves the text, as it were, “in the air,” outside or without a world. In virtue of this obliteration of the relation to the world, each text is free to enter into relation with all the other texts which come to take the place of the circumstantial reality referred to by living speech. This relation of text to text, within the effacement of the world about which we speak, engenders the quasi-world of texts of literature. ㉙

德里达的意思是说，意义游移源于指称游移，因为不可能存在没有指称的“绝对文本”。由于指称处于游移之中，意义也就处于悬疑状态（“the suspense”）。对文学而言，这种悬疑状态实在是至关紧要的。因为，非如此则不能产生“指称的期待”和“意义的期待”［即“艺术的召唤力”（the appeal of art）］；则不能产生文本与文本之间千丝万缕而又妙不可言的相互关系（互文性“the relation of text to text”，亦称为 intertextuality）；则不能产生文本的虚幻世界（“the quasi-world of texts”）；最终，也就没有文学。为此，德里达提出的基本策略是“différance”，它的第一层意思是“区分”“寻求差别”。区分和寻求差别的共同目的是显现可辨别性。第二层意思是“延搁”“推迟”。延搁和推迟的共同目的是以迂回手段抑制、削弱，终至拒绝“在场”的出现。第三层意思是“扩散”“增补”。扩散、增补的共同目的是增强非在场，终至达到替代或“悄悄插进替代”以填充欠缺的意象或“弥补最初的非在场”。德里达运用“différance”的策略的最终目的就是摧毁他打算摧毁的传统观念。

在德里达及其他先驱如福柯（Michel Foucault）及罗兰•巴特的努力下，西方当代文论家和哲学家共同构建了一种新的文本观，摆脱了许多因袭之见，其目的是：（1）保证意义把握的准确性；（2）进而保证理解的准确性；（3）为新的理解提供开放性的理论依据。下面是传统文本观与新的文本观的一个大体的对照，即从微观推进到宏观、从静态实体推进到动态实体：

文本观对比表

传统文本观 作品只是被列入书目中的静态实体：执着于对文本的微观剖析	新的文本观 文本是言语交际活动中的动态实体：不忽视对文本的宏观观照
1. 受体裁框架的制约和特征标定的限制；范畴界定很严明。 2. 文本被视为具有确定性（既定性）、统一性、单体性，是一个孤立的统一自足体。 3. 文本只是作者的产儿；作者和文本之间存在着继承、支配关系。 4. 文本作者与读者是分离的；前者不关心后者的参与充实；文本是个封闭系统。 5. 作者及其文本具有权威性，表现为有既定所指：即所谓“有正反两面的一张纸”；而所指的自由度又很小。	1. 文本不应受到既定的体裁框架的限制，可以获得新的文体风貌特征 *。 2. 不存在确定性，因而具有多维参照性和互文性：不可能只存在一个统一无缺的、独一无二的解释。 3. 作者及其文本之间不存在继承、支配关系；作者不仅是文本的初始塑造者，文本更是作者的存在方式。 4. 文本作者通过文本期待读者的参与充实；文本永远是开放的；参与也没有终结。 5. 作者及其文本不具有权威性，表现为不一定有既定的所指：文本符号容载的游移性很大；所指自由度很大。

（续表）

6. 文本的诞生是惨淡经营的终结；作者的情志常常受到文本形式或体裁的禁锢或约束；读者通常集中精力于文字的疏解，即逻各斯中心论的框囿。	6. 创作是一种令人心旷神怡的过程；解读文本即如“游戏”，需要运用解读策略消解一切形式的禁锢。消解的结果也因人而异。

* 在德里达看来，文学、文学体裁都不存在特殊的范畴，范畴边界游移。

当代西方哲学家和文论家对文本的探索，大大拓展了我们对“文本理解”的视野（浓度和广度），有助于译学构建自己的基本理论。当然我们不应忽视，他们的探索主要就文艺创作和文艺批评而言。

7.3 翻译学的“理解理论”

理解对翻译具有决定性的意义；对理解所作的思维、逻辑及哲学（包括艺术哲学）分析对翻译学具有决定性的意义。因此翻译学必须建立自己的理解理论。长期以来，翻译界对“理解”的认识偏窄、偏浅、偏于固定，常常受传统观念的影响，将理解局限于对原语一词一句的语义把握，浅止于弄懂词句的意思，即浅止于微观语境，也就是伽德默说的局限于归纳式的线性模式，局限于想当然的预设，而缺乏对文本的宏观观照。因此，我们需要的是一种微观与宏观相结合的对“理解”的理解，其中包括对以下三个层级的理解，也即是我们对“理解”的界定：

词语级

理解集中于指称（Donnellan）：包括指称的性质、类别的辨识和定夺[30]。

句子级

理解集中于意向（Austin）：包括言语行为的种类，句式变异辨识和意义定夺，对句子的理解并不是对词的理解的“总和”。

语段级

理解集中于领悟（Ricoeur）：包括文本的自主性（对作者的取代）、“文本世界”（人的历史存在于文本中）[31]。

7.3.1 翻译中的理解障碍

“障碍”（breakdown）一词援引自库恩（Thomas S. Kuhn）[32]。翻译面对的是原语文本，而“文本是由书写固定下来的话语”（“a text is any discourse fixed by writing，” Ricoeur, 1991）。书面话语（文本）一旦摆脱了作者写作的此时此地的“当下性”（instancy），就产生了利科所说的作者与读者之间的“疏离状态”或“间距”（distancing）。对此，利科有一段很精辟的阐述：

> For let us return to our definition: the text is a discourse fixed by writing. What is fixed by writing is thus a discourse which could be said, of course, but which is written precisely because it is not said. Fixation by writing takes the very place of speech, occurring at the site where speech could have emerged...Writing calls for reading in a way which will enable us shortly to introduce the concept of interpretation. For the moment, let us say that the reader takes the place of the interlocutor, just as writing takes the place of speaking and the speaker. The writing-reading relation is thus not a particular case of the speaking-answering relation. It is not a relation of interlocution, not an instance of dialogue. *It does not suffice to say that reading is a dialogue with the author through his work, for the relation of the reader to the book is of a completely different nature.* Dialogue is an exchange of questions and answers; there is no exchange of this sort between the writer and the reader. *The writer does not respond to the reader. Rather, the book divides the act of writing and the act of reading into two sides, between which there is no communication. The reader is absent for the act of writing; the writer is absent from the act of reading.* The text thus produces a double eclipse of the reader and the writer. It thereby re-

places the relation of dialogue, which directly connects the voice of one to the hearing of the other.[33]

利科在这里说的正是翻译面对的现实，也是翻译理解面对的现实：翻译者是原作者的一名特殊的对话者（interlocutor）：他不能与原作者面对面地或一问一答地对话。他有质疑，但得不到作者的解释；他有挑战，但得不到作者的回应。译者和作者的对话关系（interlocution）是单面的，他和作者之间存在着一种由文本引起的“双重蔽体”（a double eclipse）：作者远在天外，不能开口；文本近在眼前，也不能开口，剩下的就只有沉默的作者和译者自己了。这是一种“无情的间距化”，在这种情况下，一切全凭译者运用慧眼慧心，透过解读来获得理解。现在我们就来分析一下译者可能遇到的理解障碍（understanding breakdowns）。按照库恩的说法，“不知所云”是交流障碍的起因也是起点。下面我们将从翻译学的实际出发，考察翻译中的三级理解障碍问题：文字结构、语义结构及心理结构；我们将由表及里地谈起。

一、表层理解障碍

超乎常理的语言符号集（即文字结构）产生了视觉隔膜，可以使阅读者“不知所云”。下面是乔伊斯在《芬尼根的苏醒》（*Finnegans*, *Wake*）中的一段文字：

Ullhodturdenweirmudgaardgringnirurdrmolnirfenrirlukilokkibaugimandodrrerinsurtkrinmgernrackinarockar!

Thor's for yo!

该书中超常的符号集在词语级尤其出现得频密：

Wink's the winning word!

Luck!

In the house of breathings lies that word, all fairness...There lies her word, you *reder!* The height *herup* exalts it and the lowness her down *abaseth* it. It *vibroverberates* upon the tegmen and *prosplodes* from *pomoeria.*（*FW.* 249.4-16）

按照拉康的见解，语言交流中最重要的元素是“词”（拉康式大写的Word），拉氏的名言是“Every Word calls for a reply”（每个词都要求得到回应）。因为语言的功能不是传递信息，而是激发（“evoke”）“没有说出来的东西”（“the unsaid”）[34]。很多文本的作者正是有意从这个目的出发安排语句及生造词语以激发读者的积极思维，借以丰富作品内涵。乔伊斯生造了“woid”，使之暗含“word”与“void”；生造了“Buginning”使之暗含“beginning”与“buggery”。这都属于表层（文字结构）造成的理解障碍。乔伊斯著作中有些语言近乎文字游戏，意义或明或暗，也可以造成语言障碍。例如：

With?

Sinbad the Sailor and Tinbad the Tailor and Jinbad the Jailer and Whinbad the Whaler and Ninbad the Nailer and Finbad the Failer and Binbad the Bailer and Pinbad the Pailer and Minbad the Mailer and Hinbad the Hailer and Rinbad the Railer and Dinbad the Kailer and Vinbad the Quailer and Linbad the Yailer and Xinbad the Phthailer.

When?

Going to a dark bed there was s square round Sinbad the Sailor roc's auk's egg in the night of the bed of all the auks of the rocs of Darkinbad the Brightdayler. Where?（*Ulysses*, 689）

二、浅层（中介层）理解障碍

“浅层”（中介层）主要指指称意义，是语义结构上的问题。与“深层”比较而言，后者指文本作者内心深处的活动，属于心理机制的运作，下节再谈。“中介层理解障碍”的产生通常并非由于文字表层的隔膜阻断了理解，而是产生于文句（或文本）使阅读者不知其意之所指（究竟讲些什么?）：

意滞于言表或意昧于言表。

中国文学史上典型的（文本）语义结构上的理解障碍是屈原（约前340—约前278）的《天问》（写作年代迄今无定论）。首先是标题的意义问题："天问"是"对天发问"还是"关于天的提问"？从内容和形式上看两者都有可能。后人争议得最多的是《天问》结尾的话语语义结构：

薄暮雷电，归何忧？
厥严不奉，帝何求？
伏匿穴处，云何爰？
荆勋作师，夫何长？
悟过更改，我又何言！(89)
吴光争国，久余是胜。
何环闾穿社，以及丘陵，
是淫是荡，爰出子文？ (90)
吾告堵敖以不长，
何试上自予，而忠名弥彰！(91)

历代注疏家对以上三段诗的意义都大惑不解。清人撰修的《四库全书总目》说《天问》"语本恍惚，事尤奇诡"。第一位《天问》的注疏家王逸（东汉文学家，生卒年不详）解释诗题说，"天问"就是"问天"，但"天尊不可问，故曰天问"（王逸《天问序》）。王氏解释《天问》难以理解是因为"其文义不次序"；上述第89节王逸认为还可以解释为屈原"尽忠受谗"，此处以提问形式"以渫愤懑"，"舒泻愁思"，第90节和91节文义不次序因而不知所云，洪兴祖在《楚辞补注》中说这三节难以理解是因为屈原用的比兴手法"非写实之言"，最后两节不知所云更可能是古代竹简常有错乱，称为"错简"[35]。

浅表层理解障碍大抵产生于文本本身，即从语言文字语法结构到语义结构，读者在理解中都可能遇到障碍。这时，我们需要试试运用消解逻各斯中心所筑起的障碍的解读策略，拆除"结构"（语言文字结构及语义结构），释放文本的蕴含意义，尤其是与意义紧密相关联的意向问题。P. D.

Juhl 在论证理解文本意义切不可将意义与意向分割开时说：

> ...there is a logical connection between the meaning of a literary word and the author's intention or, to put it differently, that to understand a literary word is, in virtue of our concept of the meaning of a literary work, to understand what the author intended to convey or express. My general strategy in trying to establish this counter thesis will be as follows. I shall consider texts（or utterances）which, under the rules of the language, have at least two possible interpretations. I will argue that the author's intention logically determines which of the linguistically possible interpretations of a text is correct. It follows that a claim about the meaning of the text is at least in part a claim about the author's use of the words in question.㊱

我们将在 7.3.3 节理解的对策论中结合上述《天问》的实例来讨论这一点。

三、深层理解障碍

深层理解障碍属于心理或心智的结构障碍，即障碍不在文本本身，而存在于依托文本的审美意象领域及心智认知领域，广泛分布于词语级、句子级、语段级，涉及人的心理和心智结构，以及更为广泛的社会、文化、历史的纵深层结构。

词语级的深层理解障碍，通常不是这个词或那个词本身的所指问题，因为就它的词义来说并无障碍可言，障碍产生于依托它所在的文本的宏观语境中。例如 yes 这个词本身的意义很简单，但乔伊斯说它是“the most positive word in the English language”，而且将它界定为“the female word”，因而使用频率很高。下文的三个“yes”就很不易翻译：

> A Distant Voice
>
> — I'll answer it, the professor said going...
>
> — Hello? *Evening Telegraph* here... Hello? Who's there?

...Yes...Yes...Yes...

The professor came to the inner door. [*inner* again]

—Bloom is at the telephone, he said.（*U*, 137–38）

德里达曾经就此发表评论说：

We still do not know what *yes* means and how this small word, if it is one, operates in language and in what we calmly refer to as speech acts. We do not know whether this word shares anything at all with any other word in any language, even with the word *no*, which is most certainly not symmetrical to it. We do not know if a grammatical, semantic, linguistic, rhetorical, or philosophical concept exists capable of this event marked *yes*...

Yes on the telephone can be crossed in one and the same occurrence, by a variety of intonations whose differentiating qualities are potentialized on stereophonic long waves. They may appear only to go as far as interjection, as far as the mechanical quasi signal that indicates either the mere presence of interlocutory Dasein at the other end of the line (Hello, yes?) or the passive docility of a secretary or a subordinate who, like some archiving machine, is ready to record or a subordinate who, to record orders (yes sir) or who is satisfied with purely informative answers (*yes*, *sir; no*, *sir*). This is just one example among many.[37]

在 *Ulysses* 的最后一章（第十八章），yes 用了大约 90 次，头尾都是大写的“YeS”。因此有人认为 yes 与其他三个词，即 woman，because 和 bottom，并称为作者有意安排的玄机词[38]。

在句子级的理解障碍往往涉及审美意象、比喻等修辞手法。下面是庞德（Ezra Pound, 1885–1972）的诗“In a Station of the Metro”（共两行）：

The apparition of these in the crowd;

Petals on a wet, black bough.
(人群中这些面孔的幻影,
黑色、潮湿的树枝上的花瓣。)

诗人是说"face""犹如""petals"呢,还是说"faces""等于"(equating)"petals"?抑或是用"faces"来"对照"(contrasting)"petals"?诗句中没有说,读者永远不可能肯定诗人究竟是想怎么说[39]。这是庞德有意安排的"differance"。这种情况在中国文学史中也不乏例证。北宋词人秦观(1049—1100)的《踏莎行》中有两句"可堪孤馆闭春寒,杜鹃声里斜阳暮",其中的"斜阳暮"就引起历代批评家聚讼不绝,认为不可理解,大概是"斜阳树"(张端义,《贵耳录》)或"斜阳度"(沈雄,《彬州志》)之误;宋翔凤更从《说文解字》论证说:"莫(暮),日且冥也;从日,在草中。"可见"斜阳"为日斜(日出)时,暮为日入时;"言自日昃至暮,杜鹃之声,亦云苦也。"(杜鹃从日出叫到日落,不是太苦了吗?)其实"斜阳暮"是一种视觉上的审美意象,意义蕴藏于深层的心理结构中,但作者没有(很可能故意不)说,自然难免引起理解障碍。

蕴藏于深层心理结构之中的意义常常表现为行文中的跳脱(gap)、矛盾、"延宕"("detour," Derrida, 1967, 1975)及行文连接上的有意的"隐匿"。这在西方现代派作品中几乎比比皆是。中国文论史中著名的例证是魏曹丕(187–226)的《典论·论文》。该文的第一段是这样的:

> 文人相轻,自古而然。傅毅之于班固,伯仲之间耳,而固小之,与弟超书曰:"武仲以能属文为兰台令史,下笔不能自休。"夫人善于自见,而文非一体,鲜能备善。是以各以所长,相轻所短。里语曰:"家有弊帚,享之千金。"斯不自见之患也。

这一段中就有好几处矛盾、跳脱、延宕或隐匿。曹氏提出"文人相轻"的命题,但在陈述上却只说了班固轻傅毅("而固小之":"之"指傅毅),举固之言以证,不说出或是故意隐匿了傅毅轻班固(相轻)的事例。下面就是另一个命题:"人善于自见"了,没有说几句又再跳到另一个命题:"不自见之患”（人没有自知之明的危害）。

《典论·论文》中比较明显但又显而未露的矛盾是对建安七子的评价。从行文表面上看，该文对七子是十分推崇的，但第五段又有这么几句话说在先：

> 常人贵远贱近，向声背实，又患暗于自见，谓己为贤。

这岂不是说，贵为建安七子，亦未免于常人之俗，而黯于自见？但曹丕始终没有说。

再以该文第六段为证：

> 文以气为主，气之清浊有体，不可力强而致。譬诸音乐，曲度虽均，节奏同检，至于引气不齐，巧拙有素，虽在父兄，不能以移子弟。

在此之前，曹丕提出了“文本同而末异”的命题，但始终隐去了“本”的所指。究竟何谓“本”？是不是作者有意让读者自己去思考，抑或只是旁敲侧击地提出了“文以气为主”的命题——那么，“气”是不是本呢？作者也回避回答而说气有清浊之分，不可生拉硬拽。下面就铺叙地说明“人各有致”（每个人都有其本身的资致、特点）的道理，从表面上看不出曹丕认为文气为本，“气”的差别只是“体式”或“体势”之别的基本论点。曹丕是杰出的文论家，以上的矛盾、跳脱当然不是论理上的疏漏，只能说这是读者与作者之间的心距：读者对作者的心态（state of mind, Culler, 1982）的透彻悟解还有距离。中国典籍中最严重的理解分歧是对《老子》一书的深层理念的阐释，始见于韩非（约前 280—约前 233）的《喻老》[40]。《喻老》假借老聃之言，主观引申道家法术，认为老子讲求驾驭阴谋的权术。韩非子著名的引申有《老子》中的“张强兴与”句（《道德经》第三十六章）：“将欲歙之，必固张之；将欲弱之，必固强之；将欲废之，必固兴之；将欲取之，必固与之，是谓微明。”（“微明”的意思是“征兆”）韩非举实例以证老聃诲人以权诈之术，对后世理解老子有负面影响。如宋儒的误解就很深，尤其是程朱和苏子瞻。二程在《遗书》中说，“老子之言，窃弄阖阚者也”（《遗

书 · 十一》)；“《老子》书……初欲谈道之极玄妙处，后来却入做权诈看上去)”(《遗书 · 十八》)。在以上负面理解的指引下，很多《老子》的翻译都将第三十六节阐释为老子所列的权诈伎俩，集中表现为对“微明”的阐译，即“机诈的智谋”（subtle wisdom）或“伎俩上的启蒙”（faint enlightment），没有理解到老子只是在讲事物对立转化的发展规律：“张”是“歙”的征兆，“强”是“弱”的征兆，“兴”是“废”的征兆，“与”是“取”的征兆。以下是几种译式举例：

将欲歙之，必固张之。将欲弱之，必固强之。将欲废之，必固兴之。将欲取之，必固与之。是谓微明。

（本章之余文如下：柔弱胜刚强。鱼不可脱于渊；国之利器不可以示人。）

［其一］

In order to contract a thing, one should surely expand it first.
In order to weaken, one will surely strengthen first.
In order to overthrow, one will surely exalt first.
In order to take, one will surely give first.
This is called subtle wisdom.[41]

［其二］

About to shut it, let it first be opened.
About to weaken it, let it first be strengthened.
About to destroy it, let it first be advanced.
About to snatch it, let it first be given away.
This is called the subtle wisdom.[42]

［其三］

If one desires to gather something up, he must first spread it out;
If one desires to weaken something, he must first strengthen it;

If one desires to destroy something, he must first raise it up;

If one desires to take something from others, he must first give them something.

This is called the 'subtle-but-clear'.[43]

［其四］

If you want to shrink something,
you must first allow it to expand.
If you want to get rid of something,
you must first allow it to flourish.
If you want to take something,
you must first allow it to be given.
This is called the subtle perception of the way things are.[44]

［其五］

If you would have a thing shrink,
You must first stretch it;
If you would have a thing weakened,
You must first strengthen it;
If you would desert a thing,
You must first be its ally.
If you would take from a thing.
You must first give to it.
This is called faint enlightenment.[45]

另一种理解是从正面来阐释老聃之言。宋代董思靖在《道德真经集解》中说："夫张极必歙，与甚必夺，理之必然。所谓'必固'云者，犹言物之将歙，必是本来已张，然后歙者随之。此消息盈虚相因之理也。其机虽甚微隐而理实明。"薛蕙在《老子集解》中反驳韩非及二程之见说，理解"张强兴与"句要看整章及老子哲学之整体深层理念。薛蕙说："此章首明物盛则衰之理，次言刚强之不如柔弱，末则因戒人之不可用刚也。岂权诈之术？夫仁义圣智，老子且犹病之，况权诈乎？”明代林兆恩已看到了语言文字对作者深层理念起阻隔作用。他在《道德经释略》中说：“万物之生而死，荣而悴，成而毁，亦天道也。天何心哉！由是观之，则世之非老子者，非为德不达老子之意，亦且目不涉老子之文。”[46]

7.3.2 理解障碍的成因分析

综上所述，我们可以将引致理解障碍而难免于误译或硬译的根由归纳如下：

（一）原语所指不明。在大多数情况下，这是最常见的原因，译者只好诉诸各种机械主义（如按“字面意义”face value、“字字对译”word-for-word）的翻译方法。

（二）缺乏辩证统一的语言观，受同质语言观的观念制约，即将汉语的异质性特征泛化，没有看到外语有异于汉语。以汉语为母语的人对语言符号的任意性常常认识不足，而将形、音、义之间的联系倾向于看成必然化，从而形成一种文本理解的思维定式：

> 在中国思想中，言语、思考论证及现实事物的发生过程之间有种自然而固有的相关性。由于中国语言是画意拟声的，因此双关的论证在“似声者必似义”的原则下可以接受。相似者互相感应，字声、字形类似者其意义亦类似。因此，甚至字、句实际的发音，也与其意义有本质上的关联，也是论证过程的一主要成分[47]。

关于这一点，索绪尔评论说：“每一种语言都有其独特而专断的方法以组织世界并以之化为自己的观念。”[48]

（三）语言屏障阻隔或阻断准确理解的通道，德里达称之为“文字的暴力”（“the violence of the letter，” Derrida, 1967）。我们从语言文字本质特征来看，确实具有“暴力”性质：它一方面可以不顾作者、取代作者“权威”，而代之以文本自己的自主性（Ricoeur, 1991）；另一方面它也可以不顾读者和作者的原意，而以自己可能产生的视觉联想，将意义强加于读者。利科认为，一旦摆脱了文本作者的当下性（在场），文本就超出了作者自己，并加之以文本语义的历史的、心理的、社会的羁绊，文本产生了自我性。福柯曾经从“作者—功能”（“author-function”）的角度谈到一个常被忽略的事实：作者的功能实际上被“文字的暴力”挤压在一个十分狭小的境地里。福氏在其著名的论文 *What Is an Author?* 中说：

> Further elaboration would, of course, disclose other characteristics of the “author-function,” but I have limited myself to the four that seemed the most obvious and important. They can be summarized in the following manner: the “author-function” is tied to the legal and institutional systems that circumscribe, determine, and articulate the realm of discourses; it does not operate in a uniform manner in all discourses, at all times, and in any given culture; it is not defined by the spontaneous attribution of a text to its creator, but through a series of precise and complex procedures; it does not refer, purely and simply, to actual individual insofar as it simultaneously gives rise to a variety of egos and to a series of subjective positions that individuals of any class may come to occupy.[49]

福柯的意思是说：首先，作者的文本受到他所处时代的典章制度的束缚，他是不能随心所欲的；其次，他的文本不具有什么超文化、超时空性；其三，作者与文本之间不存在自然归属性，文本有其本身的精致入微的发展程式来限制作者；最后，文本具有同时指代多重自我、产生一系列主体的功能，文本作者并不具有主宰文本的绝对权威。后现代主义文论家认为“文字的暴力”表现为一柄双面刀：一面对付作者，一面对付读者。

（四）忽视互文性（intertextual）参照[50]，孤立地就文本分析文本，往往导致谬误。准确的理解常常需要参照与此一文本有关的彼一文本，在相互参照中澄清、探明、校正或解开此一文本中的难题。这就是说任何文本都不是孤立现象，它与别的文本之间具有千丝万缕的联系。卡勒（Jonathan Culler）说：

> Recent theorists have argued that works are made out of other works: made possible by prior works which they take up, repeat, challenge, transform. This notion sometimes goes by the fancy name of "intertextuality." A work exists between and among other texts, through its relations to them. To read something as literature is to consider it as a linguistic event that has meaning in relation to other discourses: for example, as a poem that plays on possibilities created by previous poems or as a novel that puts on stage and criticizes the political rhetoric of its day.[51]

意思是："文本"是广义的，"互相参照"也是广义的：散文，可以参照诗歌，诗歌可以参照传记，传记可以参照社会政治或哲学美学论文。卡勒进一步论证，其所以如此是因为文学具有一种普遍的"自身反映"功能：

> Now since to read a poem as literature is to relate it to other poems, to compare and contrast the way it makes sense with the ways others do, it is possible to read poems as at some level about poetry itself. They bear on the operations of poetic imagination and poetic interpretation. Here we encounter another notion that has been important in recent theory: that of the "self-reflexivity" of literature. Novels are at some level about novels, about the problems and possibilities of representing and giving shape or meaning to experience.[52]

互文性首先是意义上的，即在文本的相互参照中从语义的、文化的、历史的角度加以对比、审视，从而获得意义上的联系，终于使疑义得以澄清、隐含义可以得到显现。屈原的《天问》中有很多疑义可以从《山海经》《淮南子》《吕氏春秋》中得到解释。互文性也可以表现为结构上的。《楚辞》中的句式结构常可在不同的篇章中作互文参照而定其机理、定其意义。如"其"字结构与"而"字结构句式：

霜露惨凄而交下兮，心尚幸其弗济。《九辩》

山萧条而无冥兮，野寂寞其无人。《远游》

身被疾而不闲兮，心拂热其若得。《七谏·自悲》

通过互文参照，就可以确定“以‘而’释‘其’”的解读法是可靠的。

互文参照可以打破某一文本所处的狭小时空维度，而将该文本推进到与另一些文本参照的更宽阔的映衬性时空领域中，以凸显该文本的独特性。因此它不仅在理解一位作家不同作品时是不可忽视的，而且在理解不同作家的不同作品时也同样不能忽视。中国文论史有十分重视诠注疏解的传统。应该说，从总体来看，训诂学在广泛利用互文参照时在保证典籍的准确理解上是功不可没的。

（五）诠释者没有摒除与客观实际相悖的主体认知盲点，将误解主观地、执着地认定为理解，忽略了依托文本的更大的、更基本的社会—政治—文化—历史背景。上面我们提到了韩非子在《喻老》中对老子《道德经》的理解问题。韩非子重功效，他的整个思想体系和政治理念集中于“法”“术”“势”，锋芒犀利、说理致密、文采斑斓，可以说是先秦理论散文的一个高峰。他的这些“主体特征”和“思维定式”与老子的主张返璞归真、朴素无为形成强烈反差，因而对《道德经》的理解不可能不带有鲜明的主体烙印。这是韩非误解老聃的价值观上的深刻原因：韩非之拙于王弼正是由于后者摒弃了自己的主体特征和思维定式，把握住了老子的“自然”主旨。例如，老子在第三章中说，“常使民无知无欲”，这句话极易使人产生误解，以为老子主张愚民政策。对此，王弼注曰：“守其真也。”（《道德真经注》）用“守真”来解释老聃之言，可谓至善。

在方法论上韩非也常以主体的直观判断来解释老子。例如韩非将第五十章“生之徒十有三，死之徒十有三”解释为四肢九窍，四加九恰恰等于十三。其实老子的“十有三”意思是“十中有三”（王弼注“十有三，犹云十分有三。”）。王弼在方法论上恪守魏晋玄学家所通用的“辨名析理”[53]，非常注重词义的辨析（辨名），注重推究词之义理之所指（析理），坚持科学态度，防止“以主夺客”的唯心主义方法论。

摒弃“以主夺客”或“以主代客”的主体凌驾性理解的唯一途径是坚持

真理、尊重实际。皮尔士对此有一段很中肯的论证。皮尔士说人们可能具有不同甚至互相对抗的观点，但真理与实际的“great law”只有一个：

> Different minds may set out with the most antagonistic views, but the progress of investigation carries them by a force outside of themselves to one and the same conclusion. This activity of thought by which we are carried, not where we wish, but to a foreordained goal, is like the operation of destiny. No modification of the point of view taken, no selection of other facts for study, no natural bent of mind even, can enable a man to escape the predestinate opinion. This great law is embodied in the conception of truth and reality. The opinion which is fated to be ultimately agreed to by all who investigate, is what we mean by the truth, and the object represented in this opinion is the real. That is the way I would explain reality.
>
> But it may be said that this view is directly opposed to the abstract definition which we have given of reality, inasmuch as it makes the characters of the real depend on what is ultimately thought about them. But the answer to this is that, on the one hand, reality is independent, not necessarily of thought in general, but only of what you or I or any finite number of men may think about it; and that, on the other hand, though the object of the final opinion depends on what that opinion is, yet what that opinion is does not depend on what you or I or any man thinks.[54]

对翻译而言，理解的鹄的正是尽一切努力接近文本的“truth”和“reality”。为此，我们倡导对原语文本的**批判性、解析性阅读**，摒除先入之见、已定之论或既成之规，让一切由译者按自己的审视来加以判断，达致真正的理解。

7.3.3 翻译学的理解对策论

就整体而言，翻译学理解对策论的基本依据是新的文本观。对策是新文本观落实在文本转换中的一系列策略，以能够演绎出既与原语文本对应契合、又符合译者和读者期待的译语文本为依归。

除上述前提以外，理解的对策论还有以下几项理论原则：

一、防止随意性

我们倡导对原语文本的批判性、解析性阅读，鼓励摒除先入之见、已定之论或既成之规，消解"在场"可能加之于译者的"权力的压力""权威的桎梏"等等。但翻译究竟不同于创作，翻译不能不顾原语文本，凭借臆造来"理解"；翻译在理解过程中诚然有很大的自由度，但这个自由度应该在皮尔士所指出的"truth"和"reality"的疆域之内，在原作的意义和依托意义的结构框架之内。翻译永远不应等同于创作。

二、戒绝盲目性

所谓"盲目性"指根本不顾原作在从酝酿到问世的全过程所产生的文化土壤和社会历史背景及至当时的社会、政治思潮，一味凭翻译者自己的主观臆测或构想来演绎原作。相反，翻译者理解的自由度只有进入原作的文化—社会形态架构之内，才可以发挥出有成果、有意义、有价值的能动性和创造性。实际上，昧于原作的文化背景和社会历史背景就根本谈不上"理解"原作。一位译者如果不了解楚文化（包括楚国神话和典章制度）就根本不可能胜任《楚辞》的翻译，同样一位译者如果不了解爱尔兰文化（包括宗教、语言及爱尔兰历史）就根本不可胜任乔伊斯的小说和Sean O'Casey创作的翻译。没有历史感的译者根本不可能理解，连带着缀满荣耀的灿烂之星绶带的桂冠诗人Lord Tennyson都会写出这样悲观绝望的诗：

In Memoriam

O Weary life! O weary death!
O spirit and heart made desolate!
O damned vacillating state!
（啊，这令人厌弃的生，这令人厌弃的死！
连灵与肉都被化作了荒芜，
啊，这生死间的弥留，怎不令人咒诅！）

戒绝理解盲目性的可靠途径是进入一个多方面的参照系中，其中包括文化参照、历史参照和社会、政治以及整体的经济形态参照。

三、坚持开放性

最后，应该强调“对策”是一个开放系统，原因是人的认识能力和价值观都是开放系统，永远处在发展变化中。下面我们讨论的对策，只是迄今为止我们所认识到的和能够总结出来的研究所得，有待于充实、修正、更新和拓展，以体现其开放性。

7.3.3.1 对策一：辨识指称的精微性

对文本理解的基础当然是词语的指称，但是词语的指称常常因文本之异而异，从而使指称复杂化，即指号虽一，而指称不同。我们在前面已经提到过中国传统哲学和文论中的“道”字，对各家所谓“道”的含义作了比较。其实，即便是同一作家之所谓“道”，也常因篇章之异而异[55]。又如老子常常谈到“无为”，尤其是第五十八章“无为而无不为”句常被误解为老子主张恣意行事，与老子原意殊隔（“无为”的指称意义是“不妄为”）。由于对“无为”的实际所指理解不一，因而必然出现对“无为而无不为”的不同翻译：

（a）one takes no action nor does one have any ulterior motive for action.（D. C. Lau）

（b）He attains a state of “non-activity” and yet there is nothing which is not accomplished.（R. Young）

（c）The Master does nothing, yet he leaves nothing undone.（S. Mitchell）

（d）No-Ado, and yet nothing is left undone.（J. C. C. Wu）

（e）Inaction: then nothing cannot be done by it.（P. J. Lin）

（f）The Tao never does, Yet through it everything is done.（R. B. Blaney）（第三十七章，“道常无为而无不为”）

（g）The Way is always still, at rest, And yet does everything that's done.（Lin Yutang）（同上）

辨识指称精微性的手段，一是微观语境，二是宏观语境。事实上，只抓住微观语境而忽视宏观语境是不可能达到辨识指称精微性的目的的。“无为”的微观语境是“无为而无不为”，这个语境不能解决什么问题。要了解“无为”究竟何所指，必须把握老子的基本思想以及形成其基本思想的历史背景。王弼对老子思想精髓的把握是“顺乎自然”，不要恣意行事去干预自然，是谓“无为”。可见“无为”不是什么也不做；“无不为”也不是让别人去无所不为。而是说人要顺乎自然之道，以真朴自守，让万物自尔如是，生生发展；这就是自己精神的提升，也可以说无不为了。

确保指称精微性另一个不可缺少的手段是互文参照。老子在很多章节中都提到“无为”，如第二章（“圣人处无为之事”）、第三章（“无为，则无不治”）、第二十九章（“圣人无为，故无败”）。互文性的精髓妙理就是探求一个语义的网络，借助于网络间的相互关联来给某一概念确定坐标，给游移的意义定位，以便于翻译。

7.3.3.2 对策二：消解结构的确定性

在文本理解和意义把握中，语言表层结构常常是阻断逻辑思维的屏障。因此消解语言表层结构具有的确定性、既定性、统一性、单一性常常是达致理解的途径（access）之一。对旧秩序的解构正是为了给新秩序的重构跨出催生的第一步。艾略特有过一段涤旧扬新的论述：

> 现存的不朽之作形成了一个理想秩序，新的艺术作品（名副其实的新作）正在进入这一秩序。在新的艺术作品出现之前，现存秩序是完整的；这一秩序要在新作进入之后保持下去，整个的现存秩序必须被改变，哪怕是很小的改变。因此，每一部艺术作品对于整体的关系、比例和价值都要重新调整；这就是旧与新之间的和谐。任何赞同这种秩序、欧洲形式和英国文学观念的人都不会认为下述观点是荒谬的：过去必须被现在改变，正如现在要受过去引导一样。[56]

对某一特定的作品也一样。不能将该作品的结构（秩序）看成是不可改变的，也不能将该作品结构蕴含的内容看成是不可改变的。这种“延异观”（in the light of“differance,”Derrida）不仅对文学批评是重要的，对翻译而言也是十分合适的。上面我们提到了曹丕《典论・论文》引文结构中的问题。现摘取原文中之四段按原“秩序”照录如下：

文人相轻，自古而然。傅毅之于班固，伯仲之间耳，而固小之，与弟超书曰：“武仲以能属文为兰台令史，下笔不能自休。”夫人善于自见，而文非一体，鲜能备善。是以各以所长，相轻所短。里语曰：“家有敝帚，享之千金。”斯不自见之患也。

……

常人贵远贱近，向声背实，又患暗于自见，谓己为贤。

夫文本同而末异，盖奏议宜雅，书论宜理，铭诔尚实，诗赋欲丽，此四科不同，故能之者偏也。唯通才能备其体。

文以气为主，气之清浊有体，不可力强而致。譬诸音乐，曲度虽均，节奏同检，至于引气不齐、巧拙有素，虽在父兄，不能以移子弟。

文中出现的跳脱、症结（aporia）及赘语等等是很显然的。现在根据《古典文学鉴赏论》的改稿（我们可以称之为“解构式重组”）如下[57]：

原文之道也，有本焉，有末焉，虽本同而末异，然不由本及末，则无以成其用焉。为文者当知之，论文者尤当知之。

文者，气也。文以气为主，气之清浊有体，不可力强而致。譬诸音乐，曲度虽均，节奏同检，至于引气不齐，巧拙有素，虽在父兄，不能以移子弟。

末者，体也。体之科有异焉，盖奏议宜雅，书论宜理，铭诔尚实，诗赋欲丽。此四者不同，惟通才能备其体，故能之者偏也。

古今文人，鲜明斯理，是以各以所长，相轻所短，若傅毅之于班固，伯仲之间耳，而固小之，与弟超书曰：“武仲以能属文为兰台令史，下笔不能自休。”里语曰：“家有敝帚，享之千金。”斯不自见之患，是古之文人亦犹是也。

现将经过解构分析之原文英译重组如下：

Speaking of the law of writing, we must distinguish the Force of writing from the Form of writing. There are cases where the Force is the same while the Form is different. But if you really want your writing to fully perform its function, you must pay equal attention to both. This is a fact that a writer, and a critic in particular, should be well aware of.

The Force is the very essence of writing. Therefore it is of vital importance. But the Force of writing, weak or strong, depends on the way one controls it. It is just like the case in music, people play of the same piece of melody in the same rhythm but the effect can be quite different, regardless of the kinships of the players.

The Form is the product of writing. It falls in different types of style. The appropriate style for memorial to the throne is "elegance," and that of literary commentary "logicality." A good piece of funeral prayer must be factual whereas a poem refined. The above four types are all different in style, which makes it difficult for a writer unless he is considerably talented. But such talents are rare.

Again regretably, men of letters nowadays who know the truth are very few. Very often they tend to disparage others by way of an unfair comparison, namely, putting their merits on a par with the demerits of their counterparts. Take Fu Yi and Ban Gu for example. The two were equaily matched. However, the latter looked down upon the former. In a letter to his younger brother Ban Chao, Gu writes, "Made into an official in charge of the State's chronology, Wu Zhong (the other name of Fu Yi) could not help bragging that it's all because he was so talented that once let him start writing there was no stopping him." To this Ban Gu adds, "Just as we say in our hometown: 'everything is a treasure on one's garden—even though it's a wornout broomstick.'"

> It's always dangerous not to know one's own weaknesses, yet scholars in the old times got into the same rut of selfconceit.

新的文本观要求我们将原文文本视为开放系统，因此任何人对文本的理解都是相对的（Dilthey, 1911），理解只有起点，没有终点，任何理解都只具有暂时性（Heidegger, 1927）。利科认为要获得对文本的“适当的”理解，靠的是理解者努力克服文化上的差距：

> The term "appropriation" underlines two additional features. One of the aims of all hermeneutics is to struggle against cultural distance. This struggle can be understood in purely temporal terms as a struggle against secular estrangement, or in more genuinely hermeneutical terms as a struggle against the estrangement from meaning itself, that is, from the system of values upon which the text is based. In this sense, interpretation "brings together," "equalizes," renders "contemporary and similar," thus genuinely making one's *own* what was *initially alien.*[58]

曹丕写作的时代距今长达 1700 年。我们对他当时的见解和思想活动实在具有不言而喻的“secular estrangement”（与现时的隔膜）：古籍难译，莫过于此矣。

7.3.3.3 对策三：透察意义的意向性

我们在第六章中谈到过意向在意义理论中的重要性。意向使意义具有某种动势和倾向性，因而可以决定表达式，也可能只是隐含在表达式中，而且情形常如后者，即不是“外显”（explicit）而是“隐含”（implicit），因而特别值得翻译者注意。现在试以上面（7.3.1 节）提到的“天问”结尾三节（89、90 及 91）为例以证之。我们先从 David Hawkes 的英译 T'ien Wen 谈起。Hawkes 是世界知名的很有造诣的中国典籍翻译大师，本书谈他的翻译意在讨论问题、启发思考，绝不在对他译作进行贬抑，事实上他译的中国典籍已经达到了很高的水平。这里，我们意在论事，不在论人。

以下三节每句后的编号，即译句的编号；英语句后小字注码表示原译句序：

［八九］薄暮雷电（179），归何忧？（180）
厥严不奉（181），帝何求？（180）
伏匿穴处（181），云何爰？（181）
荆勋作师，夫何长？（182）
悟过更改，我又何言！（183）

179–180

Towards evening there was thunder and lightning?/ Why was the lady sad?/ His majesty was not shown forth: what was the god seeking for?[3]

181–183

He lay in hiding and lived in caves. What was his sorrow?/ When he awoke to his errors and mended his ways, what did he say then?[2]

［九〇］吴光争国，久余是胜。（184）
何环间穿社，以及丘陵，（185）
是淫是荡，爰出子文？（185）

184

Ching with glory went to war: why were we the leaders? When Kuang of Wu seized power, why were we so long defeated?[1]

185

How did she run round the gate and pass through the altar of earth till she came to the burial mounds, and by this wantonness and lightness bring forth Tzu Wen?[6]

［九一］吾告堵敖以不长，（186）
何试上自予，而忠名弥彰！（187）

186–187

...Tu Ao[4] would not reign for long./ How was it that, sure of his own right, he threatened his king, yet the fame of his loyalty gloriously spread?[5]

以下是译者为解释他的原译句（1、2）所作的注：

[1]Ching was another name for Ch'u. Kuang was the name of King Ho Lu of Wu. Ch'u led a successful campaign against Wu in the 6th year of Ho Lu's uncle Yu Mei (538B.C.). But Ho Lu's generals hip put an end to Ch'u's run of victo ries.

[2]In 506 B.C. the Wu armies entered Ying, the Ch'u capital, and desecrated the tomb of King P'ing. King Chao of Ch'u had to flee into the marshes with his sister and a single retainer and for several months lived like a hunted animal.

我们可以从译者对原句的理解和注释看出来，译者已广泛参考了自王弼、洪兴祖、朱熹以来多位注家的诠释，特别参照了近人闻一多的见解。但是时代在发展，文学研究者的观点在发展，古籍发掘和考证工作在发展。根据当代《楚辞》研究者的意见，以上三个诗节（89、90、91）是屈原以比兴手法（八九节第一行及第三行）自述境遇，然后引述楚国历史事件（伍子胥事件见《史记・伍子胥列传》，堵敖事件见《左传》）以古讽今，加上抒怀述志，特别是表明了自己的政治态度。这三节的特点是寓意向于意义中[60]。因此就翻译而言，我们必须把握意义的意向性，紧扣作者意向着笔。译者应勇于消解被历史传统封闭在“逻各斯中心”框囿中的原作者意向，而正是这种意向常常并不完全见诸文字的表层结构中，这里很可能正埋藏着原著大师惨淡经营的匠心！执着、拘泥于文本表层结构断不能把握其深层意义，翻译也只能基于皮相之见，则译犹未译矣。

7.3.3.4　对策四：充分发挥主体的应变功能

主体的“心智状态”与对文本的理解关系极为密切。所谓“心智状态”首先是指理解能力。

其次“心智状态”也指心理调节功能。施莱马赫很早就指出个人素质和读者的心理调节对准确理解原文文本起着决定性作用。正是在这个意义上，我们说翻译说到底是对原语作者的心迹跟踪。所谓心迹也就是心理活动轨迹。“跟踪”固然有一定的被动性，但在错综的语言符号以及或明或暗的意义幽深处跟踪，与译者本人有很大的时空差的作者的心迹，已经是一件“说来容易做实难”的事情。

心迹除了动态的素质即活动轨迹以外，还具有静态的素质，即心理特征。准确理解的条件应该包括心理调节中的特征微调，即译者能根据作者的心理特征作出与之契合的自我反应：以高扬之志来回应高扬之志，以沉郁之心来包容沉郁之心，心理学上谓之“契合式反应”（congenial reaction）。翻译中的主体心理调节，能够做到在心理特征上随机应变，根据不同作者、不同作品作出契合式心理反应，则成功的译作是有条件诞生的。

但是要做到这一点，即做到译者在心理特征上随客体（原文作者、文本）的心理特征变化而变化，必须具备一个前提：主体能够做到摆脱他所处的一种超验的“权力关系”，向客体靠拢，实现适度的异化，也就是福柯所说的“主体的客体化”（objectifying 或 objectification, Foucault, 1983）。福柯说：权力关系产生主体，同时又可以使主体自我分裂（ego split），自我消解，原因是主体具有双重性：控制客体同时又受制于自己的良知和自我认识：

> It is a form of power which makes individuals subject. There are two meanings of the word subject: subject to someone else by control and dependence, and tied to his own identity by a conscience or self-knowledge. Both meanings suggest a form of power which subjugates and makes subject to.[60]

可见，作为对策的前提，主要的一条是主体应该自觉地“与自我拉开距离”（self-spacing），努力实现福柯所描写的“自我分裂”和“自我消解”。如果主体一味固守“自我圣坛”，成了外界因素不得而入的禁苑，那是很难进入对客体的理解的。宋代欧阳修论述过闭于世情、溺于自足而害于文理的道理：

夫学者，未始不为道，而至者鲜焉。非道之于人远也，学者有所溺焉尔。盖文之为言，难工而可喜，易悦而自足。世之学者，往往溺之，一有工焉，则曰：吾学足矣。甚者至弃百事不关于心，曰：吾文士也，职于文而已。此其所以至之鲜也。圣人之文，虽不可及，然大抵道胜者文不难而自至也。

(宋) 欧阳修《答吴充秀才书》，
《欧阳文忠公集》卷五十二

只有开放主体禁苑，才能使之领悟客体，实现客体向主体“前理解”的渗透，实现主体的客体化。主体向客体适度异化在中外文学创作史中几乎比比皆是：作家必须向被他描写的客体靠拢，“植入”或“嫁接上”被他描写的客体的心理特征，作品才能获得生命力。驾驭主体以适应客体，随其心迹，庶几可以言“入化”矣。

7.3.3.5 对策五：充分发挥文本的意指功能

旧的文本观将作者与文本的关系看成“父与子”式的生产者与产品的关系，这种关系肯定了生产者的无上权威：作品只是执权者的产儿，因此必须按这个执权者的“生命权力”（“bio-power,” Foucault: *Discipline and Punish*）来给它的所有产儿验明正身。这就是说作品不可能有“非作者”的任何烙印。如果发现了这样的烙印，那么非但不能说它丰富了文本的意指功能（signification），而且必然认为是发现者的认知能力“出了毛病”。

新的文本观认为文本是意指的“富集”，文本本身就是意指的“富集者”（enricher），它并不隶属、也不从属于作者。作者完成文本之日，就是它们“脱离关系”（abscission）之时，用利科的话说就是“作者已经死去”（Ricoeur, 1976），“死去的作者不可能再控制文本”，而只能任凭文本在三个层次中富集含义：即（1）指号系列层（语言符号层，也就是表层）；（2）指称一语义结构层（也就是浅层）；（3）心理结构层（也就是深层）。“杨柳岸晓风残月”（柳永）七个字饱含感性、知性和心理三个层级的含义，而且每个读者所赋予它的含义都可能不同，也就是说，含义可以“无限富集”，非作者所能左右。正因为如此，同一文本才会出现各式各样的解释。下面是《尤利西斯》充满玄机的最后一段三式翻译（原文见第四章所引）：其一出自萧乾与文洁若；其二出自金眭；其三出自庄信正。请读者合对策四与对策五而审读之、评议之：

［其一］

在直布罗陀作姑娘的时候我可是那儿一朵山花儿 对啦 当时我在头发上插了朵玫瑰 像安达卢西亚姑娘们常做那样 要么我就还是戴朵红玫瑰吧好吧 在摩尔墙脚下他曾咋样地亲我呀 于是我想 喏他也不比旁的啥人差呀 于是我递个眼色教他再向我求一回 于是他问我愿意吗 对啦 说声好吧 我的山花 于是我先伸出胳膊搂住他 对啦 并且把他往下拽 让他紧贴着我 这样他就能感触到我那对香气袭人的乳房啦 对啦 他那颗心啊 如醉如狂 于是我说 好吧 我愿意 好吧。

［其二］

少女时代的直布罗陀我在那儿确是一朵山花真的我常像安达卢西亚姑娘们那样在头上插一朵玫瑰花要不我佩戴一朵红的吧好的还想到他在摩尔墙下吻我的情形我想好吧他比别人也不差呀于是我用眼神叫他再求一次真的于是他又问我愿意不愿意真的你就说愿意吧我的山花我呢先伸出两手搂住了他真的然后拉他俯身下来让他的胸膛贴住我的乳房芳香扑鼻真的他的心在狂跳然后真的我才开口答应愿意我愿意真的。

［其三］

在直布罗陀作姑娘的时候我是一朵山花是的那时我把玫瑰插在头发上像从前安大路西亚姑娘那样也许我该戴一朵红的是的在穆尔墙下他多么热烈地亲我我想是的他也没有什么不可以接着我使眼色叫他再问一次是的接着他问我愿不愿意是的说是我的山花我先两手抱他是的

把他拉到我身上让他觉到我的奶软玉温香是的他的心怦怦乱跳如醉如狂是的我就说是的我愿意是的。

按原文中有七个 and、两个 and then；特别是文中安插了十个 yes。为什么是十个？每一个 yes 是什么意思？特别是最后以大写 YES 结束全书，这一切都是乔伊斯设下的玄机。我们对此如何理解？从不同译式的行文来看，真可谓各师各法了。这也正是翻译的魅力所在。

以上五点，就是翻译学解读理论的五项基本对策。这五项对策的中心问题是对文本的理解和表达，其中三项是关于意义把握，并为理解打开通途。两项是关于主、客体为保证解读和表达所应发挥的功能。对策的基本指导思想是破除旧的文本观及建立新的文本观，以新的文本观作指引，进入翻译解读，为表达奠定思维概念上的基础。

7.4 结语

本章开端介绍了翻译思维的三个平面，而全章的主题则是语义平面中的理解问题。语义平面中的意义问题我们在第六章中已经作了探讨；意义把握和文本解读是翻译思维第一平面的中心课题。

关于翻译思维的第二个平面即逻辑平面涉及的问题很多，我们将在下一章中详加探讨。

翻译思维的第三个平面的中心课题是审美结构剖析和审美意识运作和表现。这个任务不在本书的研究范围之内，请读者参考《翻译美学导论》（刘宓庆著，中国对外翻译出版公司 2005 年版）及与此有关的其他著作。

〔注释〕

①“Representation”是一个心理学术语，文艺学中称为意象，指“象”（物象：客体）与“意”（情意：主体）二者的结合。在叔本华哲学中，“表象”是主体的产物，

他的名言是“世界是我的表象”。

②见皮亚杰的如下论著 Jean Piaget (1896–1980)：*The Psychology of the Child* (1969), *Biology and Knowledge* (1971)。另可参见 A. W. Ellis 著 *Reading, Writing and Dyslexia: A Cognitive Analysis* (London: Erlbaum, 1984)。

③严格地说，原文文本只能看作是作者心迹的部分记录。全部或完整的记录是没有的，也不是可能的。

④参见刘宓庆著《翻译美学导论》，中国对外翻译出版公司 2005 年版。

⑤“文本”常常被“话语”替代，是哲学家和语言学家共同关注的课题。文本之所以获得广泛的关注，主要是由“理解”问题引起的。

⑥奎因也主张意义取决于语境，但他指的只是上下文，即微观语境。因此一般认为维氏的整体论比奎氏的观点更彻底。

⑦例如 John Barwise 和 John Perry 等，见 Barwise 著 *Information and Circumstances*, Notre Dame Journal of Formal Logic, 1986, p. 328。

⑧参见 W. Dilthey 著 *Hermeneutics and the Study of History*, NJ: Princeton UP, 1995, pp. 34–37。

⑨、⑩、⑪转引自 H. P. Rickman 编著 *W. Dilthey Selected Writings*, Cambridge UP, 1989, pp. 258–259。

⑫也称为“前结构”(fore-structure, 德文为 Vor-Struktur)，其中包括观念的“前存在”(fore-being, 德文为 Vorhabe)。

⑬、⑭转引自 H. P. Rikman 编著 *W. Dilthey Selected Writings*, Cambridge UP, 1986, p. 11。

⑮引自张隆溪译《阐释学的形成》，载《二十世纪西方文论述评》，三联书店 1986 年版，第 180 页。

⑯引自 Heidegger 著 *Being and Time*, trans. Joan Stamhaugh, State University of New York Press, 1996, p. 141。

⑰同前注，第 309 页。

⑱转引自 James Risser 著 *Hermeneutics and the Voice of the Other*, SUNY Press, 1986, p. 45。

⑲同前，p. 69。

⑳括号中用语引自涂纪亮著《现代西方语言哲学比较研究》，北京：中国社会

科学出版社 1996 年版，第 537 页。“解释”一词涂氏译为“说明”，“解析”一词涂氏译为“解释”。

㉑ 引自 Herman Rapaport 著 *Heidegger & Derrida*, University of Nebraska Press, 1991, p. 90；另见该书第 100 页中之论述。但是德里达对海德格尔的许多概念是持批判态度的，他认为海德格尔把“存在”封闭在语言符号中，那么“存在”也就立即成了要拆除的“在场”了。德里达认为西方传统一直把语言视为描述现实或反映内在经验的手段，而实际上语言只不过是从能指（符号）到能指（符号）的游戏。在号称指代“所指”的“能指”中，其实没有任何充分的“存在”：作者不能将自己所说的东西含蕴在“所写”中，我们也不能将自己呈现在“所写”中。起这种阻碍作用的根源就在于符号使用（“在场”)，而忽略了那个“不在场的存在者”。海德格尔使用德语“解构”时的解释是“揭示”“发掘”“分解”等义。

㉒ 引自 Mario J. Valdes 编 *A Ricoeur Reader: Reflection & Imagination*, Harvester, 1991, P. 45。

㉓、㉔ 语言结构不是什么封闭式“自足体系”。人的言语行为，受语境和人的语言意向支配，所以同一个句子结构可以衍生出很多的意义。如“you can't be serious”意思可以是：“此话当真？”“别吹牛了！”“你只是说着玩罢？！”等等。同样，同一个语义结构也可以衍出很多近似的表达式。例如“雷电将一棵树轰倒了”可有以下翻译表达式：

（1）The lightning struck it, *consequently* the tree fell.

（2）The lightning struck it, *therefore* the tree fell.

（3）The lightning struck it, *thus* the tree fell.

（4）The tree fell, *as* the lightning (had) struck it.

（5）*Because* the lightning struck it, the tree fell.

（6）*Since* the lightning struck it, the tree fell.

（7）*If* the lightning struck it, (then) the tree fell.

（8）The lightning struck it, *then* the tree fell.

（9）The tree fell, *for* the lightning（had）struck it.

（10）*When* the lightning struck it, the tree fell.

（11）The lightning struck it, *so* the tree fell.

（12）The lightning struck it, *and* the tree fell.

（13）The lightning struck it, {*making or made*} the tree fall.

（14）The lightning struck it, {*causing or caused*} the tree to fall.

上例转引自 Stephen A. Tyler 著 *The Said and the Unsaid*, Academic Press, NY, 1978, pp. 347–348。

㉕、㉖引自索绪尔著 *Course in General Linguistics*, trans. by Wade Baskin, NY: McGraw-Hill, 1966。

㉗参见伊格尔顿著《文学原理引论》，中译本，文化艺术出版社 1987 年版，第 158、159 页。

㉘德里达在与克丽丝蒂娃（法国文艺评论家）谈话时用了三个词来解释“différance”，即 temporization（拖延）、detour（迂回）和 postponement（推迟）。按德里达的见解，解读文本正是靠这些策略来解构。

㉙见德里达著 *De la grammatologie*, 1967，英译本 1976 年版。

㉚邓纳伦（K. Donnellan）的见解与理解的对策论有关，见本章后论述。

㉛文本体现人的“历史存在”。文本是人通向“历史存在”的媒介，我们将在下面举例论证。

㉜库恩于 1962 年发表 *The Structure of Scientific Revolution*（U. of Chicago P.）一书，提出“不可通约性”（incommensurability）和“交流障碍”（communicative breakdown）的概念。前者指性质相异的东西之间不存在共量性，因此不可比较；后者指的是，语言交流中即使指号相同但交流参与者心中所指的指称不同，即可能产生障碍。沟通交流障碍的唯一渠道是寻找共同的经验，以经验实证手段找出共通点。

㉝见注㉒。

㉞出自 Lacan 著 *The Language of the Self: The Function of Language in Psychoanalysis*, 引自 *James Joyce: the Augmented Ninth*, ed. Bernard Benstock, Syracuse University Press, 1988, p. 188。

㉟《天问》是我国文学史上的一首奇诗，也是一大“悬案”，历代有誉之者，有毁之者。问题集中于它是不是屈原的作品以及为什么它的意义“诡诞”难懂。王逸对《天问》的考证、注疏贡献最大。宋人黄伯恩说《天问》“词严义密”，肯定出自屈原。王夫之在《楚辞通释》中说《天问》“篇内事虽杂举，而自天地山川，次及人事；追述往苦，经以楚先，未尝无次序存焉”。历代贬低《天问》的学者也很多，其中以

胡适的态度最为粗率。胡适《读楚辞》中说："《天问》文理不通，见解卑陋，毫无文学价值。"（《胡适文存》，第2卷）

㊱ 引自 P. D. Juhl 著 *Interpretation*, New Jersey: Princeton UP, 1986, p. 47。

㊲ 引自 Derrida 著 *Ulysses Gramophone*, 载 *James Joyce, the Augmented Ninth*, Syracuse UP, 1988, p. 42。

㊳ 见 James Joyce 给 Frank Budgen 的信。

㊴ 参见 Jonathan Culler 著 *Literary Theory*, Oxford, 1997, p. 81。

㊵ 韩非子评述老子的著作一共有两部，一是《解老》，二是《喻老》；前者有许多可取之处，如对"道"与"德"的解释，对"啬"与"俭"的解释，都远胜于后人的注解。《解老》对老子的曲解只有一二处，详见陈鼓应著《老子注释及评价》（香港：中华书局1987年版，第366页）。《喻老》则多误说（见陈著第367至368页）。王力说："《解老》多精到语，《喻老》则粗浅而失玄旨。"（见同书）

㊶、㊷、㊸、㊹、㊺ 译者分别为 Ch'u Ta-kao, Paul, J. Lin. R. Y. W. Young & R. T. Ames, Stephen Mitchell, and D. C. Lau；对"微明"一词，Arthur Waley 采取了直译的办法："dimming one's light."

㊻ 转引自陈鼓应著《老子注释及评价》，香港：中华书局1987年版，第16至第22页。

㊼ 引自杨儒宾等著《中国古代思维方式探索》，台北：正中书局1996年版，第73页。

㊽ 见索绪尔著《普通语言学教程》，法文版，Paris: Payot, 1973, 第100页注脚。

㊾ 另参见 P. Rabinow 编 *The Foucault Reader*, NY: Pantheon Books, 1984。

㊿ 有些翻译作品将"intertextuality"译为"文本互渗"，如［荷］米克 · 巴尔著、许君强译《叙述学：叙事理论导论》，中国社会科学出版社1985年版。

(51) 见下文。

(52) 引自卡勒（Jonathan Culler）著 *Literary Theory*, Oxford: Oxford UP, 1997, pp. 34–35。

(53) 转引自陈鼓应著《老子注释及评价》，香港：中华书局1987年版，第370页。陈著批评韩非在研究老子时在方法论上还带有明显的片面性。在《道德经》上、下篇中，韩非只重视下篇（即三十八章以后），集中于老子的人生哲学和政治哲学，忽视了老子的辩证思辨思想。

㊹ 引自皮尔士著“How to Make our Ideas Clear”，载 *Classics in Semantics*, ed. D. E. Hayden & E. P. Alworth, Vision Press, 1965, p. 170。

㊺ 陈鼓应在《老子注释及评价》中将老子的“道”总结为以下三种意义范畴：（一）表示实存意义（真实存在）的“道”；（二）表示自然规律（如对立转化）的道；（三）表示生活和道德规范的“道”，这时的“道”与“德”的意义是“二而一”的。陈氏又说，“道”在《老子》中出现了 73 次，“这七十三个道字，符号形式虽然一样，但意义内容却不尽相同”。（《评价》，第 2 页至第 13 页）

㊻ 艾略特著《文学批评的功能》，转引自张荣翼著《文学批评学论稿》，云南人民出版社 1994 年版，第 274 页。原文阙如。笔者在文字上作了技术性修改，仍欠顺畅。

㊼ 引自刘衍文等编著《古典文学鉴赏论》，上海教育出版社 1991 年版，第 645—646 页。

㊽ 引自 M. J. Valdes 编 *A Ricoeur Reader, Reflection & Imagination*, New York: Harverster, 1991, pp. 57–58。

㊾ 当代研究者倾向于摆脱历史各注家的因袭之见（其中相互矛盾的见解很多，有的明显流于附会，例如认为《天问》是楚国学子的集体创作，根本不只是屈原的作品。宋代的罗苹根据错简和讹脱更断言“非屈原作”），以新的论据解读《天问》，并充分吸取王逸、洪兴祖、柳宗元、朱熹、屈复、毛奇龄及近人刘永济、闻一多、王泗源等人言之有理的评注。根据程嘉哲《天问新注》（四川人民出版社 1984 年版），《天问》第八九、九〇、九一第三节可解译如下：

（八九）黄昏时雷电交加，我无惧无忧。

我没有侍奉国君，志不可屈，上帝又其奈我何？

我现在退隐山泽，身居洞穴，又能说什么呢？

楚国的新贵太师，都赫赫逼人，怎能长久地混下去？

国君如悟过自新，我又何必屡进忠言？

（九〇）吴国的公子兴师伐楚，很久才能得逞。

现在国家败象如斯，何不在宫室周围打个地洞，通往山野，任淫男荡女去撒野，再生出一个子文？（子文又名门谷于菟，官至令君，曾受命于危难）

（九一）我预言楚国的帝王都会像堵敖（楚王熊哏，仅在位三年，被弑）那样短命，而谗陷之徒，以蛊惑加害君王，却以忠明彰扬于天下，天理可存？！

⑥0 H. L Dreyfus and P. Rabinow 合著 *Michel Foucault: Beyond Structuralism and Hermeneutics*, Chicago: Chicago UP, 1982, p. 212。

第八章　翻译中的语言逻辑问题

8.0　概述

语言是人文现象，不是自然现象。人文现象最为纷繁、驳杂，也是最丰富多彩的。从纵的方面来说，语言的“年龄”几乎与人类的年龄一样古老，这就使人类的科学思维在幼稚时期、发展时期和比较成熟时期（至今人类科学思维还没有达到成熟期，更没有达到完全成熟期）所使用的语言兼容共处，交错并存。世界上没有人（或机构）拥有任何能力和权威禁止任何人讲“与事实不符”的话。如“三寸不烂之舌”一语，源自远古及至于今。但人的舌怎么恰恰是“三寸”（香港有作“三”者，完全昧于文化背景）呢，又怎么可能“不烂”呢？没有人有权因此而禁止这一成语流传。英语中这种“反科学”的东西也很多。例如 heart 这个词，可以从用法看出古代的人不知道 heart 只管血液循环，与“志”“情”都无关。例如在 Nothing is impossible to a willing heart 中，“heart”表示“志”（相当于“有志者事竟成”）。在 The heart that once truly loves never forgets（地久天长在真情）中“heart”又表示“情”。其实志也好、情也好，都与 heart 无关。汉语中“生气”“气炸了肺”“气死人”都是不科学的。人的愤怒与否由神经主管，与肺、气管是无关的，生气时的气急是由神经刺激出现的生理反应，不是根源。自然语言中这种“不讲道理”（悖于常理）的例子可以说俯拾即是：例如“九死一生”(人只能死一次，既然已死，怎么可能再生？又怎能死九次)，“跨越 21 世纪”（包括不包括 21 世纪？），“世界肥胖协会”(是肥胖者的协会，还是肥胖问题研究协会？)，“安乐死研讨会”[是研讨安乐死（euthanasia）还是以安乐死的方式开会？]，God complex（是“上帝崇拜情结”，还是“以上帝自居的情结”？），neutral reportage（是采访者中立，还是采访“中立”抑或是“中立性采访”？），judicial murder“合法但不公正的死刑判决”(既然判为“合法”，怎么又说是“不公正”呢？)，a muscleless leg“无肌肉的大腿”(既然是一条大腿，怎么可能连一点肌肉也没有呢？）等等。“雪上加霜”是悖于常理的，雪上不可能“加霜”。英语中的 up（down, off 等）常常组成很多“悖理词组”，例如 blow up（爆炸的碎片都只能掉下来，怎么反而是“up”呢？)、get up（如果睡在双层床的上层，即 upper berth，又怎么再 up 呢？)、look down（upon)（如果是矮个子看不起高个子，他又怎么能“look down upon”高个子呢？)、run one’s feet off（run off one’s feet)（谁见过这么忙的人呢？）等等。日常语言中还有很多“废话”，如“He is a boy”“The early bird gets the worm”“I saw what I saw”“believe it or not”(谁能强迫人相信呢？)“生米煮成熟饭”(谁能吃生米呢？)“干也得干，不干也得干”等等，不是纯属废话吗？是“废话”为什么要说呢？

回答只有一个：这就是自然语言！自然语言就像一座草木丛生、花卉繁茂的大山，山上无奇不有，集青葱、翠秀、芜杂、枯槁于一体。如果不是这样，花、卉、草、木，一切整齐划一，科学组合，那就奇怪了！为什么呢？因为那就不是自然界了。我们可以这样说：正因为自然语言充满种种无奇不有的表达式，它才是生动活泼、美不胜收而且又具有取之不尽用之不竭的能动潜力的交际工具。

如果我们仔细分析，就可以发现类似上述一些自然语言中的现象，有的确实存在着逻辑问题，特别是语义含混即歧义（ambiguity），在很多情况下都形成交流障碍。J. G. Kooij 在其专著 *Ambiguity in Natural Language* 中说：

The scope of the term “ambiguity” is rather wide, but may be narrowed down for certain purposes. In every day usage, "ambiguity" usually refers to the property of sentences that they may be interpreted in more than one way and that insufficient clues are available for the intended or the optimal interpretation. The term ambiguity is then synonymous with "lack of clarity" or "equivocation," a phenomenon that can be looked upon as a shortcoming of language users, as a deficiency of the system of natural language, or both. The various aspects of ambiguity in this sense have been succinctly summarized by Kaplan (1950: 1):

"Ambiguity is the common cold of the pathology of language. The logician recognizes equivocation as a frequent source of fallacious reasoning. The student of propaganda and public opinion sees in ambiguity an enormous obstacle to successful communication. Even the sciences are not altogether free of verbalistic disputes that turn on confused multiple meanings of key terms in the controversy."①

有鉴于此，罗素、维根斯坦等许多语言哲学家才倾其毕生精力构建一种人工语言，试图以此来代替日常语言。他们的办法是设立一套符号来代替文字，拟定一套程式来代替语法，以为这样就可以消除文字、语法带来的歧义。例如杜甫的诗句“穿花蛱蝶深深见，点水蜻蜓款款飞”这两句诗可以写成以下的人工语言式：

$$Bt\ (P^4 \wedge (x) \wedge Q\ (x)) \wedge Bt'\ (R\ 1/4\ (x) \wedge S\ (x))$$

人工语言的核心思想是将模糊语言数码化和数学化。在这方面，语言哲学家与数学家共同努力，从莱布尼茨到乔姆斯基，整整用了三个世纪，奋斗不倦。尽管从人工翻译的角度来看，人工语言对我们的实际意义不大，但就机器翻译（MT）而言，人工语言所能作出的贡献是毫无疑问的。语言哲学家和数学家（很多人也是逻辑学家）的努力，给我们的最有益的启示是：自然语言需要逻辑的监管，需要逻辑对之加以规约和校正。

8.1 翻译中的逻辑规约和校正

现在我们且从翻译中出现的种种逻辑谬误实例谈起。以下例句取自翻译出版物、大学规章、研究生作业等：

（1）SL: He is a good sport.

TL：他是输了或被人取笑不生气的人。

（2）SL：其实，在猎人下手以前老虎就已经命归黄泉了。

TL: In fact the tiger had already died before the hunter killed it.

（3）SL：参加驾驶考试者所乘驾之车辆可停泊于 A 区。

TL: Zone A is for those who take part in driving test to park their car.

（4）SL: The points cited above show my views of the aims and purpose of translation.

TL：以上举出的两点说明了我对翻译的目的与宗旨的己见。

（5）SL：迄今我们尚未看到明年通货膨胀有缓和的迹象。

TL: So far there are as yet no facts to show inflation ease the next year.

（6）SL: I am a poor calligrapher. I never was a calligrapher. My father's signature is much better than mine.

TL：我不是一名书法家，我这笔字从来就没写好，我父亲的签名就比我好看得多。

（7）SL: This type of steel pillars（T—SXC 334）are solid hence extremely hard and supportive and their uses flexible.

TL：这一型号的钢柱（略型号）是实心的，因而极其坚固，支撑力极强而且用起来也可放可收。

（8）SL: Books charged out are subject to recall. Due date is for reference only.

TL：所有书籍皆依据催还条例借出，还书日期只作参考之用。

（9）SL: If, however, an individual only performs services in Hong

Kong during visits, so long as those visits do not amount to more than 60 days in the year of assessment he will not be charged to Salaries Tax on any of his remuneration.

TL:“但若纳税人于某一评税年度内在香港作多次访问，然访问期总天数未超过六十日，则其报酬所得均不按薪俸税条款抽税。”

（10）SL：今年中国恢复对香港行使主权后，在中央政府的统一领导之下，香港与广东加强合作、沟通与协调将更为便利，两地的优势互补更加充分，资源利用更趋合理，产业结构更具竞争力，从而更有利于香港长期保持繁荣稳定。

TL: (Furthermore) In 1997 when China restores its sovereignty over the territory，an unbounded horizen will be opened up for the two areas in their co-operation，communication and regulation under the unified leadership of the central government. Their respective advantages will be brought into full play, their resources will be utilized in a more optimized way and the competitiveness of their industrial structures will be further enhanced.

（11）ST: But that was too late too, the sister (the sisters were twins, born at the same time, yet either of them now gave the impression of being, encompassing as much living meat and volume and weight as any other two of the family) not yet having begun to rise from the chair...

TL：然而这也太晚了。这个姐姐（两个姐姐是同时出生的双胞胎，然而两人都给人家这样一个印象：每人都可抵上家里其他任何两个人，具有相当于两人的血肉、身躯和体重）还没有从椅子上起身呢……

对以上十一句，我们试作以下逻辑校正：

(1) 译句误在产生歧义：一是“他是这么一个人：输了，还被人取笑不生气”，意思成了：输了要生气人们才不取笑；二是“他是认输的人，即使输了被人取笑也不生气”；三是“他是输了的人，或是被人取笑不生气的人”，意思成了：应该生气才对。译者可能是想用第二义。

(2) 译句错在违反常理（悖理）：既然 already died，何必还要 kill 呢？其实只要将 kill 改为 shot，逻辑上即无误矣。

(3) 译句错在悖理。既然是“参加驾驶考试”就不会持有驾驶执照，无驾驶执照者又怎么可以驾车来，而且可以“park their cars”呢？

(4) 译句错在“我对……的己见”，属于赘语（redundance）。

(5) 译句错在悖理，既然是“next year”，当然不会有“facts”。

(6) 译句错在悖理，“签名”与“我”不能比。哲学上称为“不可通约”(incommensurable)，即本质上不相同的东西是不能比较的。

(7) 译句错在自相矛盾，既然是“实心”的，又怎么可能“可放可收”呢？

(8) 译句错在自相矛盾，既然是依条例借出的，那么借书、还书日期都是有法可依的，怎么又“只作参考之用”呢？这句话应译为“本馆可按条例催还借出之书籍，还书日期仅供参考”。

(9) 译句错在前后自相矛盾。既然可以“不缴税”，就谈不上是“纳税人”；既然是“纳税人”，就不能不缴税。

(10) 译句错在盲目跟随原语，以讹传讹。“产业结构”不是什么能动的东西，怎么会有竞争力呢？

(11) 译句错在盲目跟随原语。人的母体器官不可能“同时”“排出”两个孩子，双胞胎必有一前一后，哪怕只有几十秒之隔。用“almost at the same time”就行了。

对以上十一例的剖析旨在说明：在双语转换的整个过程中，逻辑规约与校正都是不可缺少的。运作情况见下图[②]（见下页）：

如图所示，逻辑规约与校正涵盖整个双语转换过程，即理解与表达（1）及表达（2）。以上十一句中的谬误可以归属于以下三类，统称“非逻辑句”：

（1）理解阶段（概念错误造成）：第 1，2，3 句

（2）表达 1 阶段（概念混乱造成）：第 1，5，7，8，9，11 句

（3）表达 2 阶段（表达法拙劣造成）：第 1，4，6，10 句

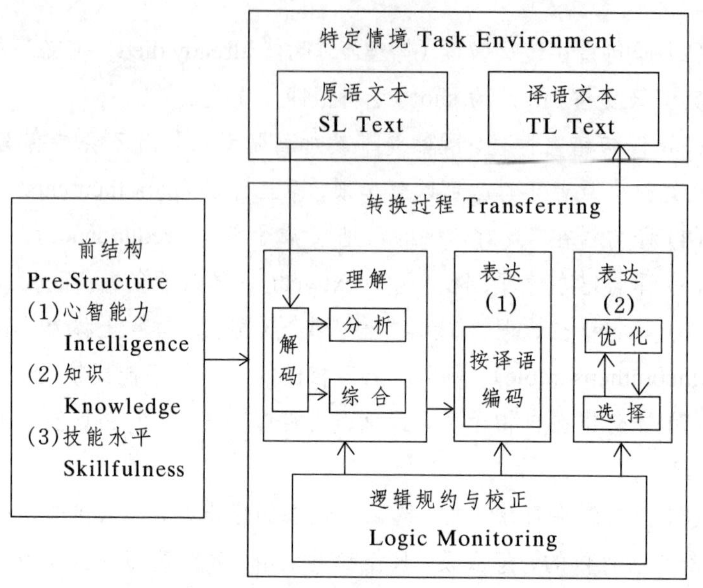

图 8-1　逻辑的规约与校正在翻译全程中的作用

以上只是随意抽样示例，但非常接近非逻辑句的实际情况：如果从非逻辑句整体情况来看，以概念混乱造成的居多。"confusion in mind"是导致人的逻辑思维链断裂的主要根源（J. Piaget: *Genetic Epistemology*，1970）。

8.2　翻译的逻辑思维链

逻辑思维链（the chain of logical thinking）指概念、判断、推理的思维运动机制，通常具有链状形式即运用概念，进行判断，在分析综合的基础上展开推理，经过一级高于一级的反复证实，达致某种结论。如果思维循此链状形式运动推进，那么一般说来就可以保证结论的科学性，即"符合逻辑"(logical)，否则即为"非逻辑"(illogical)。由于思维按链状形式运动，因此，在任何一个环节（即"链"）上出现问题都可能引致逻辑思维链的断裂。这是理性思维的一般规律，翻译当然也不例外。下面我们从翻译的实际出发，探讨翻译中的非逻辑问题。

8.2.1 概念理解谬误

谈谬误就要从概念谈起[3]。概念是逻辑思维的起点，如果概念不正确，要想翻译得正确是不可能的。就翻译而言，概念错误大都发生于关键词的理解谬误。理解谬误当然可能是词义理解的错误或误差，功夫在词义辨析。中国典籍翻译中的差错大都属于这一类，因为古代词语常常不易理解，译者必须下许多辨析功夫，包括查证疏解词义的注疏集。以下例一引自屈原《天问》及其英译[4]。

［例一］

SL（1）惊女采薇，鹿何侑？

SL（2）北至回水，萃何喜？

SL（1）–TL（1）：

When the maid warned them not to pick ferns, how did the deer help them?

SL（2）–TL（2）：

When they went north to the whirling water, why were they glad to gather there?

英译 TL（1）中将“侑”译成“help”是不妥的。按考证“侑”同“佑”，侑食是劝食，侑酒是劝酒（亦称“侑觞”：周密《齐东野语》卷二十：张功甫豪侈“‘名姬’执板奏歌侑觞”）。“侑食”就是陪侍以助进食，见《周礼・天官・膳夫》：“以乐侑食；”《礼记》上也说：“凡侑食，不尽食。”因此“鹿何侑”？意思是：why did the（white）deer persuade them to eat?[5]此问上半句“惊女采薇”的 TL（1）也有概念上的问题。“惊女”的句法结构是“女惊”（SV）这一点英译是对的，但“惊”的意思不是 warned 而是 get scared 或 get frightened，全句的意思是：The maid got scared at the sight of the two men（the brother Po I and Shu Ch'i）when she was picking ferns in the mountain.[6]

上例 TL（2）中“北上回水”中的“回水”不是 the whirling water。回水是古中原地名，在今陕西岐山一带。专名意译也属于概念上的差错。

在中国诗词名作翻译中西方译者常犯的错误大都源于自己主观的逻辑分析。例如李白的诗《访戴天山道士不遇》云：

［例二］

犬吠水声中　桃花带雨浓
树深时见鹿　溪午不闻钟
野竹分青霭　飞泉挂碧峰
无人知所去　独倚两三松

弗莱彻（W. J. B. Fletcher）有一译式如下：

I hear the barking of the dogs amidst the water's sound.
The recent rain has washed each stain from all the peach bloom round.
At times amid the thickest copse a timid deer is seen.
And to the breeze in sparkling seas the bamboos roll in green.
From yonder verdant peak depends the sheeted waterfall.
At noon's full prime I hear no chime of bells from arboured hall.
Whether the wandering priest has gone is no one here can tell.
Against a pine I sad recline and let my heart o'er swell.

译诗中有几处不合逻辑的阐释。第一是“桃花带雨浓”一句，“带”字的意思是“浸润”：桃花被甘霖浸润更觉分外浓艳怡人，不是 washed each stain。按李白的诗，画面应该是犬吠、水声先入耳，于是看到带雨珠的桃花，桃树夹在深荫中，可以见到麋鹿的踪影。诗人在山溪幽林中徘徊，连午时的钟声也没听到。至此似乎是一个意境的“蒙太奇”。但译者却莫名其妙地将它移了位：把“野竹”与“飞泉”调了上去。按译者的逻辑判断，“不闻钟”与“无人知”应该相连贯，这是很主观的释义。第五、六、七、八句是一个蒙太奇：时至午后，才可见“青霭”（熟悉山居的人有这种体验），“碧峰”

是与“青霭”相衬的外景。最后两句说不知道士去到何方，诗人才“怅然倚树”（let my heart o'er swell），说“sad”在这里是不合诗人特殊个性的非逻辑演绎。李白本人有飘逸仙游的道家情思，他在山中的所见所闻触发了与道士一起寻访仙境的情思，才“独倚两三松”。因此理解要时时受逻辑的规约校正（包括人文互证）才行。

理解谬误有时是译者疏于语法及文本结构分析所导致的。这类谬误在英语典籍翻译中出现的频率很高。以下例句中的理解错误都源自语法结构的分析差错：

［例三］

The conclusions of science are the fruits of an institutionalized system of inquiry which plays an increasingly important role in the lives of men. Accordingly, the organization of that social institution, the circumstances and stages of its development and influence, and the consequences of its expansion have been repeatedly explored by sociologists, economists, historians, and moralists.

［误译］

“科学结论正是科学家将其自身从事之深追细究体系化的成果，而这种探究之风在人类生活中起着日益重要的作用。因此，该社会制度之组织、现状及其发展与影响的阶段以及其扩展之后果已由社会学家、经济学家、历史学家及道学家不断加以探讨。”

译句谬误之一是将 which plays 看作只修饰 inquiry 的成分，而实际上它是修饰包括 system 在内的定语。其二是将后一句主语所含的三项内容（“该社会制度的组织”“其发展状况及阶段与影响”“其扩展的后果”）纠缠不清，致使整个句子成了“非逻辑句”。经过逻辑规约与校正以后，上述句子可以逻辑化为：

科学结论是对某一体制化系统的研究的成果，这种对体制化系统的研究在人类生活中起着日益重要的作用。因此，该社会体制的组织、其发展条件和阶段以及由此而产生的影响、其扩展所产生的后果等三个方面已有社会学家、经济学家、历史学家以及伦理学家对之进行过反复探索。

文艺及学术典籍的翻译是令人神往的，同时又是最使译者呕心沥血的翻译工作。这时，译者对作者的心迹跟踪必须三面俱到：语义、审美及逻辑；其中又以语义辨析居其首，若又以逻辑校正贯其中，则审美之功已尽其半。但如果译者刻意追求所谓“典雅之美”，则等于自设陷阱。其译文不仅违背现代读者所喜闻乐见的明晓欣畅之美，而且会使译者本人陷入理解上的武断谬误，弄巧反拙。下面是近年大陆出版的汉译《西方哲学史》一书的片断⑦：

［例四］

This sublunary sphere appeared no longer as *a vale of tears*, a place of painful *pilgrimage to another world*, but as affording opportunity for pagan delights, for fame and beauty and adventure. The long centuries of asceticism were forgotten in a riot of art and poetry and pleasure. Even in Italy, it is true, *the Middle Ages* did not die without a struggle; *Savonarola and Leonardo* were born in the same year. But in the main the old terrors had ceased to be terrifying, and the new liberty of the spirit was found to be intoxicating. The intoxication could not last, but for the moment it *shut out of fear.* In this moment of joyful liberation the modern world was born.

［译文］

“昔者，人间是烦恼悲泣之地，居尘世者，必升入天堂，始离苦海[1]。今者，人间亦有乐趣：享盛誉于邦国，创文艺之美，猎奇于远方，皆人间乐事[2]。雕刻绘事，诗歌词章，赏心悦目，奔汹涌，美不胜数[3]。几百年中绝欲弃智、攻苦食淡之说教，已置脑后。虽然，即在意大利，衰亡之中古思想仍有挣扎[4]。萨方那罗拉，修身鄙世之僧人也；达·芬奇，无艺不精之大艺人也，而二人生于同年，同是本时代之人[5]。大体言之，旧日之种种恐怖，今已失其恐怖；新获得之精神解放，使人陶醉，陶醉虽仅一时，然恐怖已驱除矣。此时也，精神解放，为之雀跃，为之欢庆[6]，现代世界于焉诞生[7]。”（第 509—510 页）

[1] 悖于原意。“昔者，”在此处用得也不妥。

[2] 悖于原意。原意只是“不再”“不复”。

[3] 汉语中无“美不胜数”之说，应为“美不胜收”。

[4] “中世纪”不等于“中古思想”。

[5] 此类加词悖于原意，而且无补于阐释。

[6] 悖于原意。谁“为之雀跃”“为之欢庆”呢？

[7] “于焉”是拙拗仿古虚词，正确的用法是“于是……焉”。

译者有意步严复的后尘，惜望尘莫及。而且时代已大大发展。这类听起来像 20 世纪 20 年代以前的文白夹杂的文风，对今天习惯于欣畅流洒文字的读者来说只能感到格格不入。按译者的自我辩解逻辑，译乔叟（G. Chaucer, 1340–1400）以前的英诗，只能用《诗经》的语言。按此类推，西方译者用现代英语翻译的中国古籍，统统成了无益徒劳。这显然是悖于常理的。

8.2.2 逻辑悖理谬误

悖理不同于悖论⑧。悖理指不符合常理（incompatible to common sense）或有悖于事理（contrary to reason），通常是一个认识问题。翻译中所谓“逻辑悖理”除了我们在 8.1 中提到的一些现象（如歧义、自相矛盾、前后矛盾、冗赘、不可通约、盲从误见等）外，还包括一切不符合常理和事理（其中包括“既定事实”）的双语转换表达式。思维混乱（表现为语段组织混乱）问题我们将在下一节集中探讨，本节拟就各式逻辑问题举其要而讨论之。下列说的是推理问题：

[例五]

The task of genetic explanations is to set out the sequence of major events through which some earlier system has been transformed into a later one. The explanatory premises of such explantions will therefore necessarily contain a large number of singular statements about past events in the system under inquiry. Two further points about the explanatory premises of genetic explanations should be noted. The first is the obvious one that not every past event in the career of the system will be mentioned. The second is that those events which are mentioned are selected on the basis of assumptions (frequently tacit ones) as to what sorts of events are causally relevant to the development of the system. Accordingly, in addition to the singular statements the premises will also include (whether explicitly or implicitly) general assumptions about the causal dependencies of various kinds of events.

[译文]

"承续性解释旨在详尽列出早已形成的某种体系并已转变为随后的体系中的所有事件。其解释前提是此类解释必须包容大量单件说明，以便了解研究中之过往事件。(*) 承继性解释的解释前提还应注意两点：不必悉数列出过往之事件，第二被选择列出之事件是以假定为基础(并常以互相默认者为主)，因此只列出与该制度发展大体有关之事件。此外，列出单个说明时，前提亦包括(或明或暗)各种事件偶然依赖性之总体假定。"

此例译文质量很差，理解性谬误暂且不议。整个语段翻译以我们作的记号（*）为分界线：（*）以前的部分与（*）以后的部分前后矛盾。前面一部分强调要"详尽列出"，后面一部分又说不必悉数列出，只要注意有关事件云云。错误出在译者错漏了一个关键词 major 而将其译成"所有"。SL 作者强调的只是 major events（主要事件），说的是"贯穿在前此发生的某种系统（体系）中的主要事件序列"。（*）以后的部分说的正是事件要择其要者而选出，以便弄明哪些事件在系统（体系）发展过程中只具有随机的相关性，哪些又是主要的。在逻辑学中（major）premises 是“大前提”，（general）assumption 是“小前提”，statement 在逻辑学中称为“陈述”，singular statement 称为“单一陈述”。翻译学术著作，随意措辞就会造成逻辑悖理。

在一般性翻译中，译者不作逻辑审视造成前后矛盾的情况也很多。如[⑨]：

［例六］

But when it came to teaching moral values, the modern parents seemed unwilling to pass on their revolutionary opinions to their children. Maybe they were not so sure any more of having been right. Or perhaps they wanted to prepare the youngsters for life in a society that had not really accepted the new ideas, and that was showing signs of rejecting them to come back to the traditional values.

译句中（*）记号以前与（*）以后自相矛盾：

但是当涉及道德准则的教育时，现代父母们似乎不愿把他们的革命主张传授给他们孩子，(*) 也许他们不再认定那些看法是对的。或者是社会上没有真正接受他们的新观念，并且有迹象表明，不让他们回到传统准则上去，他们也许想为孩子们做好到这样一个社会去生活的准备。

译句分析者说：

我们读原译“也许他们不再认定那些看法是对的。或者是社会上没有真正接受他们的新观念，并有迹象表明，不让他们回到传统准则上去，……”便能发现前后的矛盾。“前面明明在说，‘他们’和‘社会’都没有真正接受‘那些看法’即‘新观念’。既然不接受‘新’的，那么理所当然应回到‘老’的即‘传统准则’上去，怎么又说‘不让他们回到传统准则上去’呢？原译就是这样往返兜着圈子，让读者如入迷魂

阵中。”[ditto]

与自相矛盾类似的是疏于逻辑分析，随意分解，主观定夺，以致与原文相矛盾：

[例七]

But today’s Foreign Office practises a sort of protocole de Grand Guignol according to which the disitinction between a diplomatic agent and a terrorist has become a delicate nuance requiring elaborate hermeneutics on the text of the Vienna Convention. [ditto]

这句话被随意分解，译成了这样：

但是现在的外交部却实行了一种大木偶戏院的礼仪，根据这种礼仪，一个外交代理人和一个恐怖主义分子之间的区别已成了一个讲不大清楚的细微区别，这个细微区别要求维也纳会议的主题作详尽的解释。[ditto]

译句分析者说：

原译的最后一句话使人百思不得其解，为什么“这个细微区别要求对维也纳会议的主题作详尽的解释”呢？第一，“这个细微区别”怎么能作为一个主语来提出这种古怪的要求？第二，“维也纳会议”是1814—1815年欧洲各国为结束反拿破仑战争而召开的国际会议，而这里的原文一开头就表明讲的是today’s“现在的”事，怎么说着说着，竟去“要求对维也纳会议的主题作详尽的解释”呢？[ditto]

原因是：

原文的requiring elaborate hermeneutics是在说前面所提到那种微

妙的差别“需要（用）一种详尽的解释手段（来区分）”，怎样的解释手段呢，下面的 on 明确了这一点，就是需要“那种用来解释维也纳会议文本的（解释）手段”。hermeneutics 是个名词，是指对《圣经》等经书的“解释学”，在这儿则是指 hermeneutic devices “解释手段”。后接的 on，则是“应用于”或“关于”的意思，...hermeneutics on the text of the Vienna Convention 即是“对维也纳会议文本进行说明的解释手段”。至此，我们已经能够明白，原文是在说，那种微妙的差别需要（当年）那种解释维也纳会议文本的（解释）手段来解释，换句话说，那种微妙差别很难解释清楚，就像维也纳文本很难解释一样。当然，这是原作者的夸张，也是原作者的幽默。［ditto］

［例八］

Henry Bennett performed a carefully controlled study in which anesthetized patients received a suggestion just before being brought to consciousness. Most patients who were told to pull their ears during a subsequent interview did exactly that，even though they did not recall having received such instructions.［ditto］

原句写得不好。译句是这样：

亨利 · 贝内特作了仔细地（的）观察研究：在做手术的病人被麻醉失去知觉前，他建议他们在手术过程中仔细听谈话，即使他们回忆不起曾受过这种指示，病人也能照嘱咐做。［ditto］

译句的基本问题是翻译根本不作逻辑分析。评译者评析说：

为便于辨认，我们且把原文和原译“肢解”一下：

（1）原文 anesthetized patients received a suggestion just before being brought to consciousness 说的是“被麻醉的病人在恢复知觉前接受一项建议”，原译却成了“在做手术的病人被麻醉失去知觉前，他建议……”。

(2) 原文 Most patients who were told to pull their ears during a subsequent interview did exactly that 的主句部分是 Most patients...did exactly that，修饰 patients 的定语从句是 who were told to pull their ears during a subsequent interview，这意思很清楚，即“在随后会见时病人们被告知要扯起耳朵，大多数病人确实这么做了”。但原译却成了“(他建议) 他们在手术过程中仔细听谈话……病人也能照嘱咐做”，原译的编造功夫在此已是登峰造极：“在手术过程中”属无中生有，而因为原文有 pull...ears 及 interview 等字样就匆匆凑成“仔细听谈话”则属乱点鸳鸯谱。pull one’s ear 不等于 prick one’s ears，后者才是“竖起耳朵注意听”，前者只是“扯耳朵”而已。很明显，原译者是(过分地) 自作聪明：先断定 pull their ears during a subsequent interview 就是“仔细听谈话”。当然，在原译者的认识中，“病人也能照嘱咐做”也就是“病人能仔细听话”了。但令人不免生疑的是：如何才能判断病人是在仔细“听”，尤其是一个被麻醉的病人？[ditto]

可见只要译者慎作逻辑思考，特别是原句如果写得欠明白，文字也不严谨，我们尤其不能以讹传讹，下面再谈。总之，只要译者慎作逻辑分析，错误是完全可以避免的。

8.2.3 语段混乱谬误

语段组织混乱的根源是思想混乱。而所谓思想混乱也就是逻辑思维混乱，即根本没有将原文机理捋清，就一句接一句机械地翻译下去。这里的问题显然是译者不作独立思考，疏于逻辑判断。一般说来，原文语段中的叙事程序自有其理，我们是可以参照的；但这里常常涉及双语的表现法差异，切忌照猫画虎。汉语行文常常有重复出现的情况，而且常以“人”为主词，甚至没有主词，比较少用抽象名词的“事”作主词的情况，被动句很少。汉英互译，这些方面都要注意，因为这里常常涉及叙事逻辑与语法逻辑问题。

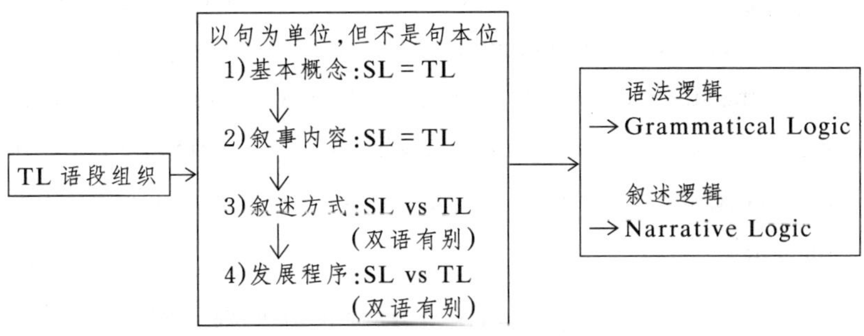

图 8-2　语段组织中的逻辑规约与校正

[例九]

世人常人云亦云，将英王亨利第八之废阿拉贡公主卡塞琳为后，归因于亨利第八之欲再婚。而亨利第八之欲再婚，咎不在己，实因卡塞琳之不孕，不能为皇室继嗣。总之，国王废婚不是心性使然，实为皇室继嗣之计。

[原译]

People often account for the efforts made by Henry VIII of England to annul his marriage by citing the fact that he wanted to remarry. This is of course a familiar explanation. And they further account for Henry's wish to remarry by citing the fact that, since she bore no son, he wished to remarry in order to obtain a male heir. In short, that Henry sought to annul the marriage was not because of his own disposition but for the interest of the Royal family.

这种翻译很明显是受到汉语叙述方式及语段发展程式的影响。根据上图，语段扩展以句为单位，通常分为四步：就基本概念与叙事内容（第 1、2 步）而言，汉英基本一致；从叙事方式开始，双语有别。此时宜摆脱汉语的方式与程序，按英语习惯行事，否则必陷入死译。下面是改译：

It might well be asked why Henry VIII of England sought to annul his marriage to Catherine of Aragon. A familiar explanation for this historical occurrence consists in imputing to Henry a consciously entertained objective rather than a psychological disposition. Thus historians often account for Henry's efforts to annul his marriage to Catherine by citing the fact that, since she bore him no son, he wished to remarry in order to obtain a male heir.

[例十]

It is essential that these dials should be easily read and not subject to error. What form should they take? They may have vertical scales or horizontal scales，they may be semicircular or completely round: the whole scale may be visible or only part through a small "window". An investigator found that the window type is the best. This seems reasonable since only a part of the scale appears in the window, and so there is less effort required to read the precise point on the scale,...[ditto]

[原译]

根本问题是，这类表盘应该容易读又不会出错。那么，表盘应该采用何种形式呢？刻度可以是垂直式或水平式，可以是圆形或半圆形，也可以是整个刻度盘都可见或是通过"小窗口"只能见到一部分。试验者发现"窗式"最佳。这个结果看来是很合情理的，因为只有刻度盘的一部分在窗口显露出来，才能不费多大力气就读出表上的准确刻度，……[ditto]

译句分析者说：

由于中文和英文在表达方式上存在差异，翻译时就不能亦步亦趋，只在形式上跟随原文，而不顾原文实质意义，甚至不顾中文的合理与否。

(1) 原译"也可以是整个刻度盘都可见或通过'小窗口'只能见到一部分"就是想追随原文所落得别别扭扭的结果。原文中无论是 the

whole scale 或 only part，谓语都是 may be visible，译文想套合原文，后来又发觉不容易套合，便草草凑合了事，殊不知前面的“都可（被）见”是被动态，而后面“（人们）只能见到”是主动态，被动主动混杂使这句译文难以卒读。

（2）原译“因为只有刻度盘的一部分在窗口里显露出来，才能不费多大力气就读出表上的准确刻度”在形式和次序上与原文很相似，但偏偏在实质意义与原文有距离。原文的确切意思是“既然窗口露出的仅是刻度盘的一部分，因此就能省力……”，其弦外之意是“如果显露刻度盘的全部，那么就不能……”。而原译“只有刻度盘的一部分在窗口里显露出来，才能……”，该如何理解呢？这里强调的是“只有……显露出来，才能……”的意思，其弦外之意只能是“如果没有……显露，那么就不能……”。而根据原文的上文，这样的弦外之意恰是错的。[ditto]

[改译]

最重要的是，这些表盘应该容易读且不会出差错。那么，表盘应该采用何种形式的呢？可以是垂直式或水平式，也可以是半圆形或整圆形：刻度可以是全露或通过小“窗口”只露出一部分。试验者发现窗式是最好的。这很合情理：既然窗口露出的仅是刻度的一部分，那么读出刻度数当然要省力些。

[例十一]

However, it has been remarked that life is an almost continuous experience of having to draw conclusions from insufficient evidence, and this is what we have to do when we make the trivial decision as to whether or not to carry an umbrella when we leave home for work. This is what a great industry has to do when it decides whether or not to put $50,000,000 into a new plant abroad. In none of these cases—and indeed, in practically no other case that you can suggest—can one proceed by saying, “I know that A, B, C, etc. are completely and reliably true, and therefore the inevitable conclusion is...” For there is another mode of reasoning, which does not say: "This statement is correct, and its opposite is completely false," but which says: "There are various alternative possibilites. No one of these is certainly correct and true, and no one certainly incorrect and false. There are varying degrees of plausibility—of probability—for all these alternatives. I can help you understand how these plausibilities compare; I can also tell you how reliable my advice is." [ditto]

[原译]

但是人们已经注意到，生活的过程是一个必须从不完整的证据中引出结论的连续历程。在日常琐事方面，当我们离家上班考虑是否要带着雨伞出门时就是这样；一个大企业在考虑是否要把 5000 万美元投资到国外的一家新工厂时也是这样。在这两个例子中，推理方式都不是:“我知道 A、B、C 等等是完全可靠的真理，因而必然的结论是……”实际上你设想不出别的情形是按这种方式推理的。另一种推理模式不是说:“这个论点是正确的，与此相反则是完全错误的；”而是说:“有许多可供选择的可能性，没有一个一定是正确的，也没有一个一定是错误的。它们有不同程度的真实性——概率。我可以帮助你理解如何比较这些真实性；我也可以告诉你，我的建议有多大的可靠性。”[ditto]

[改译]

但是大家知道，生活是一个几乎要不断取得经验的过程。人们必须从并不充分的证据中引出结论。一些日常琐事诸如离家上班是否要带伞就是这样。一个大企业在考虑是否把 5000 万美元投资到国外的一家新工厂时亦复如此。在处理上述两例时，我们都不能简单地说:“我知道 A、B、C 等等情况是完全可靠的，因而必然结论是……”——实际上，可以这样简单化处理的例子根本不存在，而是存在着另一种推理模式，它不是说“这种说法是正确的，与此相反则是完全错误的”，而是说“有多种可供选择的可能性，其中没有一种肯定是正确的，也没有一种肯定是错误的。可供选择的方案存在着不同程度的可能真实性——概率。我可以帮你弄明白怎样去比较这些可能真实性；也可以告诉你，我的建议在多大的程度上是可靠的。”

我们可以从以上十一例看到逻辑在翻译中的重要性，看到用逻辑思维来规范和校正译句的重要性。实际上，上面举的例子还只是主要方面，而有些次要的问题，我们不可能一一罗列举例，例如词语搭配、修饰语的定界、英语名词的数及形容词的级的用法、英语副词和形容词词组的逻辑关系语等等。可以说，几乎每一个语法范畴都存在着语法与逻辑、语用与逻辑的关系问题，我们不能视若不见。我们在本书中没有谈，并不是说它们不重要，而是考虑到很多一般语法书均已从语法规范的角度触及。本书重在理论而且篇幅有限，只得从略。

8.3 所谓语言真值问题

语言哲学家都将真值（truth）问题看得很重，许多著作以大量篇幅谈真值问题。不少哲学家和语言哲学家如弗雷格、Carnap、维根斯坦、罗素、斯特劳森、Davison、Bradley、皮尔士、奎因等人都为此倾注了很多精力。这是因为真值问题基本上是一个形式语言的意义问题：在形式语言中，赋予真值也就是赋予意义。译学的基本理论（不包括机译）研究对象和手段都不是形式语言，所以真值、真值函项（truth function）等问题与我们的关系不密切。这是从狭义视角来说。

但是从广义的视角来看，不能说真值问题与译学无关。下面我们将谈几个译学意义上的真值观问题。

8.3.1 “意义即真值”论

在“意义即真值”这一点上，我们与形式语言学派哲学家的观点是一致的。译学认为：有意义即有真值，有真值就必须认为可能有翻译价值，所以翻译的真值观也就是翻译的价值观。

意义是一个多维结构。意义表现的各方面我们都不能忽视，因为有意义就可能有翻译的真值。例如以下句子在逻辑上是站不住脚的，但有意义真值：

(a) A thief is a thief.（同义反复，冗赘）

(b) Fear made him lose his tongue.（反事实：人怎么可能失去自己的舌头呢？）

(c) She is a real tonic for me—so full of life!（反事实：人怎么会是一种“补药”呢？）

(d) 说话不算话。（自相矛盾：“话”又怎么不算“话”呢？）

(e) 春雨贵如油。（反事实：春雨可以成灾）

(f) I just can't believe my eyes!（自相矛盾；不相信自己的眼睛何不把它挖掉呢？）

(g) He lacked support, but I went ahead just the same.（不可通约）

(h) 三句不离本行。（反事实：夸张）

(i) The phone is dead.（反事实：电话没出毛病不能“活”，出了毛病也不是“死”）

实际上以上九例都是有意义的，虽然有许多是“非逻辑句”。其中各句的意义真值如下：

(a) 第二个“thief”有含蓄义，即“贼性难改”的贼。

(b) “tongue”是转义词：吓得他哑口无言。

(c) “tonic”只是比喻词：她使我充满活力，犹如吃了补药。

(d) 第二个“话”的含义，即“说了就兑现的话”。

(e) 有文化含义，特指中国易干旱地区，春季雨少又为农事亟须。

(f) 夸张修辞法：“是不是我看错了——真是见所未见，闻所未闻”！

(g) 意在对比“他”与“我”各行其是。此句有语病。

(h) 夸张修辞法，相当于“talk shop all the time.”

(i) “dead”是比喻词，相当于“哑巴了”“没声音了”。

从以上的例子我们可得出推论：自然语言中的意义“存在”的方式是

多种多样的。就这一点而言，翻译的真值观符合存在主义的价值观。存在主义者认为“存在就是价值的本质”，而“除存在本质外，一切形式都是次要的”（萨特）。形式只是表示存在价值的外化工具。

8.3.2 冗余的“非真值”论

“冗余”也就是“冗赘”，俗云“啰唆”。

信息价值论认为冗余（redundancy）与价值成反比：冗余越多，价值越小。这一点适用于译学。原文文本中的冗余并不是我们非译不可的部分：译者应该有取舍的酌情权。但我们必须注意，有些原文文本中的冗余具有修辞作用（即“复叠”），有审美信息，这时就不能说“冗余越多，价值越小”。例如《古诗源》（卷三）中有〈江南〉一则：“江南可采莲，莲叶何田田；鱼戏莲叶间，鱼戏莲叶东，鱼戏莲叶西，鱼戏莲叶南，鱼戏莲叶北。”“莲叶”重复六次，“鱼戏莲叶”重复五次，但不能说是无意义的冗余。这种复叠修辞法英美诗中也有。下面是 Robert Frost（1874–1963）的四行诗，取自“Stopping by Woods on a Snowy Evening”：

> The woods are lovely，dark and deep.
> But I have promises to keep，
> And miles to go before I sleep，
> And miles to go before I sleep.

最后两行就不能说是冗余而弃去其一：

> 这树林，宜人又幽深，
> 但我已经许诺，已经许诺，
> 在安睡以前要不断前行，
> 在安睡以前要不断前行。

译者对纯属冗赘的文本完全具有酌情权加以浓缩处理。“啰唆”的行文误事害人，纯属低档次的非逻辑化。我们就不在这里举例了。

8.3.3 所谓"真值共享"论

翻译中的所谓"真值共享"（shared values）论指译者将一切语句的是非问题依附于原文，原文对也译，不对也照译不误，文责概由原文作者自负，译者可以"稳做姜太公"。"真值共享"论显然不是一种完全站得住脚的翻译价值观。我们需要的是自己的逻辑分析，而不是唯文本论、唯原作者是从。

其实，原文之"责"由原文作者自负，在大多数情况下确属必须而且必然。译者只是原意的转达者，不是加工创制者。我们只负责如实达意传情。

这里的问题是：（1）要不要对读者负责？（2）要不要对自己负责？如果以讹传讹，那就不仅害了读者，也贻害本人、贻害翻译的社会声誉和读者对翻译的信赖。

这方面例子很多。例如，译者很可能在一首诗中遇到这样一节诗——他显然会处在两难境地，因为诗中充满了逻辑问题——也可以说是"无稽之谈"：

> At anchor laid, remote from home,
> Toiling, I cry, "Sweet Spirit, come!
> Celestial breeze, no longer stay,
> But swell my sails, and speed my way!
> Fain would I mount, fain would I glow,
> And loose my cable from below:
> But I can only spread my sail;
> Thou, thou must breathe th'auspicious gale."⑩

下面是一位批评家对诗人的质问：

> ...On which（指上一节诗）a writer in Spurgeon's *Sword and Trowel*,

April, 1865, observes: "This sweet hymn by Toplady（指上一节诗的作者）is a singular mass of muddled metaphors. Why should mariners at anchor toil? Why should they lie at anchor when wishing for a gale? How can a ship mount? How can it glow? Does the poet wish to perish like the ill-fated 'Amazon'"?[11]

现在我们试按"真值共享"的价值观与原诗人"共享"一下"非逻辑化"：

抛下锚，远离家园，
我劳筋伤骨，在呼唤，
甜蜜的精灵，来吧！
苍穹之风，不要再停留，
吹胀我的风帆，加速我的出航，
我乐意登高，乐意发光。
解开我下方的绳缆：
可是我只能展开我的风帆；
你啊，你必须呼吸那吉祥之风。

这种诗，读者怎么能接受呢，有鉴于此，W. B. Hodgson 将诗改成了至少是符合逻辑常理的形式：

Becalmed at sea, remote from home,
Weary I cry, "Sweet Spirit, come,
Celestial wind, no longer stay,
But fill my sails, and speed my way!
Fain would I leave these stagnant seas,
And fly before the heavenly breeze：
But I can only spread the sail,
Thou, thou must grant th'auspicious gale."[12]

这样一改，逻辑化程度大大提高，就给“真值共享”创造了条件：

风平浪静，遥望家乡，
我惆怅地呼喊：甜蜜的精灵，来吧！
苍穹之风，吹过来吧。
扬起我的风帆，快快送我出航，
我宁愿离开这凝滞的海，乘风飞向远方……
但我只能期待，期待那怡人的海风扬帆，带我穿过这碧波荡漾。

作为翻译，看来我们要永远牢记的是：我们可以与原作者共享的只是言之在理的意义，至于谬误，我们就只好让原作者独享了！

这就是译学的真值观。

8.4 结语

本章的主旨，是论证翻译中逻辑思维的职能（规约及校正意义的逻辑表达）以及充分发挥这种对保证翻译质量至关紧要的职能的重要作用。这样做是针对一种倾向，即认为翻译的技术（技能、技巧性）很强，与逻辑论证功力没有什么关系。这种传统观念很有问题，显然应该扬弃。

从更加进取的观点来看，本章旨在说明有效的双语转换存在一个哲学上称为价值论的标准：摒除一切形式的非逻辑化，加强思维语言表达的逻辑化。这是与新翻译观息息相关的课题。因此，也可以说我们是站在一种除旧立新的高视角上看语言逻辑问题。

但是逻辑问题非常复杂，尤其是要从新翻译观的高视角来剖析，翻译的语言逻辑问题绝不仅止于悖理的种种表现。它可以是一门相当专门的次学科，其中包括更多的基本理论课题，如：

(1) 翻译思维逻辑的特点及运作机制。

(2) 从语言异质性看翻译的逻辑运作和翻译的语言逻辑问题。

(3) 语义谬误之系统研究(包括逻辑剖析)。

(4) 汉英语法逻辑之异同。

(5) 语用逻辑问题:“逻辑”还是“非逻辑”?

(6) 逻辑形式化在翻译中的运用。

可以肯定，深入探讨这些问题，正是我们在新世纪中使翻译理论科学化的任务之一，也是我们的新翻译观的重要内容之一。

〔注释〕

①引自 J. G. Kooji 著 *Ambiguity in Natural Language*, North-Holland, 1971, p. 1。

②此图之大框架参照 Hayes & Flower, “The Organization of Writing Processes,” 1980, 载 *Natural language Generation, New Results in Artificial Intelligence, Psychology and Linguistics,* ed. Gerard Kempen, Dordrecht, Boston, Lancaster: Martinus Nijhoff Publishers, 1987, p. 186。

③根据周礼全著《逻辑》，人民出版社 1994 年版，第 598 页起。谬误在逻辑学中分为语形谬误、语义谬误、语用谬误。其中概念上的谬误是起点。

④、⑤、⑥参见刘宓庆著《文化翻译探索——兼评 David Hawkes 译屈原天问》，载香港中文大学《人文学刊》，1998 年 4 月，第 5 期，第 24—40 页。

⑦译者为许国璋。译文不失为一种个人尝试。

⑧“悖论”(paradox)是西方哲学史上的一个专名，指语义上的逻辑谬误。第一个悖论是“说谎者悖论”，文献很多。表述形式大致如下：

(a)“如果你说你在说谎，并且你说的是真话，那么你说谎还是说真话呢?”“如果我说谎并且我说我说谎，那么我说谎还是说真话呢?”

(b)“如果你说，你说谎，并说了真话，那么你在说谎；但你说，你说谎；并且你说这是真话；所以你说谎。”“如果你说谎，并且你说了真话，那么你说谎。”

(c)“我说，我说谎，并且你如此说了，你就说谎；所以我说的是真话。”“由于说谎，我讲了真话，那么我说谎。”

(d)“如果这是真的，那么它就是假的；如果这是假的，那么它就是真的。”“某某说，‘我说谎’在同一时内，他就是在说谎，并讲了真话。”

这四组表达式有下面的关系：(a) 组表达式假定了：说谎者是真的还是假的？(b)组表达式得出如下结论；这是假的。(c)组表达式得出如下结论：这是真的。(d)组表达式则把（b）和（c）的两个结论描画在一起，于是得出既是真的又是假的这个说谎者悖论。

引自郑文辉著《欧美逻辑学说史》，中山大学出版社 1994 年版，第 145 页。

⑨引自王蓝主编《英译汉误差辨析》，安徽科技出版社 1997 年版。该书所引例句、原译文均源自翻译出版物或译稿。本书所引实例及译文分析凡注有［ditto］者，均引自该书。

⑩、⑪、⑫引自 *Errors in the Use of English,* William B. Hodgson 汇编，American Revised Edition, New York: D. Appleton & Company, 1882, pp. 226–227。

下　篇
翻译的价值观论

第九章　新翻译观探索

9.0　概述

世界在前进，历史在发展。我们现在正处在 21 世纪——一个文化跃进、资讯发达、多元化、国际化的世纪。为此，我们需要一种新的翻译观，以迎接新世纪的挑战。

我们可以简略回顾一百年前的今天。先就中国而论。1894 年，亦即 20 世纪的前夕，马建忠针对其时所谓的"翻译"提出了涤旧扬新、号召译者严以律己的"善译"主张。四年后，严复标举对后世影响之深远、为其本人始料未及的"信达雅"译事三难论。从此，中国译坛在一代接一代的先驱者的启蒙下，经历了迄今恰恰一百年的探索。一百年探索的艰辛使我们领悟到一个基本事实：人文科学（特别是哲学的转向性发展）和自然科学（特别是信息科学的广泛拓展）在本世纪有了长足的进步，因此，我们需要建立新的翻译观。下面我们还要具体阐述所谓新翻译观的现实条件和目标，具体剖析所谓新翻译观的理论依据和特征。

在西方情形大致相仿。现代译学最初的觉醒始于 19 世纪末德国几位翻译家对歌德和马修・阿诺（Matthew Arnold, 1822–1888）传统的反思①，及 20 世纪诗人庞德（Ezra Pound）、英国译论家菲利莫尔（J. S. Phillimore）、美国译论家阿莫斯（F. R. Amos）和德国译论家本杰明（Walter Benjamin）的新历程探索。其实，人文学科的深刻变革，当时正在欧洲大陆腹地酝酿，而这些译论家都尚未察觉，那就是现代哲学的苏醒及其向语言学的转折。

首先意识到这种转折将对语言学和译学产生深远影响的译论家是尤金·奈达（Eugene Nida）和法国的译论家乔治·穆南（George Mounin）。那时已到了20世纪中后期。奈达发出了“译学向科学化发展”的号召，即《迈向翻译的科学化》（*Toward a Science of Translating,* 1964）一书的发表。奈达的实践和理论虽然有明显的局限性，但正是他及其同辈人的局限性使他深感翻译亟须科学化，而他的这一**科学化方向感**则是世所公认的。例如爱德温·金茨勒（Edwin Gentzler）就此评论说：

> Nida's work in the field of Bible translating was initially practice-oriented rather than theoretical. The historical paradigm which he drew on for his strategies was fairly narrow, dominated by translations of the Bible. Nida's development of a translation science was motivated by a personal dislike for what he saw as a classical revival in the nineteenth century, an emphasis on technical accuracy, an adherence to form, and a literal rendering of meaning. The principal exponent in English of this movement, according to Nida, was Matthew Arnold, whose approach was clearly too scholarly and pedantic for Nida's taste, placing too many demands upon the reader to become informed about the original culture. Arnold's literalism, according to Nida, negatively affected Bible translation in the early twentieth century...Despite being relegated to a "practical handbook" status with in the branch of the field of theology...*Toward a Science of Translating* has enjoyed a particularly influential status in another field, that of translation. ②

就整体而言，20世纪的翻译比之于19世纪，已经有了很明显的进步。但是，不论在东方还是西方，翻译家和译论家还没有完全摆脱传统观念加之于“人”这个本来可以掌握自己观念的主体的困扰。我们只要读一读本杰明在本世纪初所写的分析文章就可以清楚地看到我们今天所承受的困扰——在中国是所谓“忠于原文”，在西方则是“fidelity”——比之于大约一百年前本杰明之痛感于斯，并未减轻：

The traditional concepts in any discussion of translations are fidelity and license—the freedom of faithful *reproduction* and, in its service, fidelity to the word. These ideas seem to be no longer serviceable to a theory that looks for other things in a translation than reproduction of meaning. To be sure, traditional usage makes these terms appear as if in constant conflict with each other. What can fidelity really do for the rendering of meaning? Fidelity in the translation of individual words can almost never fully reproduce the meaning they have in the *original*. For sense in its poetic significance is not limited to meaning, but derives from the connotations conveyed by the word chosen to express it. We say of words that they have emotional connotations. A literal rendering of the syntax completely demolishes the theory of reproduction of meaning and is a direct threat to comprehensibility. The nineteenth century considered Holderlin's translations of Sophocles as monstrous examples of such literalness. Finally, it is self-evident how greatly fidelity in reproducing the form impedes the rendering of the sense. Thus no case for literalness can be based on a desire to retain the meaning. Meaning is served far better—and literature and language far worse—by the unrestrained license of bad translators. (!)③

本杰明的意思是“辞（他主要是指单个的词）难达意”（他主要是指内含义或含蓄义）本是恒常现象，而拘守句式（句法）则必然导致达意的理论沦为空谈，求形则失义，侈谈文藻的劣译者焉能等闲视之！？其实，本杰明所慨叹的与我们今日之所感者几无二致；不仅如此，本杰明所期待者与我们今日所期待者亦几无二致：

On the other hand, as regards the meaning, the language of a translation can—in fact, must—let itself go, so that it gives voice to the *intentio*（意向）of the original not as reproduction but as harmony, as a supplement to the language in which it expresses itself, as its own kind

> of *intentio*（意向）. Therefore it is not the highest praise of a translation, particularly in the age of its origin, to say that it reads as if it had originally been written in that language. Rather, the significance of fidelity as ensured by literalness is that the work reflects the great longing for linguistic complementation. A real translation is transparent; it does not cover the original, does not block its light, but allows the pure language, as though reinforced by its own medium, to shine upon the original all the more fully.④

本杰明的意思是说，译文欲传达原文之意（有意向所寄寓之意义）舍原语与译语在行文上之融洽调和外别无他途。上乘之译作，译文必剔透明澈（反面是晦涩混沌），不仅无阻于原意之流洒通达，更乃借媒助美，斯谓上乘！

我们大抵可以这样说：中国和西方的传统翻译观最基本的弱点就是将“忠于原文”绝对化，将忠于原文与自然表达对立起来，视之如水火不容（“Fidelity and freedom in translation have traditionally been regarded as conflicting tendencies...” W. Benjamin, 1923）；传统翻译观的悲剧就在于它太执着于忠实的意义表达又恰恰失之于忠实的意义表达：因为违反自然的表达式既不可能表达意义，又不可能传达意向——按维根斯坦的话说：“生活的形式”就是语言的科学之源！任何语言都有其生于斯、长于斯的文化母体。按照洪堡的思想，“文化之母”对语言的“胎教”莫过于具有文化母体特征的自然表达法。本杰明在这里呼唤的，正是这种寄寓了原意的自然表达法，不如此，则达意之议必为侈谈！这也正是维根斯坦的“语言生活形式”的最高逻辑。违反了这一逻辑，后果不言自明。我们可以读一读下面一段翻译文字：

> 今天，主要的期待是，人们也许能学会调整自己以适应用同归于尽威胁着他们的巨大力量，对现实的清醒估价和合理妥协的准备将开辟通向未来的道路。在这种期待的背景之下，我们生活于其中并希望其持续发展的二十世纪的基础又是什么呢？(《二十世纪西方哲学译丛》

之一:《哲学解释学》,上海译文出版社1994年版,第107页)

这段译文的原文是这样的:

> Today the predominant expectation is that men may learn to adjust even to the great forces that threaten them with mutual destruction, that a sober assessment of realities and a readiness for rational compromise will open the way into the future. In light of this expectation, what are the foundations of this century in which we live and for whose continuation we hope? (*Philosophical Hermeneuties*, trans. & ed. by David E. Linge, Berkeley: UCP, 1976, p. 107)

我们可以看到自然表达对意义传递的决定性意义:舍译语与原语在行文上以意义为依据的融洽调和,则意义实际上如果不是荡然无存,必沦于晦涩混沌!现在我们按译语的自然表达方式重译如下:

> 人类可以学会应变,及至能对付可能使得他们同归于尽的巨大力量;同时能对现实作出冷静的估量,并随时准备为之达致理性的妥协,以此开辟通向未来之路。这就是当今人类压倒一切的期望。据此,我们可以提出这样一个问题:我们所处的这个世纪之最基本的并希望它发扬光大的哲学理论,究竟是什么呢?

如果说上述例子中原译文是一团迷蒙的薄雾,"原意"那个"伊人"还可以透过迷蒙,依稀可见,那么下面一段文字则完全是混沌一团,混沌之中究竟藏着"伊人"还是"魔鬼",读者就只好呼天抢地了:

> 诚然,吾人是可以自一物理学和化学的角度去描述那些于一有机体中进行的特殊历程的;但是,这么一来,这些过程是无从被显示为一生命历程(Lebensvorgang)的。即使不是全部的生命历程,但最低限度绝大多数的生命历程都会显示出一种安排,就是朝向于有机体整全

性之自我保存与再植……此外毫无疑问地，有机体中之种种现象大部分都显一"整体保存性"和"系统保存性"，而生物学的职责乃是要弄清楚它们到底是否如此和到那一程度是如此。如今，人们依旧有的思想习惯，把生命的这种安排称之为"目的"而且还在询问某一器官或某一种功能到底有何"目的"者云[5]。

我们完全可以肯定的是：这样的语言文化交流在新的世纪中实在碍难立足！正是从这个积极的、进取的立意出发，我们伸出了手，力图把握住奈达在20世纪中期伸出的接力棒，也力图努力完成先驱们的未竟之志——翻译理论的科学化。

9.1 新世纪的翻译学：翻译理论的科学化

翻译学科学化的标志是翻译理论的科学化。人文学科的所谓科学化指摒除了机械论、经验论以及不以事实为依据的主观心性论（以强调主体的"悟"为特征）和主观唯心论（以昧于对客体的"知"为特征）。语言学科学化必须以根据事实（包括语言事实、语言实践事实、语言历史事实以及语际社会交际事实）立论；必须完全倚仗演绎及归纳的论证手段而不是凭借开列公式和臆断立论；最后必须贯彻描写的原则、基于本位观照、外位参照的原则立论。我们要从19世纪以及20世纪的翻译研究中汲取经验和教训，一是继续坚持以人文科学的方法论来研究译学；二是不能再以经验论和"拿来主义"等机械论为两极，在两极之间的中间地带寻找自我满足或依附外人：时不待人，世不待人。我们应当秉承前人之志，有所建树。

9.1.1 历程和条件

尤金·奈达的《迈向翻译的科学化》一书发表于20世纪60年代。我们也就从60年代谈起，为期40年。这40年的历程可以分为三个阶段，即"温故、知新、探索"。

“温故期”涵盖六七十年代。中国译坛在战后（第二次世界大战及战后共约三十年战乱）的复苏中展开了对中国传统译论全面、深入的温习、评估、研究，出版了一批传统译论的评论选集，集中、深入地探讨了翻译标准特别是严复的“信、达、雅”和其他前辈的翻译思想。

“知新期”涵盖 80 年代和 90 年代初期。温故而知新，对传统译论的深入探究使译坛特别是翻译理论界比较充分、比较清醒地认识到了传统译论的功绩和局限性，意识到了时代在发展，必须努力摆脱因袭的观念的约束，因而萌发了求新之芽。90 年代初期出版了一些探索性专著、专论和译论汇编以及大批良莠不齐的翻译教材，说明译界知新之志已出成绩。

“求新期”涵盖 90 年代中期及末期以至于今，并势将延伸至新世纪。译界对翻译学展开了多维探索，包括语言学、文艺美学、社会符号学、语言哲学等等。比之于 80 年代和 90 年代初期，译界对翻译实践和理论的探索在深度和广度上都大有进展，外位参照的视角也大大放宽了，出版了一批新译论集和专题性专著。

从总体并从译界特别是理论研究界所走过的历程来看，翻译理论研究已经大体结束了初创期的探寻摸索，逐步具备了走向科学化的条件，比之于三十多年前奈达提出这个口号和理想时，我们目前所具备的条件已大大改善了。具体表现是：

一、客观条件充分得多

译学具有明显的综合性，尤其是现代译学，通常是在毗邻学科的发展促进和推动下获得向前推进的势头（momentum）。这里所谓毗邻学科主要指语言学、语言哲学、文学批评学、美学、文化学和符号学。六七十年代以来以上这些学科都有很大进展甚至突破。在过去的三十年中，特别是在七八十年代语言学中的转换生成语法、系统功能语法、语段语言学（话语语言学）、语用学、言语行为理论、语义学都有突飞猛进的进展，著述蔚然成林，其中尤以乔姆斯基的语言理论研究对译学研究的推动作用最大，虽然它与译学的相关性究竟有多大目前仍是富有争议的问题，但由乔氏掀起的变革性研究浪潮对译学研究的间接性冲击，影响深远，则是毋庸置疑的。其次是西方文学批评原理，其中包括美学的拓展性及极富创见的研究对译学研究（尤其是文本理论，下面还要谈到）的启示作用。可以说近四十年来西方结构主义理论和后结构主义理论所构成的两大浪潮，使西方传统译论得到了近乎脱胎换骨的洗礼，前景一片粲然，连知名的保守论者也披上了改革的外衣。

语言哲学对译学发展的积极影响是无法估量的。语言哲学家对意义理论的深刻研究使译论家顿悟妙理，豁然入一新国土，尽管这一新国土提供我们的奇观美景，现在还没有充分展现在众多的翻译理论家面前。

符号学对译学研究所具有的推动潜势也只能说初露端倪。符号对意义的容载机制和模式以及符号系统本身的审美感应机制都是翻译美学理论必不可少的研究课题。

在文化学和文化语言学领域，待翻译理论家开发的宝藏涉及的课题包括文化意义的诠译、文化信息的表现、文化隔膜问题、译文的可接受性、文化审美表现（手段和效果）问题等等，文化学和现代美学近二三十年来的发展都为翻译学提供了不可或缺的理论思想和课题。

六七十年代以来现代文学批评学已经在传统文艺理论的基础上大大拓展了自己的研究领域。现代文学理论中的英美文学新批评主义、现象学、解释学、接受理论、心理分析理论、政治批评文学理论（包括女性主义文学批评）、解构主义及福柯、克丽丝蒂娃、德曼等后结构主义流派发展的文学批评和导读理论虽然还谈不上系统化，但它们为翻译理论提供了极为丰富的文本理解对策论（theories on textual strategies），使翻译理论家有可能构建翻译学的文本理解理论并借以推导出文艺翻译和学术翻译的系统化理论。而这一切在六七十年代以前都只可能是翻译理论家的空想。从这一点上来看，也足以说明那种不顾历史条件而责怨传统译论家的浅薄之见（在西方和中国都有）是完全站不住脚的[6]。

二、主观条件成熟得多

首先是翻译实践的规模扩大了，水平也大大提高了。成千上万翻译者从实践经验中获得的体验和知识不仅提高了主体的素质而且为翻译理论提供了极为丰富的素材。经历了从 60 年代开始的四十年实践锤炼的翻译者的主观条件在以下几个方面都有了非同以往的长进：

（一）主体对意义的把握比之以往已更加精确，对如何获得意义（access to meaning acquisition）也有了更加科学的认识。这都得益于语言学研究的进展。

（二）主体的技能意识比之以往已更加明确、更加强烈，对翻译实务技能、技巧的功能表现比之以往也有了更具有实感的体验。这说明主体技能意识的自觉性获得，认识上已有显著提高。这都得益于几十年来对传统译论的温故知新的探讨。

（三）主体的整体性智能水平三五十年来已有显著提高。促进智能水平提高的因素是：整体教育水平和质量的普及和提高；深度翻译素材的多样化和高科技化；翻译实务队伍和教学队伍的专业化。

（四）对翻译学理论研究的诉求日趋强烈，特别是在翻译专业队伍中，已有越来越多的人在自觉地从事探索性系统研究，并有专著陆续发表；翻译理论教学也于 70 年代登上了大专学院的课堂，并向深度发展。

尽管如此，我们还必须清楚地认识到，从总体上说，不论在西方或中国翻译学探索或翻译研究（translation studies）还存在明显的缺点。这些缺点首先表现在理论专业队伍中，国内外皆然。以下是当前翻译理论研究的薄弱点：

（一）杂感性、直观性的研究比较多，这些研究大抵根据个人的实务经验，缺乏理论提升，当然它们也是可贵的，但理论水平亟待提高。归根结底，经验论不是科学。

（二）微观研究比较多，宏观的系统研究比较少，大多数的微观研究“见树不见林”。在学科建设中宏观研究是至关紧要的、不可或缺的。学科研究水平取决于宏观、微观相结合，取决于宏观指引下的微观研究并提升为宏观—微观整合。

（三）理论研究的方法论问题，主要表现为语言观问题以及本位、外位关系问题。有些理论工作者存在一种“理论幼稚病”，倾向于将翻译学理论与某些新兴理论作过于简化的（over-simplified）、表面的（superficial）、形式上的（formal）类比（analogue）及推衍（deduction），忽视系统的论证（methodic argumentation）。还有一种急功近利的攀附心态：攀藤附葛于“新潮”（trendiness）或已有繁枝茂叶的学科，以图荫护，这些倾向都不利于译学研究的发展。

（四）保守主义，特别是已有一定的知名度和影响的理论研究者的保守的治学态度，常对盲从者造成消极影响⑦。我们应当提倡求实、反对盲从。“盲从”常常是“保守”的社会土壤，而且无助于学科的发展和真理的阐扬。其实，盲从的背后常常不是对真理的真心服膺，而是急功近利。这显然不是科学态度。如果出于门阀观念，那就不仅仅是一个“非科学”态度问题了。

据此，我们为新世纪的翻译理论研究提出的总目标、总任务和大原则是：翻译理论研究必须科学化。

9.1.2 翻译理论科学化的具体任务

所谓理论科学化指符合本学科的历史发展实际（9.1.1），符合本学科所处的现实发展实际（9.1.1），符合本学科未来发展之所需。从以上三个“符合”出发我们可以将理论研究科学化这个总任务具体化为：

第一，坚持我们的基本取向，即“以我为本位”，不脱离中华文化的振兴发展之需，不脱离中华文化与外域文化的交流之需，否则，理论研究难免于凌空，而失去基本取向。其实，各国都在为本民族、本国文化繁荣而发展本位所需的理论，这也是世界各国译论发展的共同取向，尽管从事理论研究的人并没有公开宣布自己立论的基本原则：他们的“自为的目的”可能还处在自在状态中，然而由欧洲人越俎代庖为亚洲人建设翻译理论则至少在目前是行不通、也是不可能的。

但是世界在发展，世界文化正走向多中心化、多元化，“只顾本位发展不顾外位参照”的做法不仅是错误的，而且是不可能的。其实，如果我们纵观历史，必然可以看到一个常常被忽视（或被故意抹杀）的事实：西方文明中有许多成分（内容）和形态（形式）正是受到东方文明的影响、熏陶或先导而构拟、建造、整合起来的，反之亦复如此；但西方文明并不因此而失去西方的特色，反之亦然。从长远的发展观来看，各种语言的翻译理论的共同点可能越来越多，但各种语言的翻译理论的特殊性不可能消失，除非世界上各种语言已统合而为一，翻译成了多余，人类实现了真正的“天下大同”。

第二，贯彻科学的方法论。本书中所讨论的方法论，只是一个抛砖引玉的开始。翻译学研究方法论是一个复杂的系统。我们还需要更深一步、系统地探讨翻译学所需要的概念分析方法，厘清翻译学可以在多大的程度上、在多大的范围内借助于逻辑实证方法，摒弃一切武断之见。我们需要系统地探讨翻译学所需要的归纳、演绎法，系统地探讨人文科学的论证方法，完善我们的理论描写等等。这一切都可以归结为“主体”与“客体”两个大范畴：也是翻译学的两个基本范畴——主体如何运作和如何运作客体。从历史上看，无论是东方还是西方的译论，归根结底，也都集中在这一对矛盾上，只不过由于历史的局限，我们的先驱们没有认识到这是一个哲学方法论问题，不能不浅止于就事论事。

第三，译学理论的发展具体表现为以下几项重要任务的科学化建设：

一、科学化的语言观

结构主义的同质语观有很大的局限。索绪尔、布隆菲尔德和乔姆斯基有其历史功绩，但语言史如同文明一样，不是“伟大人物”的传记或“功名录”。20世纪后半期语言学发展的障碍或多或少应归咎于语言学家对个别历史人物学术功绩的盲目跟从（即“偶像崇拜”）。译学发展既需要同质语言观的指引，又需要异质语言观的鉴别、补充和修正。偏废、偏颇、偏激都不是理性的科学态度，遑论偶像崇拜。笛卡尔在论及洗涤盲从之翳时说非理性的情感化是科学之敌：

> Method makes mind matter: “...it is far better never to think about doing research into the truth of anything than to do so without method: for it is most certain that by means of such disordered studies and obscure meditations the natural light is confounded and the mind is blinded...” What is “method”? “By method...I understand certain and easy rules, such that one who has followed them exactly will never suppose anything false to be true, and not having uselessly wasted any effort of the mind, but always gradually increasing knowledge, will arrive at the true cognition of all those things of which one will be capable.” The taut thought taught here is that philosophizing is a methodical, that is, rule-governed, activity. And rules represent rational rigor. For feelings are fallible. Enthusiasm is not evidence. Evidence is not a feeling. Emotion is not epistemic justification. Thus the method is best defined by means of rules.⑧

二、科学化的意义观

必须再次指出，本书中探讨的译学意义观只是抛砖引玉。我们需要更严谨、更周详、更系统、更深入的意义观理论探索和描写（包括理论描写和典型实例描写）。意义问题非常复杂。双语转换中的意义问题尤其复杂，牵涉的问题个个都是不易解决的。下面是意义的次范畴问题：

(1) 意义的结构（或维度如概念的、情境的、文化的、审美的等等）问题

(2) 意义和意向性

(3) 意义的历时演变（包括历时转化、消失、增生）和共时运用

(4) 含蓄义问题（内涵意义 vs. 外延意义）

(5) 语义结构和句法结构

(6) 意义的意向参与及表现式问题（“语义内容 + 意向” vs. “表现形式”）

(7) 意义的确定性与模糊性

(8) 形、音、义的三维审视（美学提升为“形美、音美、意美”的三维审视）；形式的本体论意义和认识论意义

可以肯定，随着翻译实践和研究的深入和系统化，还会有更多的有关意义的课题涌现。

三、科学化的文本观

科学的文本观首先必须回答一个问题：“文本是不是只有一个正确的解释”（“interpretation,” P. D. Juhl, 1986）。Juhl 提出这个问题时说：

> It is *prima facie*（乍看之下）quite conceivable that of the incompatible interpretations provided for a work only one is correct. Thus Culler and Margolis（两位西方当代文论家）are not just saying that literary works are frequently construed in a number of incompatible ways. Rather, they are claiming that incompatible interpretations may be “true” of the same work or, to put it another way, that we would be prepared to allow that if a

work has a certain meaning x, it might also have another meaning y which is logically incompatible with x.（中文说明为作者所加）

那么，我们应该怎么判断呢？ Juhl 继续说：

When confronted with two incompatible interpretations of a work, we could do several things: (1) We could say that each is (separately) plausible and the available *evidence* does not allow us to decide between them. (2) Or we could choose one and try to defend it and attempt to show that the other reading is inadequate or "incorrect." (3) Or we could modify the two interpretations so as to make them compatible and say, as in the case of Wordsworth's poem "A slumber did my spirit seal," for *example,* that it expresses both the lover's agonized shock at the death of the beloved and pantheistic affirmation. (This would be to opt for a third interpretation distinct from, and incompatible with, either of the original readings.)[⑨]

可见这个问题很不简单。但不论它如何复杂，翻译学必须解决。因此"翻译解读"不同于"阅读解读"，后者可以寄之于内心（用胡塞尔的办法就是加上括号"存而不论"），而前者则必须见诸笔墨。翻译不容许模棱两可——或者说翻译"在多大的程度上容许"（"tolerance," Culler, 1994）我们模棱两可。

译学需要研究出一套翻译所需的、科学的文本解读对策论，它既不违背描写主义的原则，又不像某些论著那样空泛凌虚，或执着于个别实例，或开列不切实际的条规，告诫译者对号入座。我们的文本解读理论，既是一种原则指引，又能为译者提供依此进行由此及彼、由表及里的思考的参照规范，因为它建立在阐释学称之为"前理解"（"Pre-understanding," Heidegger, 1927）的前提之上，这种前提是：

（1）文本产生的历史背景和社会文化（包括思潮）背景，或曰"时代的胎印"

(2) 文本作者将其作品"置入"(或称"嵌入")的宏观语境(包括流派、体裁的共时参照)及其"心理框架"

(3) 文本作者"融入"及体现在其文本中的"读者期待"分析

(4) 互文参照文献提出的"参照性理解"线索或文本外证所提供的文本内证诠释依据

"前理解"对文本解读具有积极的规约性、引导性,但也可能造成障碍,成为先入之见。为此文本解读理论研究应该包括以下对策研究:

(一)如何贯彻批判性研读(critical reading),即以审视态度精读文本,以便准确把握作者在特定的上下文中给定的词语意义,摒除"在场权力"的约定之见或因袭之见;

(二)如何尽全力构建可能存在的一个或几个"文本中蕴含(或掩盖下)的文本"即"次文本"("sub-text," T. Eagleton, 1983)⑩,以及如何表现这一或这些"次文本";

(三)如何把握原作者在创作时可能左右其写作思维运作或写作行为运作的所谓"无意识",即拉康所谓"对笛卡尔的改写""I am not where I think, and I think where I am not"(我非我所思,我思非我在),其结果是出现作者本人的一个"他人化"(或"异己""The Other", Lacan, 1977);

(四)如何分析及把握作家的"他人化":它存在于"意识"中抑或是"无意识"中?这个"他人"与作家本人在常态下的"疏离"(distancing)究竟有多大?表现在哪些方面?例如中国的屈原、曹雪芹,爱尔兰的乔伊斯、叶慈,美国的海明威、福克纳、奥茨等等都是充满矛盾的作家,如何理解他们的某一特定文本(著作)?

对文本解读对策的研究决定了下一步即文本表现。可以说对前者研究越深越透,表现法对策研究就越有依据可循,就越具有科学化的物质条件。

四、科学化的表现理论

表现理论落实在表现对策(representational strategies)上。但表现对策的理论基础是汉外思维方式的差异。像汉语这样与印欧语之间差异悬殊的语言表现法是一个不言而喻的重大语际转换问题。科学化的表现理论研究首先涉及双语思维方式的研究,因为思维方式的差异决定表现法差异。可见，在系统研究表现对策以前我们必须先研究汉外思维方式的差异。为了叙述上的方便现将汉语与英语的思维方式差异列表如下作一简明的对照叙述，以便我们讨论对策问题。

汉英思维方式比较

汉语（CHN）	英语（ENG）
1. 重整体性思维，表现为综合思维方式，强调整体平衡、整体程式。表现在语言上是要求叙述全面、周到，务求突出整体性综合框架，而不惜重复等等。	1. 重个体性思维，表现为分析思维方式，强调形式结构程式。表现在语言上是不求全面、周到，不求整体框架的完整性，但求结构上的严谨性。
2. 重直觉思维、重悟性、重整体性综合分析，因而形成一种强调意念流而比较忽视逻辑的形式论证的思维定式；反映在语言上则是重意合（意序），而较少注重形式规范，使汉语的模糊性更其突出。语法呈隐性。功能的补偿作用较强。	2. 重逻辑思维、重理性，比较强调以实证为基础的形式论证和规范的社会制约，因而形成一种理性思维定式；反映在语言上则是重形合（接应手段强化趋势）和形式规范；语法呈显性。功能与形式结构规范一般可以达到契合。
3. 汉语在表述上注重主体意识，具体表现为：(1) 多用“人称”主语；(2) 多用主动语态句；(3) 多用无主词句及主词省略句；(4) 多用话题主词，使主词与谓语动词的关系很松散。	3. 英语在表述上不偏重主体意识，具体表现为：(1) 非人称主语句也用得很多；(2) 被动句有形式规范，其规范与主动句并重；(3) 主语一般不能省略，必须具备 SV Concord 这一规范性条件。
4. 汉语以文字系统和音韵系统的独特性作为实现条件，形成了对立并举的思维模式，讲求正反相衬；复叠平衡。反映在语言中是语义支点的反衍式成对立并联。“对称”与“并联”是汉语思维风格中重要的美学原则。	4. 英语在语言心理上不注重对立、均衡与英语语言文字结构有很大的关系。英语属于多音节拼音文字，难以形成严谨的对立并联结构。英语有三项式联举倾向，即除了两项并列以外，在词、词组、句各级中都有三项式。

（续表）

汉语（CHN）	英语（ENG）
5. 汉语重实、重形象，多用具体的表现法，与中国传统哲学、美学中的比德式思维风格很有关系，比德式手法善于将虚的概念以实的形式体现出来。	5. 英语在注重形象比喻的同时又善于抽象表现法。西方哲学传统注重逻辑与形式论证，有实证和知性思维传统。英语具有多种具体概念的虚化手段。
6. 思维方式有一个文化特征问题，一般反映文化特质，并表现在语言中。本书从略。	6. 笔者另有专著探讨，此处从略。

从思维方式差异出发，我们的表现理论似应具有以下的研究重点：

（一）研究如何体现表现方法论的“同构”主张和“异构”主张，或“多元互补”论，即认同翻译表现中重原文结构移置（所谓“原汁原味”）的主张，或认同翻译表现中重译文结构替代（所谓“外为我用”或“归化主义”）接近杰罗姆（Saint Jerome, 约 347— 约 420）的“征服原文”论；或者持一种互补互济观，避免走极端。也就是说如何在整体思维表现和个体思维表现之间作一抉择或寻求平衡。协调、平衡似乎是最佳抉择。（见表中第 1、2 两项）

（二）形式意义的表现法参照规范及可译性限度问题。汉语从总体上，基本上讲重意，不重形。我们也没有必要跟随西方重形式的语言之间执意关注句法形式转换的表现规则研究。（见表中第 3 项）

（三）与此有关，应着力研究表现法中形式变通的方法论及本体论意义，特别是形式变通与意义转换之间的辩证关系。（见表中第 3 项）

（四）审美意义的形式表现问题；原语文本的音美、形美、意美的读者接受问题以及如何积极引导读者接受问题。（见表中第 4、5 项）

（五）表现法研究在很大的程度上涉及思维方式问题，已如前述。同时还在很大的程度上涉及文化问题，涉及文化接触及外域文化的表现法限度，及至涉及整体性文化翻译问题，作者另有专著探讨。

以上我们谈了翻译理论科学化的四项具体任务。必须指出，翻译理论的科学化应该体现翻译的综合性，上面我们所谈的侧重于翻译语言学。还有翻译美学（主要任务是阐释翻译的艺术性）和翻译文化学（主要任务是探讨文化翻译问题），美学和文化学不在本书探讨之列，从略。

9.2 新翻译观刍议

20世纪对人类的翻译事业具有特殊的意义：这个一百年为人类的翻译事业带来了划时代的转折。情形就如罗曼·罗兰（Romain Rolland, 1866–1944）在20世纪来临的前夕所预言的：

> 在未来的下一个世纪，人类的后庭花圃中将开出在整个十九世纪籍籍无名的花朵：人类希望之花的妍丽花朵。

除了得到歌德、德莱登等有数的几位作家的盛赞和关注以外，翻译事业在整个19世纪的确是一枝籍籍无名的小花。它常常不得不躲在大诗人和大作家的书斋里小心翼翼地呼吸着，哼着几支陈旧的教堂唱诗或行吟诗人的诗行。

20世纪为翻译所开拓的领域远远超过了19世纪，使翻译大步地跨出了宗教和文学书籍的禁苑，进入了人类活动的几乎一切领域、场所、职业、学科、科学的广阔疆域。翻译实务与物质创造和精神创造以前所未有的密切方式联系在一起，被强大的社会物质生产力带进了实用主义价值论中的“行为—效用链”[11]，因而获得了前所未有的实际价值，成了社会物质精神财富创造中的一节“不可或缺之环”，这是翻译在20世纪获得了它在19世纪不可能取得的地位及不可能获得的尊重和关注的根本原因。这就是说，翻译获得的尊重和社会地位，是千千万万个翻译从业者以自身的奋斗加入了社会生产者大军的行列，并做出了出色的业绩而造福于社会的成果。

可以预见，在21世纪中，翻译将遇到比20世纪更多、更大的发展机会和挑战。

所幸者，我们现在已经大体具备了条件以迎接新的机会，迎接新的挑战。

作为综合性极强的一门学科，翻译学已经并正在结识许多“可靠的盟友”，它们是科学语言学、语言哲学、现代文学理论、现代美学理论，现代符号学理论和信息工程学等等。翻译学将与它们齐心并肩作战。翻译学的综合性要求它绝对不能无视可靠盟友的理解、提携与合作。

看来，翻译学亟须的是**本身观念**的涤新。我们需要以新的翻译观迎接新世纪。下面我们将逐条探讨所谓新翻译观的特征。

9.2.1 将主体与客体合理定位

我们首先需要建立的第一个新观念是：主体（译者，即 TL Author）诚然具有主导性，但并不具有无视客体（原文文本，即 SLT）可容性的凌驾性。

主体凌驾性的渊源在西方和中国都可以追溯到远古。在西方，代表人物是古罗马的翻译家圣·杰罗姆。他的名言是："The translator considers thought content a prisoner (quasi captivos sensus) which he transplants into his own language with the prerogative of a conqueror (iure victoris)."（对翻译者而言，原作的思想内容只不过是一个阶下囚，译者具有征服者的特权将其移置到本国语言中。）杰罗姆是西赛罗意译思想的绝对维护者，对希腊文明的拉丁化功不可没。但他的主体凌驾性翻译主张却长期起了消极影响，直到文艺复兴的前夕，西方译界才回归到昆蒂良（Marcus Fabius Quintilianus, 约 35— 约 95）温和协调的传统。中国的主体凌驾性译论主张无论在内容和形容上都不同于西方，而具有典型的东方特色。中国翻译始于佛教经文，经书被视为圣典，显然不容有“征服者”僭越佛典经义。中国译经史的肇始期可以说是以客体凌驾性为特征，这种情况一直延续到鸠摩罗什（350—409）才将主体运作的地位加以提升。随后，彦琮（557—610）又大大加以阐发，他提出的“八备十条”都是为规约主体而制订的[12]。唐玄奘（600—664）功在译不在论。从他创立的译场职司程序来看，可以说主客体功能兼备，可惜没有论述可依。而且，在具体的翻译运作上又过于倚仗“译主”的主体定夺，“证义”（职司名，是译主的助手）则主要依据主体语感佐证，对梵语语法通义粗疏，谈不上文本分析[13]。清末马建忠以后的译论在精微上超越了前人，但始终执着于主体的“悟、入、化”，将主体的“心悟神解”即主体的主导性推到了极端，而所谓翻译标准也都是为主体订出来的行为准则，可以说基本上疏于对客体的可容性辨识。这样，“标准”也就成了“单打一”的纯主体标尺。“信达雅”也不出这个纯主体行为规范的标尺范围。

我们现在要做的是汲取可贵的历史教训，使主体主导性（作为行为实施者的本质力量及能动性）发挥得恰如其分。这中间，关键是将客体的职能加以提升，以抑制主体的凌驾性。具体而言，就是充分认识到客体对主体的可容性（tolerance；超过可容性，主体主导即走向反面），包括以下四点：

（一）认识到客体的“自身规定性”，它是一种不以主体的“化”为转移的“实在格局”；它永远排斥主体对它的随意描写或认定，主体欲“化”则“化”，是不行的；

（二）认识到客体具有“外在实在性”，而不是什么虚幻地存在于主体意识中可以“悟”出来的“对立面”；

（三）客体的“实在格局”通常指一个有自己的“活动域”和“活动链”的体系，而不是“个体”。例如，翻译客体包括：原语文本作者（SLT Author）——原语文本（SLT）——目的语文本读者（TLT Reader）。

（四）翻译者一旦将原作品（SLT）译出来（TLT），就使一个新的客体系统诞生于世，这个新生儿又成了一个不以主体意志为转移的客体系统（“后在客体系统”）。“前在客体系统”与“后在客体系统”的“活动域”与“活动链”如下图：

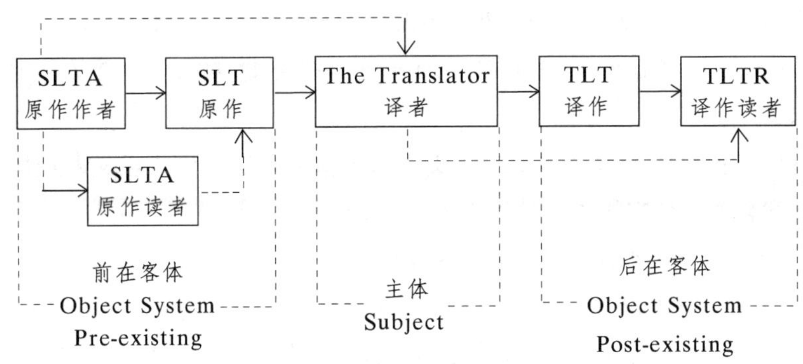

图 9-1　客体的实在结构模式

我们将主体S与客体OS按实际重新定位的意义在于使主体认识到自己的“real standing”（实际立足点，Heidegger, 1927），他处在客体可容性的制约之下，不能无视、不能破坏客体的活动域和活动链组成的实在格局：主体不能“天马行空”。据此，我们可以作出如下推论：如果说在一百年前当严复及其读者还不能认识到主体与客体的科学定位时将《群学肄言》译成了他所中意的样式（见第二章2.1.1节）是可以理解的，那么在今天，《群学肄言》式的翻译则是读者完全不能接受的。

9.2.2 赋予译者充分的酌情权："权力转移"

给主、客体科学的定位，不是要为主体多加掣肘，而是恰恰相反，为了赋予主体以最大限度的酌情权（discretion），即在客体规定性及实在性的前提下，译者可以不受旧观念干扰、充分自主地善加定夺：（1）SLT使用中的**意义**究竟是什么；（2）SLT特定情境中的**意向**究竟是什么；（3）TLT最佳表达式究竟是什么——以上三项的合而为一——恰恰与西方语言哲学家对意义研究的总趋势不谋而合，**即最佳表达式取决于使用中的（特定情境中的）语言的意义加上意向**。为什么这时的主体理应享有最大限度的酌情权呢？我们的理据是：

（一）译者已经充分认识到两个客体系统（前在客体系统及后在客体系统）的“活动域”和“活动链”，因而可以做到收放自如（相当于“不逾矩”，《论语·为政第二》），即不会做可能侵害客体可容性的事。

（二）译者已经具备可以充分发挥其主导性的条件。具体包括以下三项：

（1）把握了语言使用中的意义，即维根斯坦所说的“意义即使用”。这时，最熟知“给定的语言使用”（the given use）的是译者——即双语转换的具体操作者——**也是最具直接经验者**。

（2）把握了语言使用中的意向，即胡塞尔所说的意义的本质不在于意指活动，而在于活动的内容，即**自我与意向的同一**[14]。

（3）把握了语言使用中的情境，即奥斯丁所说的**在什么时候应当怎么说**[15]。

（三）译者在具有以上的认识（上述“第一项”）和条件（上述“第二项”）的前提下，已经具备运用感知去感应、推导、揭示及复现指号下的指称所蕴含、传导的全部知、情、志的“权力”[16]。

以上三点是从主体方面来分析。

译者理应享有最大限度的酌情权这一关系到译作之成败的观念，还可以从客体方面来论证。

首先，我们必须认识到：译者的这种权力是指称具有的特征所赋予的。奎因在论证指称的本源（Quine：*The Roots of Reference,* 1974）时指出，指称具有以下与翻译关系至为密切的特性：

（1）多变性 vagary（vagaries），其中包括含糊（vagueness）、歧义（ambiguity）及不透明（opacity），这样就增加了判断所指的难度；奎因举例说“滑冰者”可以指“滑冰运动员”，也可以指“正在滑冰的人”。只有说“滑冰者现在正在睡觉”时，听者才能确知言者说的是“滑冰运动员”。

（2）不确定性（inscrutability）。奎因用这个词的意思是指“指称对象”有时是神秘莫测、极难把握的。奎因举的一个著名的例子是某土著人叫了一声“gavagai！”（兔子），这时的“指称对象”就可能有三：一是指兔子；二是指兔子的某物（如闪现的影子）；三是指兔子出现的过程（如钻出、奔跑、消失等等）。这时听者要确定三者之中究竟是哪一个就十分困难，即便通过“ostension”（以实物演示）也难以确定。这就涉及指称的一个本体论特征，即相对性。

（3）相对性（“relativity，” Quine: *Ontological Relativity and Other Essays*, 1969）。奎因用这个词的意思是指：指称总是相对于某种“背景语言”（“background language”）而言，我们只能将某个指称相对于其“背景语言”指出问题，而不是以绝对方式提出问题，指称才能显示意义，这个深刻的却常常被人忽视的前提，奎因称之为“本体论的承诺”（“ontological commitment”）。因此，要确定“gavagai！”的指称对象，必须排除绝对性，承诺它处在某种赋予其意义的“背景语言”中，包括情境描写、行动描写、意向描写、因果描写等等本体性质的条件或前提；脱离使指称显现（“take shape”）的“相对性背景语言描写”，对指称显然无法确定。

指称的以上特征决定了一个不容译者忽视的事实：文本是一个充满矛

盾、冲突、歧义、模糊、含混、不确定的符号集（指号集），期待译者去疏解、化解、消解、拆构、诠释、阐述、显现、再现。要完成这些任务，只能而且必须由译者承担，其他因素都只能视为其辅助者或辅佐手段。这里也正好体现了翻译者的主导性即权力。某些存在主义者以及结构主义者膨化主体功能或贬斥主体功能的偏颇态度都是违反科学的。

其次，我们应该认识到，正是“前在客体系统”和“后在客体系统”决定了主体理应享有这种定夺翻译的酌情权。（1）“前在客体系统”不容许译者忽视、侵犯它的“活动域”和切断它的“活动链”，但同时又给了译者可容性下的自由度去创造一个“后在客体系统”；（2）“前在客体系统”是作者“被给定的权力”（“the given Power,” Michel Foucault, 1984）的产儿。在这个产儿没有出世以前，作者对他操“生杀予夺”的大权。但只要这个产儿一旦出世（作品问世），作者即失去了原先被给定的权力，作品落入译者手中，权力已实现了转移。西方和中国的传统翻译观拒绝让译者知道此时权力已实现了转移，拒绝给译者以充分的酌情权，译者摆脱不了虚幻的“原作者权威无所不在”的被控制感和“原作者无谬论”——这是传统翻译观加诸译者的沉重的精神十字架，使他痛感“我罪我知”（严复）的根本原因。

综上所述，我们可以将应赋予译者最大限度的酌情权的论据归纳如下：

（1）译者具有认识主、客体科学定位的直接经验；从而能从哲学认识论的高度理解如何科学地发挥自身的功能；

（2）译者具有认识指称的特征的直接经验，从而能认识到必须由自己科学地解决客体（尤其是文本中）中隐藏的一切矛盾及不确定性的职责；

（3）译者的使命感还来自他对“权力转移”的认识（Foucault，1984），创造一个继 SLT 而新生的后在客体系统是他责无旁贷的任务。

9.2.3 鼓励对文本的多样化阐释和再现

新世纪的翻译观应该积极鼓励译者基于人本观独立思考、解释和再现文本。人是自主的存在，应抵制人云亦云及“逻各斯中心”的陈腐之见。至于各代圣贤之言、各家权威之说都很宝贵，但都只能供“我”参考：因为翻译行为是由“我”来实施、实现的。我们的认识论基本立足点是：人对客体、对客体世界的认识是自主的、发展的。此其一。其二是任何认识都必须而且只能以个体出现，共性无一例外地体现、寄寓于个性中，抽象的共性是没有意义的：世界上没有抽象的房子，任何房子都是具有其个性的房子（Aristotle: *the Organum*）。其三是辩证法认识论承认差别，“彼岸世界的变化莫测决定此岸世界就是一个有差别的世界”：译者的功力、才情、个性特质都不可能是千篇一律的。以上三点都从主体的视角来分析的。

上节我们还详细地剖析了文本客体的特性。可以说，不存在矛盾的、“绝对确定”的文本世界上是不存在的。文本的意义（meaning）、意向和意指（significance）越复杂，文本中隐而不显的矛盾和不确定性就越多、越难作出绝对准确的、“只此一家、别无分店”的解释。

下面我们以艾略特（T. S. Eliot, 1888–1965）的名诗《荒原》（*The Waste Land*, 1922）著名的最后一段为例来说明上面阐述的观点。以下译诗的三位译者此处姑隐其名，以便读者不带偏见地加以评析：

Unreal City,
Under the brown fog of a winter dawn,
A crowd flowed over London Bridge, so many,
I had not thought death had undone so many.
Sighs, short and infrequent, were exhaled,
And each man fixed his eyes before his feet.
Flowed up the hill and down King William Street,
To where Saint Mary Woolnoth kept the hours
With a dead sound on the final stroke of nine.
There I saw one I knew, and stopped him, crying:
“Stetson”!
“You who were with me in the ships at Mylae!
“That corpse you planted last year in your garden,
“Has it begun to sprout? Will it bloom this year

"Or has the sudden frost disturbed its bed?
"O keep the Dog far hence, that's friend to men,
"Or with his nails he'll dig it up again!
"You! *hypocrite lecteur!—mon semblable,—mon frère!*"

[其一]译于60—70年代：

并无实体的城[1]，
在冬日破晓时的黄雾下，
一群人鱼贯地流过伦敦桥，人数是那么多，
没想到死亡毁坏了这许多人[2]。
叹息，短促而稀少，吐了出来[3]，
人人的眼睛都盯住在自己的脚前。
流上山，流下威廉王大街，
直到圣马利吴尔诺斯教堂[4]，那里报时的钟声
敲着最后的第九下，阴沉的一声[5]。
在那里我看见一个熟人，拦住他叫道："斯代真"[6]！
你从前在迈里的船上是和我在一起的[7]！
去年你种在你花园里的尸首，
它发芽了吗？今年会开花吗？
还是忽来严霜捣坏了它的花床？
叫这狗熊星走远吧，它是人们的朋友[8]，
不然它会用它的爪子再把它挖掘出来！
你！虚伪的读者！——我的同类——我的兄弟[9]！

原注与译注

[1] 原注：参看波德莱尔的诗：这拥挤的城，充满了迷梦的城，鬼魂在大白天也抓过路的人！

[2] 原注：参阅《地狱》第三节55—57行：这样长的一队人，我没想到死亡竟毁了这许多人。

[3] 原注：同上第四节 25—27 行：根据听到的声音判断，这里没有其他痛苦的表现，只有叹息使永恒的空气抖颤。

[4] 译注：这是伦敦威廉王大街的教堂。

[5] 原注：这是我常见的一种现象。

[6] 译注：斯代真是一种宽边呢帽的牌子。指任何一个戴这种帽子的普通人。

[7] 译注：这是罗马人和迦太基人之间的一战，迦太基人战败。

[8] 原注：见魏布斯特（Webster）《白魔鬼》中的挽歌。

译注：魏氏（1580—1625）系英国剧作家，其诗云：

叫上那些个鹪鹩和知更，
它们在葱郁的丛林里徘徊，
让那些叶与花一同遮盖
那未曾下葬的孤独的尸身。
把蚂蚁、田鼠和鼹鼠
叫去参加他下葬时的哀呼，
给他造起几座小山，使他温暖，
在坟墓被盗窃时也不受灾难；
叫豺狼走远些，他是人类的仇敌，
不然它会用爪子又把他们掘起。

狗熊星传说是使尼罗河两岸肥沃的星宿。关于魏布斯特的挽歌，兰姆（Lamb）曾说："我从未见过比这个更好的丧歌，除非是《暴风雨》中福迪能士子在追忆淹死了的父亲时所唱的山歌。那是有关水的，充满了水，这是有关土地的，充满了土地的气息。"

[9] 原注：见波德莱尔《恶之花》的序诗。

译注：该序原名"致读者"，艾略特所引为原文：

—? Hypocrite lecteur—mon semblable,—? mon frère!

（——虚伪的读者——我的同类——我的兄弟！）

诗人认为读者和他一样，也是百无聊赖。

［其二］译于 80 年代或 90 年代初：

虚幻的城，
笼罩着清晨的棕色雾[1]，

人群流过伦敦桥，那么多人，
我没想到死亡毁了那么多人。
他们一边走，一边长吁短叹，
每个人的眼睛盯着自己的足前。
流过小丘，流过威廉王大街，
流到为伦敦报时的圣玛丽乌尔诺斯教堂，
钟打九点敲响死亡之声[2]。
在那里我见到一个熟人，叫住他，喊道："斯特逊[3]！
我们曾一起在迈里的船队里[4]！
你去年埋葬在你花园里的那具尸体[5]，
是否已开始发芽？今年会不会开花？
也许骤降的寒霜破坏了它的眠床？
别让狗靠近，他是人类的朋友[6]，
它会用爪子把尸体从土里刨出！
你！虚伪的读者！我的同类，我的友人！[7]"

译者注

[1]unreal city：虚幻的城，指的是法国诗人波德莱尔在诗中所描绘的城，以此比喻伦敦。

[2] 钟打 9 点，标志一天开始，人们又毫无意义地为生活忙碌起来。

[3]Stetson：斯特逊，泛指荒原人。

[4]the ships at Mylae：迈里的船队，公元前 260 年，罗马人和迦太基人曾在迈里作战，迦太基人败北，这与被淹死的腓尼基水手可联系起来。

[5]that corpse：指死去的繁殖神，据说古时候人们将繁殖神葬入土中，再庆祝他复生，可保五谷丰登，人畜两旺。但艾略特在这里说，"骤降的寒霜破坏了它的眠床"，似意为荒原人已丧失再生的意志。

[6] 这两行诗系根据英国剧作家约翰・韦伯斯特（John Webster）歌剧《白魔》（*The White Devil*）中的一首挽歌改写而成。狗可能指狗熊星或天狼星。进一步暗示已埋葬的记忆是痛苦的，不要再去触动它。

[7] 引自法国诗人波德莱尔《恶之花》（*Les fleurs du mal*）序诗最末一行，英译文为：you! hypocrite reader! — my likeness,—my brother!

[其三] 译于 90 年代末期：

虚无的城，[1]
隐匿在严冬拂晓的雾中，
那浊褐色的雾里，人群流过伦敦桥——
没想到，死亡毁了那么多人：
弥留的叹息，短促、断续，
每个人都盯住自己的脚尖。[2]
人群流过路坡，流过威廉大帝街，
流到报时的圣玛利 · 乌尔诺斯教堂，
最后的九响钟声，死亡君临——
我叫住一个熟人："斯特茨恩！
"可记得我们在迈雷队一起划过船？
"去年你在花园里埋下一具死尸，[3]
"它发芽了吗？今年开花了吗？
"也许，一袭严霜毁了它的牙床？[4]
"对啦，你得喝住那条狗啊，
"别让它刨尸——别让狗刨他，
"别让它用爪子再把他刨出来，[5]
"那死尸也是人啊！
"呸！假惺惺的读者！——什么'死尸也是人'，什么'手足同胞'！"[6]

译者注

[1] 指伦敦。艾略特为什么说伦敦"虚无"，众说纷纭。这是全诗的基调决定的。该诗的第一行是"四月是残酷的"，最后一段以"伦敦是虚无的"开头，都是诗人有意的安排。一说是艾氏表示诗人面对残酷现实下的"病态的怀旧"。艾氏说过"四月是甜美的，伦敦是充实的"。

[2] 前行与此行是诗人在描写倒在地上奄奄一息的死者。诗中有许多奇妙的时空错动，令庞德赞叹不已，也被后来者纷纷效法。

[3] 按欧洲古俗，人死了就埋在后院家园，以保证繁衍继生。

[4] 诗人在诅咒第一次世界大战；也有人说指英国的内争外夺。

[5] 原文“Dog”是大写，是艾略特安排的玄机词，指天狼星。西方古代人认为天狼星穷追不舍，包括穷追人的惨痛记忆。

[6] 艾略特指责人类互相仇视残杀。《荒原》震荡了欧洲文坛。诗人的这种含蕴手法对当时和后世的欧洲诗坛影响极深。

我们可以从以上三例的译诗行文及注释看到译者（三位译者依序为赵萝蕤、顾子欣、刘宓庆）对文本的理解是不一样的。此外，由于翻译年代不同，译诗在领悟深度和总的风貌上也就有差异。从这里就引出了新翻译观的下面一个重要特点。

9.2.4 充分关注对形式的表现论研究

由于受到传统观念的局限，20 世纪的翻译学对形式问题的研究没有给以充分的关注，使我们对形式的意义（既是 significance，也是 meaning）认识不够全面、不够深刻，这是我们在新的历史时期的理论教学和研究工作中应当注意改进、提高的。为什么说我们对形式的意义认识不够全面、深刻呢？具体地说就是没有充分认识到形式具有双重的意义，也可以说是两个层次的意义：第一个层次是形式的“认识论意义”，这时的“意义”是 significance，第二个层次是形式的“本体论意义”，这时的“意义”是 meaning，而这两个层次的意义又是常常紧密地结合、糅合在一起的，很容易被忽略，尤其是本体论意义很容易被抹杀；这样，对形式在翻译中的重要性的认识就难免止于片面、止于表面：我们只注意到了 significance，而较少去研究它的 meaning。

这里所说的“认识论意义”指 epistemological significance，不是指 meaning。也就是说，这时谈的“形式”是一种手段，一种认识 meaning 的手段。

这里所说的“本体论意义”指 ontological significance，就是语义内容（semantic content），也就是说，这时谈的“形式”本身就蕴含着意义，应当尽力转换到目的语中，做到形式上恰如其分的模仿，而不仅仅是将它看作手段。翻译研究只有认识到这样深度，才谈得上所谓“原汁原味”的翻译。

我们先从形式的认识论意义（significance）入手来解释这个问题。形式是认识意义的手段，这就是说，我们通过把握形式来把握意义。具体而言，就是通过形式所体现的语法结构来把握语意结构。这时，语法结构形式（包括词法结构形式和句法结构形式）就成了通向意义的桥梁或必经之途。这是语言中一切意义陈述形式的基本出发点：没有语言形式（包括语音、文字）这个认识手段，人类根本不可能认识有条有理的逻辑意义。

必须认识到的是，在形式作为认识手段的同时，它就被赋予了本体论意义：这就是说，当人们把握了意义的载体（形式）的同时，他们就能够而且理应把握了意义本身。这就是所谓“形式认识论意义（significance）”与“形式本体论意义（meaning）”的统一论。

就语言而言，形式的微妙还不限于将意义“符号化”的直觉效果（例如 Sweet are the uses of adversity 这个句子就可以使读者在直觉上认识主位词 sweet 是句义重心）。形式的微妙之处还在于它具有非直觉的意义涵盖和情感含蕴功能。这是因为语言形式手段（词、句）虽然有限，但凭借有限的手段可以构建超时空限制的意义、意象或表象：它是一种“非语言符号”（S. K. Langer, 1957），它不同于语言符号，后者的功能是推理意义（由概念、判断、推理产生的意义），而前者的功能则是表现情感意义（1953），因此，我们在谈形式的意义的时候，不应该忽略或排斥实际上由语言形式构建的非语言的“有意义的形式”（C. Bell, 1913）。

形式问题非常复杂，本书因限于篇幅，未作阐发论证。但这个问题显然是新翻译观中的一个重要方面，我们不能不提及。详论请见本书作者另著《文化翻译论纲》（中国对外翻译出版公司 2006 年版）。

9.2.5 充分关注读者的接受

从总的趋势来看，翻译越来越倾向于译文的可接受性（TLT acceptability），这一趋势在下一个世纪将变得愈来愈明显，并将深深影响翻译实践和翻译研究。19 世纪以前盛行的但至今并未绝迹的文人书斋体（式）翻译，将真正成为历史陈迹，代之而起的是清新活泼、欣畅悦人（既悦耳又悦目）

的翻译文风。

其实熟谙读者心态的17世纪末英国诗人、剧作家、文艺批评家兼翻译家德莱登早就描写过那种不顾读者、只顾自己的唯美主义乌托邦文人译者（他举出Ben Johnson之译Horace为例）的窘态：

> In short, the verbal copier is encumbered with so many difficulties at once, that he can never disentangle himself from all. He is to consider, at the same time, the thought of his author, and his words, and to find out the counterpart to each in another language; and, besides this, he is to confine himself to the compass of numbers, and the slavery of rhyme. 'Tis much like dancing on ropes with fettered legs: a man may shun a fall by using caution; but the gracefulness of motion is not to be expected: and when we have said the best of it, 'tis but a foolish task; for no sober man would put himself into a danger for the applause of escaping without breaking his neck. We see Ben Johnson could not avoid obscurity in his literal translation of Horace, attempted in the same compass of lines.[16]

当然，所谓"读者接受"应该从两方面看。其一是读者总是乐于接受洋溢着本国语文的欣畅与清新气息的翻译作品，这是自不待言的。我们的翻译界前辈和翻译理论界、批评界也一直在努力引导译者尊重本国读者的民族性审美倾向。就此而言，在语言交际中，交流效果得以保证的重要条件是符合民族审美心理和倾向，即所谓"喜闻乐见"。

然而，我们常常忽视的是"读者接受"还有另外一面。那就是广义的"喜闻乐见"。特别是在艺术的精神诉求方面更是如此。读者审美倾向具有一种以多层次、多维度、非单一诉求为特点的进取性发展趋势：在新的世纪中，情形预料更加如此；因为文化多元化肯定会使读者的审美倾向日趋多元化。清新、健康甚至奇特的异域色彩和异域情调对读者的吸引力同样也是不可忽视的。人的审美心理和文化心理具有"趋异性"。这个问题西班牙的哲学家兼翻译理论家加塞特（Jose Ortega Y. Gasset）有过如下一段阐述，很值得我们参考：

> It is clear that a country's reading public do not appreciate a translation made in the style of their own language. For this they have more than enough native authors. What is appreciated is the inverse: carrying the possibilities of their language to the extreme of the intelligible so that the ways of speaking appropriate to the translated author seem to cross into theirs. The German versions of my books are a good example of this. In just a few years, there have been more than fifteen editions. This would be inconceivable if one did not attribute four-fifths of the credit to the success of the translation. And it is successful because my translator has forced the grammatical tolerance of the German language to its limits in order to carry over precisely what is not German in my way of speaking. In this way, the reader effortlessly makes mental turns that are Spanish. He relaxes a bit and for a while is amused at being another. ⑰

这是人类文化进步以及日益趋向多元化必然带来的可喜现象，而且这种发展倾向是人的意志或人为干预阻挡不住的。其实，正如加塞特所说的，这不仅仅是一个翻译文风问题，还涉及语言的多元化演变这一令人神往的问题。

9.3 结语

1292 年即 14 世纪的前夕，意大利的大诗人但丁（A. Dante, 1265–1321）出版了他的新作《新的生活》（*La Vita Nuova*），他兴奋地写信给友人说“几年后（指 1300 年），我一定要看到一种新的生活，一定能看到一种新的生活。你不必问我它是什么模样，它是什么情形，因为我也不甚了然。我只是感觉到，我感觉到它了”。就翻译、翻译学来说，展望未来，情形将很可能像施莱马赫充满诗意的热情比喻和描写的这样：

> Just as our soil itself has probably become richer and more fertile,

> and our climate more lovely and mild after much transplanting of foreign plants, so do we feel that our language,...can only flourish and develop its own perfect power through the most varied contacts with what is foreign. And at the same time our nation seems to be destined, because of its respect for things foreign, and because of its disposition toward mediation, to carry all the treasures of foreign art and scholarship, together with its own, in its language, to unite them into a great historical whole, as it were, which would be kept safe in the center and heart of Europe; so that now, with the help of our language, everyone can enjoy, as purely and perfectly as it is possible for the foreigner, that which the most varied ages have brought forth. This seems indeed the true historical goal of translation on a large scale, as it is now indigenous to us. ⑱

大概可以说，施莱马赫代表了但丁，更代表着全世界世世代代、千千万万个翻译家和翻译理论家的心声：我们为之奋斗的正是建造那个集各民族、各国百花和芳草于一体的世界多元文化的花坛，它陶冶着世界各国读者的心灵，实现了世世代代翻译家和翻译理论家恪守终生的一腔真诚和心愿。

〔注释〕

① 19 世纪末有几位思想很活跃的德文翻译家，他们之中有 J. Keller, Justin Bellanger, Tycho Mommsen, Paul Cauer 和尼采。

② 引自 Edwin Gentzler 著 *Contemporary Translation Theories,* London & NY：Routledge, 1993, pp. 44–45。

③、④转引自 R. Schulte 等编 *Theories of Translation,* Chicago UP, Chicago & London, pp. 78–79; Walter Benjamin 著 *The Task of the Translator*。

⑤引自《人文科学的逻辑》，现代名著译丛，第 16 册，联经出版事业公司，第 159 页。

⑥这类见解时有表现。如童元方著《丹青难写是精神》，将梁实秋和傅东华具体译作之失败归咎于严复。文中罗列了梁、傅翻译中的败笔后说："何以致之？又是严复的三者兼顾的翻译名训把他害了。由这个悲惨的例子，我想严复的理论应该修正了。"将具体译者的某些作品的失败之处"无限上纲"，归咎于某种理论之"害"，这对历史人物不仅是不公平的，而且是反科学的。这也是一种理论幼稚病的表现。该文载于香港中文大学翻译系主持之翻译学术会议论文集《外文中译研究与探讨》，金圣华编，1998 年版，第 241—253 页。

⑦例如 Peter Newmark 所宣扬的保守主张已产生了相当广泛的消极影响。Newmark 的许多基本观点都很值得商榷，甚至是根本不合逻辑的，如"The more important the language of the original or source language text, the more closely it should be translated"云云。参见杨士焯文《彼得 · 纽马克翻译新观念概述》，载《中国翻译》，1998 年第 1 期，第 48—50 页。熟知纽马克的欧陆及美、加译论界看不出杨文所宣扬的纽氏有了什么"新观念"。

⑧引自 Rene Descartes 著 *Discourse on the Method,* ed & trans. by George Heffernan, London: Notre Dame UP, 1994, pp. 130-131。

⑨引自 P. D. Juhl 著 *Interpretation, An Essay in the Philosophy of Literary Criticism,* New Jersey: Princeton UP, 1980, p. 201。

⑩同上，见 pp. 199–200。Juhl 列举了 Wordsworth 诗句的次文本问题。

⑪这是以杜威（John Dewey，1859–1952）为代表的美国实用主义价值观。皮尔士也持这种观点。实用主义价值观认为"行为一效果"实际上是促进事物发展的作用链。

⑫所谓"八备十条"内容如下：

一、诚心爱法，志愿益人，不惮久时（诚心热爱佛法，立志帮助别人，不怕费时长久）；

二、将践觉场，先牢戒足，不染讥恶（品行端正，忠实可信，不惹旁人讥疑）；

三、筌晓三藏，义贯两乘，不苦闇滞（博览经典，通达义旨，不存在暗昧疑难的问题）；

四、旁涉坟史，工缀典词，不过鲁拙（涉猎中国经史，兼善文学，不要过于疏拙）；

五、襟袍平恕，器重虚融，不好专执（度量宽和，虚心求益，不可武断固执）；

六、耽于道术，淡于名利，不欲高炫（深爱道术，淡泊名利，不想出风头）；

七、要识梵言，乃闲正译，不堕彼学（精通梵文，熟悉正确的翻译方法，不失梵文所载的义理）；

八、薄阅苍雅，粗谙篆隶，不昧此文（兼通中国训诂之学，不使译本文字欠准确）。

（以上译义为范文澜先生所译，转引自马祖毅《中国翻译简史》）

十条者：一句韵，二问答，三名义，四经伦，五歌颂，六咒功，七品题，八专业，九字部，十字声。

⑬参见马祖毅著《中国翻译简史》，中国对外翻译出版公司 1984 年版，第 56—57 页。

⑭参见 Edmund Husserl 著 *Logical Investigation*, transl. by J. N. Findlay, Routledge & Kegan Paul, 1990, pp. 27–30。

⑮参见 John Austin 著 *The Meaning of A Word,* 载 T. M. Olshewsky 编 *Problems in the Philosophy of Language,* NY: Holt, Rineheart & Winston, INC, 1969, pp. 162–163。

⑯、⑰、⑱出处同③。

第十章　翻译批评论纲

10.1　翻译批评总论

以下三项基本原则，涉及翻译批评事业的健康发展：

（一）翻译批评应该是积极的、进取的。所谓“积极”，意思是建基并着眼于实事求是的分析、论证，尽可能全面、充分地得出客观的结论；所谓“进取”，意思是具有有助于译者科学地、理性地看待自己的译作（并扩及读者看待翻译），从中获得前进动力的积极作用，而不是相反。

（二）翻译批评的对象是文本、译作；这就是说，应该是“对事不对人”，即针对译作（批评对象）而评，不是针对译者其人。这里的理据是：译作一旦完成，就如同原作一样，是一个客体中的组成部分，批评者成了主体。批评主体应该将译作如实地当作不同的客体组成部分来看待，不应将译者与译作视为“继承关系”。

（三）翻译批评所依据的应当是翻译者“第一手的”、全部（全文性）译作，不应根据转述、转引的间接材料或摘引片断即下结论；如果是根据转译（如原文为法文，译者是从法译英的英文版翻译的）进行批评，则批评者应该加以注明（如“原文为法文”）。

10.2　关于翻译批评的主体

“翻译批评的主体”指批评者，以下简称“批评主体”：

（一）批评主体应该通晓译者之译作所根据的原文。

（二）批评主体应当具有历史观。所谓“历史观”指：

（1）能够以历史的角度看待译者。任何译者都只能在一定的（有限的）、具体的（特定的）条件下进行翻译，即受到其所处时代的人文科学和自然科学发展水平的限制、受到与翻译有关的理论水平的限制、受到传统的因袭观念的限制，受到同时代人的实践水平的影响的限制。不能苛求于前人或今人。“以历史的角度看待译者”包括消极面，也包括积极面。因此所谓“以历史的角度看待译者”既包括“历史的限制”（不足），也包括“历史的推动”（功绩）。

（2）能够以历史的角度看待译作。任何译作都只能产生于某一译者的某一个特定时期：一般可以分为前期、中期、晚期。成熟期的译作与未成熟期的译作可以有很大的差别，批评主体不应忽视这种差别。忽视这种差别，也是苛求于译者。以前期的译作水平来品评某一译者一生的功过是不公平的；同样，以后期的作品来统括前期的作品也是违反历史唯物主义的。

（3）能够从历史的视角悉心地、有区别地分析、甄别某一译者的全部译作，不应以偏盖全就“盖棺论定”；具体地说即悉心地、有区别地分析、甄别“是怎样的功”或“是怎样的过”：不应笼统地归功（咎）于个人，也不应笼统地归功（咎）于历史。

（三）批评主体应当具有**整体观**。所谓“整体观”指：

（1）能够从整体的视角看待译作的遣词用语，以此评判译者对原作词语的理解是否正确无误。这是我们运用阐释学循环圈基本原理的适合例证。首先是词义的确定原则，施莱马赫在《阐释学法则四十四条》的第二条中说，在某一特定的段落中，每个词的意义只有在其联立关系——即共存关系中才能确定[①]，这是意义的基础。然后按循环圈的原理，单词的真正意义只能在其所处的文本整体中才能显现确定，即由整体判定个体。

（2）能够从整体的视角看待文本，以此评判译者对文本的理解是否正确无误。同样，根据阐释学循环圈，文本意义的确定又须取决于构成这一文本的每一个词语的意义，即由全部个体决定整体，而不是以偏概全。

（3）根据（1）及（2）按局部到整体又从整体到局部的反复检验，论证译者对文本意义的把握是否准确无误。但这样还不够，整体性还必须以此为基础加以提升：

> 施莱马赫还把部分与整体的这种释义学循环区分为客观的和主观的两个方面。正如单独的语词归属于语句的整个上下文中一样，单独的文本也归属于一个作者的全部作品的整个上下文中，而这个作者的全部作品又归属于特定的文学流派的整体或文学的整体中。与此同时，同一文本作为某一创造要素的体现，又归属于它的作者内心生活的整体。充分的理解只有在这种客观的与主观的整体中才能产生。
>
> 总之，在施莱马赫看来，理解的运动就是不断地从整体到部分而又从部分返回整体。我们的任务就是要在这个同心圆中扩展这种被理解的意义的统一性。一切细节都与整体相一致就是正确理解的标准[②]。

就文本意义的理解而言，整体性论证显然可以帮助批评主体对译者的译作作出比较符合实际也较公平的判断。

(4) 除意义以外，整体观还应用于表现论，即以整体观照来检验译者对原作的表现质量、效果和水平，而不应执着或拘泥于一词一句一段。可以说，从 (1) 到 (3) 是纵深论证，(4) 则是水平观照，着眼于全局。下面再议。

(四) 批评主体的**现实感**。所谓“现实感”指立足于现实：知其所需、所急，明其所短、所长。何以知之？何以明之？盖出于分析。如果说历史观是历时观照，现实感则是共时分析。对批评主体而言，对译作的共时分析应该涵盖以下的价值观：

(1) 品评译作的社会价值观，也可以说是一种最广泛而积极的社会功利观：译作应该对社会的精神文化建设有益；也就是说，翻译家的社会职责是参与维护社会多元化发展的文化思想取向，也就是伊格尔顿所说的参与“对文本的监管”[③]。孤守象牙塔的翻译可以有自己的天地和读者，但他们也许是孤芳自赏的独白，大抵不是时代的最强音。

(2) 品评译作的共荣价值观，也被称为“人的存在论价值观”。我们维护时代的最强音，但如果没有多音色的和声，最强音也就不复存在了。这是多元社会和多元文化的基本特征。翻译批评家在维护社会功利的同时，也应该容许个人功利的存在，应该容许翻译家坚持许多作家所坚持的所谓“主观性”“主观精神”。西方翻译家恪守萨特所提倡的个人主体性信条，因为翻译归根结底是一种个体性创造，个体性既体现作家的思想意识和价值观，又体现他的艺术观和具体的艺术手法。“文学现实”如此，翻译家和批评家当然也不应漠然视之④。

在任何情况下，批评主体都应该既不背弃“理想的实现”，又不脱离“社会的现实”，应该将自己的理想融汇于广大翻译者的集体中，努力做好他们的知心人和引路人。

（五）批评主体的**责任感**。所谓批评者的责任感上文已经涉及，今综合述之：

（1）翻译的批评者是文本价值的“监管者”；

（2）翻译的批评者是译者的知心人和“引路人”；

（3）翻译的批评者还应该是翻译理论家或理论家与翻译家之间的桥梁，在最积极的意义上说，也是翻译理论的完善者、参与构建者。毋庸置疑，批评主体有个人的理论原则和理论主张，但他也可能只是某种理论流派或主张的拥护者。翻译批评家的责任虽然不在于他应如何着力去发展理论，但他却具有最佳条件去阐释某种理论、发扬某种理论。因此，翻译批评家的职责是三重的：①对翻译实践的批评和引导；②对翻译理论的阐发；③对翻译理论的客观审视并参与构建。

（4）翻译批评家的多重身份使他被人们期望为译坛风范的体现者。

（六）融以上四点——历史观、整体观、现实感、责任感——而论之，翻译批评家必须具有“有容乃大”的兼容精神，这是新世纪文化多元化、多中心化的基本趋势。翻译批评家千万不要让自己滋长宗派感情、偏狭心理、“小圈子”义气，更不要耍“顺我者赞之，逆我者鞭之”那一套“刀笔吏”令人厌弃的旧“功夫”。翻译批评家应该捍卫译坛的正气，抵制、洗涤一切旧世纪的庸俗作风。翻译批评家应该勤于学习新观念、新理论，敏于察觉新思潮、新趋向，宽于看待新事物，勤于培育新幼苗。可以说，翻译批评的水平、深度和质量在很大程度上取决于批评主体的素质及其职责的充分发挥。

10.3 关于批评的标准

传统译论中的翻译批评存在许多问题。主要问题是观念比较陈旧、个人随感性强、科学性较差以及标准概念模糊。“翻译批评的标准”（criteria of good translation）通常是指从全局着眼设定的价值标准系统；因为翻译有许多层面的问题，每一个层面又有许多对立统一关系。在本章中，我们不拟逐层逐项地对翻译的价值标准系统进行全面剖析，只拟针对新的发展，谈几个比较重要的问题，希望能摒弃旧观念，树立关于翻译标准问题的新观念。

一、放宽“信”（faithfulness）的尺度

一谈到翻译标准就必然人人都要谈到“信”或曰“忠于原文”。很显然，绝对地忠于原文只是一种理想。本书在第六章（6.2.2.1）中讨论指称时谈到，仅“glass”一词就可能至少指二十五种“杯子”。除非原作者使用这个词时附有具体的摹状词，否则将“glass”译成“杯子”时，“信”明显是相对的⑤。这是就语际转换而言，语内意指也是如此。宋代岳飞的“爱国心”与今天中国人所说的“爱国心”有很大的、可以说是根本的差异。如果诉诸翻译，却只能统统译成“patriotism”。可见所谓“信”的相对性正如同水的纯净度一样，都不可能是绝对的：相对性是世间一切事物的普遍规律和特征。

将“信”的标准绝对化对翻译造成的直接后果是不顾相对所指，即“字字对译”（在中国翻译史上则是“质”），其不良影响在西方和中国都有。这份消极的历史遗产直至今天都有很顽强的表现，应该在21世纪大体清除。

翻译批评家应该时刻记住语言哲学家们的忠告，意义永远伴随意向性，表现式是“意义”与在特定情景下的“意向”之总和的外化式：“Open（open）the door”所伴随的意向可以是——

(a) 行动示范：大家看着：这样做，就叫“开门”。

(b) 请求：“开开门吧！”

(c) 命令："快开门！"

(d) 建议："把门打开，怎么样？"

(e) 描写或叙述中的行为环节：……，打开了门，……

可见，**意义的意向性是一个随机性很强的、微妙的变数**，它是相对的，要求译者**变通**而不是执着、拘守和刻板：例如，以上的（e）就可以一直变化下去到（x）、（y）、（z）。翻译批评家在品评译作时，应该多多注意译者在特定情景下怎样把握"意义与意向之总和"及外化转换成译语时所表现出的慧眼慧心，批评家应该笔下留"情"，不要错将译者的"用心良苦"看作"天马行空"——只是根据一个表面上的"不信"！

二、提高形式运筹在翻译价值观中的地位

我们要看到形式既具有本体论意义，又具有认识论意义。翻译批评中不应轻视译者在形式运筹方面的努力，而应加以鼓励和引导。

三、提高"译语文本可接受性"（TLT Receptability）在翻译价值观中的地位

译语文本是不是达到译语读者可接受的水平？这应该是一个很重要的标准，但传统的翻译观对此不够重视。这是造成译文质量差的原因之一。其实西方古代的翻译家都很重视"目的读者"（target readers，以下简称TR），但由于历史条件的限制，传统译论倾向于一种非此即彼的对立态度，即要么倾向于 TR 而忽视原文作者；要么倾向于原文作者，而忽视 TR：

> Schleiermacher incoporated Goethe's insight into the translation process and added his now-famous comments on the relationship between reader-translator-author. "Either the translator leaves the writer alone as much as possible and moves the reader toward the writer, or he leaves the reader." These ideas and attitudes are later taken up by Walter Benjamin and J. O. Gasset. ⑥

新的翻译观所要求于译者的不是这种"非此即彼"的对立态度，而是尽一切可能调节二者的进取态度：实际上是从两个方面作出"提高"以消除对立状态，其一是提升 TR 的积极态度，也就是严于要求读者，使之提高自身的语文素养和领悟能力，这正是翻译作为教育手段的职能；其二是提升译者的积极态度，也就是严于要求译者，使之面对困局（如原文艰深、条理性欠佳、脱漏很多、意义晦涩等等）而能除危解困，化滞消塞，积极地充当了原文与 TR 之间的桥梁。有人可能反驳说，这不等于篡改了原文？我们的回答是：这里有一个前提：原文总体上可取（commendable），如果不可取，就根本不必翻译。我们应该既对 TR 负责，又对原文作者负责，不应"以讹传讹"。这正是新翻译观要求于译者的社会责任感和理性分析态度。

四、提高翻译所起的社会功效（效益）在翻译价值观中的地位

上节所述其实也是社会功效（或效益）的一部分：读者是社会的读者。翻译应有助于读者语文阅读能力、审美判断力以及总体的心智水平和知识水平的提高。

从更广泛的意义上来说，翻译对社会文化的丰富和多样化起着不可忽视的作用。因此翻译批评宜采取积极鼓励、广泛包容的原则立场，鼓励有益于社会的译作出版，鼓励原文名著的多种译文出版。在社会资源许可的条件下，名著或有代表性著作的多种译文版本，不仅是正常的现象，而且是令人鼓舞的良性竞赛，理应得到翻译批评家的鼓励和扶持，不宜动辄斥之为"滥译现象"。

五、认清翻译标准的相对性、非恒定性

对于翻译没有恒定守常的标准这一事实有清楚的认识是至关紧要的。世界上不存在永恒不变的翻译标准。个中原因非常复杂，主要涉及以下五个方面：

（一）语言是发展的。每一个时代都处在某一语言发展的特定阶段，因此文风时尚各时代不同。严复时代的文风时尚以"先秦笔韵"为楷模，胡适时代已崇尚白话文。今天的汉语文风时尚以清欣畅达为特色。胡适时代的白话文今天看来已不复视为畅达。

（二）意义也是发展的。语义演变（增生、废弃、转化等等）属于恒常现象，可使词汇处在不断变化中。理雅各翻译《易经》时的许多词今天已不流行于英语。因此释义理据和标准也必须随之修正，促其应变。

（三）审美观是发展的。汉赋的美至唐宋几成陈迹，代之而起的是韩欧雄健的散文，因此批评主体的审美意识、审美水平和审美标准不可能独立于时代之外成为无本之木。盛唐时代，国力遒劲，文风以雄健为美，汉赋就缺乏这个“本”。

（四）“目的读者群”（target readership）是一个边界十分模糊的“集合”。例如严复译作的“目的读者群体”是清末的“士大夫”，但“士大夫”究竟涵盖受过多少或受过哪一种教育的人？译者只有一个大体的概念。一般说来，译者心目中有一个基本读者群体。实际上目的读者是一个多层级的群体。例如电影和电视节目所要求的读者接受要比一般报章宽泛得多。同样是科技文体，科普科技文体与科技论文体二者的读者接受标准就必须有所区别。“读者接受”的层级性使翻译标准具有很明显的相对性。

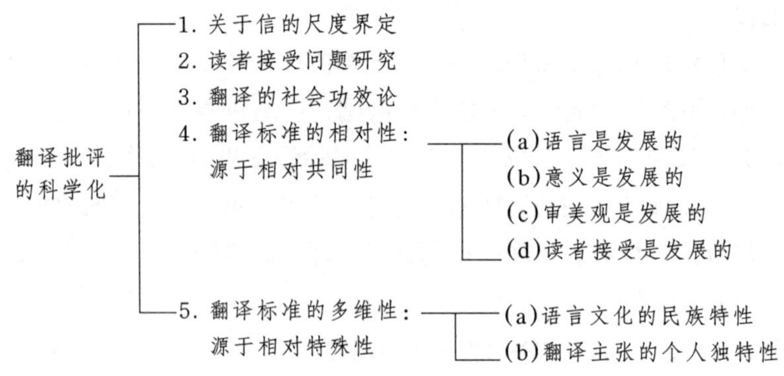

图 10-1 翻译标准的科学化研究

（五）翻译批评标准的多维化、多重化。除了以上说的共同性以外，翻译标准还有两个绝对不可忽视的独特性：一是语言文化的独特性；二是因人而异的个性。这样就必然导致批评标准的多维化、多重化，强求统一是徒然的。大趋势只能是求大同、存小异。双声叠韵及复叠（如“寻寻觅觅，冷冷清清，凄凄惨惨戚戚”）在汉语中是美，而在英语中的复叠则无所谓美（如“a cold cold winter”只是加强语气，大抵不属于美的范畴）。翻译标准因人而异的例子莫过于杰罗姆（主张 TL 对 SL 的“征服”）与昆蒂良（主张

“调和”)。以上五点即传统译论中所谓“达”和“雅”所涵盖的问题。用科学的价值观对翻译标准加以审视，是翻译批评家和理论家为开拓未来，使翻译科学化摆脱印象化和随感性必须研究的课题。

10.4 关于翻译批评的对象

所谓“批评的对象”不是指译者，而是指译文，批评即品评译文。品评译文是翻译批评的主体性活动和基本内容。翻译批评的重点是：

一、文本理解问题：反对印象性批评的基本依据

批评主体必须首先以文本为依据、其次以互文性为依据进行文本理解分析，确定译者对以下方面的把握，其中包括：

(a) 意义把握——指全部意义（内涵意义、外延意义及意向透析）。

(b) 心理把握——指文本中蕴含的潜意识（即所谓次文本问题），应把握原作者的心理轨迹，并跟踪其发展变化。

(c) 文化把握——指文本的文化表层色调及文化深层（纵深）含义，并应以此为依据对意义进行文化诠译。

(d) 审美把握——指文本中的艺术表现手段及总体的行文风格。

以上四个方面的分析工作是文本理解分析的主要任务，这个任务之是否成功地完成，在很大的程度上决定批评主体的翻译批评的质量（准确度及深度)。为此，批评主体对每一项“把握”还必须进行尽可能具体入微的分析。下面我们以“意义的准确把握”为例，分解“意义把握”的途径。

从以下分解式可以看到，意向对意义的参与始自句子：我们大抵可以从句子成分的分布形式析出意向的显示，至（5）及（6）的表现式即可完全显现出意义及意向，这时符合逻辑的意义把握才算基本完成。

批评主体对文本的理解是翻译批评的基础，也是批评主体拥有发言权的依据。实际上，反对印象性批评正是从这一步脚踏实地做起的。这应该是翻译批评家的座右铭。

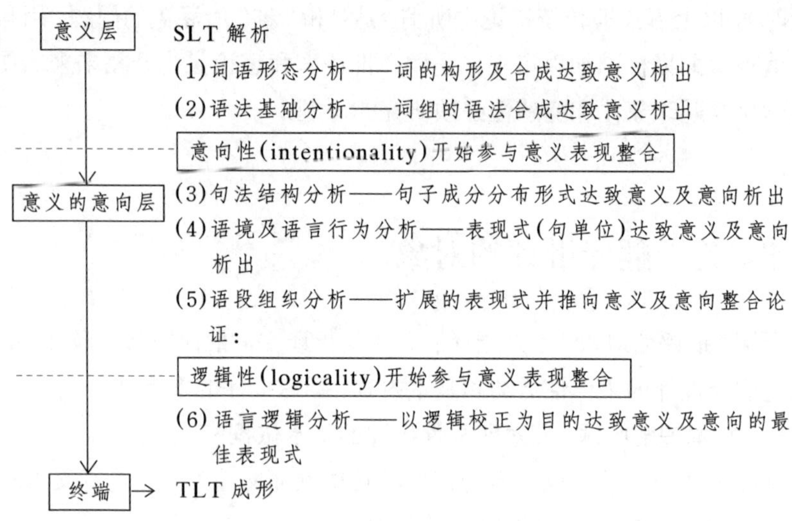

图 10-2　意义把握的语言分解层次

二、文本的多样性阐释

但是，对文本的语言的分解常常达致对文本意义的多样化理解。这时批评主体应该看到：

(a) 意义析出的彻底程度和准确性常常因人而异；
(b)“前理解”结构常常因人而异；
(c) 意向判断及意义与意向整合的方式常常因人而异；
(d) 互文参照的范围及基本立足点常常因人而异；
(e) 逻辑判断力常常因人而异；
(f) 审美判断及审美表现力常常因人而异。

因此，文本理解的多样性是必然的。可以说，对比较复杂、意蕴比较深刻的文本而言，在理解上人人如出一辙是罕见的，甚至是不可能的现象。翻译批评应该鼓励文本的多样性表现。事物往往有比较才有发展。

三、“对应表现”(“equivalent representation”) 的层级性

上面我们谈过所谓“忠于原文”给翻译带来的困扰。令人困扰的原因之一是译者、评论者都将批评对象一视同仁，缺乏对批评对象的层级级差分析。不同题材、体裁的原文文本要求对应表现的“对应程度”（degree of equivalence）是有级差的。文艺性强的作品与纪实性强的作品二者之间的形式对应级差可以很大。公文、合同、契约之类的文体应该而且几乎是可以直译的。而且，即便是文艺作品，描述性强（highly descriptive）的作品与意象性强（highly imaginative）的作品之间形成的对应级差也很明显。下面举两个译例，合第二、三节而论之：第二节谈的是“文本理解—表现”的多样性；第三节谈的是形式对应级差问题。例一属于描述性强的诗；例二属于意象性强的诗。诗的作者都是叶芝（William Butler Yeats, 1865–1939）。两位译者在文本处理上各有千秋：

［例一］

Lullaby
Sleep, beloved, such a sleep
As did that wild Tristram know
When, the potion's work being done,
Roc could run or doe could leap
Under oak and beechen bough,
Roe could leap or doe could run;⑦

［译一］

睡，我爱，睡一个像
狂荡的特利斯坦明白的
那种睡，当爱底灵药生效，
小麀在奔跑牝鹿在跳跃
在橡树和山毛榉的枝芽下，
小麀在跳跃牝鹿在奔跑；

[译二]

摇篮曲

睡吧，心爱的人，当爱的灵丹催你安眠
连狂野的特利斯特朗也沉入酣睡的恬静……
雄鹿在奔跑，
母鹿在欢腾。
在橡树和毛榉之荫下，
雄鹿在奔跑，母鹿在欢腾；

[例二]

To Some I Have Talked with by the Fire

While I wrought out these fitful Danaan rhymes,
My heart would brim with dreams about the times
When we bent down above the fading coals
And talked of the dark folk who live in souls
Of passionate men, like bats in the dead trees;
And of the wayward twilight companies
Who sigh with mingled sorrow and content,
Because their blossoming dreams have never bent
Under the fruit of evil and of good:
And of the embattled flaming multitude
Who rise, wing above wing, flame above flame,
And, like a storm, cry the Ineffable Name,
And with the clashing of their sword-blades make
A rapturous music, till the morning break
And the white hush end all but the loud beat
Of their long wings, the flash of their white feet. ⑧

[译一]

其时我殚力制作这合宜的丹黯歌体

心中犹洋溢着一些曩昔之梦，关于——
当我们俯身面对渐熄灭的炭火
且谈论阴沉的众生，彼等生存于
激情人物的灵魂，如蝙蝠于枯树；
以及那率性于残余暮色的群体
如何放声叹息，表达一种忧郁和得意
因为他们开花的梦从来不必
在罪恶的果实或善良的，前面屈曲；
以及那战志森严的火焰阵容
一一升高，翼叠翼，光覆光，
并且，声似暴风雨，呼天主之名，
并且以剑锋交击，大作
狂欢至喜的音乐，直到黎明破晓，
始见洁白的安宁将四方绥靖，但闻
长翼大声展舞，而足踝洁白发光。

［译二］

寄语炉边谈话的友人

我反复吟哦这怡人的“丹安”歌韵，
我的心荡漾在往昔的冥冥梦境，
我们俯身凝视那行将熄灭的炉火……
谈论着惨淡黯然的芸芸众生：
他们活在满怀激情的人们的心中，
像蝙蝠，悬栖于凋树枯藤……
谈论着那暮霭沉沉中的生灵，
他们在叹息，混和着满足和悲愤，
因为他们的梦幻之花，
在善的与恶的果实之下从未凋零……
谈论着怒火中烧的迎战的百姓，
在硝烟腾腾、烈焰阵阵中屹立，

如暴风骤雨，呼唤天主之名。
刀光剑影中的铿锵击搏，
是狂欢的凯旋之乐，鸣奏到天明。
于是圣洁的静谧普降四方，
只余下他们展翅前驱的倩影[9]。

批评家要做的首先是表层意义的层级分解工作，然后析出引致文本理解差异及表现式差异的深层因素。这样做对译者才有裨益。这一切都不是印象性批评所能解决问题的。

10.5 关于翻译批评的方法

翻译批评不同于文学批评，但翻译批评又不能不借鉴文学批评。传统的文学批评方法一般局限于传统文艺美学的范畴，往往执着于对作品的内容（作家知、情、志）的品评。在方法论上则通常是自省式的。当代文艺批评方法论上有很大的改善。韦勒克曾经就此作了如下按流派而论的概论：

> 文学批评中的新潮流，当然也是植根于历史，既不是前无古人，也不是完全独创；不过我们仍然可以在过去半个世纪的批评中区分出至少六种新的基本潮流：一、马克思主义文学批评；二、精神分析批评；三、语言学与风格批评；四、一种新的有机形式主义；五、以文化人类学成果与荣格学说为基础的神话批评；以及六、由存在主义或类似的世界观激发起来的一种新的哲学批评……[10]

可见文学批评的新潮流与文学自身的发展关系至深。新潮流接踵而至，此起彼伏，于是作家（也在相当大的程度上影响了中国作家）纷纷按照新潮文学模式写作。我们作翻译批评的时候就不能漠然视之。这个道理犹如“解铃还需系铃人”，批评者得了解而且本着作家是按什么文学理论模式写的，才好按这个模式的理论原则，进行批评，避免“牛头”不对“马嘴”，或根本不知道作家葫芦里卖的是什么药而妄下断语。

当代西方文学批评在方法论上出现很明显的所谓“嬗变”，实质上是许多文论先驱及美学家的着意改革。首先是形式实体化。他们往往按人们观察事物的一般程序，先“聚光”于作品的形式而暂时抽去内容或实质（按胡塞尔的说法是先用括号括住，“存而不论”），以便提升形式的价值、显示形式的意义。由于形式意义被提升，形式就具有了本体论价值（ontological value）。这样，批评学就提醒读者“已经不能忽视形式本身的意义”了：形式总是蕴含着本体价值。这一观念上的改变实际早已有文学现实和人类文明形式的进展佐证。柳永的入声韵作品大抵蕴含“凄切情”；而激光色彩的多维变幻则大大增进了人类对“色”的美感和知识。这样就将形式动态化而将内容泛化了。对轻视形式价值的旧观念而言，这是一项意义深远的变革。其次是关于权力（power）和权威（authority）的观念。核心问题是所谓权力和权威转移或“重建”，矛头指向三个旧权力核心或权威：一是传统（以及批评家赖以建立的权威的批评标准，包括成规、定规、程式、形式规范等等），二是圣贤崇拜或英雄崇拜，以及一切的盲目崇拜；三是艺术精英对艺术平民的生杀大权，扩及典籍文本的“无谬论”（infallibility）（“无谬论”也常被列入第二项）。从以上矛头所指来分析，所谓权力和权威指的是传统文艺观中的批评家及文本卫道士，权力及权威的收受者则是“批评平民”及“艺术平民”。

倡导“权力和权威转移”的当代各派文艺批评先驱的以下见解是不可忽视的：反旧权力和旧权威的文艺作品的“读者预期”历数十年而魅力不减（如 James Joyce 的 *Ulysses*，一反旧文本的一切特色），可见对文本的因袭之见必须彻底破除（范例是德里达的解构策略，以消解结构为手段以便在结构的废墟上重拾意义）。另外，旧权力和权威的消除、转移可以有利于各种学科之间的广泛借鉴：例如斯特劳森可以用结构主义来分析人类学，破除了传统人类学的权威。翻译批评可以引以为鉴的是：既然许多文学作品采取各种理论模式来进行创作，那么批评这些作品就不能不“以子之矛，攻子之盾”了。当代文学批评崇尚所谓“非整体化”“非中心化”的积极面也在这里：批评家不要试图借助于某种“主义”来剖析作品，而应该采取“一对一”“以某一对某一”的“各个击破”的分散策略来分析作品的“思维碎片”“创意片断”，不必幻想建立虚无的文学批评“大厦”或“丰碑”。就此而论，钱锺书有一段论述可供我们的翻译批评界参考：

> 许多严密周全的思想和哲学系统经不起时间的推排销蚀，在整体上都塌垮了，但是它们的一些个别的见解还为后世所采取而未失去时效……往往整个理论系统剩下来的有价值的东西只是一些片段思想……眼里只有长篇大论，瞧不起片言只语，甚至陶醉于数量，重视废话一吨，轻视微言一克，那是浅薄庸俗的看法——假使不是懒惰粗浮的借口。⑪

这中间含蕴的哲理是：这是一个变革的时代，人所处的社会经济形态和结构正在发生量变，人所从事的科技和社会建设事业正在发生量变，人所赖以付诸行动的思想和思维运作机制正在发生量变。旧事物的消融就意味着新事物的胎动。种种变革将深刻地检视20世纪的历程：21世纪将由此应运而生！

让我们高屋建瓴，以顺应时代不断变化的“高视角”来看人类世界，看人类多元文化的发展远景，看我们的翻译事业，看翻译批评具有无限生机的发展前程！

〔注释〕

①、②参见涂纪亮著《现代西方语言哲学比较研究》，中国社会科学出版社1996年版，第545页、第546页。

③参见 Terry Eagleton 著 *Literary Theory: An Introduction*, Basil Blackwell, 1983, p. 130。

④参见冯景源著《西方价值观透视》，人民大学出版社1993年版，第147页。

⑤有时，即便加以摹状词，“杯子”的实际所指仍然是一个未知数。如“夜光杯”，加上“夜光”以后，“杯子”的所指范围大大缩小了，但仍有方的、圆的、高的、矮的、玉的、水晶的等等不同种类的“夜光杯”；元、明、清各代都有典型的夜光杯。

"葡萄美酒夜光杯"中的夜光杯究竟是指哪一种，仍不能确定。所以所谓"信"永远是相对的。另参见赵元任著《论翻译中信、达、雅的信的幅度》，载刘靖之编《翻译论集》，三联书店 1981 年版，第 48—63 页。

⑥引自 R. Schutle & J. Biguenet 编 *Theories of Translation*, Chicago UP, 1992, Introduction, p. 6。

⑦一般而言，爱尔兰的催眠曲多属于小故事性叙事体，其中的描写性文字也比较简单、清澈。

⑧、⑨所谓"Danaan"体诗的韵式是 aa, bb, cc, dd, ee, ff, gg, hh，译诗时最好做到大体押韵，这个问题有争议性。中国诗学有"韵合情高"的传统，就是赋予形式以意义。这一点与当代西方新批评主义和形式主义理论有吻合之处。

⑩原文缺如。转引自韦勒克著《批评的诸种概念》，中译本，四川文艺出版社 1988 年版，第 327—328 页。

⑪引自钱锺书著《七缀集》，上海古籍出版社 1985 年版，第 29—30 页。

中文参考书目

涂纪亮，《现代西方语言哲学比较研究》，北京：中国社会科学出版社 1996 年版。

涂纪亮，《分析哲学及其在美国的发展》，上、下册，北京：中国社会科学出版社 1987 年版。

涂纪亮等，《当代西方著名哲学家评传》，第一卷，语言哲学，济南：山东人民出版社 1996 年版。

周昌忠，《西方现代语言哲学》，上海：上海人民出版社 1992 年版。

徐友渔等，《语言与哲学》，北京：三联书店 1996 年版。

彭越、陈立胜，《西方哲学初步》，广州：广东人民出版社 1996 年版。

李武林等，《欧洲哲学范畴简史》，济南：山东人民出版社 1987 年版。

谢龙等，《现代哲学观念》，北京：北京大学出版社 1990 年版。

齐振海等，《哲学中的主体和客体问题》，北京：中国人民大学出版社 1992 年版。

冯棉等，《现代逻辑与逻辑比较研究》，上海：开明出版社 1992 年版。

周礼全，《逻辑——正确思维和有效交际的理论》，北京：人民出版社 1993 年版。

邹崇理，《逻辑，语言和蒙太格语法》，北京：社会科学出版社 1995 年版。

郑文辉，《欧美逻辑学说史》，广州：中山大学出版社 1994 年版。

马新国，《西方文论史》，北京：高等教育出版社 1996 年版。

孙叔平，《中国哲学史稿》，上海：上海人民出版社 1991 年版。

肖莲父等，《中国哲学史》，北京：人民出版社 1994 年版。

丁崇贞，《理则学》，台北：华视出版社 1986 年版。

王星拱，《科学方法论》，台北：水牛出版社 1985 年版。

牟宗三，《理则学》，台北：正中书局 1980 年版。

李天命，《语理分析的思考方法》，香港：青年书屋 1981 年版。

林正弘，《逻辑》，台北：三民书局 1970 年版。

林玉体，《逻辑》，台北：三民书局 1984 年版。

柴熙，《哲学逻辑》，台北：商务印书馆 1972 年版。

徐道邻，《语意学概要》，香港：友联出版社 1956 年版。

殷海光，《逻辑新引》，台北：亚洲出版社 1974 年版。

殷海光，《思想与方法》，台北：大林出版社 1986 年版。

殷海光，《如何辨别是非》，台北：传记文学出版社 1978 年版。

邬昆如等，《理则学》，台北：黎明出版公司 1982 年版。

杨惠南，《逻辑引论》，台北：先知出版社 1976 年版。

钱志纯，《理则学》，台北：辅大出版社 1986 年版。

黄宣范，《语言哲学——意义与指涉理论的研究》，台北：文鹤出版公司 1983 年版。

刘增福，《逻辑思考》，台北：狮谷出版社 1984 年版。

刘增福，《逻辑与设基法》，台北：东大图书公司 1982 年版。

刘增福，《语言哲学》，台北：东大图书公司 1988 年版。

台大理则学教学委员会编著，《理则学新论》，台北：正中书局 1989 年版。

英文参考书目

Anscombe, G. E. M. *An Introduction to Wittgenstein's Tractatus,* London: Hutchinson, 1959; Harper Torch Book, 1963.

Austin, J. L. *Philosophical Papers,* Oxford: University Press, 1961.

——*How to Do Things with Words,* Oxford: Clarendon Press, 1962.

——*Sense and Sensibilia,* Oxford: Clarendon Press, 1962.

Ayer, A. J. *Language, Truth and Logic,* London: V. Gollancz, Ltd., 1930.

——*The Foundations of Empirical Knowledge,* London: Macmillan, 1940.

——*The Problem of Knowledge,* London: Macmillan,1956.

——*Bertrand Russell,* New York: The Viking Press, 1972.

——*The Central Questions of Philosophy,* Penguin Books Ltd., 1973.

Barker, S. F. *The Elements of Logic*, New York：McGraw Hill, 1965.

Barthes, R. *Systeme de la Mode,* Paris: Editions du Seuil, 1967.

——The Rustle of Language, New York: Hill and Wang, 1986.

Black, Max. "Some Problems Connected with Language," *Proceedings of the Aristotelian Society*, N. S., vol. 39, 1939, pp. 43–68.

——*Translations from the Philosophical Writings of Gottlob Frege,* Oxford: Basil Blackwell, 1960.

——*A Companion to Wittgenstein's Tractatus,* Ithaca: Comell Up, 1964.

Blanshard, B. *The Nature of Thought*, London：G. Allen & Unwin, 1939.

——*Reason and Analysis,* London: G. Allen & Unwin, 1962.

——*Reason and Belief,* London: G. Allen & Unwin, 1975.

Bloomfield. L. *On Language*, 1933.

Bochenski, I. M. *A History of Formal Logic,* Notre Dame, 1961.

Bogen, James, *Wittgenstein's Philosophy of Language,* New York: Humanities Press, 1972.

Borstein, Diane D. *An Introduction to Transformational Gramma,* Winthrop Publishers, Inc., 1977.

Bradley, R; Swartz, N. *Possible Worlds: an Introduction to Logic and Its Philosophy,* Hackett Publishing Company, Inc., 1979.

Burge, Charles Tyler. *Truth and Some Referential Devices*, University Microfilms A Xerox Co., Ann Arbor, Michigan, 1971.

——"Sinning Against Frege," *Philosophical Review,* Vol., LXXXVIII, 1979. pp. 398-432.

Carnap, R. *Testability and Meaning*, 1937.

——*Introduction to Semantics,* Cambridge, Mass.: Harvard UP, 1942.

——*Meaning and Necessity,* Chicago: U of Chicago Press, 1947.

Carney, James D; Fitch, G. W. "Can Russell Avoid Frege's Sense?" *Mind*, LXXXVIII, No. 351, 1979.

Caton, Charles E. *Philosophy and Ordinary Language,* University of Illinois Press, 1963.

Chomsky, N. *Syntactic Structures,* The Hague: Mouton, 1957.

——*Aspects of the Theory of Syntax,* Cambridge, Mass.: M. I.T. Press, 1965.

Church, Alonzo, "Logic," *Encyclopaedia Britannica*, 1956.

——"Propositions and Sentences," *The Problem of Universals,* Notre Dame, Indiana: University of Notre Dame Press, 1956.

Copi I. M. *Essays on Wittgenstein's Tractatus,*ed. R. W. Beard, New York: Macmillan, 1966.

Culler, J. *Theory and Criticism after Structuralism,* Ithaca: Cornell UP, 1982.

Devidson, D. *Essays on Actions and Events,* Oxford: Clarendon Press, 1980.

——*Inquiries into Truth and Interpretation,* Oxford: Clarendon Press, 1984.

Derrida, J. *De la grammatologie,* Paris: Editions Minuit, 1967.

——*Marges de la philosophie*, Paris: Editions Minuit, 1972.

——*Writing and Difference*, Chicago: U of Chicago Press, 1978.

Dewey, J. *Experience and Nature,* Chicago: Open Court Publishing, 1925.

——*Quest for Certainty,* New York: Minton, 1929.

——*Logic: The Theory of Inquiry,* New York: Holt, 1938.

——*Knowing and the Known,* Boston: Beacon Press, 1949.

Dilthey, W. *Systematische Philosophie*, Berlin: Leipzig, B. G. Teubner, 1908.

——*The Essence of Philosophy,* Chapel Hill: U of North Caroline Press, 1954.

Donnellan, Keith S. "Reference and Definite Descriptions," *Philosophical Review*, LXXV, No. 3, 1966, pp. 281 — 304.

Dummett, M. "Gottlob Frege," *The Encyclopaedia of Philosophy,* ed, P.Edwards, 1967.

——*Frege: Philosophy of Language,* Harper & Row, 1973.

——*Truth and Other Enigmas,* Cambridge: Harvard UP, Fales, Evan, 1978.

——"Definite Descriptions as Designators," *Mind,* LXXXV, No. 338, 1976.

Fann, K. T. *Wittgenstein's Conception of Philosophy,* University of California Press, 1969.

——*Symposium on J. L. Austin*, New York: Humanities Press, 1969.

Foucault, M. *Les mots et les choses,* Paris: Gallimard, 1966.

——*The Archaeology of Knowledge,* New York: Pantheon Books, 1972.

——*The Foucault Reader,* ed. by P. Rabinow, New York: Pantheon Books, 1984.

Finch, H. L. R. *Wittgenstein—The Early Philosophy,* New York: Humanities Press, 1971.

Findlay, J. N. "Use, Usage and Meaning," *Proceeding of the Aristotelian Society,* supp. vol. 35, 1961.

Frege, G. (1892): "On Sense and Reference", ed. M. Black and P. Geach, *Translations from the Philosophical Writings of Gottlob Frege,* Oxford: Basil Blackwell, 1960.

——*Translations from the Philosophical Writings of Gottlob Frege,* ed. Oxford: Max Black and Peter Ceach Blackwell, 1966.

Gadamer, H. G. *Wahrheit und Methode,* Tubingen, Mohr, 1965.

——*Philosophical Hermeneutics,* Berkeley: U of California Press, 1976.

——*Reason in the Age of Science,* Cambridge, Mass.: MIT Press, 1981.

Goodman, N. *The Structure of Appearance,* Cambridge, Mass.: Harvand UP, 1951.

——*Fact, Fiction, and Forecast,* Cambridge, Mass.: Harvand UP, 1955.

——*Ways of Worldmaking,* Hassocks, Sussex: Harvester Press, 1978.

Hanish, R. M. *Basic Topics in the Philosophy of Language,* NY: Harvester, 1977.

Heidegger, M. *Being and Time,* New York: Harper, 1962.

——*Poetry, Language, Thought,* New York: Harper & Row, 1971.

——*On the Way to Language,* New York: Harper & Row, 1971.

Hempel, C. G. *Der Typusbegriff in Lighte der neuen Logik*, 1936.

——*Fundamentals of Concept Formation in Empirical Science,* Chicago: U of Chicago Press, 1952.

——*Aspects of Scientific Explanation,* New York: Free Press, 1965.

Hirsch, E. D. Jr. *Validity in Interpretation,* New Haven: Yale UP, 1967.

——*The Aims of Interpretation,* Chicago: U of Chicago Press, 1976.

Hjelmslev, L. *Principes de grammaire generale*, 1928.

——*Langue et parole*, 1942.

——*Prolegomene to a Theory of Language,* Madison: U of Wisconsin Press, 1953.

Humboldt, W. V. *Uber die Verschiedenheit des menschlichen Sprachbaues und ihren Einfluss auf die geistige Entwickelung des Menschengeschlechts,* Darmstadt: Claassen & Roether, 1936.

——*On Language,* New York: Cambridge UP, 1988.

Husserl, E. *Logical Investigations,* London: Routledge and K. Paul, 1970.

——*Ideen zu einer Reinen Phanomenologie und Phanomenologischen Philoso-*

phie, Halle a. d. S., M. Niemeyer, 1950.

——*The Crisis of European Sciences and Transcendental Philosophy,* Evanston: Northwestern UP, 1970.

Jacobson, R. *Preliminaries to Speech Analysis,* Cambridge: Acoustics Lab., MIT, 1952.

——*Fundamentals of Language,* The Hague: Mouton, 1971.

James, W. *Pragmatism*, 1907.

——*The Meaning of Truth,* New York: Longmans, Green, and Co., 1909.

——*Essays on Radical Empiricism,* New York: Longmans, Green, and Co., 1922.

Katz, J. *Semantic Theory,* New York: Harper & Row, 1972.

——*The Philosophy of Linguistics*, 1985.

Kripke, S. *Identity and Necessity*, 1971.

——*Naming and Necessity,* Cambridge, Mass.: Harvard UP, 1972.

——*Outline of a Theory of Truth*, 1975.

——*Speaker's Reference and Semantic Reference*, 1977.

——*Wittgenstein on Rules and Private Language,* Cambridge, Mass.: Harvand UP, 1982.

Lacan, J. *The Language of the Self,* Baltimore: Johns Hopkins Press, 1968.

——*Ecrits: A Selection,* W. W. Norton, 1977.

Lazerowitz, Morris. "Tautologies and the Matrix Method," *Mind*, vol. XLVI, No.182, 1937.

Leech, Geoffrey. *Semantics,* England: Penguin Books Ltd., 1974.

Levi-Strauss, C. *Anthropologie stracturale,* Paris: Plon, 1958.

——*Le pensée sauvage*, 1962.

——*Mythologiques*, 1964.

Lewis, C. I. *Mind and the World Order,* New York: Dover Publication, 1929.

——*An Analysis of Knowledge and Valuation*, 1946.

——*Value and Imperatives,* Stanford, Calif.: Stanford UP, 1969.

Linsky, L. *Names and Descriptions*, Chicago: U of Chicago Press, 1977.

——"Reference and Referent," in C. Caton (ed.), *Philosophy of Ordinary Language*, 1963.

——*Modern British Philosophy,* Paladin, 1973.

Lyons, John. *Semantics,* Cambridge University Press, 1977.

Martinich, Aloysius P. "Russell, Frege and thc Puzzles of Denoting," *International Studies in Philosophy,* VII, Forino, Halia, 1975.

Meinong, A. *On Assumptions,* Berkcley: U of California Press, 1983.

Merleau-Ponty, M. *Les aventure de la dialectique,* Paris: Gallimard, 1955.

——*Signes,* Paris: Gallimard, 1960.

——*Le visible et l'invisible*, Paris: Gallimard, 1964.

Mill, J. S. *A System of Logic,* New York and London: Harper & Brothers, 1919.

Mohanty, J. N. *Husserl's Theory of Meaning,* The Hague: M. Nijhoff, 1964.

——*The Concept of Intentionality,* St. Louis: W. H. Green, 1972.

——*Husserl and Frege,* Bloomingtom: Indiana UP, 1982.

Moore, G. E. *Philosophical Studies,* London: Routledge, 1922.

——*Some Main Problems of Philosophy*, London: Allen & Unwin, 1953.

——*Philosophical Papers*, London: Allen and Unwin, 1959.

Morris, C. *Foundations of the Theory of Signs,* Chicago: U of Chicago Press, 1938.

——*Signs, Language, and Behavior,* New York: Prentice Hall, 1946.

——*Signification and Significance,* Cambridge, Mass.: MIT Press, 1964.

Olshewsky, T. M. *Problems in the Philosophy of Language,* NY: Holt, Rinehart and Winston, 1969.

Peirce, C. S. *The Essential Writings,* ed. by E. C. Moore, 1972.

Piaget, J. *Introduction a l'épistémologie génétique,* Paris: Presses universitaires de France, 1950.

——*Psychology and Epistemology,* Harmondsworth: Penguin, 1972.

——*Le structuralisme,* Paris: Presses universitaires de France, 1974.

——*Success and Understanding,* London: Routledge & K. Paul, 1978.

Popper, K. R. *The Logic of Scientific Discovery,* New York: Basic Book, 1959.

——*Conjectures and Refutations,* New York: Basic Book, 1962.

——*Objective Knowledge,* Oxford: Clarendon Press, 1979.

Putnam, H. *Mind, Language, and Reality,* New York: Cambridge UP, 1975.

——*Meaning and the Moral Sciences,* Boston: Routledge & K. Paul, 1978.

——*Reason, Truth, and History,* Cambridge: Cambridge UP, 1981.

——*Realism and Reason,* Cambridge: Cambridge UP, 1983.

Quine, W. V. O. *From a Logical Point of View,* Cambridge, Mass.: Harvard UP, 1953.

——*Word and Object,* Technology Press of MIT, 1960.

——*Ontological Relativity and Other Essays,* New York and London: Columbia UP, 1969.

——*The Roots of Reference*, 1974.

——*Theories and Things,* Cambridge, Mass.: Harvard UP, 1981.

Ricoeur, P. *The Conflict of Interpretation,* Evenston: Northwestern UP, 1974.

——*Interpretation Theory*, Fort Worth: Texas Christian UP, 1976.

——*Main Trends in Philosophy,* New York: Holmes & Meier, 1978.

——*The Rule of Metaphor,* London: Routledge & Kegan Paul, 1978.

Rorty, R. *The Linguistic Turn,* Chicago: Chicago UP, 1967.

——*Philosophy and the Mirror of Nature,* Princeton: Princeton UP, 1979.

Russell, B.*Our Knowledge of External World,* Chicago: The Open Court Publishing Co., 1914.

——*Introduction to Mathematical Philosophy,* New York: The Macmillan Co., 1924.

——*Principles of Mathematics,* New York: W. W. Norton & Co., 1938.

——*An Inquiry into Meaning and Truth,* London: G. Allen and Unwin, Ltd., 1940.

——*Human Knowledge, its Scope and Limits,* New York: Simon and Schuster, 1948.

Ryle, G. *The Concept of Mind,* London: Hutchinson's University Library, 1949.

——"Ordinary Language," *The Philosophical Review* LXII, 1953.

——*Dilemmas,* Cambridge: Cambirdge UP, 1954.

——"Use, Usage and Meaning," *Proceeding of the Aristotelian Society,* Supp. Vol. 35, 1961.

——*Collected Papers,* London: Hutchinson, 1971.

Sartre, J. P. *L'etre et le néant,* Paris: Gallimard, 1943.

——*Critique de la raison dialectique,* Paris: Gallimard, 1960.

Saussure, F. de. *Course in general linguistics,* New York: Philosophical Library, 1959.

Schilpp, P. A. *The Philosophy of Bertrand Russell,* New York: Harper, 1944.

——*The Philosophy of G. E. Moore,* Library of Living Philosophers, Inc., 1942.

Schleiermacher, F. *Grundriss der philosophichen Ethik*, Berlin: G. Reimer, 1841.

Schlick, M. *General Theory of Knowledge,* New York: Springer-Verlag, 1974.

——*Philosophical Papers,* Boston: D. Reidel Pub. Co., 1979.

Searle, J. "Proper Names", *Mind,* LXVII, No. 266, 1958, pp. 166–173.

——"Proper Names and Descriptions," ed P. Edwards, *The Encyclopaedia of Philosophy*, 1967.

——"Austin on Locutionary and Illocutionary Act," *Philosophical Review,* LXXVII, No. 4, 1968, pp. 405 — 424.

——*Speech Acts: An Essay in the Philosophy of Language,* Cambridge UP, 1969.

——*Expression and Meaning: Studies in the Theory of Speech Acts,* New York: Cambridge UP, 1979.

——*Intentionality: An Essay in the Philosophy of Mind*, Cambridge: Cambridge UP, 1983.

Strawson, P. F. "On Referring," *Mind,* LIX, No. 235, 1950, pp. 320 — 344.

——*Introduction to Logical Theory,* London: Methuen & Co. Ltd., 1952.

——"A Reply to Mr. Sellars," *The Philosophical Review,* 63, 1954.

Suppes, P. *Introduction to Logic,* Princeton, 1957.

Walker, Jeremy D. B. *A Study of Frege,* Cornell University Press, 1965.

Wittgenstein, L. 1914. *Notebooks* 1914-1916, ed. G. E. M. Anscombe and G. H. von Wright, Oxford: Basil Blackwell, 1961.

——*Tractatus Logico-Philosophicus*, trans. C. K. Ogden, London: 1922; tr. D. F. Pears and B. F. McGuinness, London: 1961.

——(1953): *Philosophical Investigation,* ed. G. E. M. Anscombe and R. Rhees, Oxford, 1958.

Wright, G. H. von. *Explanation and Understanding,* Ithaca, N. Y.: Cornell UP, 1971.

——*Logic and Philosophy*, 1980.

《翻译与语言哲学》第二版专文

——时代必将给“西方规定性”做个终结：且看东西方异彩纷呈

对西方而言，20世纪是一个很不寻常、很不平凡、很不安宁的世纪，就在这上下一百多年中，它享受过工业技术革命造就的空前辉煌，也经历了内部成员厮杀火拼带来的浴血之痛：光荣与屈辱交融，伟业与败绩相映，梦想与困局并存。西方报刊也常常用“残阳似血曼哈顿”之类的照片和话语来描摹往昔那个腰缠万贯、跋扈骄奢的盟主。对西方、对美国，我既没有存过什么世俗的“酸葡萄心态”，眼下更绝对没有“幸灾乐祸”（用德语中的词说就是*schadenfreude*）之意。但我必须说，在学术和教学研究中，西方的百年辉煌，似乎也注定赋予了它一种无远弗届的“唯我独尊感”和随之而来的有形无形的“西方规定性”（Prescriptions by the West），以及在全世界衍生出一种非理性“西方崇拜狂”。在眼下中国学术机构官场化的大格局中，这种“西方规定性”对有些人来说无疑是一种十分有利可图的“权力资源”；而对另一些人而言，它犹如一副甩不掉、挣不脱的精神枷锁。值得注意的是，在中国，在“学术”与“行政”的博弈中，“学术”往往是“行政”的手下败将，而且，最令人沮丧的是，“败将”一方甚至找不到任何足以支持其学术立场的法律凭据和申述机制。

在中国学术界，这几乎是没有悬念的通例，业界多年来似乎习惯于按挂着中国招牌的西方规范行事。21世纪初我从港台回到内地，在上海某大学外语学院带过一名博士生，给他拟定了研究方向（翻译与语言哲学），大体勾画了与他的博士论文相关的学科领域分布与格局以及将来的研究愿景；对论文的结构层次和研究步骤，我也提出了一个引导性方案供他参考。汉语是我们的母语，中国的语言哲学研究肯定不应该须臾拔离汉语这个根基所系的土壤。我国可供翻译学研究的语言哲学文献资源极为丰富，而且，汉语的语言哲学思想、句法范式和意义生成机制都迥然不同于西方形态语言，因此中国的语言哲学研究和相关的翻译语言哲学理论探索也就必须也必然要打破西方常规，另辟蹊径，做到知己知彼，只有这样，我们的研究才能急中国之所急，具有与之相称的中国气派和中国特色。我们的很多哲学界、语言学界、美学界前辈如严复、蔡元培、梁启超、赵元任、冯友兰、宗白华、朱光潜等，都是这样做的，这本是学术研究的常规和公认的基本道理——本中国之“特”、出中国之“色”。春去秋来，这位博士生日夜奋战，论文大体成形，我感到基本满意，于是吩咐他按规程提交给当时的外语学院某领导。

结果，那位领导很快驳回了这篇论文，理由是它完全“不像个博士论文”——也即不符合他心目中的那个中国版西式博士论文的基本范式，我把它归结为“ABCDEF 式”：

> ［承袭、尾随或回应西方已提出的命题］A (apposition) 论文的开题→［西方有关理论和实践依据］B (backup) 搜索西方名家论述加以印证→中国研究现状的“短板”［按西方价值观判断和评估］C (critique)→本文作者［按西方价值指向进行答辩］D (defense) 所做的辩护或努力→［按西方理论标准度量后的评估］E (evaluation) 本文成绩和不足→最后加上结语及谢辞F (finale)

然而，值得注意的是，当代西方不少有见地的学者、译论家如法国的斯坦纳（G. Steiner）、美国的苏珊·巴斯内（Susan Bassnett）、劳伦斯·韦努蒂（L. Venuti）和加拿大的谢里·西蒙（Sherry Simon）等人都以不同方式批评或嘲讽了这种“看西方脸色下笔”的上述“ABCDEF 论文范式”——我称之为“环球通用西式八股”。我在美国纽约州立大学写的五篇后来被不同机构或核心期刊评为优秀的论文，有四篇都曾被我的美国导师 Richard

Light 先生不屑一顾地评为大红圈内的“F”（“不及格”，其中有两篇甚至连翻页的折痕都没有），只有一篇好歹得了一个“PE”（“Pitier E”，“同情及格分”的戏称），差一点留级。而我却是 1979—1980 年度联合国推荐的第一批中国留美优秀生。试想，此时此刻还有多少中华儿女背井离乡被迫用青春作“抵押”，掩藏着“自我”，在为那个“西式八股”苦读寒窗！

在今天，西方规定性的“隐性负能量”往往形成了阻碍许多新兴国家学术研究（特别是人文社会科学）的绊脚石，西方的定论（特别是他们的定理、定律、规范、范式、判例和权威人士的论述乃至只言片语）常常被人视为“绝对真理”，不敢僭越。今天的学者应如何把握学科研究的基本取向：是盲目跟随西方，唯西方马首是瞻，根本不敢也不想跨出西方画定的圈圈？还是应该首先关注本国、本民族的文化传统、文化发展现实和文化潜在资源，以自身为主轴和本位，取西方之长、补西方之短、避西方之弊？我们的学术研究究竟应该首先急西方之所急、供西方之所需，还是应该首先急中国之所急、供中国之所需？实在需要我们严肃思考。以语言哲学为例。长期以来，西方语言哲学跟随西方哲学（特别是黑格尔哲学），热衷于抽象思辨（后来黑格尔自己也打破了自己的规定性），没完没了地争论语言的本质问题、能指与所指的关系（指称）问题、语言真值问题等，一直到后期维根斯坦（1953 年以后）出来振臂高呼“要接地气”，到今天西方哲学才发展出比较“接地气”的各种哲学流派，包括“日常语言哲学”和语用学。语言哲学研究的就是人的语言观，认为“语言与人生没有关系，只是一些语言逻辑问题”，说得通吗？

在中国，语言哲学思想和文献资源都极为丰富，但在西方规定性的权威“法力”无处不在的学术生态环境框囿下，学者们好像都被蒙住了眼睛，很难看见西方“法力”以外的中国新天地，发挥中国人的原创性，透析中国文史哲历史资源独有的智慧内涵。诚然，在学术领域，西方确有很多“套路”（approach）和“视点”值得我们借鉴，但是借鉴不能替代我们自己的拓展创新，发展自我、创新自我才是我们的目标。现在，很多意义重大的中国语言哲学问题鲜为中国语言哲学家驻目，更遑论深入研究了。处在时代发展前列的中国和今日之汉语更展现了很多令人神往的语言哲学研究领域和课题，我们的语言哲学家大可不必尾随西方语言学家，乃至与中国的人文现实急需和广大中国读者渴望提升对祖国文化认知的需求日益疏离，将语言哲学神秘化、外域化，将西方的一些学术观看成金科玉律。其实任何过往的经典之“经”，也就是“权威性”、“规范性”、“规定性”（prescription），都只具有相对的时间性（historicality，指一定时域内赋予的意义或合理性）、适应性、真值度，问题越复杂，规定性的“相对适应性”就越小，绝对适应（就是说可以“照猫画虎”）的可能性几乎等于零。个中关键就在时代在发展，时代的发展使地缘政治、地缘经济和地缘文化的价值观既“相对趋同化”又“相对本土化”——都不可能“绝对同一”。因此，今天我们的学术研究一定要强调相对性和辩证观，使我国翻译语言哲学的研究既基本上符合世界语言哲学研究的整体性目标和大方向（这是历时路径），又完全切合我国翻译语言哲学之所急所需（这是共时目标）。21世纪世界和中国都将发生史无前例的巨大变化。估计到21世纪末，汉语将被推到国际活动舞台的中心位置，甚或与英语各占半壁江山。汉学与西学、中西方哲学与哲学思想的比较研究、中国语言哲学（包括翻译语言哲学）、翻译学都将大有可为。但我想，诸如此类的学科研究都必须恪守一个原则或宗旨：坚持自主性，实现与时俱进的发展，扬弃因袭的、有时陷入绝对化的规定性或者固化模式的思维定式。

我们中国的语言哲学和翻译语言哲学研究者应该有舍我其谁的使命感，投身于以下重大的又是基本的，旨在发展自我、创新自我的十大课题的探索和基础研究。

一、语言观研究

有人说：关于语言，凡是语言学不管的大问题，都归语言哲学管——比如意念和意义、语言和思维、思维和话语陈述方式与风格、语言的社会政治生态与语言观、语言使用与社会人生等。这话有点道理。但我认为语言哲学要管的最重要的问题莫过于“语言观”——就是说，究竟应该怎么看待和使用语言？首先是，怎样认识和使用我们的母语汉语，怎样理解它的历史生态和现实生态？

据我的观察和推论，就翻译而言，“语言观”决定“翻译观”，“历史观”决定“语言观”。因此，“语言观研究”应该是语言哲学无法回避的整体性基础研究课题。所谓“语言观”就是对语言的整体性和全局性的基本观点、基本认知，包括它的生态环境、生成基因、本质特征、结构和功能、类型及衍生、发展沿革、外域影响（包括文史哲思潮）和本域发展路径、发展障碍及愿景等。语言观一旦形成，就会长远且深刻地影响研究者的视野、认识深度（insightfulness）和研究取向，最终必将影响整体的社会语用。但语言观又受制于历史、历史观，这是汉语文言文纵便有两千多年以帝王专政为轴心的所谓“封建帝制”（钱穆，《国史大纲》，1936；钱氏认为秦始皇废封建以后“封建制”在中国已不复存在，许多历史学家如吕思勉都赞同此说，1923，1935）的支撑，被视为“祖业正宗”却仍然难免于被白话文所取代的根本原因。又比如20世纪50年代初至70年代末长达30余年的一个时段，语言观与“阶级斗争、路线斗争历史观”挂起了钩。汉语历史文本一变而为字字凶光四射的各类政治檄文，连《醉翁亭记》都被打成“阶级斗争的千年迷魂药”，《岳阳楼记》则成了“文人欺世之谈”。官方话语体式高度集权化，乃至一字之差就可能使人命丧黄泉。毫无疑问，历史教训弥足珍贵，不容淡忘、抹煞，至今“假大空”的官腔文风对中国媒体和官方文件仍有影响。语言哲学应该站在历史哲学和思想史的制高点深入分析社会政治体制对语言发展的积极和消极的推动、熏陶或制衡、熏染作用，特别要关注研究语言对历史发展的功能，对民族政治思想史和学术思想史的“对冲效用”。总之，对语言的一系列深层问题，语言哲学都应该用动态的辩证思维和唯物史观加以审视，无惧无畏、义不容辞地加以悉心探索，用科学进化论语言观回应人们的诉求和追问，帮助研究者和语言教师用科学的唯物历史观和语言观构建或调整自己因时制宜、因地制宜、因己制宜的研究计划，乃至基本取向。可以毫不夸张地说，“历时和共时制宜性调节”和语言的进化发展观是整个语言哲学研究和翻译语言哲学研究的基本对策论。但限于本文篇幅，我只能在这里对两个问题简略地谈谈我的基本观点：语言的辩证唯物主义“本质论”和汉语的类型归属问题。

语言本质问题西方谈了好几个世纪，很多说法都很“有内涵”，但有些则有误导读者的可能。从理论上讲，世界上所有的事物应该都有个本质问题。比如水的本质是两个氢原子和一个氧原子的液态性化合。但有些事物的本质究竟是什么，远非物质的本质这么简单，很多难题值得哲学和语言哲学追问。比如“存在”的木质是什么？就很难回答。有人说“存在”的本质是“有形或无形的时空占有”，这显然说不通，“无”并没有任何“时空占有”，但“无”的本质是什么呢？中国伟大的哲学家老子是个大无畏的怀疑论者，很质朴、很机智、很深刻，他运用反证法，说“无”的本质就是“有”的“起点”（“有生于无”，《老子·四十章》）。所以很多时候我们讲某个事物的本质其实就是在讲述那个事物的基本属性、本质特征。老子对水的本质的解释也就是按这个思路，避开物质解构论，用的是很妙的比喻法，他说“上善若水”（《老子》八章、七十八章）。原籍奥地利的哲学家维根斯坦也很聪明，他说世界上有很多“不可言说的东西”，对不可言说的东西，最好免开尊口（“Whereof one cannot speak, thereon one must remain silent”, *Philosophical Investigations*, 1953）。语言的本质确实是很难言说的。我想，我们这里所说的“语言的本质”是指语言的本质属性和基本功能——人类赖以交流意义和情感的符号形态系统，这个系统具有视听感应功能和书写辨识功能。用形态（结构）比较和功能表现去旁证本质，这是最常用、最可取的办法。语言学家大体上是按原生和继生的形态（结构）比较、系统功能比较和特定的目的、用途（purpose）比较去体现语言的本质问题。

据此，并按地缘文化分布状况，西方语言学界很早就设法试图将世界上的语言进行一个基本上根据语源和文化地缘条件的谱系分类。1850 年，德国的语言学家斯莱赫尔（A. Schleicher, 1821-1868）提出了一个“语言家族谱系树形图”（Language Family Tree），大大促进了世界语言谱系分类研究，尤其是大体捋清了印欧语各系之间的“谱系关系”，大大促进了语文学家对语言共性研究的兴趣和深度。但是西方语言学界对印欧语系以外语言的类属划分却充分体现了他们基于“西方中心论”而产生的“西方规定性”武断作风，至今未改。比如将汉语与藏语（西藏语）归在一个语系称为“汉藏语系”，就是莫名其妙的人为撮合。藏语无论从语源学（语言发生学，其中的要素有：语素—语音相似度、原始词语相似度、古人种谱系同类属的接近度）和文化地缘关系来说都与缅语（Myanmar）、泰语（Thai）、尼泊尔语、马来西亚语及我国滇缅边境地区几种少数民族语言可能属于毗连系族，那一地区共有 275 种同源或近源、同族或近族语言，交错混杂，但与中原汉语都没有什么关系，它们应该属于“缅藏语系”。汉语究竟属于什么系族完全有必要用新的科技手段重新加以系统研究，尤其与今后的人工智能化语言转换工程关系密切，不应默然长此接受西方规定性。毫无疑问，西藏自古属于中国的领土，那完全是一个地缘政治与主权归属问题，不要与语言系族关系混为一谈。

当然，近世科学和生产发展很不平衡。中国从明末国力式微，完全昧于“以海洋养大陆”之策，闭关自守；西方则正相反，大兴“以海洋养大陆”之道，四海运通，在近两百年中大步赶上了中国，走在世界前列。先行者往往有规则制订权。但是西方政客常常忘了，先行未必永保，后进大可超前。地球属于所有的地球物种。人类事物日新月异，政治、经济、金融、军事、以及天文、地理、科学、生产等等莫不是新事倍出、新人辈出——现在几乎到处是“老皇历管不了新卯时”。西方开辟过新天地，有史为证，也有目共睹，没人要否定西方的新旧贡献；西方之上策是现在就和新世界大家庭一起商量，制定与时俱进的规章制度为好——不过有一点最好早一点想通，“日不落国”既然不可能长存，“星条旗”恐怕也是不可能想往哪儿插就往哪儿插的，这就叫“斗换星移”，中国的哲学家老子称之为“道法自然”（Natural law governs all, 《老子·二十五章》）。

言归正题，我们的语言观研究应该本乎“发展自我”“创新自我”的基本原则和目的性，服务于或有助于解决以下问题：

（1）对汉语的发展历史正本清源，捋清汉语从夏禹建国时起历时 4200 年的发展脉络和发展规律，做到“推古天变，溯源明史以正本身”（司马迁《天官书》），摆脱西方武断的谱系归属和划分。

（2）鉴识近代汉语的发展路径和现代汉语的特点和发展方向，以此确定汉语研究和教育的依据，以便制定当代汉语的“用典”，即语用规范，抵制语言滥用。

（3）当代汉语的形态及形态范畴研究，如何以新视角制定汉语的语法学纲要，并以此为依据编撰当代汉语语法，以便开展汉语意念主轴与屈折语形态主轴的比较研究，支撑翻译语言哲学的基本理论构建。

(4) 世界六大古代文明，唯有中华文化绵延未断、存活至今而且活力与日俱增。这中间，汉语所起的历史作用应当如何分析与估量？“语言”与“文明”的盛衰存亡究竟有什么关系？

(5) 有一种说法，认为“汉语的特点反映中国人的思维方式与语言陈述风格”；另一种说法是反过来，说“中国人的思维方式与语言陈述风格是由汉语的特点决定的”。这两种说法孰是孰非，或者都不正确——涉及思维、表现法及语法形态学特征问题。

二、中西语言形态比较研究

“语言形态”是个西方语言学概念，它原本所限定的范畴很小，只限于西方自我中心的“屈折形态”(inflection)”，指大约25—30种欧美语言。其实，语言形态是个概括性很强的术语。“形态”是语言非直观的“性质”与“功能”的“直观表象载体”。长期以来形成了一种错觉，认为“语言形态学”只是西方语言的“专利”，只有西方语言学规定的“形态”才算“形态”，别的语言都无“形态”可言。比如西方有人说什么“汉语只有三千汉字，没有语法”，也有人甚至扬言汉语没有“语言形态”，19世纪有位西方学者竟然狂妄地说汉语是“一种无语法的、不成熟的混乱语言”，更无所谓符合“科学语言学的语言形态”。西方给你画个框框那你就在里面老老实实呆着，日语就是这种听话的“样板”。西方不知道日语应该归属于什么语言系族，于是日语就自认为世界上唯一一种“无家可归的语言”，今日依然。

其实，“语言形态”之所谓“直观表象载体”简单直白地说就是“language form，或着眼于词语形态的 morphology”，狭义的语言形态指“屈折形态”（inflexion，inflection）。所以每一语种都有它的特定形态。汉语语言形态非常特殊，汉字不具备屈折变化的生成机制，因此，汉语的动词没有时态变化、语态变化、语气变化和“体”的变化，人称代词没有“格”（case）的变化，名词没有“性”（gender）和“数”的变化，形容词没有“级”（degree）的变化，汉语把这一切都寄寓在词语的“意念”和“意念序列式（语序）中，用一套“虚词”来表述，统统以社会语用的“约定俗成”为终极规范。由此可见汉语的“无形态”也是一种形态，我们称之为“模糊形态”。在中国传统的哲学理念中，“无”是最高的“存在形态”，“模糊”属于美学范围，模糊是一种美的形态。

在汉语的语言学概念中，“汉语语言形态学”可以分为几个大的“形态层次”，其特点鲜明，全然不同于 inflexion 的范畴，它们是：（1）汉语文字形态范畴；（2）汉语音声调范畴；（3）汉语语义及“字”（词义）的结构诠释学范畴；（4）汉语以“语序”为词法—句法基本形态构建机制的“意念主轴型”范畴；（5）汉语句段（句群）板块流扩张式范畴；（6）汉语意象思维风格与感性表现法特征范畴。可见，有朝一日《汉语形态学》出版问世，那它一定是语言形态学中独树一帜的形态学品类研究，在在与西方语言形态学殊异。例如汉语的“句法形态”就具有以下独特的形态特征。

第一，所谓“形态结构层次”问题。“字”与“词”的形态及句法功能的模糊性。汉代司马迁《报任安书》中说“谁为为之？”句中究竟哪个“为”是“字”？哪个“为”是“词”？汉语中“词”“字”之分的形态逻辑与形态学依据。

第二，所谓“形态功能机制”问题。“语序”作为汉语词法—句法基本形态构建机制的文字学根源及语法学功能分析，汉语语序的语法—语用形态学层次功能分析。“声调”的语义及句法的形态学功能（如在“云朝朝，朝朝朝，朝朝朝散；潮长长，长长长，长长长消”中，解说另见下述）。汉语的形态变化究竟是基于主体的“意念之变”还是基于客观的、语言本身的发展演变机制？

第三，所谓“形态扩展逻辑”问题（一）：“形态逻辑”指“语言的形态变化必然伴随与之相应的语法变化或语法关系”。汉语句法项（主语、谓语、宾语、补语、定语、状语）定位定性的模糊性、隐含性和西方认为的“非规范性”。在“似曾相识燕归来”中，不能肯定说“相识”的主语一定是人——

燕子如果不相识那家人，它怎么会翩然回归呢？“哭穷”“骂街”“找死”“养病”“救灾”中的形式宾语，绝不是处于受事格的“宾语”，只能说是“与格”（dative case，表示与某事有关联）中的“与事词”。汉语的妙处，常常正是形态语言的“匪夷所思”处。汉语特殊句式“是”字句（如“是药三分毒”）和“有”字句（如“有你这样的人吗？”）的句法形态学分析。

第四，所谓“形态扩展逻辑”问题（二）：汉语究竟有没有语气（Mood）范畴？按西方形态学概念，汉语语气中“虚拟的非虚拟化”如何解释？这里有没有所谓“形态逻辑”？在汉语的句法形态学中取决于语义（或意念）上的逻辑化与表述上的词汇化。“我劝天公重抖擞，不拘一格降人才”，“降人才”成不成虚拟，关键在一个“劝”字。语气也体现汉语的意念主轴性。“意念表述和句式构建只关注主体意识”是不是就是汉语的“形态扩展逻辑”？

第五，所谓“形态扩展逻辑”问题（三）：汉语句群结构（扩展模式）的鲜明特色即所谓“板块流”结构分析，如“知不知，上；不知知，病。夫唯病病，是以不病。圣人不病，以其病病，是以不病”（《道德经·七十一章》）。

第六，汉语句子的从属性（从句）与非从属性问题。汉语主从关系在很大程度上取决于意念而非形式；主句与从句常常是不带主从语言符号的。“微斯人吾谁与归？”（范仲淹）这句话有没有主从，谁主谁从？很容易把它无标记看成合成句，把“微斯人”看成主句，其实它是个条件从句，可以与主句“吾谁与归”断开。

毫无疑义，以上问题的研究对“翻译理解”和“翻译表现”关系至为密切。

有鉴于此，也有鉴于针对19世纪欧洲汉学界对汉语的混乱认识和传教士学习汉语的需要，德国的神学家、语言学家施莱马赫（Schleiermacher, 1768–1834）撰文专门谈到了汉语的特点，根据是1830年他得到了一位从中国寄来的德国传教士的信，信中谈到了汉语的独特处及美妙处。对此，施莱马赫在他的著作《独白》里写道，“我们必须研究汉语，如果我们真想到东方去了解那大半个魅力世界，而不要被他们看作‘荒莽野人’。”

汉字之产生及汉字意象性审美结构的形成与东亚全天候农耕经济形态的关系十分密切，农耕与农田充满自然意象，催生了一种“超规则化”的自然语言形态，与西方以城邦商贸和相对狭小的陆地封爵经济为基本形态的语言生成和文化生成发育方式有很大差别。这一点我们很多人切身体验还很不够，因而缺乏深度研究。应该说，这个深层的成因研究和差异研究就是语言哲学基础研究的基本课题。语言形态研究应该避免绝对化，要注重相对性和功能对应和代偿性。例如，汉语没有屈折式形态变化，因为汉语的笔画结构无法生成“屈折”。但是汉语并不是没有“形态变化”。有关多种形态语言的形态变化的对应性研究或所谓置换（形态置换型）研究对未来的大势——语际转换的电子化、大数据化用处很大。我们看看下面一个例子，汉英各有自己的形态变化“套路”，可谓各显神通：英语靠屈折，汉语靠词汇。英语原作 *The Way We Were* 是 20 世纪 70 年代美国的一首名歌，流行至今：

The Way We Were

Memories light the *corners* of my mind,
Misty color water memories
Of the way we *were*
Scattered pictures of the smiles we left behind,
Smiles we gave to one another,
For the way we *were*.

Can't it be that it was all so simple then,
Or time *has rewritten* every line?
And if we *had* the chance to do it all again,
Tell me *would* we, could we?

Memories *may* be beautiful and yet
What's too painful to forget,
So it's the laughter we remember

Whenever remember the way we were.

《往昔情怀》
回忆的闪光照亮了我整个心坎
那里珍藏着迷雾样的缤纷岁月
和当年我们交融的愉悦——
那种相见、相处的美好——
是不是那时我们太单纯?
或许是时间改写我们当年的纯真?
如果我们果真重温那一切，告诉我，
愿意吗？能办到吗?

回忆也许美丽，
却让我痛苦得无法忘记。
但我们只愿回味那笑声，
在笑声中重温当年的欢欣。

两诗相较，各显其妙。英语中到处可以使你感到屈折形态搏动的活力，语法形态与意念显性互制（overt interrelated），一目了然；汉语则是用词语承载意念，再现原作用屈折表现的情态和情思，汉语的“高招”是意念—语法的隐性互制（covert interrelated），而用词语体现尽在不言之中的语法关系，留下了很大的时空模糊感，提升了词语的语法表现力和灵活度，你说是不是各有千秋？可见，只要你不带偏见，只要翻译家尽了最大的努力，英语的“屈折形态主轴”与汉语的“以词语形态承载意念为主轴”（也就是我常常简称的“意念主轴”），不确确实实可以做到“旗鼓相当”吗？在国内尤其在国外，普遍存在的误解是汉语中不存在什么“形态变化”——这就在无形中上了“西方规定性”的圈套：只把“屈折”看作“形态”。我再说一遍，从上面汉英歌词之各有千秋可以看出，汉语并不是没有时体态句法形态变化、词类模糊性形态变化、声调性形态变化，至于词语、短语之掇合（缀合或联立性）型形态变化就更多了。下面我再举几个汉语非常规性形态变化的例子。汉语中的“自己”一词，语文辞书大都解释为“自”与“己”是同义（都指“自我”）同性（都是名词）词，这是错误的。“己”是名词，可用于主位、宾位，但“自”并不是名词，它是一个状语性限制词（参见王泗源《古语文释例》，第 98 页，2014，上海中华书局），这就是我们所谓“词类模糊性形态变化”。句法上的模糊性形态变化在现代汉语里有很多。“吃亏”“哭穷”“救灾”“养病”看样子是“动宾搭配”，其实不是，因为如果那样讲它们属于逻辑悖理（人是去救“人”，怎么能去救“灾”？“病（病原体）”不是越“养”它越“病”得起劲吗？）。我们可以解释为，它们都是“动词＋关系语”的非常规性形态变化，我反对称之为“非逻辑化”，理据是“约定俗成”，也是下面我要说到的汉语中的“话语默契感”。汉语音声韵形态变化也很有意思。“刚才都好好的，现在怎么吵起来了？”一句中的“好好的”更有意思，看来两个“好”字都是一样的阳平声，其实第二个“好”是去声，“好好的”是“阳平＋去声”的声调性形态变化（平仄变化），表示非常规性情态变化，今日网络语叫作“闪变”，“闪变”可以加强话语的“戏剧性”。声调性形态变化使汉语产生音义“闪变”。最令外人瞠目结舌拍案叫绝的是南宋王十朋（1112—1171）为温州寺仿旧联撰写的一幅利用声调变化、词性模糊产生奇趣效果的对联：

> 云朝朝，朝朝朝，朝朝朝散，
> 潮长长，长长长，长长长消。
>
> （云朝 zhao 朝 chao［借用“潮”］，朝 zhao 朝 zhao 朝 chao［借用“潮”］，朝 zhao 朝 chao［借用“潮”］朝 zhao 散，
>
> 潮长 chang［借用“常”］长 zhang，长［借用“常”］chang 长 chang［借用“常”］长 zhang，长 chang［借用“常”］长 zhang 长 chang［借用“常”］消）

汉语的声调是一个非常重要的、为汉语独有的形态次系统。声调与美学、语义学、音韵学、方言学等都有密切关系。

一般而言，汉语整体的语言形态（包括语法系统形态、文字系统形态、文化系统形态和审美心理形态）有以下四个“决定因素”（Determiners）：

1. 社会交流

社会交流有其逻辑必然性（logical certainty）和“话语流”（speech stream）中的交互默契感（tacitness）。这都是形态逻辑方面的话题

这个问题也涉及语言哲学—人类文化心理学的深层因素。特定语境中用词语表示的“意念”（语句或文本的语义内涵）和“意向”的逻辑必然性具有很强的默契感，使话语参与方认定是否有必要言明一切。人类文化心理学认为，语言学和语言哲学必须接受一个事实：人类文化生态条件可以产生种种语言文化生态密码，人就是利用这种目前仍然无法解释的文化生态密码，沟通思想感情，而不必使用语言——这就是所谓交流默契感。比如，在“天若有情天亦老”中有个“若”字，这肯定是非事实性的，没有必要再言明“有”和“老”的虚拟性质，汉字也不具有这种形态。时态、语态也一样。“特约主持人”——有必要言明这个主持人是“被特约”的吗？“弹无虚发”逻辑上“弹”只能“被虚发”，否则人类悉数遭殃了！汉语中的语法变式特别多，“人来人往”是 SV+SV，但完全相似的结构规范和用法规范，语法关系又变了，“人去楼空”是 SV+SA，这种变式的形成机制和语用机制，只能用处在同样文化生态条件下语言生成的语法—逻辑上的默契感来解释。一切受制于“约定俗成”。乔姆斯基闻之见之，只有望洋兴叹了！

2. 形态依据

“立象尽意”“因形见义”和“言有序”是汉语语言文字和语用的形态依据。

这里牵涉到东汉以还确定的汉字构建基本原则——“六书”（指“象形”“指事”“会意”“形声”“转注”“假借”）。“六书”充分显示了汉语语言文字体系的“意象性”（立象尽意）和意义的“可视可识性”（因形见义），而这种意象性和可视可识性一旦达成而且符合形态逻辑的“语序”，进入有效交流中，就受到了“约定俗成”的保护。可见“立象尽意”“因形见义”和“约定俗成”合而奠定了汉语语法的基本范式。以上表述可以简称为“约定俗成”。

非约定不能成常规，尤其是汉语这种没有屈折形态约束的语言，“无

约定”不能进入语序，必然造成混乱状态，因此，“约定俗成”就成了语言上可以主宰一切的“社会契约性”。以广泛的历时运用和共时运用为基础，约定俗成就这样成了汉语的语法范式。上面举例的诗中，“memories”和“smiles”呈复数式也是英语的约定俗成。英语的许多生理反应或活动词都可以有复数，比如 pains, feelings, tears, cramps, fears 等，有人认为是表示频发性，但也不尽然，只能用约定俗成来解释。但英语的约定俗成显然不具有范式性，只涉及用法（usage）。

3. 语言各层级和维度的形态审美考量

语言的形态层级就是它的结构层级。汉语具有高度的审美感性，包括对语言的形美、声美和意美的多维语言感应和审美追求。审美感性和审美效果通常是汉语形态表现的很重要的因素。比如上面举例的诗中说“the corners of my mind”如果译成“心坎的每一个角落”就显得比较生硬，问题还在“心坎”有没有“角落”?“整个心坎”具有模糊美、朦胧美。其实词语运用的模糊美、朦胧美英语也很讲究，例如诗中的那个“misty”就是雾样的迷漫。我们在说汉语的模糊美时常常主要指汉语语法的模糊美和朦胧美。“曾经沧海难为水，除却巫山不是云”（唐•元稹）这两句诗美就美在它没有主语、没有句法层级标志和句法关系标志。

4. 当下性——即语言的历时生态之当下写照

时代是语言发展的推动者。话语的当下性反映语言的社会风尚和语言使用者的风格考量，即所谓语言的社会生态问题。所以唐代的文论家柳冕说“文生于情，情生于哀乐，哀乐生于乱治”（《唐文粹》卷八十四）。

话语形态的时代感其实也是一种审美考量。语言形态显然受制于时代特征和社会风貌。汉语文言文之被白话文完全取代，就是时代发展的结果。话语的当下性追求也是语用形态包括文风发展的源头。因此，很多学者认为语言使用者（例如译者）的个人风格考量不是“审美的”，而是“价值观的”。比如德国的莎士比亚译者认为翻译莎士比亚无所谓“译者个人风格”，因为大家要考虑的都是“莎士比亚时代的时代风貌和语义”，这是一种价值的、历史的理性判断，翻译究竟跟写作不一样。当然此说只是一家之言，英美的批评家就认为远非如此，“译者的个人风格”是翻译的基本价值，译者笔下的时代风貌也不是不可以“随便揉的面团”——问题的根本在译者必须具有准确的“时代感”。

三、语言生态历史和发展愿景：汉语的范例性研究

现代汉语是世界上唯一一种古文明的原生性（嫡生性）后代，历时四千余年，经历过不同经济形态和政治体制的更递，经历过多次非汉族的全国性统治，而其发展从未中断。汉语的“原生形态”（嫡生形态）的词法和句法结构基因的继承性、增生性特别强（这是语言延续发展的积极因素），而衰变性、断裂性很弱（这是导致语言停止发展的消极因素），但汉语的流通疆域极广，因此音韵流变变式很多、很复杂，这也应该属于汉语内部的衰变、裂变现象。那么根本原因究竟有哪些？中国语言哲学在这方面应深入研究。

1. 东亚式农耕文化经济形态的绵长稳定性

东亚农耕文化经济形态是汉语生生发展的土壤，但它是不是造就汉语四千年绵延不断的语用史的根本原因，或者说，在多大的程度上是根本原因？语言并不属于经济基础，而属于上层建筑。但中国的上层建筑屡经改变，而汉语的地位仍岿然未动：在汉语看来，似乎一切皆是“过眼烟云”。

2. 中国以帝王专政为轴心的集权政治体制具有“自我翻新”的延续性

中国长期稳定的帝王专政体制延续了三千多年，吏治传统（典章制度加意识形态）历久弥新而成了亘古不化的“顽石”。这对汉语稳定性的影响是肯定的。因为语制也属于上层建筑。元代和清代都属于非汉族统治但都未影响汉语的绝对强势。荷兰人和日本人都曾以殖民者文化在台湾强力推行荷兰语和日语，但都未影响汉语的“非霸主的霸主”地位。

3. 朝政的语言文化政策和改革对策能适应中国的社会文化实际

中国从夏代到清代朝廷对语制一直实行比较宽松的政策，一直压制过激的颠覆性措施，而且在士人的倡导下采取科学的渐进式改良主义，反对激进势力的干扰。

4. 汉语本身具有可贵的改革可塑性和自然进化特征

这应该是语言哲学和翻译语言哲学研究的重点。达尔文认为“The fittest survives”，哪些条件使汉语成了“the fittest”？汉字系统具有非凡的历史维系功能，这一点很有可能，如果是这样，那么又该怎么解构汉字？

总之，这是个涉及汉语生态的历史条件（内部条件和外部条件）的积极因素问题。对这些问题，很值得我们作汉语本身的整体性历时和共时探索性研究。尤其有趣的是古文明兴亡比较研究（即与其他已消亡的古文明作深层剖析研究），从中得出文明消亡和发展的成因和条件的科学结论，就是对世界语言哲学界很大的贡献。中国人很重视“以史为鉴”。殷商人饱受暴君暴政对社稷和国家（中国正式建国的时间大约是夏代中期约公元前2070年前后）的戕害，到了西周中国人痛定思痛渐渐形成了“殷鉴”思想，即所谓“宜鉴于殷，骏命不易”（见《诗经·大雅·文王》，据《吕氏春秋》说这首诗是周公旦亲自写的）。这是中国人的危机意识的萌芽，也使中国帝制每一代王朝都岌岌于维权自保，深恐“惟命于不常”。《尚书·康诰》披露了君王怕“天命易惩”，必须勤政自励的心态；同时也放声疾呼“敬哉，天畏棐忱，民情大可见！”（意思是民情必定表现天意）。这是中国历史文献中第一次提到“民情”的决定性，而《尚书》则是中国第一部史献。

与此同时，汉语还有一个发展愿景研究问题。中国经济规模宏大，人口众多，文化基础坚实，文化资源极为丰富。中国在21世纪中后期可以发展为世界头等强国已经没有悬念。与此伴随，汉语势必成为21世纪后期的强势文化工具，问题是汉语研究界是否已经做好了支撑性发展准备？由汉语承载的中华文化历史资源（包括政治哲学思想、伦理道德观念、天文地质水文研究和医学药学研究等）仍有百分之七十到八十亟待开发。这就与汉语教学及汉外翻译有密切关系。英国史上，英语、英国文化和英语教学曾经为英国的海外殖民发展做出过非常重要的贡献而被誉为“殖民主义的润滑剂”。史例可鉴，更何况汉语居于道义的制高点。

四、汉语句法范式研究

汉语的语法—句法范式可以用三句话来概括，这三句话都源自中国的哲学思想：一，立象尽意（《易经·系辞上》），“象”指汉字体系；二，因形见义（《墨子》）；三，约定俗成（《荀子·正名》），这句话也包含“言有序”（即语序的约定规范）。这个范式表述式就是非常“中国式”的。下面我们将再对“约定俗成”作进一步阐发。

西方屈折性形态（Inflection）语言的句法范式基本上是所谓“主谓式”（即 SV 主语加谓语并以此形成主轴的句法结构式，而且“S”与“V”必须符合“数、性（gender）、格（case）和人称（person）”的一致，叫作“Concord”），并由此派生出 SVO/SVO1O2/SVC/SVA/SVOA/SVOC 等七个基本句法结构式，例外多属于省略，并不是变异。这就是屈折语语言的基本语法范式。而汉语没有这一套。先说汉语句法的主语。现代汉语主语有以下主要结构变式：(1) 主谓式（包括主语省略句），比如，“我（不/就/先）去”；(2) 无主式，比如“算（了吧！)”，不是主语省略（过去分析“下雨了”“起雾了”“放学了”是无主句，有人也认为这是 VS 谓动焦点倒装式）；(3) 形容词主语式，比如“善良可亲”；(4) 无谓式（常常形成独词句），如“我？不可能”中的“我？”（有人认为这里“我？”是独词句，也可能是“我干的？”或“指我吗？”等句子的省略式）；(5) 话题主语式，而且将主语话题化（topicalization）、外位化（seperation，如“东拉西扯，那是他的惯技。”）在当代汉语中的发展趋势越来越明显。 再说汉语句法的宾位。上面已经提到，汉语的宾语也跟形态语言的宾语不一样，它不一定是动作（行为）的承受者，比如“哭穷”“救火”“通奸”“卖乖”等，其中的宾位词不是动作或行为的承受者（即宾语），只是种种微妙的“关系语”，充分表现了汉语思维的灵动性，和最终源于东汉许慎归结为“六书，即象形、指事、会意、形声、转注、假借”的汉字结构机制的多维性和多样性所造成的语法范畴模糊性及语法概念的“泛化”。除主位与宾位的变异外，汉语还有很多意义重大的语法概念和规范的泛化特色，如“兼语性”（动词与介词互通互返）、“中性语态”（主动与被动互通互返，如“疑犯”严格说应该是“被疑犯”）、“意合超越形合”（如“你爱去不去”“去不去，去就说一声”）、“模糊语气”（即虚拟语气的模糊化或“中性化”，如“天若有情天亦老”“曾经沧海难为水，除却巫山不是云”）等等。综上所述，我认为汉语的语法范式只能用“以词为中心的约定俗成论”来概括，“约定”主要指社会语用的共时性约定规范化，“俗成”主要指社会语用的历时性传承规约化。其特征性主旨内涵可以演绎为以下基本程式：

1. 以语境化的意念为依据，决定用词（或用字）的词性

汉语不仅是意念可以游移，它的词性也可以游移；英语的意念可以游移，但它一旦进入句子，词性就必不可以游移。在“曾经沧海难为水，除却巫山不是云”（唐·元稹）中，很难判断“却”的词性：它与“除”联袂成动词？还是它只是“除”的语气助词，本身没有动词性？“曾”也是游移的，它是副词限制词（限制动词“经”）？还是它与“经”联立成了动词？汉语的动词很自由，英语的名词很自由；所以汉语以妙用动词见功夫，英语以妙用名词见功夫。

2. 以词性化的词（或字）为材料，承载基本意念以构建句式

汉语重意念，意念以约定俗成的规范搭建成语句，这中间，约定俗成的形式规范只有两个：语序与虚词。除此以外，汉语在意义生成和句法生成中没有任何使说话者备受束缚的“形态锁链”。所以汉语是相对好学的：例如“成也萧何，败也萧何，没有萧何，你又奈何？”——语序与虚词（“也”“又”）的句法构建功能“昭然若揭”。

3. 以句法化基本意念为主轴，扩展基本句式（句结构）为话语

汉英基本句的意念连贯性、逻辑性句法扩展，就是话语。双语无异。语言哲学要研究的是基本句的扩展模式，汉英似乎相反：汉语一般取句首扩展式，英语的句首扩展空间很小，句尾延伸的可能性很大。

4. 以社会的约定俗成，充作以上三点的终极规范

“约定俗成”是荀子（约前 325/313—约前 238）提出来的有关中国语言哲学最权威的论断，即将经“社会约定”的语言行为视为汉语语言规范性的社会契约。“约定俗成”提出后经 2300 年的语言规范法则化，已经成

了汉语句法生成及汉语语用规范，实际上被认定为无屈折形态的汉语的语法范式。

这就是汉语话语的基本机制。“约定俗成”（语出《荀子·正名》）是对汉语语法范式的高度语言哲学性考察，汉语的泛程式化词法规范和句法规范，使我们只能采取这种高度哲学化的范式。

这就不同于西方话语的基本形态机制。他们是先得将意念嵌入一套以动词为主轴的形态程式变化体系（concord, tense, voice, mood, aspect）。据此，也可以说是形态主轴范式；而汉语的语法范式则是意念约成主轴范式。可以肯定，对此，我认为必有长期争论，但绝不可能再由“西方规定式”来一锤定音了。

五、汉语意义理论研究

比较而言，汉语的“意义”要比英语的“meaning”复杂得多：前者是一个多维跨领域范畴。汉语源远流长，用的又是“意形文字”，哲人贬斥“言不及义”，因此汉语有重意义的传统。“有意义的文字”可考的汉语始于殷商（约公元前17世纪，即《祭祀涂朱牛骨刻辞》，现存中国国家博物馆）。因此整体来讲，汉语词义有约3800年的历时沉积。共时变异到西汉扬雄（公元前53—公元18）时代已经达到30余种（包括汉语方言和外域语言）。因此汉语的词义诠释是一门极艰巨的任务。汉语的“意”有两个大维度——历时维度和共时维度都不能疏于观览考察。此外，汉语的“意”（意义）有许多因素参与，包括语义因素、文字因素、审美因素和声调因素，因而使“意”扩展成了一个多维范畴，包括“意义”（指概念）、“意象”（指喻义）、“意旨”（指主要含义）、“意涵”（指意义内涵）、“意蕴”（指意义外延）、“意境”（指特定情景中的意涵）、“意绪”（指与情绪关联的意涵）。中国人的“意义意识”萌发很早，《尔雅》是汉语的第一部辞典（唐代定为十三经之一），成书时间不早于战国、不晚于西汉初，因此被誉为“汉语词典之祖”。《尔雅》中的“尔”同“迩”，意思是“近”。“雅（言）”指“正言”，《尔雅》成书的目的就是在历时与共时的坐标上给词语的意义一个准确的定位。我在大陆执教时问了几位修读西方语义学的中国博士生，都不知道《尔雅》这本书，有个学生甚至说“是一本古代诗集”。这真使我惊诧不已！

六、现代汉语音韵学（声韵调三大系统）研究，特别是声调的形态结构研究和功能研究

英语和汉语都有声调，但英语的声调叫“intonation”，汉语的声调叫“tone”（包括四声和平仄调），为什么呢？因为英语的声调只涉及话语中句尾音的或升或降，或降而后升，或升而后降（也包括句中的顿挫起伏），其变化比较有限而且简单，只关系到语流终端的四种变化“情（感）态（态度）色彩”，不足以形成“情态”符号系统，而且只与语义关联，可以说根本没有什么语法意义。而汉语的声调就不一样了。汉语声调属于音韵学，音韵学是汉语一个“文字—语音—语义—章句”整合性很强的非常复杂的形态系统，为汉语所独有。它本身可以看作汉语语法的子系统。中国音韵学所具有的这种深层综合性则是中国语言哲学不能不划归其研究领域的。汉语音韵功能有四：

（1）意义区分功能——汉语是靠声调来区分意义的，“妈、麻、马、骂”两个音素全都是“ma”，但意义不一样，一是因为四者的调值不一样（阴平55，阳平35，上声214，去声51），不可能混淆，二是靠调类，简单说分“平上去入”四个声调类，始于我国政治上最混乱的南北朝时期，“汉语”之说也起于南朝（420—589）。但乱局带来了汉语音韵的多样化。汉语声调是一个复杂但功能性很强的“因音（声调）辨义”手段和路径，此处不详述。

（2）语义、词性生成功能——这是汉语声调很重要的功能，使我们可以一字多用，比如“将”，第一声“将功赎罪”的“将”是个动词，意思是“用、以”；第四声“江南将才多”的“将”是个形容词，意思是“有将军之才的”。

（3）情态承载功能——汉语的“平上去入”等声调在《诗经》时代就有

了，但到六朝才有“四声”这个称号，其中南朝沈约（441—512）和周颙（大约出生于471—473年间）对四声的规范化贡献最大。

（4）语势增减功能——前人对汉语声调的“意、情、势”有过如下概括的描写：“平声者哀而安，上声者厉而举，去声者清而远，入声者直而促”。声调系统的历时和共时性整合语言哲学研究不仅可以充分地、深刻地表现出汉语的特点，更有很多的实用和研究价值。

汉语音韵学很复杂，但它是汉语研究重要的组成部分，不深入研究甚至不懂古汉语和现代汉语的“声、韵、调”对汉语（特别是文学语言）历史发展的重要推动作用和指向作用的中国语言哲学（和翻译语言哲学及翻译美学），简直是难以想象的。

七、汉语文字体系的结构和功能研究

这是汉语不同于西方形态语言的另一个重要领域。形态语言研究语言的形态变化规律及类型和范式，它们的文字发展基本上都是屈折形态内部系统和外部系统的发展变化问题，与文字学无关。而汉语文字学则是中国语言学和哲学的重要组成部分，也是中国翻译语言哲学必须研究的课题。中国历史上有几次大动乱，就是因为有汉字维系了国家的统一而免于分崩离析，比如西秦亡国后的南北朝时代（420—588），中国内部分裂为九到十二大块，方音驳杂，加以外族骚扰，外音渗入缭乱，这时全靠经秦代统一的汉字进行沟通。汉字其所以有超越时代的生命力，正是因为它是一个多功能载体，而不是一个简单的“语音记录者”（sound recorder）。汉字是一个具有多维的综合性提示功能（Suggestive Functions）的特殊符号，汉代许慎（约54—149）总结它的构建策略为“六书”，即“象形、指事、会意、形声、转注、假借”（后两种实际上是用字法）。这样一来，汉字系统便成为一个复杂的具有多维提示功能的文字符号系统，具有（1）语音记录功能；（2）语义提示功能；（3）意象提示功能；（4）审美表现功能和（5）中国文化历史发展脉络提示功能，很多汉字甚至具有汉族伦理观念发展轨迹的提示作用，比如粗通汉语的人都不会将“祖国”写成“诸国”。这一点对语言哲学的启示是：汉语语音和和汉语文字对语言思维和理解（意义解码）的引导和指向作用需要深入研究。这一点西方人士是不会替我们关心的。这是中国语言哲学和翻译语言哲学极重要的深层研究课题。

八、语制是语言哲学必须研究的课题：汉语白话（文）发展史研究

“语制”一词始于清代康熙年间，与康熙重视“文治武功”不无关系；更基本的原因也可能因为他是满族人但却不得不以帝王之身首用汉语、善用汉语、精通汉语。“语制”指一国之语言品类品种、用约体制（包括官方政策、实施状况，不包括语言本身的语音语法词汇等等问题）、流通版图变迁和未来发展。康熙励精图治，在他看来语言之譎夺真伪、流通与规划之整治甄饰实为要务。康熙对古汉语和近代汉语语制的整顿功不可没，《康熙字典》实可为证。

汉语“文白并举”的语制利弊论、沿革论、改革论乃至废举论，两百多年来从未间断，这也影响到翻译。严复用文言翻译了西方九论，大大震撼了清末的保守派，胡适用白话翻译了都德（Alphonse Daudet, 1840-1897）的《最后的一课》，更使全国百姓为之深深感动。可见语制也有一个雅俗共赏的功能问题。杨用修有一段话说得好：“夫意有浅言而不达，深言之乃达者；正言之不达，旁言之乃达者；俚言之不达，雅言之乃达者”（《谭苑醍醐》，凤凰出版社，2009: 116），今天看来，道理依旧，不过除了文白两制，还加了简繁二体。中国语制未来的发展趋势是语言哲学应该研究的课题之一，这些课题与翻译的译入和译出，关系都很密切。下面我们略作分析。

中国的语制问题长期集中于汉语“白话文”与“文言文”的发展关系。所谓“白话”就是老百姓的日常话语，它的书写体就是白话文，它是“汉语”的源头，但“汉语”一词到南北朝时代才出现。直接把汉语白话文录写下来，叫作“汉语质言体”。“文言文”是古代质言体汉语的优化加工，白话文的“文

学语言化”（将质言体汉语提升规范化），在先秦时代称为“雅言”。因此而形成“雅俗共存”的语文“双轨制”，这是人类社会、政治、人文生活的结构层次化和社会交流需求和功效多样化的大趋势形成的，说一套写一套，几乎举世皆然，民国时期有人骂“文言文是吃人社会的文化机器”，纯属极左的无知妄论。

汉语白话是汉先民最古老的口语。我们可以从我国最古老的文献《尚书》中得到印证，《尚书·大禹谟》中舜帝叫大禹过来就说“来，大禹”。与现代汉语无异，当时的流行语“君子在野，小人在位”也是今天老百姓无奈骂贪腐昏官的俗语。据研究，上古白话文到先秦帝制规范化时即开始分化，及至如今，经历了以下几个大的发展转化期：

白话文的发展史与文言文的兴衰史：消长相随

原始发生期——上古时期就有“原始白话文”，即指先秦以远的白话文。历史的关节点是“先秦时代”。正是在先秦的口语的基础上，形成了与白话并行的“文言文”。文言文其所以能得以通行除了社会发展的基础条件外，还因为有大批“雅言”文献的出现，即老庄孔孟韩的著作通行，形成了中国的语言经典。

初生发展期——但文言文的官制、学制之需并没有影响汉语白话的发展，至魏晋南北朝时文人雅士辈出，例如曹操的“对酒当歌，人生几何？”天下皆知。曹氏的儿子曹丕的《上留田行》也是用白话写的，曹丕的弟弟曹植的《七步诗》中的两句话“本是同根生，相煎何太急”，今天还在用。

体制化发展期——中国封建社会体制（包括文化体制）至隋代已初具规模，至唐代已完全规范化。与此同时，白话文与文言文都出现了相应的体制性发展。认为唐宋出现了“八大家”，因而只有文言文“蔚为奇观”，不符合语言发展规律。事实是，正是隋唐时代的“变文”（说唱文学）和“传奇文学”的发展，为唐宋文言文之“蔚为奇观”（可谓阳春白雪）提供了文藻的肥沃土壤（可谓下里巴人）。（徐时仪，2015:145）

巩固、成熟期——这个时期始自晚唐宋初特别是元代，而终于明末至清代中晚期。有一种误解以为唐代只是文言文的天下，远非如此。白居易的诗就是雅俗共赏的典型。下面是一首随拾的白话诗《敦煌歌辞总编·请看汉武帝》:“请看汉武帝，请看秦始皇，年年喝仙药，处处求医方，结构千秋殿，经营万寿堂，百年有一倒，自去有谁当?”促使唐代白话文发展的一个重要因素是佛教禅宗的广泛世俗化，使佛经翻译明显地易俗化。至宋元明清，俗人化佛经，常常只需佛门以俗语口授。

现代化发展期——这个时期从清末民初开始，迄今并未结束白话文的深化发展和质素升华，取决于内外两大因素。内因是现代化文明理念和生活方式的巨大发展，使文言文如“隔世者言”。外因很明显是中国与外部世界的交往，尤其是近一二十年互联网的发展使文化交往在深度和广度上今非昔比。有人提出现在是现代汉语的发展转型期，至于怎么发展？转成什么“型”？值得期待。无论如何，在可预见的50至100年内（有可能时间更短），汉语的国际化趋势将日益明显，大量变化将出现在用语上，基本语法规范不会有很大改变。

从时代发展的总趋势看，文言文早已退出了汉语的日常话语舞台，但文言文不会也不应当就此消逝，这是因为白话文不但承载着文言文不息的历史光辉，更重要的是白话文的机体里蕴藏着文言文端雅的汉语审美优化基因和规范的汉语语法约定基因。文言文词也好，白话文词也好，关键在于使用者的准确的时代感。

我这里提出应重视我国语制研究，有以下几点考虑:

（一）中国是个多民族国家，各民族都有自己的语言，汉语只是中国各民族语言群族的代表和法定的各族通用语。除汉语以外，我国还有许多语种（及其方言）历史悠久、文化灿烂，使用人口众多，对汉语的发展从南北朝（420—588）时代起就起了重要的推动作用，对此，我们应该进行深入的历史比较研究和共时比较研究，以利各民族之间的深入沟通、民族文化融合和现代化全面发展。

（二）明确认识语制是国家大事，既具有历史责任感又有现实使命感的中国现代语制，对中国复兴大业，至关紧要。中国人对自己的语言运用的历史沿革，变化规律与发展路径和发展愿景必须了然于心，计划在案，特别是语言研究人员、语言哲学家“不知家底”，却成天跟着西方同行做些云里雾里的“纯研究”，必将使国人痛感失望，并且必然会产生一种无地自容的“集体尴尬”（现在有些国家汉学研究专题的深度已经超过了中国）。

（三）通过探讨，中国语言哲学和翻译语言哲学应积极投身于深入研究，进一步明确语言哲学的研究领域和研究方向（特别是如何以中国的历史和现实为依据出发），研究维度和深度（包括本体论学术研究课题；语言政策及实施研究课题和深层次的中国语言文化教育方向和教学思想课题）。我们要认识到，语言哲学研究正是要对国家的文史哲发展路线和实施办法提出深层次的指导思想。齐桓公之倚重管仲（前723—前645），汉武帝之倚重董仲舒（前179—前104），宋神宗倚重王安石（1021—1086），原因盖出于此。

（四）明确认识“白话文”才是汉语的正宗，经典“文言”虽然集中了中国语文的精粹，但只是中国文书史、文艺写作史中的阶段性、有限性书面话语形式和交流工具，只具有“历史模式”的研究意义，已失去了整体性现实语用价值，亦即话语交流价值。实际上白话文至明清已是中国话语的主流（徐时仪，2015:280），也是文学著作（如《水浒》等四大名著）的主要工具（《胡适文集》，1998，第一卷）。明确认识这一点，对增强国际理解，使某些“国际误解”得以澄清是具有现实意义的。比如，直到现在，国际上还有人认为“普通话”只是“中国大陆的政治话语系统”，不愿接受，只愿意说“正宗国语”；还有人认为“普通话”只是“中国大陆的普通日常话语，不是标准汉语”，要学好汉语“必须学文言文”（这一点对汉语的进阶教学当然是重要的）。可见“白话文”“普通话”的发展沿革研究涉及国家软实力问题，以及如何做好语言政策制定才有利于国际交流（包括日常交流和学术文化交流）等问题。

九、汉英表现法系统研究及表现法异同分析

以往我们往往以思维方式与思维风格的差异来解释汉英之间表现法的差异，而且是“最深层的差异之源”。但是这种认识未必正确，很简单的一个理由是你无法证实语言陈述之差的根源就是“思维差异”。

“思维”（thought, thinking）的存在有生理基础，因此思维的存在是毫无疑义的。现在差的是赖以证实思维存在及其活动机制的理论基础还很不充分——一是靠逻辑学，二是靠哲学认识论，三是靠人类自己的思想史，也就是说，如果没有思维，人类怎么会有思想史呢？聪明人一听就听得出来，这都是“以果证因”的“二手法”，都没有提出“一手证据”——就是原始证据来。为此，笛卡尔想了很久，想出那句名言来，他的法文是 Moi, que je pense, je suis（出自 *Discours de la method*；现在也有人将这句话简单地说成 je pense, donc je suis），翻译成英文，确实恰恰对应：“I think, therefore I am”。汉语翻译成“我思故我在”，也是很工整对应的。“我思故我在”的根本问题在于“我思”只是以一种无可奈何的方式来证明“我在”，除了“我在”，我找不到“我思”的“证物”来，这确实是使人类感到很尴尬的事情。现在的思维科学还只能用脉冲符号等应用技术手段来说明思维在活动，至于它是如何活动的、它的类型、它的轨迹、它的程序（逻辑连接和缺环）、它的故障成因和故障排除的办法等等，人类自己都还在摸索之中。思维活动机制的显现也只能用心理学和行为科学的“S（刺激）—R（反应）”程式来加以解释。我们可以有声有色地来“描绘思维”“分析思维”，但细想起来就可以发现，我们其实都是在用语言描绘思维、分析思维。打一个不太准确的比喻，好像我们之“说鬼”，那些绘声绘色在谈鬼、说鬼的人其实都只是用语言在说鬼。这种用语言构建的“间接存在”、“模糊存在”、“莫须有”存在，在哲学上称为事物的“不可言说性”，对此，维根斯坦的忠告是“Whereof one cannot speak, one must remain silent”（对不可言说的东西，最好还是免开尊口）。

我过去在探讨英汉—汉英翻译时谈思维太多，条分缕析，言之凿凿，

很可能误导了很多读者，谨在此致以深深的歉意。

应该说无论说哪种语言，思维的共性是最基本的因素，因为人类思维的生理基础是一致的——医学解剖学还没有发现人有不同的大脑生理结构。这也说明，“思维”与“思想”是不同的。“思维”到现在还属于“不可言说”之类。而“思想”则是完全可言说的。因此，我认为我们的语言哲学和翻译语言哲学不能回避的表现法比较研究，只能凭借以下比较“接地气”的路径展开，并力求深化：

第一条路径——从语言形态学和语法范式的差异入手，这是一个很大的研究维度

英语遵循的是“意念—形态生成模式”，而汉语则是遵循“意念—词语生成模式”。同一个 idea(思想)，汉英说法迥异：

Chn——“我们现在是依样画葫芦了。”(“过去怎么干，现在就怎么干。”)

Eng——“We just do it the way we did it.”

第二条路径——从意念陈述的文化历史地缘差异入手，这也是一个很广泛的研究维度

翻译中这方面的问题是很多的。比如古语今译的意义定夺。《道德经》中有时用“百姓”(如第五章:“以百姓为刍狗”）并不是指“the common people”，而是指周代时的族群代表或小官吏。很多英译者都误判了这一点。

第三路径——从语言审美手段选择的差异、语气褒贬差异入手

汉语在语言表现中确实比较重视语言审美性，例如语句中的对仗与排比、声韵的运用、意象比喻的运用等等(上例“依样画葫芦”略带贬义)。而英语之美常常表现为用词（尤其是名词与介词）之是否“恰如其分”。

第四条路径——从意念陈述的心理因素、话语意向（或对象）差异入手

例如中国很多典籍或文献的话语对象是当时的皇帝、国君，不是一般读者，当下的翻译就可以做出适当调整，不必拘泥。否则肯定影响读者接受，而这正是语言哲学研究表现法差异的目的性之一。

总之，我们是否可以说，语言哲学和翻译语言哲学研究表现法差异的基本目的，是在探求不同语言在表现同一思想或意念时表现手段选择上的差异和造成种种差异的深层原因。我的基本想法是人文机制（包括语言）和人文生态（包括语用）上的差异在支配表现法时比之于思维差异，恐怕会远远处于强势。汉语说“救命啊”，英语说“Help!”。二者差异的主要原因恐怕是汉语是一种重视动词之用的语言，英语则是很重视名词（伴之以介词），这在情急之下表现更为突出；这样解释比之于“上纲”到“汉语的主体思维强势”似乎符合情理得多。汉语说“集中精力！”英语说“Focus!”；汉语说“捉贼呀！”英语说“Thief!”，这种情况很多。从语言形态学的观点看，汉语重动词是由于汉语动词没有繁复的形态变化，摆脱了时体的形式约束，动词在任何情况下都只需以“意念”形式“脱口而出”，这也是西方很多人汉语学得很快、讲得很流利的原因之一，显然也是汉语的优势之一。

十、中国语言哲学在开创期应该更重分析性和积极的批判性

西方学术分科有“宁细勿粗”的传统，古希腊哲学家到公元前末年的斐洛（Philo Judaneus, 约前 30— 约后 45）为止，一共才 21 个人，就有 19 个学派。这样做当然有很大的好处，鼓励个性和独创性，消极面是人人“自顾自”，很难形成整体观和主流观。西方现代物理学更有意思，共有多达 50—58 个专业，一个伽马射线就是一个专业，每个专业都有各自的发展人马和预算。中国今日之大学和学术界有些掌门人闻到了“西方规定性”原来还有这股“多一个名分，多一份预算”的奇特香味，也就唯西方“马首是瞻”了。当代西方哲学（算是“后现代西方哲学”）当然也没有例外。自从维根斯坦倡导并实现了语言转向和文化—权力转向以后，后结构主义等大约七八种“主义”分庭抗礼，其实外边人一看就很明白，都是执意从科学主义和人本主义两大思潮中分裂出来的。

中国语言哲学应该有自己的特色。其实学科之分、学术部类之分常常有一个民族文化历史渊源，没有必要硬要与自己的传统“切割”，按西方规定，巧立名目，重启炉灶。中国从汉代开始就有“对释古义今文”的诠释考证传统，而且成绩斐然，重典频出，可以毫不夸张地说这就是中国传统诠释学。我们今天的任务是加大力度，凸显对自身的分析性和批判力，实现自我价值以及与时俱进的“当下化”——扎扎实实立足于今日中国所需的人本主义和科学的文本分析及构建功能。西方今日诠释学的本体论、认识论、方法论方面的许多大问题，中国人在2200多年前的西汉就几乎都有学者加以思考和探索。历史地看，中国传统诠释学大师西方难有出其右者。例如中国古典诠释学名家董仲舒（约前179—前104）的政治哲学思辨水平和政治学见地就绝不低于比他后生73年的古罗马哲学家西赛罗（M. T. Cicero, 前106—约前43）。西汉中国政局大定，朝廷谋略治国之道。董仲舒在《春秋繁露》中以“以今释古”（历时比较诠释法）、“溯源正古”（历时还原诠释法）、“循环证古”（历时与共时循环诠释法）等等不逊于当下性诠释方法论演绎了以下四个大问题，使汉武帝茅塞顿开：第一“天神相通”论；第二“王权神授”论；第三“阴阳五行”论；第四“举良任贤”论。今天我们读《春秋繁露》都能体悟到作者思维缜密而不繁琐，诠释周翔而无纭缛不实的冗赘之感。中国诠释考证之学到明清时代臻于全盛，认识论和方法论都相当科学。其中的代表人物有戴震（1724—1777）、段玉裁（1735—1815）、俞樾（1821—1906）等对四书五经和古声韵训释都做了大量的辨析、训释和考订工作。更可贵的是，他们的考订重点常常是围绕关于政治启蒙思想的论争。这一点与西方当年至少是旗鼓相当。

当代中国的语言哲学和翻译语言哲学要充分体现语言哲学的分析性和批判性，今后应该在以下四个方面着力：

第一，紧紧把握中国语言哲学的分析—批判功能和古为今用、外为中用的价值观，构建现代中国语言哲学和翻译语言哲学的学科研究框架

中国古典文献是中华民族的一个智慧资源宝藏。我们应积极参与

古籍甄别、评价和翻译传播。据研究，仅从明代（1368）算起，具有启蒙思想、理性主义、民主主义、人本主义理念的杰出中国思想家、哲学家就有宋濂（1310—1381）、王守仁（1472—1529）、杨慎（1488—1559）、李贽（1527—1602）、徐光启（1562—1623）、顾宪成（1550—1612）、朱之瑜（1600—1682）、黄宗羲（1610—1695）、顾炎武（1613—1682）、王夫之（1619—1692）、唐甄（1630—1704）、戴震、颜元（1635—1740）、章学诚（1738—1801）等近 40 人，值得翻译以利外国人深度了解中国的文献多达 130 多部。唐甑在其《潜书》中说："两千年来，皇帝皆盗贼。"皇帝听了要定他的死罪，下臣禀告皇帝："唐甑已在黄泉逍遥了！"

第二，悉心总结前人经验家训，以致用性作为哲学诠释和翻译诠释方法论的学科研究

以中国古典文献古义（意义）今释、古意（意蕴）今释为目标，构建中国语言哲学的诠释观，例如成就斐然的俞樾就总结出意义勘校的四条"守义法"：即对校法、本校法、他校法、理校法；同时他也犯过一些概念误判、意义训释的错误。（详见王其和著《俞樾训诂研究》，2011: 205-241）

第三，构建翻译语言哲学以准确性为诠释性翻译基本价值标准的对策论和方法论

所谓准确性，就是老老实实地还原到作者的本意（本义），"不因惑人疑，不为圣人辩"。被世人疑惑的人完全可能讲的是真话，同样，圣人之言完全可能不是句句都对。孔子在《论语 · 泰伯第八》中说"民可使由之，不可使知之"是对中国政治影响极其深远的愚民论，不必为他辩护。你辩护外人也看得很清楚，萧伯纳就说，孔子那番话的意思就是："Yours is to do and die, yours is not to ask why."

第四，以诠释性翻译观进行国际交流

"诠释性翻译"就是以解释原义为基本对策和宗旨的翻译，就是法国学者、语言哲学家保尔 • 利科（Paul Ricoeur）说的那句话："翻译即诠释。"国际人文学术的交流应该是基本人文价值观趋同的对话，而不是意识形态上的论争交锋。

综上所述，就是民国初期在北大清华很流行的两句话：“学问无边疆，学术无定界。”中国语言哲学（包括翻译语言哲学）应该有自己特定的多项使命，因为中华文明在15世纪以前有过人类历史的顶级灿烂，它注定会再现人类文明的顶级辉煌。被掩埋在历史尘垢里再久的明珠，毕竟是一颗明珠！意大利历史上最负盛名的古典政治学学者同时又是具有极高盛誉与极恶污名的罗马政治家马基雅维利（Niccolo Machiavelli, 1469-1527），认为“历史具有循环的特点”（其实据说他用拉丁语写的原话的意思是“历史不是没有循环再现的可能”。康德、恩格斯和马克思都很称赞他）。上面提到，中国人的理性启蒙意识早在明代已蔚然成风，王阳明（1472—1529）就是一位标志性历史人物，到今天已近500年，与西方民主意识的发展史旗鼓相当。乐观地看，中华文明的辉煌再现已成定局——我只期待它这次是一次从劣质的封建独裁到优质的共和民主的再现！文明复兴的重要标志是语言绚采的新显现——当然我也很盼望汉语与其他很多语言相映成辉。但汉语就是汉语，就像达尔文说的，“鳕鱼就是鳕鱼。”一万个物种，就有一万种共性中的特性。强调每个物种都有它的独特性（达尔文的用词是“uniqueness”），丝毫无意于否认它与同类物种的共性（达尔文的用词是“commonness”），共性包容个性，个性体现共性，在哲学上这叫作“对立的统一”，这是一条基本规律，人世间、自然界，一切事物莫不如此，老子称之为“道法自然”（《道德经·二十五章》）。在我看来，社会科学学术研究的基本特征是在通晓事物共性的同时专注于它独有的人文特性；忽视人文特性，一切流于“侃侃而谈，泛泛而论”，势必一事无成。中国语言哲学研究和中国翻译语言哲学研究应该在充分重视语言共性的同时集中关注汉语的人文地缘特性和文化历史特性，具体来说，指密切针对它的语言形态学研究、语法范式研究、语用（包括语际转换的）功能研究和对策性研究等几个大领域；与此同时，我们还应该积极参与对中国传统语言哲学资源（包括所谓“国宝级”和“非国宝级”多达数百先贤的论述典籍）的开发、诠释、翻译和传播工作，积极投身于打造中国积4200年之久的、潜力极大的软实力。当然，我们这样说、这样做，无意于颠覆已经为人类实践证明行之有效的一切“规定性”秩序——不管这种规定性是西方创立的还是东方创立的。“历史的秩序”是“人类的智慧和无知相较量而既定下来的记录”。因此，为了未来，“历史秩序”（包括一切学术“规定性”）必须加以审慎的审视，不科学的、不公平的、不合理的“规定性”必须加以扬弃和废除。中国有历史智慧的辉煌，也有反历史智慧的愚昧行径的教训。中国的学术界正与全世界学术界一起憧憬光辉的未来。中国无意于追求什么学术上的“中国规定性”，只是抱定决心跟各国学术界一起坚持科学的、公平的、合理的学术价值和学术良知。

大概可以说，人类从21世纪开始将不再是一种“被奴性化”的物种、一种“被盲从、被驱使”的物种、“被顺化、被降服”的物种——尽管有很多人身上还留下这些悲怆历史的心性疮疤。但我深信，人的自我觉醒必将取代迷茫，战胜他者的蛊惑，人类的自我尊重必将取代自戕，战胜他者的霸凌，人类的自我抉择必将取代顺从，战胜他者被美化的“权色利”三大贪欲。回顾20世纪，那头一二十年的世界，诗人T. S. 艾略特称之为死气殃殃的“荒原”，末一二十年的世界，被P. 沃森（《20世纪思想史》的作者）称之为“金霸奸商帮”横行的“黑市”。我深信未来这一百年内人类很可能取得比从“荒原”到“黑市”大得多的进步。在我看来，人类的自我意识（自觉意识，self-consciousness）的觉醒可以大体分为四个时期，实际上是“自我意识”不断向上提升的四个时期——尽管花了几千年，但人类从未沉沦，从未舍弃，从未就此倒退，更没有因此倒下。认识到这一点，对各级政策制定者都是非常必要的。从历史上看，我认为人的自我意识的觉醒经历了四个大时期：

第一个时期是“神主时期”

这个时期始自远古，此时人类自我意识的主要特征是“被奴性”——人被人为或自认为是由某种至高无上的力量主宰自我命运的奴隶。在西方这个至高无上的力量就是上帝（God），传递上帝意旨的书叫作《圣经》，所以《圣经》也叫作“the God's book”。在中国则被认定是“天”或“天神”。《易经》的可贵之处就在于它并没有教训中国人去恐惧“天神”，而是要去顺应上天的变化（《易经・系辞上》：“参伍以变，错综其数，通其变，遂成天地之文”。朱熹的解释是要通晓事物变化的复杂性，顺应它的变化，才能办成世间大事）。到了道家老子那里，就成了“道（自然规律）与德（对理性认识的习得）”。

第二个时期是“君主时期”

这个时期中国和西方都摆脱了社会经济形态上的似人非人的奴隶制，但中国实行君主帝制远远早于西方。中国的第一个半奴隶半封建帝制王朝夏代（前 2070—前 1600，以“石正方鼎”为证）共有 16 位帝王，到秦始皇废封建全面实行帝王专政制（前 221）直到清代宣统退位（1911），中国共出了 230 位专制帝王，实行了 3981 年的君主帝王专政制！西方的第一个封建王朝建立于公元前 27 年，就是屋大维首建的罗马帝国，直到 1789 年法国议会通过《人权宣言》和 1792 年法兰西第一共和国的成立，期间屡有曲折，西方人性也经历了近两千年分封帝制的折磨和压制。

第三个时期是“群主时期”

1789—1792 年的法国反帝制运动导致了“法兰西第一共和”的建立，开创了人类自我觉醒意识的第三个时期也就是“群主时期”。“群主意识”就是“共和意识”。可见共和意识在欧洲比在中国早大约 300 年（1789 年《人权宣言》及 1792 年第一共和在法国与中国的 1912 年之隔！），这就是为什么欧洲人比中国人更容易接受民主思想的政治历史原因。其实，中国人的民主启蒙意识萌发很早，15—17 世纪宋明清时代就有中国的哲学家提出“知己、知民、知时”的政治哲学命题（陈赟：《回归真实的存在：王船山哲学的阐释》，2015: 439-449）。但中国民主意识屡屡胎死腹中，备受压制的原因非常复杂——严酷的帝王专政体制、僵化的宗法典制、儒家的顺化典训特别是百姓长期所处的政治生态条件、民生经济水平和知识水平低下，不可能出现强大的识时明理的“士人阶级”（中产阶级）。这都是不应忽视的消极因素。

第四个时期是“自主时期”

当下应该是人类自我意识发展的最后一个时期，就是我所谓的“自主时期”。在中国，“百家争鸣”的实质是一次启蒙运动，而且是人类最早的一次启蒙运动——人类第一次认识到人要发展“自我认知”，认识到“理之为用”，否定了“神谕”和“天命”。“百家争鸣”的第一位伟大的人文主义智者就是法家管仲（前723—前645）。在欧美，最早提出人应该有与生俱来的自主性的是四个人：培根（1561—1626）、笛卡尔（1596—1650）、洛克（1632—1704）和卢梭（1772—1778）。他们的政治哲学学说中的共同理念是自我的独立意识，其实就是群主意识的基础，因此，群主意识的发展必然会在其成熟期显现出它的坚实基础：自我意识。这个从孕育萌发到成熟显现的历史从15世纪到20世纪在西方共走了500年，即便从卢梭算起，也走了200多年！西方自我意识发展得最快、最明显的是20世纪60、70年代所谓“反战（指反越战）时期”。在中国，平民百姓“自我意识”的第一次浅层萌动应该是在民国时期，即20世纪20、30年代，第二次萌动在改革开放后的70年代末至80、90年代，这期间还有整整30年（50—70年代）处于无奈的蒙昧状态——虽则并不是全然无知。这是我们研究语言哲学不能忽视的因素，也就是说中国平民百姓的自我意识的苏醒其实是相当实在、与时俱进的。从历史上看，促进人类发展的三种思维在中国并不缺乏，它们是：第一，有良知（所谓“良知”就是优化、提升了的常识即理性认识）的怀疑论，它的反面是非理性的宿命论、盲从论。中国第一位伟大的怀疑论者就是老子，老子最怀疑的是儒家的“天命论”，认为什么“天尊地卑，乾坤定矣，卑高以陈，贵贱位矣”（《易经·系辞上》），没有这回事！他只相信“道法自然”，认为世间事物发展都有其自然规律。第二，讲科学的进化论，主要的理念是社会的发展演进“以人的智能发挥为动力，为人的科学发明和发现所驱动”的渐进式提升，它的反面是阶级斗争论。第三，有理想的实证论，它的反面是“唯物质主义”，鼓吹“物质至上”“金钱至上”，置理想、理性追求于不顾，认为社会的进步取决于人对物质生活的不断欲求和满足，认为社会前进的动力取决于“人对私欲满足的渴求”。

我2006年到上海执教，到2017年这十一年期间一共四次出国到西方去做各种随心所欲的“醉翁之旅”，“醉翁之意”无非是对中西方人文社会科学研究状况做悄然不张的个人专题考察，特别是对当代西方哲学思想和社会思潮的追踪。应该说，整个来说，西方的社会科学研究（特别是对现代政治学和社会人文科学研究、法学中的理法学研究以及国别研究—重点国家常常是美国、欧洲特别是英德法和中国）是成就斐然的，可以说让学术界做到了“学术无禁区”“学者无言罪”——这在许多西方国家已经是一条理所当然的“不成文法”和基本价值观，表现为实施中的“学术资源全民化”“学术研究民间化”（民间智库可以灵活处理与官方的关系，避免被执政当局和权贵利用）等种种开明举措。更重要的是由于政府定期开禁可谓无所不包的“国家历史档案”，使国家掌握的真相资讯和史料能做到“与民共享”。萧伯纳说“想要掩盖历史真相的政府，如果不是害怕被历史掌掴，就是害怕被真相阉割，事实上二者常常被不幸言中”。大概正是由于这些有目共睹的进步，使素来满面风光的日籍美国学者福山（F. Fukuyama, 1952-）达致了一个后来连他自己都感到羞于启齿的“世界政治体制的终结论”：认为美国的民主政治体制已经尽善尽美了！可惜到2008年福山受到了一拳“阿里猛击”。他在晕晕乎乎中看到了华尔街绅士在光天化日下坑蒙拐骗，在接二连三的街头恐怖案和校园血泊中看到了美国安全和社会文化结构的“黑洞”，听到了美国经济发展模式专家在噩梦中对中国发疯式的痛骂！

在今天，有事没事骂骂中国聊以自慰，这在华盛顿、堪培拉和东京地的官场很平常，有些人甚至还可以得到某种“奖赏”或“报偿”。直到今天，西方——主要是美国——还有一批以“反华”“制华”为其政治思想指针的形形色色的低级政客。

我想，我们对中国终将吸取东西方多国、多方的政治经验和教训，走上名副其实的、优质的民主大道；中国终将实现“天下为公”（语出西汉戴圣撰著《礼记·礼运篇》）的崇高理想。一开始并不是儒家经典，是孔子为壮自己门派的声势把它囊括入儒家经典。“天下为公”其实是道家的政治理念。孔子的政治理想是反时代而动的复古主义——“克己复礼”，得到过老子的直面批评。我们有责任澄清这个重要的历史误读）、平等均富的未来应该充满信心——尽管很多老一辈中国人对泛滥的物质主义思潮和生活方式对年轻一代心灵的腐蚀和伤害，感到非常忧心，难表对远大理想缺失和宏伟抱负缺失的痛感！但一个拥有十几亿人民的多元复合民族的复兴，是需要几代人的努力的伟大事业。中国很古老，中国应该有古老的智慧；中国很博大，中国应该有博大的胸怀；中国很年轻，中国应该有年轻的血气；中国很刚强，中国应该有刚强的志向！中国应该拥有一切理由，一切条件，一切办法更加开放，包括对社会科学所有领域和所有“主义”的深入学术研究，思想学术疆域的大开放，越早越主动，越晚越被动。国家有财富当然好，但是它最宝贵的财富是人民拥有的理想力和思想力！而且“思想是看不见的飞鸟”，“你可以控制人的行为，但你控制不了人的思想、思维”（语出笛卡尔著 *Meditations*, 1641）。更重要的是，历史不是缥缈的过眼烟云，而是一块块推不倒的碑石。外辱、内战、争斗、饥荒、灾害……还有劳筋伤骨的“上山下乡”大流徙、自毁家业的十年浩劫，中国人民都挺过来了！中国人现在正在奋力地自我锤炼为一个决心洗净灵肉上的污痕浊迹，干干净净站在世界面前的彪英伟岸的年轻壮汉！

“青山遮不住，毕竟东流去”。中国的发展是历史的必然，与西方的发展是现实的已然，应该说是东西互映辉煌！这大概是 21 世纪头二三十年我们能看到的最壮观的景色！到 21 世纪末，人类文明社会将正式进入绵延灿烂的青春期，每想及此，就使我激动不已！眼下我们可以预见并慰以断言的是，历史必将给各式各样的“西方规定性”做个终结，也必将使东西方文明异彩纷呈！